PEN AR Y BLOC
VAUGHAN RODERICK

Gol. Ruth Thomas

Argraffiad cyntaf: 2017

Dyluniad y llyfr © y Lolfa Cyf., 2017
Cynnwys y llyfr © BBC 2017

Dymuna'r cyhoeddwyr gydnabod cymorth ariannol
Cyngor Llyfrau Cymru

Llun y clawr: Huw John
Cynllun y clawr: Y Lolfa

Rhif Llyfr Rhyngwladol: 978 1 78461 159 0

Cyhoeddwyd, rhwymwyd ac argraffwyd yng Nghymru gan
Y Lolfa Cyf., Talybont, Ceredigion SY24 5HE
gwefan www.ylolfa.com
e-bost ylolfa@ylolfa.com
ffôn 01970 832 304
ffacs 832 782

Cynnwys

Rhagair

Os OES UN llais wedi diffinio cenhedlaeth, yna llais unigryw Vaughan Roderick yw hwnnw. Dros bron i bedwar degawd, mae newyddiaduraeth Gymreig a miloedd o wrandawyr, gwylwyr a darllenwyr wedi bod yn ddigon ffodus i gael clywed llais Vaughan. Ar ei symlaf, mae'r llais hwnnw wedi dod â newyddion i ni mewn cyfnod o newid cymdeithasol aruthrol. Ar ei gyfoethocaf, mae'r llais wedi bod yn llusern, yn esbonio pam fod digwyddiad yn haeddu ei ystyried fel un o bwys.

Bydd Vaughan yn casáu darllen hyn, ond fel y person sydd wedi darllen mwy o'i eiriau nag unrhyw un arall, medraf ddweud yn gwbwl bendant ei fod y peth agosaf sydd gan Gymru i bolymath. Mae Vaughan yn gwybod *rhywbeth* am bopeth. Lluniwyd teitl Vaughan – Welsh Affairs Editor – gan y BBC mewn oes pan nad oedd gwleidyddiaeth Gymreig yn bodoli go iawn ond Vaughan gafodd y cyfrifoldeb annelwig ac anferth o geisio esbonio popeth – digwyddiadau, sgandalau a thueddiadau. Gwnaeth Vaughan yn sicr na fyddai'r gofod Cymreig hwnnw heb ei ddehonglydd. Wrth i Gymru dyfu fel cenedl wleidyddol, daeth ei bresenoldeb hyd yn oed yn fwy anhepgor. Mae'r ffaith, bellach, taw fel Vaughan y cyfeirir ato, a hynny heb y cyfenw, mewn cynifer o gylchoedd gwleidyddol a newyddiadurol, yn dweud cyfrolau.

Fe hoffwn ddweud fy mod i, fel golygydd Vaughan, wedi cynllunio'r gyfrol hon ond nid felly roedd hi. Ar ryw ystyr, cyfres o ddamweiniau yw'r ffaith fod ymennydd Vaughan, drwy ei flog, bellach ar glawr. Yr ysgogiad cyntaf oedd hyn: wrth baratoi ar gyfer datblygiad technegol ar y blog yn 2013, fe'm trawyd gan gyfoeth a dyfnder y cannoedd o filoedd o'i eiriau o'm blaen. Treuliais oriau yn ailddarllen y cyfan a chael fy synnu o'r newydd at ystod ei brofiad a'i ddiddordebau eclectig, a rhyfeddu at ba mor hirben oedd, ac yw, Golygydd Materion Cymreig y BBC.

Yr ail ysgogiad oedd hyn. Creadur gofalus fues i erioed, ac fe gedwais archif gyfan y blog ar ffon gof rhag i ni golli unrhyw beth wrth i'r gwaith technegol fynd rhagddo. Sylweddolais faint oedd eisoes wedi mynd ar ddifancoll. Roedd nifer o ddolenni wedi torri – gwefannau roedd Vaughan wedi cyfeirio ei ddarllenwyr atyn nhw wedi diflannu'n llwyr. Dyma'r Oes Ddigidol Dywyll y mae cymaint o haneswyr yn poeni amdani. Cyfrwng effemeraidd yw'r we ond roedd yna werth arhosol amlwg i'r hyn oedd o'm blaen. Ar y pwynt yma, penderfynais wneud rhywbeth am y peth. Dyma felly gynnig golygu casgliad o berlau Vaughan, yn y gobaith o roi bywyd newydd iddyn nhw ac i atgoffa cenhedlaeth newydd o'u gwerth.

Yn ei ddull diymhongar cytunodd Vaughan gyda'r awgrym mai da o beth fyddai cyhoeddi llyfr, ac ameniodd fy mhenaethiaid yn y BBC y syniad hefyd. Roedd y gefnogaeth gan wasg y Lolfa hefyd yn allweddol.

Dyma ddechrau ar y gwaith o olygu a dechrau gwneud synnwyr o hanes y blog. Cofio, yn gyntaf, fel y bu ond y dim i Vaughan beidio â chael blog go iawn o gwbwl. Mentrodd Vaughan i fyd cyhoeddi ar-lein gyda chyhoeddi colofn wythnosol, 'O Vaughan i Fynwy', yn ôl yn 2004 ond talcen caled fu cael blog yn Gymraeg. Pan awgrymodd rhywun yn Llundain y dylid cael blogiau 'go iawn' ar gyfer etholiadau 2007, rhai Saesneg oedden nhw i gyd i fod. Doedd gan y llwyfan a ddefnyddid i lansio'r blogiau ddim rhyngwyneb Cymraeg. Awgrymwyd y byddai ffurflen sylwadau ar waelod tudalennau newyddion arferol yn gwneud y tro i greu ffug flog etholiadol Cymraeg.

Trwy drugaredd, gwrthodasom dderbyn yr awgrym am wasanaeth Cymraeg eilradd. Clustnodwyd amser datblygydd gwe talentog o'r enw James Stagg, a diolch i'w ddiwydrwydd yntau cawsom ryngwyneb Cymraeg o fewn wythnos neu ddwy.

Yn ystod trydydd ymgyrch etholiad y Cynulliad yn 2007, felly, disodlwyd 'O Vaughan i Fynwy' gan wasanaeth newydd – blog go iawn. Dechreuodd Vaughan ysgrifennu'n amlach, gan ymateb i gwestiynau ac awgrymiadau yn y sylwadau. Yn fuan iawn, bwriai ei rwyd dipyn yn ehangach na'r byd gwleidyddol yng Nghymru, gan flogio am wleidyddiaeth gwledydd eraill, diwylliant a chrefydd, ymysg pynciau eraill.

Wrth i'r blynyddoedd fynd heibio, esblygodd y blog a bu dylanwad cynyddol y cyfryngau cymdeithasol yn rhan o hynny. Dechreuodd Vaughan ddefnyddio ei gyfrif personol ar Twitter yn hytrach na'r blog i rannu dolenni, er enghraifft, ac wrth i gymaint o drafodaeth wleidyddol symud o fyd y blogiau i Twitter, yna, yn naturiol, cyhoeddodd Vaughan ei flogiau'n llai aml. Ymddangosai cofnod unwaith neu ddwy yr wythnos yn hytrach na sawl gwaith y dydd. Tueddai'r rhain i fod yn fwy dadansoddol a chynnig ongl a phersbectif gwahanol – cyferbyniad gwerthfawr i'r stormydd cyson sy'n hyrddio trwy'r gwefannau cymdeithasol a darfod o fewn oriau.

Mae technoleg a chyfraniad arwrol rhai datblygwyr gwe i newyddiaduraeth Gymraeg hefyd yn ganolog i ddeall yr hyn sydd yma. Fe soniais eisoes am James Stagg. Un arall yw Jim Johnson-Rollings – gŵr di-Gymraeg a ddaeth yn frwdfrydig iawn dros yr iaith. Enillodd enw iddo'i hun o fewn timau technegol y BBC yn Llundain fel Jim 'and in Welsh'. Mae ei angerdd a'i agwedd benderfynol yntau ac eraill wedi cyflawni gwyrthiau ar ein rhan a sicrhau lle teilwng i'r Gymraeg ar wefannau'r BBC.

Mae'n anodd cyfleu maint fy ngwerthfawrogiad i Meinir Wyn Edwards, Robat Trefor, Alan Thomas, Fflur Arwel, Lefi Gruffudd a phawb yn y Lolfa, ond mae yna ambell un arall sy'n haeddu eu crybwyll hefyd. Diolch i fy ngŵr hirddioddefus, Rhys, am drafodaethau lu ar agweddau mwy esoterig gwleidyddiaeth Cymru. Defnyddiodd bob tacteg dan haul i'm hannog ar hyd y daith. Bron i ddegawd yn ôl ysgrifennodd yntau, mewn rhagair arall, fod *ménage á trois* Gwynfor Evans a'r ddau ohonom ar ben. Rwy'n addo iddo yntau nawr ein

9

bod yn ffarwelio â'r sefyllfa debyg a gododd gyda ni'n dau a Vaughan Roderick dros y blynyddoedd diwethaf.

Roedd ein merched gwych, Elen a Carys, yn ysbrydoliaeth gyson. Dyma obeithio y daw cyfnod dieithr yn olau iddyn nhw ryw ddydd drwy'r llyfr hwn.

Ond i Vaughan wrth gwrs mae'r diolch yn bennaf – am rannu'r hyn y mae e'n ei alw'n 'frên fel sgip' gyda fi a miloedd eraill. Daw teitl y gyfrol o'i flogiau cyn ac ar ôl etholiadau wrth iddo ddarogan beth oedd i ddod, a chyferbynnu ei ragolygon â'r hyn a ddigwyddodd yn y pen draw. Yn ddibetrus ac yn ddiffael, rhoddodd Vaughan ei ben ar y bloc. Mae'n dda dweud iddo ddianc yn ddianaf rhag min y fwyell, a bod Vaughan yn parhau, fel ei hynafiad, Williams Pantycelyn, i ganu cân i genedl gyfan.

Ruth Thomas
Awst 2017

PENNOD 1

Hen hanes: trem ar Gymru, 1997–2003

UN DYDD, FEL y dysgais innau'n grwt gan eraill am ddau ryfel byd, diwygiad a dadeni, cyni a chwyldro, fe fydd plant Cymru yn dysgu am oes ddieithr. Roedd yr oes hon yn oes wleidyddol gwbwl wahanol: oes o deyrnasiad dwy neu dair plaid Brydeinig, oes lle pleidleisiai pobol mewn ffyrdd eitha rhagweladwy. Roedd hon hefyd yn oes lle roedd y cyfryngau'n rhai torfol yng ngwir ystyr y gair – oes lle medrai papur newydd neu sianel deledu gyda chyrhaeddiad enfawr fowldio teithi meddwl torf o bobol. Nifer fach o leisiau a fedrai ddisgrifio cwrs gwleidyddiaeth.

Ac yna, newidiodd pethau. Oddeutu 1997, blwyddyn yr ail refferendwm ar ddatganoli i Gymru, digwyddodd rhywbeth a fyddai, maes o law, yn chwyldroi fy ngalwedigaeth. Byddai'n newid pob un ohonom, ein teuluoedd a'n cymunedau yn ei sgil. Y rhywbeth hwnnw oedd dechreuadau'r we ar raddfa dorfol. Gam wrth gam bychan, symudodd y we o fyd cysgodlyd y colegau i brif ffrwd dynoliaeth gan gyflwyno'i chyfleoedd dihybsydd i'r cyhoedd. Dechreuodd y BBC wasanaeth newyddion ar-lein (menter seithug a oedd yn siŵr o fethu yn ôl rhai); o fewn blynyddoedd, datblygwyd llwyfannau YouTube, Facebook a Twitter ymysg eraill gan greu byd newydd gwahanol iawn. Yn allweddol, doedd yna ddim ceidwaid. Roedd modd i unrhyw un weld unrhyw beth, a chysylltu gydag unrhyw un. Gellid gwerthu nwyddau o Dal-y-bont i Dubai; byddai cyfeillachu'n bosib mewn cymunedau newydd, nifer ohonynt, fel Maes-e a MySpace eisoes wedi darfod o'r tir i bob pwrpas. I wleidyddiaeth, mae arwyddion y chwyldro o'n cwympas ymhobman: o Brexit i Breitbart, Beppe Grillo i Garmon Ceiro.

Fel mae Ruth wedi esbonio yn ei Rhagair, dechreuodd y blog fel cyfres o golofnau wythnosol ar-lein yn 2004 – a'r disgrifiad hwnnw, 'colofnau', yn bradychu meddylfryd sydd bellach yn hen ffasiwn ac sydd hefyd yn dangos gymaint sydd wedi newid ers y cyfnod cynnar hynny. Ond i'r gyfrol hon wneud synnwyr fel cyfanwaith ac iddi sefyll, gobeithio, fel drafft cyntaf o hanes, dyma gynnig yn y bennod gyntaf hon i lenwi bwlch yn y cofnod electronig – y cyfnod rhwng refferendwm 1997 a dechrau'r 'colofnau' yn 2004. Mae'r hyn sy'n dilyn yn y bennod hon yn ddim mwy na brasluniau, ond fy ngobaith yw bwrw rhywfaint o oleuni ar y cyfnod. Lluniwyd y cofnodion argraffiadol yma ar ffurf sgwrs estynedig rhyngdda i a Ruth. Rhag blaen, ac fel sy'n arferol i un o weision cyflog y BBC, rwy'n ymddiheuro wrth unrhyw un neu unrhyw beth i mi eu pechu drwy beidio â sôn amdanyn nhw fan hyn.

Y DYN GWELLT
Jack Straw a datganoli, Hydref 1997

Rwy'n cofio Rod Richards yn dweud ar noson y Refferendwm[1] y bydde'n rhaid i Ron Davies edrych ar y canlyniad oherwydd ei bod hi mor agos ac efallai addasu'r cynlluniau. Roedd yr holl gynllun datganoli yn ffrwyth cyfaddawd yn y Blaid Lafur ac er y byddai Ron Davies wedi dymuno ei gryfhau e, roedd ei ddwylo fe ynghlwm oherwydd y gwrth-ddatganolwyr yn y Blaid Lafur neu'r *devo-sceptics*.

Ond y broblem fwya oedd ganddo fe oedd Jack Straw, yr Ysgrifennydd Cartref. Fe oedd y Gweinidog Cabinet roedd Ron yn gorfod delio gydag e. Ac roedd Jack Straw yn geidwadol iawn,

---

1   Roedd y bwlch rhwng y bleidlais o blaid ac yn erbyn datganoli i Gymru yn 6,721 o bleidleisiau – llai nag 1% o'r cyfanswm.

roedd e wedi bod yn radicalaidd iawn pan oedd e'n llywydd yr NUS ond erbyn iddo fe fod yn Ysgrifennydd Cartref, roedd Ron yn cwyno fel y diawl amdano fe. Er enghraifft, Jack Straw oedd yn mynnu eu bod nhw'n cael eu galw'n Ysgrifenyddion, ddim yn Weinidogion, bod llywodraeth Cymru ddim yn weinidogion y Goron. Dyna'r rheswm pam roedd Alun Michael yn cael ei alw'n ffurfiol yn Brif Ysgrifennydd yn hytrach na Phrif Weinidog, ac rwy'n cofio Ron ar y pryd yn teimlo bod pob peth roedd e'n ceisio ei wneud yn cael ei wrthwynebu gan Jack Straw. Roedd Tony Blair, rwy'n meddwl, yn ddigon parod i Ron wneud beth roedd e moyn. Jack Straw oedd y broblem...

Y GWLEIDYDD MARMITE
Marwolaeth George Thomas, 1909–1997

... Os buodd gwleidydd Marmite erioed, yna George Thomas oedd hwnnw. Yn enwedig yn ei etholaeth ac yn yr Eglwys Fethodistaidd, roedd yna bobol oedd yn meddwl y byd o George; ac mi roedd yna ochr garedig iawn iddo fe. Rwy'n cofio Keith Best[2] yn dweud ar ôl iddo fe fynd i'r jael am y busnes siârs 'na, prynu siârs BT, fod bron neb o'r Blaid Geidwadol wedi cadw llygad arno fe na chadw mewn cysylltiad 'da fe ond fod George Thomas wedi, a George Thomas oedd Llefarydd Tŷ'r Cyffredin ar y pryd. A phan ddaeth Keith allan o'r jael fe enillodd ei apêl yn erbyn ei ddedfryd, George wnaeth drefnu i Keith gael swydd wirfoddol i ddechrau gyda National Children's Homes, Cartrefi Plant yr Eglwys Fethodistaidd. Ac roedd Keith yn dweud bod popeth mae e wedi ei gyflawni yn dod o fan'no. Ond wrth gwrs, roedd George Thomas yn ddyn cymhleth ac yn gallu bod yn rhyfeddol o gas ac yn snobyddlyd ddifrifol. Rwy'n cofio rhywun yn dweud, dyma'r stori oedd yn mynd rownd, dydw i ddim yn siŵr faint o wirionedd oedd ynddi, sef fod ei dad e wedi gadael ei fam pan oedd George yn grwt a bod ei

---

2   Cyn-Aelod Seneddol Ceidwadol Ynys Môn (1979-1987) a aeth i'r carchar am wneud ceisiadau niferus am gyfranddaliadau BT.

dad yn Gymro Cymraeg a bod y casineb, a dydw i ddim yn gor-ddweud drwy ei alw e'n gasineb, bod y *pathology* oedd 'da George ynghylch y Gymraeg a chenedlaetholdeb yn deillio o hynny. Roedd e'n cysylltu'r Gymraeg gydag atgofion am ei dad, oedd ddim yn atgofion melys na dymunol...

DEUDDEG PEINT A'R BLINCIN *BASEBALL CAP*
Ethol William Hague yn Arweinydd y Ceidwadwyr, 1997–2001

... 'Da William Hague, mae e wastad yn broblem i wleidydd p'un ai i sefyll am yr arweinyddiaeth ai peidio, yn enwedig i wleidydd ifanc. Y perygl yw bod ti'n penderfynu peidio gwneud, ac wedyn darganfod bod ti wedi colli dy gyfle. Rwy'n siŵr fod yr un peth yn wynebu Obama yn 2008 lle roedd e ond wedi bod yn aelod o'r Senedd am ddwy flynedd pan ddechreuodd e ymgyrchu. Ti felly ffaelu beio Hague am fynd amdani, a theimlo 'os nad ydw i mynd amdani tro 'ma bydd pobol yn teimlo 'mod i ddim isie fe, mae'n bosib bydd rhywun arall yn dod i'r fei sy'n fwy llachar, sydd hyd yn oed yn iau na fi' ayyb, ayyb. Ond fe wnaeth e nifer o gamau gwag yn gynnar iawn, a'r un mwya oedd y lleia mewn gwirionedd, sef y blincin *baseball cap* 'na, gyda 'Hague' wedi'i sgwennu arno fe. Chi weithiau'n cael delweddau sy'n torri trwodd gyda'r cyhoedd, ac os y'n nhw'n ddelweddau da, maen nhw'n fanteisiol iawn i chi, ond roedd yna ddelwedd o Hague gyda'i *comb-over*, yn gwisgo het *baseball* ar *log-flume* os cofia i'n iawn...[3]

Y broblem oedd ganddo fe, mi ddylse fe fod wedi adeiladu delwedd oedd yn awgrymu ei fod e'n fwy aeddfed a'i fod e ychydig bach yn hŷn nag oedd e, ond yn hytrach na 'ny, fe wnaeth e ymddangos fel un o swots yr ysgol yn ceisio bod yn cŵl... A'r holl fusnes 'na bod e'n gweithio ar lori'r bragdy ac yn

---

3   Mewn ymgais i gyfleu delwedd iau i'w blaid, roedd lluniau wedi eu cyhoeddi yn dangos William Hague yn gwisgo cap pêl-fas yn ystod ymweliad â pharc thema. Roedd yr ymateb i'r lluniau yn ddilornus a dweud y lleiaf.

yfed deuddeg peint yn ystod bob shifft. Ac fe drodd e, oedd yn drist achos mae e'n ddyn hynod o alluog a meddylgar, ond fe wnaeth e adeiladu delwedd odd *jest* yn farwol iddo fe, er dydw i ddim yn credu y galle unrhyw un arall fod wedi gwneud yn well...

'FEL BOD MEWN BANC'
Dyfodiad cyfrifiaduron a dechrau BBC News Online, 1997

... Mae'n rhyfeddol i feddwl am yr hyn ddigwyddodd; ac roedd y BBC yn gynnar iawn, dim ond ugain mlynedd yn ôl pan ddoth y system gyfrifiadurol gynta i ystafell newyddion y BBC yng Nghaerdydd. Fe ddoth mewn yn gynnar yn y nawdegau, cyn y rhyngrwyd. Ac roedd hwnna'n newid anhygoel. Rwy'n cofio bod 'na ddau beth wedi digwydd tua 'run pryd sef dod â chyfrifiaduron i mewn i'r stafell newyddion a gwahardd smygu. O ganlyniad, fe wnaeth hynny drawsnewid yr awyrgylch. Oherwydd cyn hynny, roedd y stafell newyddion yn lle llawn o fwg a chythreulig o swnllyd oherwydd roedd 'na fel bocs neu stafell wedi ei gwneud o wydr ynghanol y *newsroom* lle oedd yr holl *teleprinters*. Roedd 'na ddeg i ddwsin o *teleprinters* – o PA a Reuters a'r rhein i gyd – ac roedd bois, bechgyn oedden nhw i gyd bob tro, a'u hunig job oedd rhwygo'r stwff 'ma bant o'r *teleprinters* a dosbarthu fe i wahanol gorneli y stafell newyddion. A bydde pwy bynnag oedd yn cynhyrchu gyda rhyw beil o bapure a *spike* lle bydden nhw'n rhoi'r rhai doedden nhw ddim isie eu defnyddio. A hefyd, wrth gwrs, *typewriters*. Felly roedd holl sŵn y *typewriters*, trydan a *manual* 'ma, a'r *teleprinters* yn mynd, a'r lle'n llawn mwg, ac o fewn chwinciad roedd y lle fel bod mewn banc, fel mae e heddi, ac yn lle llawer mwy tawel a llai *macho* nag oedd e o'r blaen. Roedd 'na gyment o ddiwylliant yfed pan ddechreues i, gyda phawb yn yfed amser cinio...

SWYDDFA DICW
Ffrae adeilad y Cynulliad, 1998

... Oedd wir... Roedd honna'n stori. Roedd rhestr fer [o leoliadau posib ar gyfer y Cynulliad Cenedlaethol] 'da ti i gychwyn, gyda rhyw 14 o leoliadau a rhai ohonyn nhw'n gwbwl bisâr. Fe ofynnwyd i gynghorau enwebu llefydd falle fydde'n addas – roedd Abercynon yn un ohonyn nhw. A beth roedd Ron heb sylweddoli oedd ei fod e wedi agor y broses yma oherwydd bod Russell Goodway, Arweinydd Llafur Cyngor Caerdydd, yn ddyn Caerdydd mawr ac roedd e eisiau Cyngor enfawr i Gaerdydd... A gwnaeth e osod pris cwbwl wirion ar City Hall, ac roedd pawb wedi cymryd yn ganiataol fod y Cynulliad yn mynd i City Hall. Roedd graffeg rhaglen refferendwm 1997 yn dangos City Hall yng Nghaerdydd ond gofynnwyd am £80 miliwn i werthu'r adeilad. Roedd e, Russell Goodway, yn dweud bod angen lle newydd i'r Cyngor ond doedd hwnna ddim yn wir oherwydd bod neuadd sir De Morgannwg gyda nhw a phrin fod Neuadd y Ddinas yn cael ei defnyddio...

Dydw i ddim yn gwybod beth oedd Goodway isie gwneud 'da City Hall, ond doedd e ddim isie ei roi e i'r Cynulliad. Ond beth oedd Ron heb sylweddoli oedd bod gwahodd yr holl lefydd 'ma i wneud ceisiadau yn golygu bod ti'n saff o bechu pob un ohonyn nhw ond un trwy wrthod eu ceisiadau. Wnaeth Wrecsam ddim cyrraedd y rhestr fer felly wnaeth e bechu Wrecsam o'r cychwyn, ac wedyn fe wnaeth e bechu Abertawe. Mi aeth yr holl beth yn smonach llwyr a chyrraedd penllanw gyda'r gynhadledd newyddion yma gyda rhestr fer o dri. A'r tri ar y rhestr fer oedd Neuadd y Ddinas, Abertawe, Callaghan Square, Caerdydd a Thŷ Hywel ble mae'r Cynulliad. Ac mi roedden nhw wedi penderfynu taw yn Callaghan Square bydde fe ond ar y funud ola, o'n nhw'n mynd i'w wneud e fel cynllun PFI. Ond aeth yr hwch trwy'r siop gyda'r cynllun PFI ond roedden nhw eisoes wedi galw'r gynhadledd newyddion 'ma.

Felly, o'n nhw'n teimlo bod rhaid iddyn nhw gyhoeddi rhywbeth, a'r unig beth roedden nhw'n gallu gwneud yn y gynhadledd newyddion oedd dweud bod e ddim yn mynd i Abertawe achos bo nhw ddim yn gwybod p'run o'r ddau safle roedd e'n mynd i fynd iddo yng Nghaerdydd. Dydw i ddim yn gwybod p'un ai oedden nhw wedi derbyn cyngor anghywir ynghylch y costau ond aeth yr holl beth yn drychineb llwyr gyda nhw'n ein cadw ni i aros yn y gynhadledd newyddion 'ma yn y Swyddfa Gymreig gyda Ron yn dod mas a dweud: 'The Assembly will be sited in Cardiff'.

Rai wythnosau yn ddiweddarach, fe wnaethon nhw gyhoeddi ei fod e'n mynd i'r Bae, a gwnaeth Grosvenor Waterside, perchnogion y Pierhead, sbloets fawr o werthu'r Pierhead i'r Cynulliad am bunt. Fe wnaed hynny'n fyw, gyda fi'n gwneud yr eitem ar gyfer *Wales Today* a Ron Davies yn talu 'da'r bunten 'ma. Ac rwy'n cofio un o fois Grosvenor Waterside yn dod ata i wedyn a dweud:

> 'You know, this is the best deal we've ever done. That building needs millions spent on it. It's listed, we didn't have a clue what to do, we're so glad to get shot of it.'

Ac wrth gwrs, dros y blynyddoedd wedyn, mae'r Cynulliad wedi gwario ffortiwn ar yr adeilad, heb wybod beth i wneud 'da fe. Ac erbyn hyn, be sy 'da ti yw neuadd gwrdd, cwpwl o arddangosfeydd nad oes neb yn eu gweld, a swyddfa Dicw.[4]

THE BOURNE SUPREMACY
Penodi Nick Bourne yn llefarydd y Ceidwadwyr ar Gymru, Chwefror 1998

Roedd pawb yn dyfalu taw'r rheswm pam i William Hague benodi Nick Bourne oedd i gau allan Rod Richards. Roedd yr aelodau Ceidwadol eraill yng Nghymru oedd wedi colli

---

4   'Dicw' yw llysenw'r Athro Richard Wyn Jones, pennaeth Canolfan Llywodraethiant Cymru, a'r Pierhead yw cyfeiriad y ganolfan honno.

seddi yn etholiad cyffredinol '97, pobol fel Gwilym Jones[5] a Roger Evans,[6] mwy neu lai wedi diflannu. Roedden nhw i gyd wedi mynd 'nôl i Loegr neu, yn achos Gwilym, wedi mynd i redeg swyddfa'r post yn Llanbradach. Yr unig un o'r rheiny oedd yn dal o gwmpas oedd Rod. Ac wrth gwrs roedd William Hague yn ymwybodol iawn o gymhlethdodau Rod, ddwedwn ni. Felly, roedd e'n gorfod adeiladu rhywun lan fel y darpar arweinydd. Ac roedd Bourne wedi dod i'r amlwg yn ystod y refferendwm ac wedi dod yn rhyw fath o wyneb cyhoeddus i'r Ymgyrch Na. Felly, roedd e wedi adeiladu ei broffeil ac, wrth gwrs, trwy benodi Bourne, y gobaith oedd pe bai 'na etholiad maes o law i ddewis arweinydd Ceidwadwyr y Cynulliad, y byddai'r etholiad hwnnw wedi ei *pre-emptio* i raddau achos mae 'na duedd gan y Ceidwadwyr i gefnogi'r *status quo*.

MWY O MARMITE: RHODRI A RON
Y frwydr dros arweinyddiaeth y Blaid Lafur Gymreig rhwng Ron Davies a Rhodri Morgan, 1998

Wnaeth Rhodri lot yn well na'r disgwyl.[7] Roedd pobol yn rhyfeddu bod Rhodri wedi sefyll o gwbwl achos roedd rhai'n ystyried Ron i fod y gwladweinydd mwya roedd Cymru wedi gweld ers dyddie Owain Glyndŵr. Rwy'n meddwl bod Rhodri wedi gwneud cystal oherwydd bod Ron wedi mynd lan trwynau lot o bobol dros y blynyddoedd. Doedd 'na ddim gwahaniaethau gwleidyddol enfawr yna. Roedd Rhodri yn darlunio ei hun fel tase fe ychydig ymhellach i'r chwith. Roedd lot o bobol yn addoli Ron, ond roedd lot o bobol yn ei gasáu

---

5 Aelod Seneddol Gogledd Caerdydd 1983–1997.
6 Aelod Seneddol Ceidwadol Mynwy 1992–1997.
7 Sicrhaodd Rhodri Morgan 32% o'r bleidlais o'i gymharu â 68% Ron Davies. Wythnosau'n ddiweddarach ymddiswyddodd fel Ysgrifennydd Gwladol ac arweinydd y Blaid Lafur Gymreig wedi digwyddiad ar Gomin Clapham yn Llundain. Mae mwy am y digwyddiad hwn yng nghofnod 'Genau'r Glyn, 1 Mai 2014'.

e hefyd, roedd e'n Marmite hefyd. Ti ddim yn cyrraedd top y Blaid Lafur yng Nghymru, neu doeddet ti ddim yr adeg 'ny, heb wneud gelynion...

ROD YN TARO'R *G-SPOT*
Brwydr Rod Richards a Nick Bourne am arweinyddiaeth y Ceidwadwyr Cymreig, 1998

Roedd hi'n frwydr gas o'r cychwyn. Lansiodd Rod ei ymgyrch yn y Con Club yn y Tyllgoed, Caerdydd. Ac roedd Côr Meibion 'da fe, Radur rwy'n meddwl. Ac roedd e'n glasur o Rod yn martsio mewn gyda'r côr yn canu 'Rhyfelgyrch Gwŷr Harlech' neu rywbeth, a dim ond un gêr sy gan Rod fel gwleidydd, sef ymosod... Roedd Rod yn casáu William Hague erbyn hyn, falle oherwydd ei fod e wedi enwi Bourne. Roedden nhw'n arfer dweud am Heseltine mai fe oedd y gwleidydd oedd yn gwybod ble roedd *g-spot* y Blaid Geidwadol. Wel, Rod oedd y person oedd yn gwybod ble roedd *g-spot* Plaid Geidwadol Cymru. Roedd e'n gwybod sut i weithio'r stafell; roedd e'n gwybod y wleidyddiaeth oedd yn apelio atyn nhw. Roedd aelodaeth y blaid ar y pryd yn oedrannus, yn unoliaethol iawn, iawn, ac yn wrthwynebus i'r Gymraeg.[8]

TOCYN BREUDDWYDION PETER HAIN
Y ras am arweinyddiaeth y Blaid Lafur Gymreig rhwng Alun Michael a Rhodri Morgan, 1999

Rwy'n cofio un digwyddiad, roedd e'n rhyfeddol, lle wnaeth Peter Hain gael lansiad yn yr Eglwys Norwyaidd a dweud bod e isie cael *dream-ticket*, a'r *dream-ticket* fyddai Alun Michael fel arweinydd, a Rhodri a Wayne David fel ei ddau ddirprwy. A doedd Rhodri byth yn mynd i dderbyn hynny. Ond roedd Rhodri ac Alun yn ffrindie ac fe geson nhw eu hethol yn yr

---

8   Cyhoeddwyd canlyniad yr ornest i ddewis arweinydd y Ceidwadwyr Cymreig yn y Cynulliad ym mis Tachwedd 1998. Rod Richards oedd yn fuddugol.

un flwyddyn, ym 1987. Ac ma 'na lun enwog ohonyn nhw yn rhedeg marathon Llundain gyda'i gilydd...

Roedd Alun Michael yno fel dyn Blair. Doedd e ddim yna oherwydd ei fod e'n bersonol wrthwynebus i Rhodri. Roedd e yna oherwydd bod Blair isie fe 'na. Sai'n siŵr a oedd Alun isie'r arweinyddiaeth gymaint â 'ny...[9]

Rydw i'n hoff o Alun... wedi ei nabod e ers pan o'n i'n ddeuddeg oed ac roedd ei ymroddiad e, yn enwedig i bobol ifanc ddifreintiedig, yn gwbwl ddiffuant. Doedd e ddim yn arweinydd sinicaidd. I fod yn deg 'da Rhodri, ar ôl i'r Cynulliad ffurfio, roedd Rhodri yn hollol deyrngar i Alun. Fe roedd 'na resyme tactegol am hynny ond byse fe wedi bod yn hawdd iawn i Rhodri fod wedi pwdu, ond wnaeth e ddim...

PROBLEM AMCAN UN, 1998

... Hwrê! Problem Amcan Un. Rwy'n cofio rhywun yn dweud wrtha i – Phil Williams – y dyn oedd wedi cael y syniad o dynnu'r map bisâr yma i gael arian Amcan Un. Roedd Cymru cyn hynny wedi ei gwahanu'n ddau ranbarth economaidd, Gogledd a De. Ac fe gafodd y syniad, os oeddet ti'n hwpo'r Cymoedd mewn gyda'r Gorllewin byset ti'n cael yr arian yma, byset ti'n cwrdd â'r *criteria*. Ac fe wnaeth Ron Davies, chware teg iddo fe, bigo lan ar y syniad a rhedeg 'da fe a chael yr arian. Ond y broblem oedd 'da ti, rwy'n cofio Phil Williams yn dweud:

> 'It's so much money, it doesn't matter how it's spent. Just injecting that money into the economy will, of itself, transform the economy.'

Felly, roedd 'na agwedd o'r cychwyn cynta, a bod yn onest, bod 'na ddim lot o ots shwd oeddet ti'n gwario'r arian, jest

---

9   Yn y coleg etholiadol a ddefnyddiwyd i ddewis arweinydd Llafur yn y Cynulliad, enillodd Alun Michael am fod undebau'r AEEU a'r T&G wedi ei gefnogi wedi penderfyniad gan eu harweinwyr, nid eu haelodau.

dy fod ti'n ei wario fe. Pan ti'n gweld y ffordd mae peth o'r arian wedi ei wario dros y blynydde, ti'n gallu gweld pam fod rhai pobol, yn hytrach na gweld y gwariant fel arwydd fod Ewrop yn beth da i Gymru, bod nhw'n ei weld e fel corff gwastraffus... Ond wrth gwrs, nid yr Undeb Ewropeaidd oedd yn penderfynu shwd oedd yr arian yna'n cael ei wario. Wrth gwrs, roedden nhw'n gosod canllawiau, ond nid yr Undeb Ewropeaidd oedd yn taflu arian at y ganolfan 'na yn y Bala [Cywain], neu Dŷ Siamas [yn Nolgellau] neu Bafiliwn Bont.

Wrth gwrs, mae lot o'r arian Ewropeaidd wedi ei wario ar bethau da, ond cymera di sefyllfa fel Merthyr, er enghraifft. Ti'n cerdded trwy Stryd Fawr Merthyr ac mae'r palmentydd a'r celfi stryd i gyd yn hyfryd; ma 'da ti ddwy ganolfan gelfyddydol o fewn canllath i'w gilydd – ma 'da ti'r Redhouse a Soar sy'n gwneud mwy neu lai yr un peth. Ma 'da nhw theatrau tebyg i'w gilydd a does 'na ddim lot yn mynd ymlaen ynddyn nhw mewn gwirionedd. Ac wedyn ti'n edrych ar y siope ac maen nhw i gyd yn wag neu'n siope elusen. A'r eironi yw bod y corff Cymreig sydd yng ngofal gweinyddu'r arian yma, WEFO, yn cael marcie uffernol o uchel gan yr Undeb Ewropeaidd am eu gwaith nhw, oherwydd yn wahanol i wledydd eraill maen nhw'n sticio'n gwbwl *rigid* at ganllawiau'r Undeb Ewropeaidd. Felly dyna pam bo nhw'n cael marcie uchel, lle mae gwledydd eraill yn bod yn greadigol ac yn trio cael ffyrdd o gwmpas y rheolau i wario ar stwff sy'n gwneud gwahaniaeth go iawn.

YMGYRCH OFNADWY: ETHOLIAD ROD
Y Ceidwadwyr Cymreig ac ymgyrch Etholiad y Cynulliad, Ebrill 1999

Wel, mi roedd hi'n ymgyrch ofnadwy. Mi roedd Rod bron fel petai e'n ailymladd y Refferendwm. Am wn i, yr ymresymiad iddo fe oedd hyn: tase fe'n gallu cael pawb oedd wedi pleidleisio 'Na' neu gyfran helaeth o'r bobol odd wedi pleidleisio 'Na' i bleidleisio i'r Ceidwadwyr yna bysen nhw'n gwneud yn dda. Ond roedd Rod yn diethrio cymaint o bobol a doedd e ddim yn edrych fel Prif Weinidog posibl. Ti'n gweld y gwrthgyferbyniad rhwng y tîm yna a thîm Plaid Cymru, a ti'n gallu gweld pam wnaeth Plaid Cymru'n dda: roedd 'da ti Dafydd Wigley a Cynog Dafis roedd pobol yn nabod, ac roedd 'na deimlad mai sefydliad Plaid Cymru oedd y Cynulliad felly bydde Plaid Cymru yn gwybod shwd i'w redeg e. Ond doedd ymgyrch Plaid Cymru ddim yn berffaith chwaith...

ANNIBYNIA FAWR
Plaid Cymru a'u polisi ar annibyniaeth, ymgyrch Etholiad y Cynulliad, Ebrill 1999

Roedd yr holl beth yn hurt bost. Beth oedd Dafydd Wigley[10] yn ceisio'i ddweud, ac roedd e'n gywir, oedd bod Plaid Cymru yn tueddu i beidio defnyddio'r gair 'annibyniaeth', a bod Plaid Cymru'n tueddu i ddefnyddio termau fel 'hunan-lywodraeth' neu 'ymreolaeth' neu 'Statws Dominiwn', a bod 'Annibyniaeth' fel gair ar hyd eu hanes yn un nad oedden nhw'n tueddu i'w ddefnyddio. Ond, beth maen nhw wedi bod yn galw amdano yw'r hyn y mae pawb arall yn ei alw yn 'Annibyniaeth' ac, wrth gwrs, roedd 'na ddigon o enghreifftiau, ddim efallai yn enghreifftiau cyffredin, lle roedden nhw wedi defnyddio'r gair 'Annibyniaeth'. Mi roedd e'n beth bisâr i'w wneud ond mae Dafydd Wigley yn gallu bod yn fyrbwyll. Ac mi roedd e mewn cynhadledd newyddion, os cofia i, pan ddwedodd e'r peth, ac efallai y bydde fe wedi bod yn iawn petai e wedi dweud nad oedd Gwynfor byth wedi defnyddio'r gair annibyniaeth.

---

10 Pan gyhoeddodd Dafydd Wigley faniffesto Plaid Cymru ar gyfer etholiad cynta'r Cynulliad, dywedodd nad oedd y blaid erioed wedi galw am annibyniaeth i Gymru, ond yn hytrach am hunan-lywodraeth o fewn yr UE. Cyhuddwyd Plaid Cymru o geisio twyllo'r etholwyr ac o ailysgrifennu ei hanes.

DECHRAU'R DIWEDD I ARWEINYDDIAETH ALUN MICHAEL
Canlyniad Etholiad y Cynulliad, Mai 1999

Rwy'n meddwl ein bod ni i gyd yn disgwyl i Lafur gael mwyafrif,[11] a tase hynny wedi digwydd, byddai Alun Michael wedi bod yn ddiogel. Cael 28 sedd a diffyg mwyafrif wnaeth wneud Llafur yn fregus a doedd Alun ddim, am ryw reswm, a dydw i dal ddim yn deall hyd heddiw pam, ddim isie mynd i glymblaid. Dydw i ddim yn meddwl y bydde'r Democratiaid Rhyddfrydol wedi gwrthod mynd mewn i glymblaid. Mae'n bosib mai'r hyn oedd wrth wraidd penderfyniad Alun i beidio clymbleidio â'r Democratiaid Rhyddfrydol oedd bod e ddim yn hoffi eu harweinydd, Mike German, rhyw lawer.[12]

Mae gwleidyddiaeth Cyngor Caerdydd yn tueddu i fwydo drwyddo weithie i wleidyddiaeth genedlaethol Cymru. Ti'n gweld e gyda busnes Neuadd y Ddinas a Russell Goodway, perthynas Rhodri ac Alun, y berthynas gyda Mike German. Ystyria di faint o gyn-gynghorwyr Caerdydd oedd yn y Cynulliad cynta. Roedd o leia un o bob deg o Aelodau'r Cynulliad cynta 'na'n gyn-gynghorwyr Cyngor Caerdydd.

Mae'n gwestiwn da beth ddigwyddodd, wedi'r holl drafod, cwmpo mas a diwedd ar Alun Michael[13] i gwestiwn y *match-funding*.[14] Y cwestiwn mawr ar y pryd oedd o ble y byddai'r arian cyfatebol yn dod. Ac fe gafodd Llywodraeth Cymru rywbeth yn y diwedd. Fe roedd 'na ryw *fudge* neu *fix*.

---

11 Canlyniad etholiad cyntaf y Cynulliad oedd 28 o seddi i Lafur, 17 i Blaid Cymru, 9 i'r Ceidwadwyr a 6 i'r Democratiaid Rhyddfrydol. Profodd wythnosau cynta'r sefydliad newydd yn rhai tanllyd.

12 Mike German oedd arweinydd Democratiaid Rhyddfrydol Cymru rhwng 1998 a 2008.

13 Ar 9 Chwefror 2000, funudau wedi iddo ymddiswyddo, cefnogodd mwyafrif yr ACau gynnig o ddiffyg hyder yn y Prif Ysgrifennydd Alun Michael. Yn ôl y gwrthbleidiau, diffyg addewid clir y byddai'r cyllid cyfatebol ychwanegol ar gyfer yr arian Amcan Un ar gael oedd y rheswm dros y bleidlais.

14 Châi Cymru ddim yr un ddimai goch o arian Amcan Un oni bai fod arian cyfatebol ychwanegol.

'THE MALEVOLENT SEVEN'
Diwedd gyrfa Rod Richards, Awst 1999

Cyhuddwyd Rod Richards o ymosod ar wraig 22 oed. Camodd o'r neilltu fel arweinydd Ceidwadwyr y Cynulliad o ganlyniad i'r honiadau. Fe'i cafwyd yn ddieuog yn Llys y Goron Kingston ar 23 Mehefin 2000.

Wedi i Rod ildio'r awenau, fe gefais ti etholiad, ond dim ond aelodau'r grŵp Ceidwadol oedd yn pleidleisio – disgrifiad Rod o aelodau'r grŵp oedd 'the malevolent seven'. Roedd 'na naw yn y grŵp Ceidwadol, ac roedd e'n eithrio David Davies, Mynwy. David Davies oedd yr unig un oedd yn dod mlân gyda Rod mewn gwirionedd. Felly, fe wnaeth Rod gael y gynhadledd newyddion fwya boncyrs 'ma, gyda fe, yn llythrennol, yn tasgu. Roedd e mor grac... yn ymosod ar 'the malevolent seven under Nick Bourne'. A beth oedd yn digwydd, wrth gwrs, doedd Rod heb ei gael yn euog o unrhyw beth ond doedd dim dewis 'da nhw ond gofyn i Rod sefyll naill ochr. Ond trwy ei ymddygiad wrth gamu i'r naill ochr, fe wnaeth Rod hi'n gwbwl amhosibl i unrhyw un ddychmygu y bydde fe'n gallu dod 'nôl dan unrhyw amgylchiadau. Ac rwy'n meddwl, erbyn hyn, fe fydde Rod yn cyfadde, roedd probleme mawr 'da'r ddiod 'da fe ar y pryd...[15]

Mae e wastad wedi hala fi i grafu 'mhen, oherwydd bod e ddim wedi digwydd i fi, ond mae 'na lot o ddynion pan maen nhw'n cyrraedd y pumdegau'n troi'n flin ac yn chwerw iawn. Nhw sy'n gadael sylwadau ar flogs, a nhw oedd yn arfer sgwennu llythyrau at y *South Wales Echo* yn cwyno am bopeth, ac roedd y duedd hon efallai wedi effeithio ar Rod. A dydw i ddim yn gwybod be sy'n achosi i hynny ddigwydd i ddynion achos dyw e ddim yn digwydd i ferched...

---

15   Yn Chwefror 2002, dywedodd Rod Richards wrth bapur newydd y *Mail on Sunday* fod alcoholiaeth yn ei ladd.

YN Y CLWB
Bywyd cymdeithasol y BBC

Mae'r diwylliant yfed wedi newid nawr a dyna pam bod yr holl dafarndai wedi cau. Pan o'n i'n cychwyn yn y BBC roedd Clwb y BBC yn orlawn – nid dim ond amser cinio, ond fin nos hefyd.[16] Ac mae'n bosib mai'r rheswm am y newid yw bod y berthynas rhwng dynion a menywod wedi newid, lle mae disgwyl i ddynion fynd adre, i helpu gyda'r plant ac yn y blaen. Yn yr hen ddyddie, roedd y wraig yn rhedeg y tŷ ac roedd y dyn yn mynd i'r gwaith ac roedd e'n mynd mas i yfed 'da'i fêts a chyrraedd 'nôl am ddeg o'r gloch a dyna pam fod tafarndai'n cau. Wrth gwrs, mae 'na ffactorau eraill, ond y prif reswm falle yw bod gwragedd yn disgwyl i'w gwŷr nhw fod gartre.

BRAD YN Y BAE
Diwedd Alun Michael, Chwefror 2000

Yn y Cynulliad ar Chwefror y 9fed, cynhaliwyd yr ail o ddwy bleidlais o ddiffyg hyder yn Alun Michael fel Prif Ysgrifennydd. Roedd y cynnig cyntaf wedi cael ei drechu. Y tro hwn ymddiswyddodd Alun Michael cyn y bleidlais. Serch hynny, penderfynodd y Llywydd, Dafydd Elis-Thomas, fwrw mlaen â hi. Cefnogodd 31 o ACau y cynnig, gyda 27 yn erbyn, ac un, Alison Halford, yn atal ei phleidlais. Dewiswyd Rhodri Morgan fel arweinydd yn lle Alun Michael.

Dydw i ddim yn credu bod 'na unrhyw gynllwyn wedi bod rhwng y gwrthbleidiau a chefnogwyr Rhodri Morgan – hynny yw, cynllwyn bwriadol i danseilio Alun Michael er mwyn i Rhodri Morgan gymryd ei le. Ond roedd hi'n ymddangos fel pe bai pob un o'r pleidiau yn gyson wanhau y llywodraeth. O safbwynt y Rhyddfrydwyr, roedd Mike German isie clymblaid; roedd Plaid Cymru, fel y brif wrthblaid, isie profi eu bod

---

16   Mae Clwb y BBC yn glwb yfed preifat ar gyfer staff y BBC, wedi ei leoli ar dir Canolfan Ddarlledu Llandaf.

nhw'n wrthblaid effeithiol. Ar y pryd, ar ôl gwneud cystal yn 1999, lot gwell na'r SNP, roedden nhw wir yn meddwl y bysen nhw'n cystadlu i oddiweddyd Llafur erbyn 2003. Felly roedden nhw, Plaid Cymru, isie tanseilio Llafur, er mai'r ffordd orau o danseilio Llafur fyddai gadael i Alun Michael barhau. Mi roedd yr awyrgylch yn wenwynig, pan ti'n meddwl am Rod a Ron, ac mi roedd 'na syniad y byddai Rhodri Morgan yn gallu gwneud iddo fe weithio a bod ganddo fe hygrededd fel arweinydd cenedlaethol... Nid am nad oedd cryfderau gan Alun ond oherwydd y ffordd roedd e wedi cael ei orfodi ar Gymru. Ti'n cofio llyfr gwych Paul Flynn *Dragons Led by Poodles*? Ac mi roedd y label yna, pŵdl, wedi sticio ym meddylie'r cyhoedd.[17] Ac nid dim ond bod Alun Michael yn bŵdl i Tony Blair ond fod yr holl Gynulliad, ryswut, yn bŵdl.

PRIF WEINIDOG ANSWYDDOGOL CYMRU
Ethol Rhodri Morgan yn 'Brif Weinidog Cymru', Chwefror 2000

Un o'r pethe cynta wnaeth Rhodri Morgan, ar ôl yr holl nonsens rhwng Jack Straw a Ron Davies ynghylch yr enwau a'r statws, oedd anwybyddu'r cyfan o'r hyn roedd y gyfraith yn ei ddweud, a galw ei hunan yn Brif Weinidog a galw pawb yn Weinidogion a'r llywodraeth yn 'Llywodraeth'. Wrth gwrs, yn gyfreithiol, roedd y Cynulliad yn dal i weithio ar y system gorfforaethol 'na. Ond, i bob pwrpas, fe wnaeth Rhodri newid Mesur Cymru o'i ben a'i bastwn ei hun, gyda chydsyniad Plaid Cymru a'r Rhyddfrydwyr. A phan ddaeth Mesur Cymru 2005, dal lan *de jure* gyda'r hyn oedd eisoes wedi digwydd *de facto* oedd lot o hynny. I fod yn deg, roedd hynny'n dangos arweiniad mawr ar ran Rhodri Morgan ac wedyn, wrth gwrs, daeth y glymblaid.

---

17 *Dragons Led by Poodles: Inside Story of a New Labour Stitch Up* gan Paul Flynn. Cyhoeddwyd gan Politico's ym mis Tachwedd 1999.

WYLIT WIGLEY
Ymddiswyddiad Dafydd Wigley o lywyddiaeth
Plaid Cymru, Mai 2000

Wel, roedd hwnna'n ddigwyddiad rhyfedd iawn o ystyried pa
mor gadarn yw ei iechyd e heddi. Fe gafodd e drafferth 'da'i
galon ond mi roedd 'na sïon wedi bod am gynllwyn yn ei
erbyn e. Ti'n cofio'r Curry House Plot?[18] Dyma ddyn oedd wedi
arwain ei blaid i ganlyniad aruthrol flwyddyn ynghynt ac eto
roedd 'na gyllyll yn ei gefn. Pam? *Egos*, yn fwy na dim… Ac
er mai Ieuan Wyn Jones[19] wnaeth ei olynu, mi roedd 'na elfen
chwith/de yna hefyd. Yn draddodiadol, roedd Wigley yn cael ei
weld fel person ar y dde yn nhermau Plaid Cymru.

'PLAID CYMRU *LITE* A'R DŴR COCH CLIR,[20]
Hydref 2000
Cyfeiriad gwleidyddol llywodraeth Rhodri Morgan

Dyma Rhodri'n dechrau synhwyro bod y sglein yn mynd oddi
ar Tony Blair fel Prif Weinidog. Ac mewn unrhyw system led-
ffederal mae'r etholwyr yn tueddu i ddefnyddio'r etholiadau ail
radd i gosbi'r cynradd. Er enghraifft, ti'n edrych ar Awstralia,

---

18 Dywedodd Mr Wigley ar y pryd nad oedd ganddo unrhyw dystiolaeth o
    gynllwyn yn ei erbyn, a gwadodd Ieuan Wyn Jones ei fod wedi bod yn
    rhan o unrhyw gynllwyn hefyd.
19 System un aelod un bleidlais a ddefnyddiwyd i ddewis arweinydd
    newydd Plaid Cymru. Sicrhaodd Ieuan Wyn Jones 77% o'r pleidleisiau
    a fwriwyd, gyda Helen Mary Jones a Jill Evans, yr ymgeiswyr eraill, yn
    bell ar ei ôl.
20 Roedd y Ceidwadwyr yn defnyddio'r ymadrodd 'dŵr glas clir' wrth sôn
    am wahaniaethau polisi sylweddol rhwng eu plaid nhw a'r pleidiau
    eraill. Roedd Rhodri Morgan wedi bwriadu defyddio'r ymadrodd 'dŵr
    coch clir' mewn araith yng nghynhadledd Llafur Cymru yn 2002 er
    mwyn gwahaniaethu rhwng polisïau ei lywodraeth yntau yng Nghymru
    ac un Tony Blair yn San Steffan, lle roedd yna fwy o bwyslais ar
    gynnig dewis i bobl o ran ysgolion ac yn y gwasanaeth iechyd. Wnaeth
    Mr Morgan ddim yngan y geiriau yn y pen draw gan awgrymu'n
    ddiweddarach ei fod wedi eu hepgor er mwyn arbed amser. Fodd
    bynnag, fe grisialodd yr ymadrodd egwyddorion ei lywodraeth a dod yn
    llaw fer cyfarwydd i grynhoi nifer o'i hamcanion.

mi fedri di fetio os oes 'na lywodraeth dau dymor wedi bod yn Canberra, mi fydd pob un dalaith yn cael ei rhedeg gan yr wrthblaid – mae'n naturiol. Fe wnaeth Rhodri, felly, synhwyro ei bod hi'n anorfod yn 2003 y bydde 'na *swing* yn erbyn Llafur ac y byddai pobol yn defnyddio'r etholiad i gosbi Llafur, felly mi roedd e isie i'r etholwyr bleidleisio ar delerau Cymreig. Ac roedd e'n cychwyn ar yr ymagweddu yma, ac mae Carwyn Jones wedi gwneud hyd yn oed mwy ohono fe, o droi *brand* Llafur Cymru yn 'Plaid Cymru *Lite*'.

CHINESE TAKEAWAY: CLYMBLAID I GYMRU
Cyhoeddi clymblaid Lafur a'r Democratiaid Rhyddfrydol, 2001–2003

Sai'n gwybod pryd dechreuodd y trafodaethau rhwng y ddwy blaid ond mi roedden nhw'n cwrdd yn y Red Dragon Centre[21] yn y Bae oherwydd bod y tai bwyta yn fan'na, dy'n nhw ddim y math o dai bwyta y mae pobol y Cynulliad yn mynd iddyn nhw. Maen nhw'n llawn o deuluoedd ac yn y blaen ac mi roedden nhw'n cwrdd yng nghefn rhyw Chinese Buffet i drafod. Y gwir amdani yw bod y Rhyddfrydwyr yn awchu i gael clymblaid ac mi roedd ganddyn nhw reswm gwleidyddol synhwyrol iawn... Roedden nhw wedi cael etholiad siomedig yn 1999 ac roedd ganddyn nhw syniad oedd yn gwneud synnwyr pur ar bapur, sef y byset ti'n gallu dangos i'r pleidleiswyr Llafur yn rhanbarthau'r De fod yna ddim pwynt iddyn nhw bleidleisio Llafur ar y rhestr. A'r syniad felly oedd darbwyllo miloedd ar filoedd o gefnogwyr Llafur i bleidleisio Llafur yn yr etholaethau a Lib Dem ar y rhestrau, yna bysen nhw'n cadw'r Ceidwadwyr a Phlaid Cymru mas. Ond, fe wnaethon nhw fethu â chael y neges 'na drosodd, roedd hi'n rhy gymhleth fel neges ond roedd y syniad strategol yn gywir.

---

21   Canolfan adloniant ym Mae Caerdydd sy'n cynnwys sinemâu a thai bwyta.

'Y DYN TAWEL': IAIN DUNCAN SMITH
Etholiad Cyffredinol 2001 a dyrchafiad Iain Duncan Smith

Bach iawn a newidiodd gydag etholiad cyffredinol 2001 – gyda llywodraeth Lafur Tony Blair ond yn colli pum sedd, a'r Ceidwadwyr yn ychwanegu un yn unig at eu cyfanswm hwythau. Bu'n rhaid i William Hague ymddiswyddo fel arweinydd y Ceidwadwyr. Etholwyd Iain Duncan Smith yn olynydd iddo.

Dyna oedd yr arwydd cynta, rwy'n meddwl, fod y gynneddf wrth-Ewropeaidd 'ma wedi cymryd y Blaid Geidwadol drosodd – dyna pam enillodd Iain Duncan Smith. Doedd dim *charisma* 'da fe o gwbwl, doedd ganddo fe ddim lot o sgilie gwleidyddol ond fe roedd e'n wrth-Ewropeaidd. Dyna'r arwydd cynta fod Ewrosgeptigiaeth wedi cymryd drosodd ymhlith aelodau cyffredin y blaid ac fe ymledodd e wedyn i bleidleiswyr y Blaid Geidwadol a dyna'r rheswm am y Refferendwm ar Ewrop maes o law. Roedd ethol Iain Duncan Smith yn arwyddocaol os wyt ti'n edrych 'nôl o safbwynt Brexit.[22]

RHYFEL IRAC
Mawrth 2003

Mae 'na hen ddywediad mewn gwleidyddiaeth o eiddo Enoch Powell, 'All careers end in failure' ac mae Irac a chwymp Tony Blair yn glasur o ran *hubris* a *nemesis*. Tybed a fyddai ein canfyddiad ni o Tony Blair yn gyfan gwbwl wahanol pe bai Al Gore wedi trechu George Bush yn Florida yn yr etholiad arlywyddol yn 2000?

Gyda Gore neu Bush yn Arlywydd America, fe fyddai 9/11 wedi digwydd ond fyddai Irac ddim wedi digwydd pe bai Gore yn Arlywydd. Heb Irac, felly, a fydde'n canfyddiad ni o Blair

---

22 Collodd Iain Duncan Smith bleidlais o ddiffyg hyder yn ei arweinyddiaeth gwta ddwy flynedd ers iddo gymryd awenau'r Blaid Geidwadol. Fe'i olynwyd gan un o feibion Llanelli, Michael Howard.

yn wahanol? Does dim dwywaith mai dyna'r staen ar Blair na wnaiff fyth ddiflannu, a'i wendid e oedd yr argyhoeddiad dwfn yma fod yn rhaid i lywodraeth Prydain glymu ei hun wrth lywodraeth America, waeth pwy oedd yr Arlywydd a beth bynnag roedden nhw'n gwneud neu'n ei ddweud. A'r eironi yw hyn: pan oedd Wilson yn Brif Weinidog Llafur, ac mae llawer yn meddwl fod Wilson yn ddiegwyddor, fe gadwodd Wilson Brydain allan o Fietnam. Roedd Wilson yn fodlon sefyll lan i America felly yn yr ystyr hynny, fe elli di ddweud bod gan Wilson fwy o asgwrn cefn na Blair ac mai'r dallineb 'na tuag at yr Unol Daleithiau oedd ei wendid mawr e.

Yn ail etholiad y Cynulliad ar 1 Mai 2003 enillodd Llafur 30 sedd a chollodd Blaid Cymru 5 sedd gan arwain at ymddiswyddiad Ieuan Wyn Jones o arweinyddiaeth Plaid Cymru am dri mis, cyn iddo ddychwelyd i'r swydd. Sicrhaodd y Ceidwadwyr 9 sedd, dwy yn fwy nag yn yr etholiad cyntaf, tra arhosodd y Democratiaid Rhyddfrydol yn yr unfan ar 6 sedd.

PHIL WILLIAMS
Marwolaeth yr Athro Phil Williams, cyn-AC Plaid Cymru, Mehefin 2003

Rwy'n cofio isetholiad Caerffili yn 1968[23] a bryd 'ny o'n i'n rhyw 10 oed ac yn dwlu ar wleidyddiaeth, ac mi aeth Dad a fi i ddau gyfarfod cyhoeddus yng Nghaerffili, un Llafur ac un Plaid Cymru. Rwy'n meddwl mai isetholiad Caerffili oedd yr ola o'i deip lle roedd 'na gyfarfodydd cyhoeddus di-ri. Fe es i i gyfarfod Plaid Cymru gyda Phil Williams a'r actor, Meredith Edwards, yn Fochriw ar dop Cwm Rhymni... Dyma Phil Williams yn cyrraedd mewn car Gilbern roedd e wedi ei fenthyg ar gyfer yr isetholiad. A'r Gilbern oedd y *sportscar* Cymreig wedi ei wneud mas o wydr-ffeibr ac fe roedd e fel

---

23 Galwyd yr isetholiad wedi marwolaeth yr aelod Llafur, Ness Edwards. Ei gyd-Lafurwr Alfred Evans a enillodd, ar waethaf gogwydd enfawr tuag at Phil Williams o Blaid Cymru.

rhyw *mad professor*, ei wallt e mas fan hyn ac yn gyrliog ac yn goch.

Mi roedd 'na rywbeth annwyl tu hwnt amdano fe ond faint o wleidydd oedd e, dydw i ddim yn siŵr. Roedd e'n fwy o feddyliwr nag oedd e o wleidydd, a phan gyrhaeddodd e'r Cynulliad fe gyrhaeddodd e'n eitha annisgwyl ar ryw ystyr, achos doedd e ddim wedi sefyll mewn etholaeth. Y peth arall sy'n werth cofio yw nad academydd ar wleidyddiaeth oedd e, gwyddonydd oedd e, a doedd e ddim yn arbenigwr ar Amcan Un neu gyllido. Ond yr hyn oedd e oedd un o'r bobol amldalentog 'ma oedd yn tasgu syniadau – weithiau doedd y syniade hynny ddim yn syniade *grêt*, ar adegau eraill roedden nhw'n syniade *ffantastig*!

PENNOD 2

Dechreuadau digidol y 'Blog Bach', 2004–2005

SERCH NAD OEDD hi'n amlwg ar y pryd, roedd 2004 yn drobwynt yn hanes cyfansoddiadol Cymru. Ac, yn ffodus i newyddiaduraeth Gymraeg, dyma pryd y dechreuodd Vaughan gofleidio'r gofod digidol newydd o ddifrif mewn colofn wythnosol o'r enw 'O Vaughan i Fynwy' ar gyfer gwasanaeth newyddion ar-lein y BBC, Cymru'r Byd.

Rai misoedd cyn i Vaughan ysgrifennu'r golofn gyntaf, cyhoeddwyd adroddiad Comisiwn Richard. Wedi dwy flynedd o bwyso a mesur, casglodd y deg comisiynydd, dan arweiniad yr Arglwydd Ivor Richard, cyn-weinidog Llafur a chomisiynydd Ewropeaidd, fod angen pwerau deddfu ar y Cynulliad, ugain o aelodau ychwanegol a newid i'r system bleidleisio. Er mai croeso nodweddiadol o ofalus a gafodd yr adroddiad, roedd hadau newid sylfaenol wedi'u plannu.

Dilynwyd Adroddiad Richard gan gyfnod o ymgyrchu ar gyfer etholiadau llywodraeth leol ac etholiad Ewropeaidd. Uwchlaw popeth, y pwnc a hoeliodd sylw'r cyhoedd a'r wasg yn ystod y cyfnod hwn oedd rhyfel Irac.

Yng Nghymru, cafodd penderfyniad y Prif Weinidog Rhodri Morgan i beidio â mynd i Normandi i gofio chwe deg mlwyddiant glaniadau D-Day ei feirniadu'n hallt. Yn hytrach, aeth i gyfarfodydd i geisio denu cwpan golff Ryder i Gymru.

Draw yn y Gorllewin, roedd 'na fath gwahanol o chwerwder i'w deimlo. Mewn ymgais i atal datblygu 6,500 o dai yng

Ngheredigion, cafwyd refferendwm ar gael maer i'r sir. Methodd ymdrechion Simon Brooks a'i gyd-ymgyrchwyr i'r perwyl hwn, ond gadawodd y dadlau ei ôl.[24]

Ar Fehefin y 10fed, cafwyd dedfryd y pleidleiswyr yn yr etholiadau lleol ac Ewropeaidd. Collodd Llafur 460 o gynghorwyr ar draws Cymru a Lloegr gan ildio rheolaeth dros gaerau fel Abertawe, Caerdydd a Phen-y-bont. Roedd yna beth cysur, fodd bynnag, wrth iddyn nhw adennill cynghorau Caerffili a Rhondda Cynon Taf gan Blaid Cymru – ardaloedd a ddaeth i feddiant byrhoedlog y cenedlaetholwyr yn 1999.

Cymysg hefyd oedd canlyniadau'r etholiad Ewropeaidd. Cadwodd y Blaid Lafur ei dwy sedd Gymreig, ac fe gafodd y Ceidwadwyr a Phlaid Cymru un yr un. Ond roedd Plaid Cymru wedi colli 12% o'r bleidlais.

Y ffenomenon arall a welwyd yn yr etholiad hwn oedd llwyddiant annisgwyl UKIP. Enillodd UKIP 10% o'r bleidlais Gymreig gan wthio'r Democratiaid Rhyddfrydol i'r pumed safle.

Wythnos yn ddiweddarach cyhoeddwyd y golofn gyntaf yn y gyfres 'O Vaughan i Fynwy' ar wefan y BBC.

Dydd Iau, 17 Mehefin 2004

A chyffro'r etholiadau yn tawelu a'r haf hirfelyn di-wleidyddiaeth yn nesáu, mae 'na beryg y gallai tudalennau *Pobl a Phŵer* fod braidd yn segur dros yr haf.[25]

Mewn ymgais felly i gadw pethau i fynd ac i lenwi'r oriau tawel yn swyddfa'r uned wleidyddol, penderfynwyd rhoi cynnig ar y blog bach yma. I fi mae'n golygu cyfle i rannu ambell i stori fach a chyfle i wyntyllu ambell i syniad a damcaniaeth.

Beth am gychwyn â'r etholiadau lleol? Gan anwybyddu'r wleidyddiaeth bleidiol am y tro roedd 'na sawl agwedd galonogol.

---

24   Bwriodd 36.3% o etholwyr y sir bleidlais, gyda 5,308 o blaid a 14,013 yn erbyn yn y refferendwm a gynhaliwyd ar 20 Mai 2004.

25   Ar y pryd, *Pobl a Phŵer* oedd yr enw a roddwyd ar adran wleidyddol gwasanaeth ar-lein y BBC.

Yn gyntaf, gyda bron i hanner yr etholwyr wedi bwrw pleidlais, mae'n ymddangos bod yr ofnau ynghylch difaterwch yn gymharol ddi-sail.

Mae'n anodd credu y byddai cyflwyno'r bleidlais bost yng Nghymru yn gwneud llawer o wahaniaeth – newyddion da i'r rheiny ohonom ni sy'n mwynhau'r ddefod yn yr orsaf bleidleisio!

Roedd 'na fwy o ymgeiswyr nag erioed o'r blaen hefyd, gyda'r rhan fwyaf o wardiau â hen ddigon o ddewis.

Y smotyn du unwaith yn rhagor oedd Powys. Sut ar y ddaear mae esbonio'r ffeithiau rhyfeddol fod dwy ran o dair o gynghorwyr Powys wedi eu hethol yn ddiwrthwynebiad a bod mwy o ymgeiswyr mewn un ward yn Abertawe nag yn Sir Drefaldwyn gyfan?

Mae'n cynghorau yn well adlewyrchiad o'n cymdeithas, gyda mwy o ferched a chynghorwyr iau yn cael eu hethol.

Rodney Berman fydd y dyn hoyw agored cyntaf i arwain Cyngor Cymreig yng Nghaerdydd, ac er gwaetha paranoia gwrth-Islamaidd y blynyddoedd diwethaf etholwyd pedwar cynghorydd Moslemaidd, tri'n cynrychioli Plaid Cymru ac un Democrat Rhyddfrydol.[26]

Mae 'na golledion, wrth gwrs, ac ar lefel gwbwl hunanol fel newyddiadurwyr, mae colli Russell Goodway yng Nghaerdydd a Jeff Jones ym Mhen-y-bont yn ergyd drom.[27]

Bu'r ddau'n fodd i lenwi oriau ar *Good Morning Wales* ar hyd y blynyddoedd a bydd colled ar eu hôl.

O leiaf mae Dai Lloyd Evans yno o hyd![28]

---

26   Arweiniodd Rodney Berman Gyngor Caerdydd am wyth mlynedd, fel gweinyddiaeth leiafrifol am y pedair blynedd cyntaf, cyn ffurfio clymblaid gyda Phlaid Cymru ar ôl etholiad 2008.

27   Ymddiswyddodd Russell Goodway fel arweinydd grŵp Llafur Cyngor Caerdydd wedi i'w blaid golli rheolaeth ar y Cyngor. Doedd cyn-arweinydd Pen-y-bont Jeff Jones ddim wedi sefyll yn yr etholiad gan ddweud bod chwarter canrif yn ddigon hir i fod yn gynghorydd.

28   Ddwy flynedd yn ddiweddarach cyhoeddodd y cynghorydd annibynnol Dai Lloyd Evans y byddai'n sefyll lawr fel arweinydd Cyngor Ceredigion ar ôl bod yn gynghorydd am 45 mlynedd ac yn arweinydd am ddegawd.

Mae Russell, gyda llaw, yn ystyried hyfforddi fel offeiriad i'r Eglwys yng Nghymru...[29]

Dydd Iau, 1 Gorffennaf 2004

Pythefnos sydd i fynd cyn i Aelodau'r Cynulliad wasgaru ar gyfer eu gwyliau haf ac mae'n debyg fod Rhodri Morgan hyd yn oed yn fwy eiddgar na gweddill yr aelodau i gael hoe fach.

Hwyrach y bydd ymlacio yn ei garafán yn Sir Aberteifi a nofio â'r dolffiniaid ym Mae Ceredigion yn fodd iddo anghofio un o gyfnodau anoddaf ei yrfa gwleidyddol.

Problemau'r gwasanaeth iechyd yw'r broblem fwyaf i Lywodraeth y Cynulliad gyda phob cyhoeddiad a tharged newydd yn Lloegr yn rhoi halen ar friwiau Jane Hutt.[30]

Mae'r gagendor rhwng y gwasanaeth yng Nghymru a'r gwasanaeth yn Lloegr yn hala llond bola o ofn ar rai o Aelodau Seneddol Llafur Cymru sy'n wynebu etholiad ymhen rhyw flwyddyn.

I sawl aelod Llafur mewn sedd ymylol, yr ofn yw mai nhw fydd yn talu'r pris am fethiannau eu cyd-Lafurwyr ym Mae Caerdydd.

Mae bron pob sgwrs ag aelodau seneddol Llafur Cymru y dyddiau yma yn diweddu â'r aelod yn cwyno am ffaeleddau honedig Llywodraeth y Cynulliad ac ystyfnigrwydd honedig ei phrif weinidog.

Does dim rhyfedd fod yr aelodau hynny yn ddiamynedd wrth wrando ar alwadau am ragor o bwerau i'r Cynulliad.

Yn ogystal â'r broblem iechyd, mae Rhodri wedi gorfod wynebu'r helbul ynglŷn â choffáu D-Day, colli rheolaeth ar Gynghorau Caerdydd ac Abertawe, a'r ffraeo ynghylch argymhellion Comisiwn Richard.

Dyw hi ddim yn syndod fod rhai ym Mae Caerdydd yn

---

29 Ni ddilynodd Russell Goodway yrfa eglwysig. Mae'n parhau yn gynghorydd yng Nghaerdydd.

30 Roedd Jane Hutt yn gyfrifol am iechyd yng Nghabinet Llywodraeth y Cynulliad rhwng 1999 a 2005.

dechrau cymharu'r awyrgylch â dyddiau olaf llywodraeth Alun Michael gyda'r gwrthbleidiau – ac ambell aelod o'i blaid ei hun – yn chwilio am ffyrdd i gael gwared o'r bòs.

Mae'r Llywodraeth wrth gwrs yn dibynnu am ei mwyafrif ar haelioni'r gwrthbleidiau.[31] Fe fyddai'r mwyafrif hwnnw'n diflannu pe bai'r gwrthbleidiau'n mynnu bod aelod Llafur yn gwasanaethu fel llywydd neu is-lywydd y Cynulliad.

Byddai'r mwyafrif hefyd yn diflannu pe bai Peter Law yn gwireddu ei fygythiad i sefyll fel ymgeisydd annibynnol ym Mlaenau Gwent yn yr etholiad cyffredinol.[32]

Ond wrth gwrs mae gan Rhodri bolisi yswiriant.

Wrth iddo ymlacio ar ei wyliau fe fydd Mike German fwy na thebyg yn mwynhau sbel yn Ne Ffrainc. Tybed a fydd e'n derbyn galwad ffon?[33]

Dydd Gwener, 9 Gorffennaf 2004

Ar ôl treulio'r golofn ddiwethaf yn pwyso a mesur helyntion Rhodri Morgan, mae hi ond yn deg efallai i fwrw golwg y tro hwn ar gyfleoedd a helbulon dwy o'r pleidiau eraill.

Mewn gwirionedd mae 'na le i'r Ceidwadwyr a Phlaid Cymru deimlo'n eitha gobeithiol ar hyn o bryd, nid yn gymaint oherwydd eu rhinweddau eu hunain ond oherwydd y dyddiadur gwleidyddol.

Yr her fawr nesaf yw'r etholiad cyffredinol – gornest y gall y ddwy blaid deimlo'n weddol hyderus yn ei chylch.

---

31   Roedd gan Lafur 30 o seddi yn y Cynulliad, union hanner y cyfanswm. Nid yw'r Llywydd na'r Dirprwy Lywydd yn cael pleidleisio yn y Cynulliad, felly gan nad oedd AC Llafur yn y naill swydd na'r llall ar y pryd, roedd gan Lafur fwyafrif *de facto*.

32   Roedd Peter Law yn anhapus â phenderfyniad y Blaid Lafur i ddewis ymgeisydd seneddol ym Mlaenau Gwent o restr o fenywod yn unig. Pe bai'n sefyll fel ymgeisydd annibynnol yn yr etholiad cyffredinol ni allai barhau'n aelod o'r Blaid Lafur a fyddai wedyn yn colli ei mwyafrif yn y Cynulliad.

33   Mike German oedd arweinydd y Democratiaid Rhyddfrydol Cymreig. Roedd y blaid wedi bod mewn clymblaid â Llafur rhwng Hydref 2000 ac ail etholiad y Cynulliad yn 2003.

Beth bynnag yw'r canlyniad ar lefel Brydeinig, mae'n anodd rhagweld sefyllfa lle na fydd y Torïaid yn ennill tir yng Nghymru y tro nesaf. Ar sail canlyniadau'r etholiadau lleol a chynulliadol fe fydd y blaid yn hyderus iawn ym Mynwy lle bydd David Davies yn gobeithio efelychu ei gamp yn etholiad y Cynulliad.

Yng Ngogledd Caerdydd hefyd fe fydd Jonathan Morgan[34] yn obeithiol, ar ôl i'r blaid gipio llwyth o seddi cyngor yn yr etholaeth. Mae Huw Edwards a Julie Morgan[35] yn aelodau lleol effeithiol a phoblogaidd – ac roedd hynny'n ddigon i achub eu seddi'r tro diwetha i'r Blaid Lafur. Gallai pethau fod yn wahanol iawn y tro nesa.

Tra y byddai ailsefydlu presenoldeb yn San Steffan yn gam pwysig ymlaen i'r Ceidwadwyr Cymreig fe fyddai 'na bris i'w dalu. Heb os, mae'r grŵp Ceidwadol wedi profi ei hun yn wrthblaid effeithiol ym Mae Caerdydd ond a fyddai hynny'n parhau ar ôl colli David, Jonathan ac Alun Cairns (efallai) i San Steffan?[36]

Fel pob un o'r pleidiau eraill yn y Cynulliad mae gan y Torïaid aelodau llai effeithiol a dawnus, a gallai'r blaid ddioddef wrth i'r sylw droi o'i thîm presennol ar y fainc flaen i rai o'r aelodau llai profiadol.

Mae'n eironig ddigon fod gwleidyddion mwyaf effeithiol Plaid Cymru yn dewis gwasanaethu yn San Steffan yn hytrach na Bae Caerdydd. Fe fydd strategwyr y blaid yn ddiolchgar mai cyfathrebwyr effeithiol fel Adam Price a

---

34   Roedd Jonathan Morgan yn AC Ceidwadol dros ranbarth Canol De Cymru rhwng1997 a 2007. Roedd yn ymgeisydd aflwyddiannus yng Ngogledd Caerdydd yn etholiad cyffredinol 2005, ond fe'i etholwyd yn AC dros yr etholaeth honno yn 2007. Safodd yno eto yn 2011 ond collodd y sedd i Julie Morgan o'r Blaid Lafur.

35   ASau Llafur Mynwy a Gogledd Caerdydd ers 1997.

36   Yn y pen draw, safodd y Ceidwadwyr David Davies ym Mynwy, Jonathan Morgan yng Ngogledd Caerdydd ac Alun Cairns ym Mro Morgannwg yn etholiad cyffredinol 2005, ond o'r tri, dim ond David Davies fu'n llwyddiannus bryd hynny.

Simon Thomas[37] fydd yn cyflwyno eu hachos o hyn tan yr etholiad.

Mewn gwirionedd does gan y blaid fawr i'w golli yn yr etholiad cyffredinol. O gymryd bod y ffraeo chwerw ymhlith cenedlaetholwyr Ceredigion yn gostegu fe ddylai seddi'r blaid fod yn ddigon diogel.[38]

Y darged fawr, wrth gwrs, yw adennill Môn ond fe allai hynny fod yn dasg anos nag mae'n ymddangos ar bapur. Môn yw'r unig etholaeth yng Nghymru sydd wedi ei chynrychioli gan bob un o'r prif bleidiau.

Ers i Cledwyn Hughes drechu Lady Megan Lloyd George yn 1951 mae'r sedd wedi newid dwylo deirgwaith. Ond yn y tri achos roedd deilydd y sedd yn ymddeol ac ymgeisydd newydd yn cynrychioli ei blaid.

Tybed a yw hynny'n argoeli'n dda i Albert Owen, sydd wedi gweithio'n galed i ymbellhau ei hun o rai o bolisïau llai poblogaidd llywodraethau Llafur San Steffan a Bae Caerdydd?

Dydd Gwener, 13 Awst 2004

Nid yn aml y mae dyn yn cael dweud hyn: mae hon wedi bod yn wythnos dda i'r Ceidwadwyr.

Mae penderfyniad y blaid i beidio cymryd gwyliau haf a defnyddio mis Awst i lansio cyfres o bolisïau newydd wedi profi'n hynod effeithiol. Neu'n effeithiol o safbwynt sicrhau sylw o leiaf.

Yr hyn sy'n drawiadol yw nad yw Llafur yn gweld unrhyw angen i ymateb, gan adael i'r Torïaid osod yr agenda wrth i Tony Blair deithio o gyfandir i gyfandir yng nghwmni ei deulu.

Ond oes 'na elfen o orhyder yn fan hyn? O'm blaen i mae llyfr a gyhoeddwyd yn 1985 o dan y teitl *Why the Tories will*

---

37   ASau Dwyrain Caerfyrddin a Dinefwr, a Cheredigion.
38   Ffrae oedd hon o fewn Plaid Cymru ynghylch Cymuned, mudiad a
     ffurfiwyd yn 2001 i dynnu sylw at effaith mewnlifiad ar gymunedau
     Cymraeg, ac a gydymgyrchodd gyda 'Llais y Cardi' dros gael maer i
     Geredigion.

never lose. Er mwyn osgoi achosi embaras gwleidyddol mae'n well peidio ag enwi'r academydd mawr ei barch oedd yn gyfrifol am y gyfrol.

Sylfaen ei ddadl oedd bod newidiadau cymdeithasol ac anghydbwysedd o fewn y system etholiadol yn golygu na fyddai Llafur fyth eto yn ffurfio llywodraeth.

A beth yw'r ddadl a glywir yn fynych heddiw? Wel, bod newidiadau cymdeithasol ac anghydbwysedd o fewn y system etholiadol yn golygu na fydd y Torïaid fyth eto yn ffurfio llywodraeth. Fersiwn ychydig yn llai eithafol o'r ddadl hon yw bod yn rhaid trawsnewid y Blaid Geidwadol yn yr un modd y newidiwyd y Blaid Lafur er mwyn iddi ennill.

Ond eto a yw hynny'n wir? Rwy'n gwbwl argyhoeddedig y byddai 'hen' Lafur John Smith wedi ennill etholiad 1997 oni bai am ei farwolaeth ddisymwth. Gwir yw'r hen air mai llywodraethau sy'n colli etholiadau yn hytrach na gwrthbleidiau sy'n eu hennill.

Nawr fe allai hynny fod yn destun anobaith i'r Ceidwadwyr, gan awgrymu bod 'na ddim byd y gall y blaid wneud i wella ei chyflwr. Ond y gwir plaen yw hyn: er mwyn i rym newid dwylo mae dau ffactor yn allweddol. Mae'n rhaid i lywodraeth golli hyder y cyhoedd ac mae'n rhaid i'r wrthblaid ymddangos yn barod i lywodraethu.

O safbwynt yr ail ffactor, mae Michael Howard[39] wedi llwyddo i newid delwedd y Blaid. Yn wahanol i ddyddiau Iain Duncan Smith dyw'r Torïaid ddim yn destun sbort bellach. Ar ôl gwneud hynny, gobeithio am y gorau yw'r unig strategaeth bosib.

Dydd Iau, 9 Medi 2004

Ddydd Sadwrn fe fydd cynhadledd arbennig y Blaid Lafur Gymreig yn trafod argymhellion Comisiwn Richard ac mae

---

39   Roedd Michael Howard wedi ei benodi'n ddiwrthwynebiad yn arweinydd y Ceidwadwyr yn Nhachwedd 2003.

Rhodri Morgan a'i Gabinet wedi dioddef haf o wawd ar ôl eu penderfyniad i gyfaddawdu â (neu ildio i) ofynion eu cyd-Lafurwyr yn San Steffan.[40]

Ond wrth siarad â datganolwyr o fewn y blaid wrth baratoi *Taro Naw* yr wythnos hon clywais esboniad braidd yn rhyfedd o'u hymddygiad.[41]

Yn y bôn, y ddadl yw bod y penderfyniad yn fater o amseru... a bod y datganolwyr wedi dewis ildio am y tro am eu bod yn fwyfwy hyderus o fuddugoliaeth yn y tymor hir.

Ystyriwch am eiliad sefyllfa Carwyn Jones a'i debyg. Does dim dwywaith eu bod nhw am weld Cynulliad digon tebyg i'r un a argymhellwyd gan y Comisiwn. Maen nhw hefyd yn hyderus fod y gefnogaeth i'r safbwynt yna yn cynyddu ymhlith aelodau cyffredin y blaid.

Mae caniatáu buddugoliaeth dros dro i'r Aelodau Seneddol yn caniatáu i'r gefnogaeth honno gynyddu ymhellach.

Fe fyddai brwydr nawr yn niweidio gobeithion y datganolwyr yn y ras a gynhelir yn hwyr neu'n hwyrach i olynu Rhodri Morgan. A'r bleidlais honno, ac nid y bleidlais ddydd Sadwrn, yw'r un allweddol.[42]

Dydd Iau, 23 Medi 2004

I'r rheiny sy'n dwlu ar wylio cynadleddau gwleidyddol ar y teledu (a choeliwch neu beidio mae ffigyrau gwylio'n awgrymu bod yna nifer sylweddol yn gwylio) mae'r wythnos hon wedi bod yn dipyn o loddest.

---

40 Roedd y Blaid Lafur Gymreig wedi cyhoeddi ei bod yn cefnogi caniatáu i'r Cynulliad Cenedlaethol addasu deddfau San Steffan, neu gael pwerau deddfau llawn yn y meysydd datganoledig pe bai yna gefnogaeth i hynny mewn refferendwm.

41 Rhaglen materion cyfoes BBC Cymru a ddarlledwyd ar S4C.

42 Yng nghynhadledd y Blaid Lafur ar Fedi 11, cytunodd y cynrychiolwyr y dylid diwygio pwerau'r Cynulliad mewn dau gymal. Y cyntaf fyddai caniatáu i'r Cynulliad amrywio deddfau San Steffan, a'r ail, pe bai Llafur yn ennill yr etholiad cyffredinol, fyddai ymgynghoriad ar ymestyn cyfrifoldebau'r Cynulliad i raddau, neu gael pwerau deddfu llawn.

Ddydd Iau, er enghraifft, roedd hi'n hynod o ddifyr gwylio Charles Kennedy yn y bore ac Adam Price yn Llandudno yn y prynhawn. Roedd hi'n amlwg fod y ddau wleidydd yn ceisio pori'r un borfa: y ddau yn ymosod ar y rhyfel yn Irac, yn cwestiynu gonestrwydd y Prif Weinidog ac yn wfftio cynlluniau Llafur a'r Ceidwadwyr i 'foderneiddio' y gwasanaethau cyhoeddus.

Mae'r ddwy blaid yn synhwyro bod y bleidlais Lafur yn fwy meddal na'r bleidlais Geidwadol.

O safbwynt Charles Kennedy, y gobaith yw ennill pleidleisiau oddi wrth Lafur mewn etholaethau lle mae ei blaid yn herio'r Ceidwadwyr.

Mae yna hen ddigon o bleidleisiau Llafur yn etholaethau Michael Howard ac Oliver Letwin, er enghraifft, i roi buddugoliaeth i'r Democratiaid Rhyddfrydol.

O safbwynt Plaid Cymru mae'r nod yn fwy syml – parhau'r frwydr fythol am y bleidlais asgell chwith yng Nghymru.

Ond gyda Phlaid Cymru a'r Democratiaid Rhyddfrydol yn mabwysiadu tactegau mor debyg, beth sy'n debyg o ddigwydd yn yr etholiad cyffredinol?

Er bod yna beryg y bydd y llwyfannau tebyg yn drysu'r etholwyr mae yna bosibilrwydd arall.

Gallai'r ffaith fod negeseuon y ddwy blaid mor debyg gryfhau dilysrwydd y dadleuon hynny ym meddyliau etholwyr gyda'r ddwy blaid yn elwa mewn gwahanol etholaethau.

Dydd Mawrth, 12 Hydref 2004

Gyda'r cynadleddau ar ben mae'n bryd i'r gwleidyddion, a ninnau'r newyddiadurwyr, ddychwelyd at fara menyn gwleidyddiaeth… a'r dadleuon dydd i ddydd am bolisïau llywodraethau Caerdydd a San Steffan.

Un helynt a allai achosi tân gwyllt go iawn yn ystod yr wythnosau nesaf yw penderfyniad Rhodri Morgan i ystyried cynnwys Cyngor y Celfyddydau, yr Amgueddfa Genedlaethol a'r Llyfrgell Genedlaethol ar 'goelcerth y cwangos'.[43]

Yn ddigon naturiol y cwangos mawr – yr Awdurdod Datblygu, y Bwrdd Croeso ac Elwa – oedd yn y penawdau pan gyhoeddodd Rhodri Morgan ei gynlluniau. Ond y cyrff llai yw'r rhai sy'n denu'r sylw erbyn hyn, gydag ymateb ffyrnig i'r cynlluniau ym myd y celfyddydau a'r byd academaidd.

Mewn un ystyr mae'r dicter yn naturiol – ymateb pobol wrth weld y llywodraeth yn cynllunio newidiadau annisgwyl ac annymunol i'w gwaith a'u bywydau.

Ond mae 'na sylwedd i'r ddadl hefyd. Nid 'cwangos' modern yw'r Amgueddfa, y Llyfrgell a Chyngor y Celfyddydau. Fe'u sefydlwyd ddegawdau cyn i'r gair hyll 'cwango' gael ei fathu.

Sefydliadau cenedlaethol yw'r rhain ac yn achos y Llyfrgell a'r Amgueddfa roedd 'na ymgais i sicrhau atebolrwydd drwy lysoedd yn cynrychioli'r awdurdodau lleol a chyrff cyhoeddus eraill.

Mae eu statws hefyd yn wahanol iawn i'r cyrff a ystyrir yn 'gwangos' yng ngwir ystyr y gair. Mae'r Amgueddfa a'r Llyfrgell yn elusennau ac mae'r ddau gorff yn rhybuddio y gallai colli'r statws yna gostio miliynau o bunnau mewn rhoddion ac incwm, yn enwedig grantiau'r Loteri.

Yn achos Cyngor y Celfyddydau mae'r un corff a'r un swyddogion yn gyfrifol am ddosbarthu cymorthdaliadau o'r Cynulliad a grantiau'r Loteri.

Mae'n debyg y byddai'n rhaid rhannu'r ddwy swyddogaeth pe bai'r Cyngor yn diflannu.

Ond os oes 'na ddadleuon rhesymegol yn erbyn newid, mae 'na ffaith arall sy'n codi cwestiynau ynglŷn â chyhoeddiad Rhodri Morgan.

Does gan y Cynulliad ddim hawl i ddiddymu'r un o'r tri chorff gan eu bod wedi eu sefydlu trwy Siartrau Brenhinol.

---

43   Mae Vaughan yn cyfeirio yn y fan hyn at gyhoeddiad annisgwyl a dadleuol y Prif Weinidog, Rhodri Morgan, i ddileu nifer o gwangos Cymreig yn yr hyn a gâi ei ddisgrifio fel 'coelcerth y cwangos' yn 2004.

Yr unig ffordd i newid y Siartrau hynny yw â chydsyniad y cyrff eu hunain neu trwy ddeddfwriaeth yn San Steffan.

Gyda'r cyrff yn annhebyg o gydsynio, a fyddai Rhodri Morgan mewn gwirionedd yn defnyddio un o fesurau prin y Cynulliad yn San Steffan i'w diddymu? Ac a fyddai Tŷ'r Arglwyddi yn fodlon ildio'r egwyddor o benderfyniadau hyd braich ym myd y celfyddydau?

Yn dawel bach mae ambell i aelod Llafur yn y Cynulliad yn awgrymu y bydd ambell frigyn yn diflannu o'r goelcerth... a hynny'n weddol fuan.[44]

Dydd Iau, 11 Tachwedd 2004

Ymhen ychydig fe fydd Canolfan Mileniwm Cymru yn agor ei drysau i'r cyhoedd am y tro cyntaf.[45]

Fe fydd yna hen ddigon yn cael ei sgwennu a'i ddarlledu am y ganolfan yn ystod yr wythnosau nesaf. Ond mae 'na un ffaith fach ddiddorol sy'n debyg o gael ei hanwybyddu... ac mae hynny ynddo'i hun yn adlewyrchiad o newid sylfaenol yn y farn gyhoeddus.

Fe fydd y ganolfan newydd yn adeilad cwbl ddi-fwg, gydag ysmygu wedi ei wahardd ym mhob twll a chornel.

Cafodd hynny ei benderfynu heb fawr o ffwdan a bron dim dadlau, sy'n arwydd, mae'n debyg, mai bod yn ddi-fwg bellach yw'r 'norm' i adeiladau cyhoeddus.

Ar hyd a lled Cymru mae theatrau, canolfannau hamdden a chanolfannau cymunedol yn prysur fabwysiadu polisïau di-fwg, polisïau a fyddai wedi bod yn hynod o ddadleuol flwyddyn neu ddwy yn ôl.

Felly, beth sydd wedi newid? Yn syml, mae penaethiaid y sefydliadau hyn a'n gwleidyddion yn synhwyro bod 'na newid sylfaenol yn agwedd y cyhoedd tuag at ysmygu a bod hynny

---

44 Yn y pen draw, parhaodd y Llyfrgell Genedlaethol ac Amgueddfeydd ac Orielau Cenedlaethol Cymru fel sefydliadau hyd braich. Newidiwyd dyletswyddau Cyngor y Celfyddydau.

45 Agorodd Canolfan Mileniwm Cymru ar 26 Tachwedd, 2004.

wedi deillio o'r cyhoeddusrwydd ynglŷn â phenderfyniad llywodraeth Iwerddon i wahardd ysmygu mewn mannau cyhoeddus fel bwytai a thafarndai.

Mae gwleidyddion bellach yn ffyddiog y byddai'r cyhoedd yn derbyn ac yn ufuddhau i waharddiad o'r fath ac y byddai'r effaith ar fusnes lawer yn llai na phroffwydoliaethau ambell i Jeremia yn y diwydiant baco.

Mater o amser bellach yw gwaharddiad tebyg i un Iwerddon ym Mhrydain ac mae sawl Cyngor, Cynulliad a Senedd yn rhuthro i gyflwyno gwaharddiadau...[46]

Dydd Mercher, 15 Rhagfyr 2004

Pwy yw 'Gelynglas'?

Wel, coeliwch neu beidio (ac mae 'na filoedd o Americanwyr sydd yn coelio), Gelynglas yw'r Cymro oedd yn gyfrifol am ymosodiadau 9/11 ar Efrog Newydd a Washington.

Rhag ofn i chi feddwl fy mod yn adrodd rhyw stori ffug – rhyw dynnu coes di-chwaeth Nadoligaidd – oedwch am eiliad a theipiwch Gelynglas i fewn i Google.

Fe wnewch chi ddarganfod yn ddigon sydyn y ddamcaniaeth ddiweddara ym meddyliau rhai Americanwyr nad al-Qaeda oedd yn bennaf gyfrifol am erchyllterau 2001 ond Meibion Glyndŵr!

Yn ôl y ddamcaniaeth ryfeddol hon llwyddodd Gelynglas, 'arweinydd Meibion Glyndŵr yn yr Unol Daleithiau', i danseilio gwasanaethau cudd America a sicrhau rhwydd hynt i frawychwyr al-Qaeda. Gyda llaw, roedd Gelynglas hefyd yn gyfrifol am y ffrwydriad ar y Wennol Ofod Columbia.

Nonsens pur yw'r cyfan, wrth reswm, ond mae'r ddamcaniaeth yn denu sylw yn yr Unol Daleithiau – ac wedi'r

---

46 Daeth y gwaharddiad ar smygu mewn llefydd cyhoeddus yng Nghymru i rym ddechrau Ebrill 2007, flwyddyn ar ôl gwaharddiad yr Alban. Dilynodd gwaharddiadau Gogledd Iwerddon ddiwedd Ebrill 2007 a Lloegr ym mis Gorffennaf yr un flwyddyn.

cyfan dyw hi ddim yn llawer mwy hurt na'r straeon sy'n frith yn y Dwyrain Canol mai Mossad, gwasanaeth cudd Israel, oedd yn gyfrifol am yr ymosodiadau.

Mae'r damcaniaethau hyn yn codi cwestiynau dwys ynghylch natur gwybodaeth a gwirionedd yn yr oes gyfrifiadurol hon...

2005

Er mai ymdrech i lenwi bwlch dros gyfnod yr haf oedd colofnau cynnar Vaughan, parhaodd i'w hysgrifennu wrth i 2005 wawrio. Gyda throad y flwyddyn, roedd Rhodri Morgan wedi ad-drefnu ei Gabinet. Ar ôl pum mlynedd anodd fel Gweinidog Iechyd, symudwyd Jane Hutt i fod yn Drefnydd Busnes. Penodwyd y meddyg teulu, AC Aberafan, Dr Brian Gibbons, i'r portffolio Iechyd yn ei lle.

Brigo i'r wyneb eto wnaeth yr honiadau fod y berthynas rhwng Tony Blair a'r Canghellor Gordon Brown wedi dirywio ymhellach, ond gwahaniaethau barn am ddatganoli o fewn rhengoedd y Ceidwadwyr aeth â sylw Vaughan wrth i'r golofn 'O Vaughan i Fynwy' ddychwelyd wedi'r gwyliau.

Dydd Gwener, 14 Ionawr 2005

Dros y Nadolig fe wnaeth y Ceidwadwyr gyhoeddiad polisi a allai fod o bwys aruthrol i ddyfodol gwleidyddol Cymru. Gyda newyddiadurwyr ar eu gwyliau a'r bwletinau'n brin, chafodd y cyhoeddiad hwnnw fawr o sylw.[47]

Cyhoeddodd y blaid yn Llundain fod y syniad o gynnal trydydd refferendwm datganoli yng Nghymru bellach yn bolisi swyddogol. Refferendwm aml-ddewis fyddai hon,

---

47   Roedd llefarydd y Ceidwadwyr ar Gymru, Bill Wiggin, wedi dweud y dylid cynnal refferendwm ar ddyfodol y Cynulliad Cenedlaethol pe bai ei blaid yn ennill yr etholiad cyffredinol. Yn ôl yr arweinydd, Michael Howard, byddai'n rhaid lleihau nifer yr ASau o Gymru pe bai pobl yn pleidleisio o blaid cadw'r Cynulliad.

gyda'r etholwyr yn dewis rhwng dileu'r Cynulliad, y Cynulliad presennol a Senedd ddeddfwriaethol.

Does dim angen bod yn arbenigwr ar wleidyddiaeth i synhwyro beth fyddai dewis etholwyr yng Nghymru yn sgil ethol llywodraeth Geidwadol yn San Steffan. Yn raddol bach, mae datganolwyr y Blaid Geidwadol yn ennill eu brwydr.

Dydd Gwener, 21 Ionawr 2005

Dydw i erioed wedi honni fy mod i'n broffwyd gwleidyddol. Yn sicr, pan ysgrifennais wythnos yn ôl am y problemau y byddai cyhoeddiad rhyfedd y Torïad ynglŷn â thrydydd refferendwm datganoli yn eu hachosi i'r blaid, doeddwn i ddim yn disgwyl i bethau droi'n llanast o fewn dyddiau.

Mae sylwadau Bill Wiggin wedi peryglu'r holl waith sydd wedi ei gyflawni gan y Torïaid yng Nghymru i drawsnewid delwedd y blaid.

O'r cychwyn mae aelodau Ceidwadol y Cynulliad wedi ceisio portreadu eu hagwedd fel un gadarnhaol, a thrwy hynny gladdu'r syniad fod y Ceidwadwyr yn blaid estron yng Nghymru.

Doedd hynny erioed yn mynd i fod yn dasg hawdd. Wedi'r cyfan mae'r syniad o'r Torïaid fel plaid yr eglwys a'r sgweiar yn dyddio'n ôl i oes Fictoria. Ond trwy ddyfalbarhad roedd y strategaeth yn dechrau gweithio.

Yna, dros y Nadolig, cafwyd y cyhoeddiad rhyfedd hwnnw gan y blaid yn Llundain y byddai llywodraeth Geidwadol yn cynnal trydydd refferendwm. Deallaf fod y cyhoeddiad hwnnw wedi ei wneud ar sail ychydig o alwadau ffôn ag aelodau'r blaid yng Nghymru heb nemor ddim ymgynghori swyddogol.

Mae'n ymddangos nad oedd neb o fewn y blaid wedi ystyried am eiliad beth fyddai effaith anorfod y cyhoeddiad – cwestiynau ynghylch safbwyntiau unigol pob Ceidwadwr amlwg.

Dyna a ddigwyddodd wrth gwrs, ac erbyn hyn mae rhaniadau'r blaid yn amlwg i bawb. Dywed Bill Wiggin ei fod am weld diddymu'r Cynulliad tra bod y rhan fwyaf o'r ACau Ceidwadol yn dymuno gweld cynnydd yn ei bwerau.

Mae Michael Howard yn gwrthod datgelu ei farn, safbwynt sy'n fêl ar fysedd y pleidiau eraill sy'n achub ar bob cyfle i ymosod ar ei 'ddiffyg arweinyddiaeth'.

Pam felly y mae'r blaid yn y fath bicl? Does gen i ddim tystiolaeth i brofi hyn ond mae'n ymddangos i mi yn weddol amlwg beth aeth o'i le.

Fe wyntyllwyd y syniad o refferendwm aml-ddewis yn wreiddiol gan aelodau Ceidwadol yn y Cynulliad. Nid diddymu'r Cynulliad oedd eu bwriad ond symud y blaid i gyfeiriad cefnogi argymhellion Comisiwn Richard, a thrwy hynny gwneud rhyw fath o glymblaid â Phlaid Cymru a'r Democratiaid Rhyddfrydol yn bosibilrwydd gwleidyddol.

Mae'n ymddangos fod strategwyr y blaid yn Llundain wedi camddeall y dacteg a'r hinsawdd wleidyddol yng Nghymru gan gredu y byddai addewid o'r fath yn denu pleidleisiau gan wrth-ddatganolwyr yng Nghymru.

Y peryg yw bod y Ceidwadwyr yn ailadrodd camgymeriad William Hague yn etholiad 2001. Wrth i'r arolygon barn broffwydo buddugoliaeth ysgubol arall i Lafur fe benderfynodd y Ceidwadwyr fod yna 'fwyafrif tawel' ymhlith yr etholwyr oedd yn barod i gael eu tanio gan bolisïau UKIPaidd ynghylch Ewrop, cyfraith a threfn, a mewnfudwyr.

Dyna, mae'n debyg, oedd y rhesymeg a arweiniodd at y cyhoeddiad diweddaraf hefyd. Ond, yn eironig, y datganolwyr yn y Blaid Geidwadol, nid y gwrth-ddatganolwyr, sy'n dathlu.

Dydd Iau, 24 Chwefror 2005

Wrth i'r pleidiau gystadlu â'i gilydd yn y ffug rhyfel cyn yr etholiad cyffredinol mae newyddiaduraeth wleidyddol (a gwleidydda hefyd) yn gallu bod yn dasg ddigon digalon.

Anghofiwch, am y tro, y dadlau a'r trafod gwaraidd a diddorol sy'n rhan allweddol o'n bywyd gwleidyddol. Y syrcas a'r ocsiwn etholiadol sy'n denu'r sylw. Fe fydd yr ymgyrch a'r etholiad ei hun yn hynod ddifyr, gyda nifer o ffactorau yn gwneud yr ornest yn un hynod o anodd i'w dadansoddi – a hynny yn benna oherwydd bod y rhaniadau rhwng y pleidiau yn rhai annisgwyl a rhyfedd. Cymerwch fel enghraifft y ddadl ynglŷn â'r frwydr yn erbyn terfysgaeth, lle mae Llafur yn ceisio gwisgo mantell cyfraith a threfn a'r Torïaid yn portreadu eu hunain fel amddiffynwyr hawliau sifil a chyfreithiol. Mae'n fyd rhyfedd, lle mae llefarwyr y Ceidwadwyr yn lleisio ofnau'r *Guardian* a llefarwyr Llafur yn debycach i golofnwyr y *Daily Express*!

Am y tro cyntaf yn ei hanes, beth bynnag yw barn aelodau unigol y blaid, fe fydd Llafur yn cychwyn ar ymgyrch fel 'plaid rhyfel' gyda'r Democratiaid Rhyddfrydol a Phlaid Cymru yn ymgyrchu fel 'pleidiau heddwch', a'r Torïaid yn simsanu yn y canol.

Wrth drafod materion cyfansoddiadol fe fydd Llafur yn amddiffyn y *status quo* a'r pleidiau eraill yn dadlau o blaid newid.

Hynny yw, mewn meysydd allweddol megis amddiffyn, hawliau sifil a'r cyfansoddiad, mae traed Llafur yn sownd ar dir oedd yn arfer bod yn eiddo i'r Ceidwadwyr.

Dyw hynny ddim yn golygu bod Llafur bellach yn blaid asgell dde. Mae'r cynnydd sylweddol iawn mewn gwariant ar iechyd ac addysg ac ymrwymiad y blaid i'r gwasanaethau cyhoeddus yn brawf o hynny. Does yna ddim amheuaeth ychwaith fod polisïau'r blaid ynglŷn â phynciau megis Kyoto[48] a datblygu rhyngwladol yn deillio o athroniaeth y chwith.

Y cyfuniad rhyfedd hwn sy'n gwneud Llafur yn elyn mor anodd i'r gwrthbleidiau. Mae Plaid Cymru a'r Democratiaid Rhyddfrydol wedi dewis ymosod ar Lafur o'r chwith, strategaeth ddigon naturiol i bleidiau lleiafrifol. Mae'r dasg sy'n wynebu'r Torïaid yn anoddach, a does 'na ddim arwydd eto o unrhyw strategaeth a allai brofi'n llwyddiannus o du'r Torïaid.

---

48   Cytundeb rhyngwladol i ffrwyno allyriadau o nwyon a gysylltir gyda chynhesu byd-eang.

Dydd Iau, 31 Mawrth 2005

Fe fydd darllenwyr rheolaidd y golofn hon wedi sylwi fy mod wedi cymryd hoe fach yn ddiweddar gan ddianc o'r wlad a'r ffug ryfel etholiadol.

A bod yn onest dydw i ddim yn teimlo fy mod wedi colli rhyw lawer, gyda'r frwydr hyd yn hyn wedi datblygu yn ôl y disgwyl gyda Llafur yn canolbwyntio ar ei record economaidd a diawlio'r wrthblaid, a'r Ceidwadwyr yn mabwysiadu dulliau ymgyrchu Awstralaidd.[49] Yn hytrach nag addasu i newid cymdeithasol yn y modd yr oedd Michael Portillo yn gobeithio, mae'r blaid yn glynu at Geidwadaeth gymdeithasol yng ngwir ystyr y gair. Mae'r dacteg honno yn amlwg yn y slogan 'Are you thinking what we're thinking?' – brawddeg sy'n awgrymu ei bod hi'n hen bryd ailddatgan gwerthoedd a safbwyntiau sy'n cael eu hwfftio gan ein dosbarth gwleidyddol a'n cyfryngau.

Ond nid y Torïaid yn unig sy'n troedio'r llwybr yma. Ystyriwch y geiriau yma: 'It's time to end the 1960s Liberal consensus… People do not want a return to old prejudices and ugly discrimination but they want rules, order and proper behaviour.'

Pa wleidydd oedd yn datgan y farn honno? Nid Michael Howard ond Tony Blair.

Heb os, mae datganiadau o'r fath yn apelio at rai pleidleiswyr – yn enwedig y garfan hŷn… yr union garfan sy'n fwyaf tebygol o fwrw eu pleidlais.

Ond beth am y garfan arall o fewn cymdeithas? Pwy fydd yn apelio at blant y 1960au a'r degawdau a ddilynodd – y rheiny sy'n gorfoleddu yn y gymdeithas sydd ohoni a'i rhyddid moesol a safonau ffwrdd â hi? Gallai'r cwestiwn hwnnw fod yn

---

49   Cyfeirio mae Vaughan yn fan hyn at dechneg 'chwiban y ci'. Ar ei symlaf mae'n gweithio fel hyn. Mae gwleidydd yn gwneud datganiad eithafol ynglŷn â phwnc llosg. Mae ei blaid yn mynnu nad yw'r gwleidydd yn lleisio polisi swyddogol y blaid ond mae'r etholwyr sydd â'r clustiau i glywed yn cael yr argraff fod y safbwynt yn dderbyniol i'r blaid ac efallai fod y gwleidydd diflewyn ar dafod wedi lleisio gwir deimladau'r blaid honno.

allweddol mewn nifer o etholaethau dinesig yn yr etholiad – ac yn gyfle euraidd i'r Democratiaid Rhyddfrydol.

Ar 5 Ebrill 2005, cyhoeddodd y Prif Weinidog, Tony Blair, y cynhelid etholiad cyffredinol ar 5 Mai.

Ym Mlaenau Gwent, bwriadai'r AC Llafur lleol Peter Law sefyll fel ymgeisydd annibynnol yn yr etholiad cyffredinol, a hynny er bod ganddo diwmor ar yr ymennydd, cymaint oedd ei anfodlonrwydd â phenderfyniad ei blaid i ddewis darpar ymgeisydd y blaid yn yr etholaeth o restr o fenywod yn unig.

Roedd ei benderfyniad yn golygu y byddai Llafur yn colli mwyafrif yn y Cynulliad.

Dydd Mawrth, 19 Ebrill 2005

Pe bai cystadleuaeth rhwng yr etholaethau i gynhyrchu straeon newyddion, rwy'n argyhoeddedig mai Blaenau Gwent (Glynebwy gynt) fyddai ar frig y rhestr yn amlach na pheidio.

Hon oedd etholaeth Aneurin Bevan, sylfaenydd y Gwasanaeth Iechyd, y dyn a gyhuddodd y Torïaid o fod yn 'waeth na fermin' ac a gyhuddodd ddiarfogwyr ei blaid ei hun o geisio 'anfon y Prif Weinidog yn noeth i mewn i'r siambr gynadledda'.

Yn Eisteddfod Genedlaethol Glyn Ebwy 1958 y cafwyd perfformiad ysgytwol Paul Robeson oedd yn alltud yn ei wlad ei hun wrth ganu ar lein ffôn o'r Unol Daleithiau ar ôl i lywodraeth y wlad honno gymryd ei basbort oddi arno.

Hon oedd sedd Michael Foot a arweiniodd Llafur i ymyl y dibyn etholiadol yn 1983 ac a fedyddiwyd yn Jiwdas gan weithwyr dur ei etholaeth ei hun. A than ryw wythnos yn ôl, hon oedd etholaeth Llew Smith,[50] draenen gyson yn ystlys arweinyddiaeth y Blaid Lafur Gymreig oherwydd ei safbwyntiau asgell chwith traddodiadol a'i wrthwynebiad ffyrnig i ddatganoli.

---

50   AS Llafur Blaenau Gwent 1992–2005.

Ond methiant fu ymdrech Llew Smith i argyhoeddi etholwyr Blaenau Gwent i fwrw pleidlais yn erbyn y Cynulliad.

Roedd buddugoliaeth yr ymgyrch 'Ie' ym Mlaenau Gwent yn allweddol i'w buddugoliaeth genedlaethol ac ymdrechion Peter Law oedd yn bennaf gyfrifol am y fuddugoliaeth honno.

Ond daeth tro ar fyd. Wedi ymddeoliad Llew Smith, Mr Law sy'n creu hunllefau i Lafur Cymru.

Mae penderfyniad Pwyllgor Gwaith Llafur Cymru i orfodi plaid Blaenau Gwent i fabwysiadu menyw fel ymgeisydd seneddol wedi arwain yn uniongyrchol at golli mwyafrif y blaid yn y Cynulliad.

Mater i aelodau Llafur yw barnu a oedd y posibilrwydd o golli grym ym Mae Caerdydd yn bris gwerth ei dalu er mwyn sicrhau enwebiad un fenyw ychwanegol yn yr etholiad cyffredinol.

Ond gallai Blaenau Gwent newid hanes Cymru unwaith yn rhagor. Dyw Peter Law ddim yn becso am hynny. Pan ofynnais iddo a fyddai'n fodlon pleidleisio yn erbyn Llafur mewn pleidlais o ddiffyg hyder atebodd fod hynny'n ddigon posib.

Beth bynnag sy'n digwydd yn yr etholiad cyffredinol, mae gafael Llafur ar y Cynulliad yn llacio.

Dydd Iau, 21 Ebrill 2005

Bythefnos cyn y bleidlais fawr ces i gyfle yn ystod y dyddiau diwetha i sgwrsio â rhai o fawrion y pleidiau am yr ymgyrch hyd yn hyn.

Mae sgwrsio anffurfiol yn gallu adrodd cyfrolau am wir deimladau'r gwleidyddion ynglŷn â'r argoelion etholiadol.

Ar gychwyn yr ymgyrch roedd rhywfaint o nerfusrwydd ymhlith aelodau Llafur.

Erbyn hyn, maen nhw'n dechrau ymlacio – yn breifat, mae'r blaid o hyd yn disgwyl colli ambell i sedd yng Nghymru ond mae hyder cynyddol y bydd cefnogwyr Llafur yn troi allan i fwrw eu pleidlais yn yr etholaethau allweddol.

Y rheswm am hynny, yn ôl yr aelodau y bûm i'n siarad â nhw, yw ymgyrch y Torïaid.

Yn ôl Llafur, mae penderfyniad y Ceidwadwyr i ganolbwyntio ar bersonoliaeth Michael Howard a phynciau fel mewnfudo wedi darbwyllo cefnogwyr Llafur fod gwahaniaethau sylfaenol rhwng y ddwy blaid a'i bod hi'n werth gosod eu hamheuon ynghylch Tony Blair ac Irac o'r neilltu am y tro.

Yn ddigon rhyfedd, mae ambell i Dori sy'n cytuno â'r dadansoddiad.

Yn ôl un Ceidwadwr amlwg, y dacteg orau i'r Torïaid yn yr etholiad hwn fyddai 'gwneud dim' a disgwyl i'r bleidlais Lafur aros gartref. Roedd ymgyrch ei blaid yn 'hurt' ac yn 'warthus', meddai.

Does 'na'r un Tori yn mynd i ddweud hynny'n gyhoeddus, wrth reswm, ond mae rhwystredigaeth gynyddol yn rhengoedd y Ceidwadwyr wrth i'r arolygon barn awgrymu fod y blaid yn methu ag ennill tir.

Mae'r Ceidwadwyr o hyd yn hyderus y bydd y blaid yn cipio dwy neu dair sedd yng Nghymru y tro hwn.

Byddai hynny'n rhyddhad i'r blaid ar ôl wyth mlynedd o fod heb unrhyw gynrychiolaeth yn San Steffan... ond ar ddechrau'r ymgyrch roedd y Ceidwadwyr yn disgwyl llawer, llawer mwy.

Ar y cyfan, mae cefnogwyr Plaid Cymru a'r Democratiaid Rhyddfrydol yn ddigon hyderus y bydd eu pleidiau'n llwyddo i gwrdd â'u targedau, er nad yw'r targedau'n uchelgeisiol.

Byddai ennill pum sedd a sefydlogi'r bleidlais yn ddigon i Blaid Cymru, a chipio Canol Caerdydd yn ddigon i'r Democratiaid Rhyddfrydol. Mae cyflawni eu gobeithion o fewn cyrraedd y ddwy blaid.

Yn ddiweddarach y dydd Iau hwnnw daeth y newyddion fod cyn-lywydd Plaid Cymru, Gwynfor Evans, wedi marw, yn 92 oed. Yn ei angladd, cyfeiriwyd ato fel heddychwr a gwladgarwr a ysbrydolodd filoedd.

Dydd Gwener, 22 Ebrill 2005

Yn ystod bwrlwm gwleidyddol y chwedegau doedd hi ddim yn anarferol i blant ymddiddori mewn gwleidyddiaeth. Efallai y byddai plant heddiw yn rhyfeddu fod rhai ohonon ni'n mwynhau mynd i gyfarfodydd gwleidyddol pan oeddem ni'n ddisgyblion cynradd!

Cyn i mi gyrraedd deg oed roeddwn i wedi clywed Harold Wilson yn annerch y dorf ym Mharc Ninian, Ted Heath yn ceisio tanio ei gefnogwyr ym Mhafiliwn Gerddi Soffia a Jo Grimond[51] yn disgrifio ei 'ryddfrydiaeth newydd' i'r selogion yn Neuadd Cory.

Mae Pafiliwn Gerddi Soffia a Neuadd Cory[52] wedi hen ddiflannu a chyn bo hir mae'n bosib y bydd Parc Ninian yn perthyn i'r llyfrau hanes.

Mae gwŷr y Rhondda yn cymryd gwell gofal o'u hadeiladau hanesyddol – yn Nhreorci mae neuadd ysblennydd y Parc a'r Dâr yn dal i wasanaethu fel theatr a sinema.

Yn y Parc a'r Dâr y clywais Gwynfor Evans yn areithio am y tro cyntaf. Roeddwn i'n naw mlwydd oed ac roedd y cyfarfod ar drothwy isetholiad Gorllewin y Rhondda ym Mawrth 1967.

Rhaid i mi gyfaddef nad Gwynfor oedd seren y noson i ni'r plant. Araith yr actor Meredith Edwards sy'n aros yn y cof – araith yn llawn hiwmor a gwatwar.

Er na chofiaf araith Gwynfor ar yr achlysur hwnnw, mae'n ddigon hawdd i mi drafod y cynnwys oherwydd, mewn gwirionedd, roedd cynnwys a neges areithiau Gwynfor yn ddigyfnewid.

Yn ddieithriad, byddai'r araith yn cynnwys gwers hanes. Byddai'r union gyfnod yn amrywio – Macsen Wledig mewn un araith, Hywel Dda yn y nesa – ond yr un oedd y bwriad bob tro, sef pwysleisio cenedligrwydd Cymru a'i hanes hir fel gwlad.

---

51 Arweiniodd Jo Grimond y Blaid Ryddfrydol am dros ddegawd yng nghanol yr ugeinfed ganrif.

52 Eiddo Undeb Dirwest Caerdydd oedd Neuadd Cory. Cafodd ei dymchwel yn ystod yr 1980au.

I ni heddiw, mae'r pwyslais ar hanes yn ymddangos yn rhyfedd neu hyd yn oed yn ecsentrig. Ond pan fagwyd Gwynfor Evans roedd hen ddigon o bobol, mwyafrif o bosib, nad oedden nhw'n ystyried Cymru yn wlad na'r Cymry yn genedl.

PENNOD 3

Dechrau diwedd Blair
a rhamant dwy blaid,
2005–2007

*Y BLAID LAFUR enillodd etholiad cyffredinol 2005 ar 5 Mai gyda
355 o seddi – nifer a olygodd mai Tony Blair oedd y Prif Weinidog
Llafur cyntaf i ennill tri etholiad yn olynol.*

*Serch y gamp, roedd mwyafrif Llafur wedi crebachu'n
sylweddol. Yng Nghymru, er i Lafur lwyddo i ddal ei gafael ar
Ynys Môn, collodd y blaid bum sedd: Mynwy, Canol Caerdydd,
Gorllewin Clwyd, Preseli Penfro a Blaenau Gwent. Addawodd Mr
Blair y byddai'n gwrando ar yr etholwyr.*

*Enillodd y Ceidwadwyr 197 sedd – crasfa arall a arweiniodd
at ymddiswyddiad Michael Howard fel arweinydd.*

*Roedd gan y Democratiaid Rhyddfrydol 62 sedd, gan gynnwys
Ceredigion, sedd a enillwyd yn annisgwyl o feddiant Plaid Cymru
a oedd bellach yn meddu ar dair sedd yn San Steffan. Cynyddodd
cynrychiolaeth yr SNP yn San Steffan i 6 sedd.*

Dydd Gwener, 6 Mai 2005

Daeth yr awr i agor yr amlen. Fe wnes i addo ar drothwy'r
etholiad y byddwn yn llunio rhestr o'r chwech sedd yr oeddwn
yn disgwyl eu gweld yn newid dwylo yng Nghymru. Wel, mae'n
bryd datgelu'r cynnwys.

Ga' i ymfalchio yn gyntaf fy mod wedi cael y nifer o seddi yn gywir, ac fe lwyddais i gael pump allan o'r chwech yn gywir.

Doedd hi ddim yn anodd i broffwydo y byddai Llafur yn colli Mynwy a Chanol Caerdydd.[53] Yn wir, pe bai Llafur wedi eu cadw rwy'n meddwl y byddwn i'n chwilio am swydd newydd heddiw!

Ychwanegais Orllewin Clwyd at y rhestr, er gwaetha record ddi-fai Gareth Thomas fel aelod lleol.[54] Yn yr hen ddyddiau, hi a Mynwy oedd seddi mwyaf cadarn y Ceidwadwyr yng Nghymru a theimlais ei bod hi'n anorfod y byddai'n newid ei lliw.

Yn wir, cefais dipyn o sioc i weld Gareth Thomas yn dod mor agos at gadw ei sedd.

Roeddwn i'n gwbwl hyderus y byddai Llafur yn colli Preseli Penfro.[55] Cefais gyfle i ymweld â'r etholaeth yn ystod yr ymgyrch ac roedd hi'n amlwg fod ffactorau lleol megis diffyg deintyddion yn tanseilio ymgyrch y Blaid Lafur.

Doedd ymddeoliad Jackie Lawrence ddim o gymorth i Lafur a doedd yr ymgeisydd a ddewiswyd o blith rhestr fer o ferched yn unig ddim yn un o'r ymgeiswyr cryfa i mi i gwrdd â nhw erioed... Mae'n bosib dadlau bod y polisi o wahardd dynion o restrau byrion wedi colli dwy sedd i Lafur yng Nghymru – Preseli ac, wrth gwrs, Blaenau Gwent.

Ac oedd, mi oedd Blaenau Gwent ar fy rhestr. Mae'r etholaeth yn un sy'n gyfarwydd iawn i mi ac roeddwn yn synhwyro bod yr etholwyr yno yn mwynhau eu cyfle cyntaf

---

53   Roedd Jon Owen Jones o'r blaid Lafur wedi colli Canol Caerdydd i'r Democrat Rhyddfrydol Jenny Willott.

54   Roedd y bargyfreithiwr Gareth Thomas wedi bod yn AS dros Orllewin Clwyd ers 2007. Yn llais a wyneb cyfarwydd ar y cyfryngau Cymraeg, roedd wedi bod yn ysgrifennydd preifat i Paul Murphy tra oedd yntau'n Ysgrifennydd Cymru ac yn Ysgrifennydd Gogledd Iwerddon. Fe'i trechwyd gan y cyn-AC Ceidwadol David Jones. Safodd Gareth Thomas eto fel ymgeisydd Llafur yng Ngorllewin Clwyd yn etholiadau cyffredinol 2015 a 2017.

55   Roedd Jackie Lawrence wedi cynrychioli Preseli Penfro ers 1997, ond wnaeth hi ddim sefyll yn 2005.

erioed i roi bonclust i'r Blaid Lafur heb orfod newid eu lliwiau gwleidyddol mewn gwirionedd.

Pump allan o chwech felly. Ynys Môn oedd y chweched ar fy rhestr. Ni chefais gyfle i ymweld â'r fam-ynys yn ystod yr ymgyrch ond roedd hi'n ymddangos i mi y byddai canlyniadau arolwg barn ITV yn galluogi Plaid Cymru i wasgu ar bleidlais Peter Rogers[56] a'r Torïaid er mwyn curo Llafur. Fe fydd hi'n ddiddorol ceisio darganfod pam na ddigwyddodd hynny.

Y sedd oedd yn absennol o'r rhestr oedd Ceredigion.[57] Roeddwn wedi clywed sawl Democrat Rhyddfrydol yn proffwydo buddugoliaeth yno... ond roedd cyfeillion sy'n byw yn yr etholaeth yn mynnu bod hynny'n siarad gwag. Serch hynny, rwy'n weddol bles fy mod wedi cael y rhan fwyaf o'r rhestr yn gywir ac yn difaru na chefais amser y tro hwn i fentro i swyddfeydd y bwci!

Penododd Tony Blair ei Gabinet newydd. Byddai Gordon Brown yn parhau'n Ganghellor, Jack Straw yn Ysgrifennydd Tramor a Charles Clarke yn Ysgrifennydd Cartref. Byddai Peter Hain yn Ysgrifennydd â chyfrifoldeb dros Gymru a Gogledd Iwerddon.

Er gwaethaf buddugoliaeth Llafur, roedd yna alwadau gan rai o Aelodau Seneddol y blaid ar i Tony Blair ymddiswyddo'n fuan. Mewn cyfarfod preifat, galwodd e ar yr ASau i uno er mwyn sicrhau pedwerydd tymor mewn grym.

Penderfynodd Plaid Cymru benodi ymgynghorwyr i wella delwedd y blaid yn ogystal â'i strwythur a'i gweinyddiaeth. Ffurfiodd rhai o aelodau amlyca'r blaid, gan gynnwys Dafydd Wigley a Cynog Dafis grŵp ymgyrchu o'r enw Dewis. Un o amcanion y grŵp oedd llywodraethu yn y Cynulliad ac ystyried cydweithio gyda phleidiau eraill (gan gynnwys y Ceidwadwyr o bosib) i sefydlu clymblaid yno. Roedd Dafydd Iwan, Elfyn Llwyd

---

56 Roedd y cyn-AC Ceidwadol Peter Rogers, ffermwr adnabyddus iawn yn Ynys Môn, wedi sefyll fel ymgeisydd annibynnol.

57 Yng Ngheredigion curwyd Simon Thomas o Blaid Cymru gan y Democrat Rhyddfrydol Mark Williams – sedd a gadwodd yn etholiadau cyffredinol 2010 a 2015.

ac Ieuan Wyn Jones yn anhapus, gan ddweud na ddylai Plaid Cymru drafod gyda phleidiau eraill cyn etholiad y Cynulliad ond yn hytrach gyflwyno'i pholisïau ei hun a thrafod wedyn pe bai angen.

Dydd Iau, 19 Mai 2005

Dal i geisio dysgu gwersi'r etholiad cyffredinol y mae aelodau ac arweinwyr Plaid Cymru. Tra bod y trafod ar y cyfan yn ddigon cwrtais, mae gwahaniaethau barn sylfaenol ynglŷn â chyfeiriad a dyfodol y blaid.

Ar y naill law mae'r rheiny sy'n mynnu bod cyfeiriad sylfaenol y blaid yn gywir ac mai gwella ei threfniadaeth sydd ei angen.

Yr aelod mwyaf amlwg o'r garfan hon yw Ieuan Wyn Jones. Ym marn Aelod Cynulliad Môn, y cyfan sydd angen i ennill llwyddiant i'r blaid yw sicrhau nad yw hi byth eto yn cynhyrchu darllediadau gwleidyddol amaturaidd chwerthinllyd a'i bod yn mabwysiadu strwythurau ymgyrchu modern trwy lythyru uniongyrchol a chanfasio ar y ffôn.

Heb os, mae 'na wirioneddau yn y dadansoddiad hwnnw ond mae'n fodd i osod y bai am fethiannau'r blaid ar ei gweision cyflog yn lle ei harweinwyr gwleidyddol. Y prif weithredwr sy'n gyfrifol am y llanast, nid Ieuan Wyn Jones a'i gyd-arweinwyr.

Ar y llaw arall, mae grŵp â dadansoddiad cwbl wahanol o'r hyn aeth o'i le ac, yn eu barn nhw, yr arweinyddiaeth yn gyffredinol, ac Ieuan Wyn Jones yn benodol, sy'n gyfrifol am fethiannau'r blaid.

Yn ôl y grŵp, hunanoldeb Ieuan Wyn Jones sy'n bennaf gyfrifol am broblemau'r blaid. Cyhuddir Ieuan Wyn Jones o danseilio Dafydd Wigley ac yna arwain ymgyrch drychinebus 2003.

Ar ben hynny, drwy ymddiswyddo o'r arweinyddiaeth ac yna newid ei feddwl ynglŷn â'r swydd gynulliadol, gorfododd Mr Jones y blaid i fabwysiadu arweinyddiaeth amlwynebog a oedd yn ddryswch pur i'r etholwyr.

Er bod y garfan hon yn trafod agenda llawer ehangach, yn ymwneud â chlymbleidiau ac yn y blaen, mae newid yn yr arweinyddiaeth yn rhan hanfodol o'u strategaeth.

Daeth cyfle i wireddu'r bwriad hwnnw yr wythnos hon. Mae cyhoeddiadau yr ACau Janet Davies ac Owen John Thomas eu bod yn bwriadu ymddeol o'r Cynulliad adeg yr etholiad nesaf yn creu llwybr i Simon Thomas gystadlu am sedd yn y Cynulliad os yw'n dymuno hynny.[58]

Go brin y byddai Simon Thomas yn herio Elin Jones am enwebiad y blaid yng Ngheredigion ond, heb os, gallai'r gwleidydd, sydd â'i wreiddiau yng Nghwm Cynon, hawlio lle ar restr Canol De Cymru.

Gan fod rhai'n awgrymu bod Dafydd Wigley yn ystyried sefyll yng Nghonwy yn etholiadau'r Cynulliad, mae'n bosib fod y sgrifen ar y mur i Ieuan Wyn Jones.

Pe bai naill ai Simon Thomas neu Dafydd Wigley yn sefyll am lywyddiaeth y blaid ac yn ymgeisio am sedd yn y Cynulliad ar yr un pryd, byddai aelod Môn i bob pwrpas yn ddim byd mwy na gofalwr ym Mae Caerdydd.[59]

Dydd Gwener, 27 Mai 2005

Yn gynharach yr wythnos hon bûm mewn seminar a drefnwyd gan y Comisiwn Etholiadol i drafod y gwersi a ddysgwyd yn ystod etholiad 2005. Roedd y trafodaethau yn ddigon difyr gan ganolbwyntio ar y broses etholiadol, y bleidlais bost a chyfrifoldeb y cyfryngau i addysgu etholwyr.

Ond nid cynnwys y trafodaethau oedd yn drawiadol i mi ond natur y gynulleidfa. Cynulleidfa oedd hon o 'bobl broffesiynol'

---

58 Mae Janet Davies ac Owen John Thomas yn ddau o hoelion wyth Plaid Cymru ac roedd y ddau wedi bod yn ACau ers 1999.
59 Dywedodd cyn-lywydd Plaid Cymru Dafydd Wigley yn y cyfnod hwn y byddai'n ystyried sefyll eto fel ymgeisydd ar gyfer y Cynulliad Cendlaethol pe bai pwysau'n cael ei roi arno i wneud hynny. Ond gwrthododd Plaid Cymru ei syniad yntau a Cynog Dafis y dylid ystyried ceisio ffurfio llywodraeth glymblaid gyda'r gwrthbleidiau eraill yn y Cynulliad er mwyn ceisio disodli'r llywodraeth Lafur yno.

y byd gwleidyddol, swyddogion etholiadol, staff proffesiynol y pleidiau, newyddiadurwyr ac ati.

Er holl ymdrechion gwahanol gyrff roedd o leiaf dri chwarter o'r bobol yn bresennol yn ddynion gwyn canol oed. Hynny yw, er cymaint yr ymdrechion i gymell menywod a'r lleiafrifoedd i sefyll mewn etholiadau, y tu ôl i'r llenni mae'r byd gwleidyddol yn parhau i fod yn eiddo i un sector o gymdeithas...

Ym mis Gorffennaf cyhoeddwyd mai Llundain a enillodd y ras i lwyfannu'r Gêmau Olympaidd yn 2012. Byrhoedlog oedd y dathlu wrth i gyfres o fomiau ffrwydro yn Llundain ar 7 Gorffennaf gan ladd 52 o bobl ac anafu dros 700 yn y weithred derfysgol waethaf erioed ar dir Prydain. Islamyddion eithafol oedd yn gyfrifol.

Bythefnos yn ddiweddarach roedd yna bedwar ymgais arall i ffrwydro bomiau yn Llundain. Chafodd neb ei ladd ar 21 Gorffennaf, ond wrth chwilio am y rhai oedd yn gyfrifol, saethodd yr heddlu Jean Charles de Menezes yn farw wedi iddyn nhw gamgymryd y dyn o Brazil am un o'r dynion fu'n rhan o'r cynllwyn.

Dywedodd Prif Weinidog y Cynulliad, Rhodri Morgan, ei fod e'n gobeithio bod wrth y llyw am bedair blynedd arall. Dywedodd y byddai'n rhoi'r gorau i'w swydd yn 2009 oni bai fod Llafur yn colli'r etholiad yn 2007.

Bu farw'r cyn Brif Weinidog Syr Edward Heath yn 89 oed.

Dydd Iau, 21 Gorffennaf 2005

... Yn y chwarter canrif rwy wedi treulio yn Adran Newyddion BBC Cymru yma go brin bod hi'n bosib cofio cyfnod mor brysur, y Gêmau Olympaidd, yr G8, erchyllterau Llundain, Cyfansoddiad Ewrop... un ar ôl y llall. Cafodd straeon newyddion a fyddai gan amlaf yn hawlio wythnosau o sylw eu disodli gan ryw ddigwyddiad neu ddatblygiad arall.

Gyda materion y tu fas i Gymru yn denu cymaint o sylw,

cafodd straeon Cymreig pwysig – megis cyhoeddiad Rhodri Morgan ynglŷn â'i ddyfodol – lai o sylw na'u haeddiant.

Yn ystod yr holl helyntion diweddar fe fu farw Edward Heath, un o wleidyddion mwyaf diddorol ail hanner yr ugeinfed ganrif. Roeddwn i'n 17 pan 'gollodd' Edward Heath etholiad Chwefror 1974 a chofiaf yn iawn pa mor annisgwyl oedd y canlyniad hwnnw. Wrth edrych yn ôl mae'n bosib dadlau bod canlyniad yr etholiad hwnnw yn drobwynt gwleidyddol cyn bwysiced ag 1945 ac 1906.

Yn nhermau'r bleidlais boblogaidd, y Torïaid oedd yn fuddugol yn 1974. Beth felly fyddai wedi digwydd pe bai'r system etholiadol wedi adlewyrchu hynny a sicrhau mwyafrif i'r Ceidwadwyr neu pe bai Ted Heath wedi llwyddo i ddarbwyllo'r Rhyddfrydwyr i ffurfio clymblaid?

Wel, y gwahaniaeth mawr cyntaf, wrth reswm, yw na fyddai Margaret Thatcher wedi cael ei dyrchafu'n arweinydd y blaid yn 1975 – a go brin y byddai hi wedi llwyddo i gipio'r arweinyddiaeth dan unrhyw amgylchiadau eraill. A chyda Heath yn hytrach na Thatcher wrth y llyw mae'n debyg y byddai'r Torïaid wedi parhau i fod yn gefnogwyr brwd i'r achos Ewropeaidd yn hytrach na'r blaid Ewrosgeptig sy'n bodoli heddiw.

Mae'n debyg y byddai datganoli wedi digwydd llawer yn gynt hefyd. Yn natganiad Perth yn 1968 cyhoeddodd Heath ei gynlluniau i sefydlu Cynulliad i'r Alban – a hynny heb refferendwm. Go brin y byddai Cymru wedi gorfod disgwyl cyhyd am Gynulliad pe bai hynny wedi digwydd.

Gyda'r Ceidwadwyr yn meddiannu'r tir canol, mae'n debyg y byddai Llafur wedi symud i'r chwith gyda'i hasgell wrth-Ewropeaidd yn cipio'r awenau. Yn y fath amgylchiadau, go brin y byddai'r Torïaid wedi gweld yr angen i fentro ar unrhyw bolisïau radicalaidd megis preifateiddio neu werthu tai cyngor.

Pe bai llond dwrn o bobl wedi bwrw eu pleidlais yn wahanol yn 1974 felly, byddai Prydain heddiw yn wlad dra gwahanol – er gwell neu er gwaeth.

Dydd Mercher, 7 Medi 2005

Wel, mae'r haf yn tynnu at ei derfyn, y plant yn ôl yn yr ysgol a'r gwleidyddion yn paratoi i gynadledda. Yn draddodiadol, mae'r haf yn gyfnod digon tawel yn wleidyddol... Ond roedd eleni yn wahanol...

Gorau po leiaf a ddywedir am ymateb awdurdodau yr Unol Daleithiau i'r drychineb yn y taleithiau deheuol[60] ond beth am yr ymateb yn fan hyn i erchyllterau Llundain?

Wrth ymweld â Llundain yn ddiweddar rhyfeddais at gyn lleied o wahaniaeth y mae'r ymosodiadau wedi eu hachosi. Ar ôl darllen cymaint o erthyglau yn darogan 'na fyddai pethau yr un peth fyth eto', yr hyn oedd yn fy nharo oedd bod fawr ddim wedi newid.

Nid y llywodraeth sydd i ddiolch yn bennaf am hynny ond ein tuedd ni i anghofio. I'r mwyafrif llethol ohonom na chollodd berthynas neu gyfaill yn yr ymosodiadau mae'r ymosodiadau ar Lundain yn dechrau encilio i gefnau'n meddyliau gydag erchyllterau Katrina... neu atgofion melys gwyliau'r haf yn eu disodli.

A dyna efallai yw gelyn mwya'r brawychwyr. Dyw'r braw ddim yn para, a gan mai ofn yw arf penna'r terfysgwyr mae'n bosib mai'r gallu i anghofio yw'n hamddiffyniad penna.

Wrth i gynhadledd Plaid Cymru yn Aberystwyth agosáu, roedd yna sibrydion am gynllwyn i ddisodli Dafydd Iwan fel llywydd ac Ieuan Wyn Jones fel arweinydd y blaid yn y Cynulliad.

Dydd Iau, 15 Medi 2005

Y tro diwethaf i Blaid Cymru gynnal ei chynhadledd yn Aberystwyth roedd hi ar drothwy'r fuddugoliaeth fwyaf yn ei hanes. Ym mis Hydref 1997 y cynhaliwyd y gynhadledd

---

60 Yn yr Unol Daleithiau, achosodd corwynt Katrina gannoedd o farwolaethau a dinistr enfawr ar hyd taleithiau Gwlff Mecsico. Beirniadwyd ymateb yr awdurdodau, ac roedd yna honiadau o gamreoli, diffyg arweiniad ac oedi.

honno, ychydig fisoedd yn unig ar ôl y refferendwm datganoli, ac roedd rhai yn dechrau synhwyro y gallai'r blaid gyflawni camp anghredadwy a disodli'r Ceidwadwyr fel prif wrthblaid Cymru.

Ddeunaw mis yn ddiweddarach fe gyflawnwyd y gamp honno, yn rhannol oherwydd yr ymgecru a dadlau diddiwedd o fewn y Blaid Lafur ynglŷn â phwy fyddai'n ei harwain yn etholiadau'r Cynulliad.

Yn 2005 mae Plaid Cymru yn dychwelyd i Aberystwyth a'i statws fel prif wrthblaid dan fygythiad – a hynny yn rhannol, os nad yn bennaf, oherwydd dryswch ynglŷn â'i harweinyddiaeth. Os na fydd y dryswch yma'n cael ei ddatrys yn weddol fuan gallai Plaid Cymru golli pob modfedd o'r tir a enillwyd ganddi dros y degawd diwethaf.

Mae pob plaid, o bryd i'w gilydd, yn ffraeo ynglŷn â'i harweinydd, neu, yn achos Plaid Cymru, ei harweinwyr. Yn ddieithriad mae awduron y ffrae yn mynnu nad 'mater o bersonoliaethau' yw'r ffrwgwd, a'r un mor ddieithriad personoliaethau sydd wrth wraidd yr helynt. Yn yr achos hwn, personoliaeth a gallu Ieuan Wyn Jones sydd wrth wraidd y ddadl, gyda nifer o fawrion y blaid yn argyhoeddedig nad oes ganddo'r bersonoliaeth na'r gallu i arwain y blaid yn effeithiol yn etholiad 2007. Yn ddigon rhyfedd, nid o gyfeiriad ei gyd-aelodau ym Mae Caerdydd y mae'r rhan fwyaf o'r feirniadaeth yn dod. Dyna yw'r rheswm, mae'n debyg, am ymateb syn Ieuan Wyn Jones wrth i newyddiadurwyr ei holi ynglŷn â'r bygythiad i'w arweinyddiaeth – ymateb a oedd yn ymddangos yn gwbwl ddiffuant a gonest.

Ond os oedd aelod Môn yn anymwybodol o'r peryg cyn hyn, fe fydd yn gwylio ei gefn yn ofalus yn Aberystwyth, ac fe brofodd o'r blaen nad yw'n wleidydd sy'n ildio'n hawdd i bwysau. Nid ar chwarae bach y bydd hi'n bosib i'w wrthwynebwyr ei drechu.[61]

---

61 Penodwyd Dafydd Wigley yn Llywydd Anrhydeddus Plaid Cymru yn ystod y gynhadledd, ond y tu hwnt i hynny doedd yna ddim newidiadau yn arweinyddiaeth y blaid.

Dydd Iau, 6 Hydref 2005

Gyda thymor y cynadleddau wedi tynnu at ei derfyn fe fydd y sylw gwleidyddol yn troi yn ôl at Fae Caerdydd a San Steffan, ond mae'r cyfnod sy'n wynebu ein Haelodau Seneddol a'n Haelodau Cynulliad yn dra gwahanol.

Cymerwch y Torïaid fel enghraifft. Yn San Steffan, y broses ddiddiwedd o ddewis arweinydd fydd yn hawlio'r holl sylw gyda'r aelodau yn syllu i'w bogeiliau eu hunain – a'i gilydd – am wythnosau lawer.[62]

Un gair bach o gyngor: peidiwch â darogan dim ynglŷn â'r ornest hon na chredu'r un gair a ddaw o enau AS ynglŷn â'i fwriad pleidleisio. Yr unig broffwydoliaeth sydd gen i yw fy mod yn teimlo ym mêr fy esgyrn nad David Davis fydd ar y brig erbyn diwedd y ras.

Ond tra bod Torïaid San Steffan yn chwarae eu hoff gêm, mae cyfnod digon dymunol yn wynebu eu cyd-Geidwadwyr yn y Bae. Fel aelodau'r gwrthbleidiau eraill mae'r Torïaid yn cael pleser pur o'i ddefnyddio'u mwyafrif i arteithio llywodraeth leiafrifol Rhodri Morgan.

Mae'r rhain yn ddyddiau braf i bob plaid ond Llafur yn y Cynulliad, gyda rhai'n ei chael hi'n anodd i gredu bod Llafur wedi llwyddo i ildio'i mwyafrif drwy ei gweithredodd ei hun.

Fe fydd 'na hen ddigon o gêmau gwleidyddol yn cael eu chwarae ym Mae Caerdydd dros y misoedd nesaf, ac mae'n bosib nad newid arweinydd plaid fydd diwedd y broses ond newid Prif Weinidog.

---

62 Roedd pump yn y ras i olynu Michael Howard fel arweinydd y Ceidwadwyr: Ken Clarke, David Davis, Liam Fox, Malcolm Rifkind a David Cameron. Ar ddiwedd y broses ym mis Rhagfyr, David Cameron oedd wedi ennill y ras ddau geffyl rhyngddo yntau a David Davis. Mewn pleidlais bost o holl aelodau'r blaid roedd cyfanswm Cameron dros ddwywaith y pleidleisiau a gafodd ei wrthwynebydd.

Dydd Gwener, 21 Hydref 2005

Parhau mae'r clecian a'r dyfalu ym Mae Caerdydd ynglŷn â'r posibilrwydd o ryw fath o gytundeb rhwng y gwrthbleidiau i ddisodli llywodraeth Rhodri Morgan a chreu rhyw fath o lywodraeth amlbleidiol newydd.

I nifer o Geidwadwyr a chenedlaetholwyr mae'r syniad y gallai eu dwy blaid gydweithio mewn llywodraeth yn gwbwl wrthun. Prin yw'r rhai sy wir yn gallu dychmygu Ieuan Wyn Jones, Nick Bourne a Mike German yn eistedd yn yr un Cabinet â'i gilydd. Ond mae clymbleidiau yn rhan gymharol newydd a phrin o'n profiadau gwleidyddol. Mae hanes gwledydd eraill yn awgrymu bod 'na fwy nag un ffordd o gael Wil i'w wely.

Cymerwch fel engraifft y llywodraeth sydd newydd ei ffurfio yn Seland Newydd. Er mwyn parhau i lywodraethu roedd angen i'r Prif Weinidog, Helen Clark, sicrhau cefnogaeth 61 o Aelodau Seneddol. Er mwyn gwneud hynny mae Ms Clark wedi gorfod cyrraedd cytundebau â phedair plaid wahanol – ond dim ond un ohonyn nhw sydd mewn clymblaid lawn â Llafur...

Sut mae hyn yn berthnasol i Gymru? Wel, meddyliwch am eiliad. Os ydy hi'n amhosib i Blaid Cymru a'r Ceidwadwyr ffurfio llywodraeth ar y cyd, gallai'r naill blaid neu'r llall gytuno i gynnal y llall heb glymblaid ffurfiol. Fe fyddai clymblaid rhwng Plaid Cymru a'r Democratiaid Rhyddfrydol, dyweder, yn gallu llywodraethu pe bai'r Toriaïd a'r aelodau annibynnol yn cytuno i'w chefnogi ar faterion o hyder.

Ydy hynny yn debygol? Pwy a ŵyr? Y cyfan rwy'n ei awgrymu ydy bod gwleidyddiaeth yn debycach i wyddbwyll na draffts a bod 'na sawl ffordd i gyrraedd pen pella'r bwrdd.

Dydd Gwener, 28 Hydref 2005

Pen-blwydd hapus, Caerdydd! Ydy, mae'r ddinas yn 100 oed a'r brifddinas yn 50 oed eleni. Ond er bod Caerdydd ei hun yn dathlu, prin fydd y llwncdestun a gynigir yng ngweddill Cymru.

Fel ymron pob gwlad mae'r berthynas rhwng Caerdydd a'r

wlad y mae'n brifddinas arni yn un ryfedd, gyda thrigolion gweddill Cymru yn teimlo'r un gymysgedd o genfigen a balchder a deimlir gan drigolion Normandi wrth feddwl am Baris, neu drigolion Gogledd Lloegr wrth ystyried llwyddiannau Llundain. Mae 'na ffordd o osgoi'r fath sefyllfa. Dyw trigolion Awstralia a'r Unol Daleithiau ddim yn malio'r un botwm corn am eu prifddinasoedd swyddogol. Sydney ac Efrog Newydd sy'n denu'r edmygedd a'r eiddigedd, gyda Canberra a Washington yn ddim byd amgenach na gwersylloedd preswyl i wleidyddion.

Fe fyddai hynny wedi bod yn bosib yng Nghymru – wedi'r cyfan roedd 'na sawl tref yn cystadlu â Chaerdydd i fod yn brifddinas gydag Aberystwyth, Abertawe, Caernarfon a hyd yn oed Llandrindod yn ymgeisio am yr anrhydedd. Doedd hi ddim yn anorfod y byddai Caerdydd yn ennill y ras. Yn ôl ei beirniaid, roedd y ddinas fawr yng nghornel de-ddwyreiniol Cymru yn rhy Seisnig ei natur a'i naws i fod yn wir brifddinas i'r Cymry. Roedd 'na elfen o wirionedd yn y cyhuddiad yn ôl yn yr 1950au. Ond mae'n bosib dadlau erbyn hyn mai ffenomenon dros dro oedd Seisnigrwydd Caerdydd.

Yn ogystal â bod yn wleidydd mae Owen John Thomas yn dipyn o hanesydd. Mewn pennod ddifyr yn y llyfr *Y Gymraeg Yn Ei Disgleirdeb* – cyfrol sy'n croniclo hanes yr iaith yn oes Fictoria – mae'n nodi pa mor fywiog a byrlymus oedd bywyd Cymraeg Caerdydd yn y 19eg ganrif.[63] Y Gymraeg oedd iaith y rhan fwyaf o addoldai'r ddinas yn y cyfnod hwnnw ac roedd y gallu i siarad y Gymraeg yn amod cyflogaeth yn siop newydd ysblennydd David Morgan.

Ond fe ddaeth tranc sydyn ar yr iaith ar ddiwedd y cyfnod, ac i raddau helaeth aeth yr hanes yn angof. Mae haneswyr lleol Caerdydd wedi ychwanegu at yr amnesia diwylliannol.

Am ryw reswm mae haneswyr y ddinas wedi canolbwyntio

---

63   *Y Gymraeg Yn Ei Disgleirdeb – Yr Iaith Gymraeg Cyn Y Chwyldro Diwydiannol*. Gol. Geraint H Jenkins, Gwasg Prifysgol Cymru, 2000.

bron yn llwyr ar gyfraniad y gymuned Gatholig Wyddelig fechan i fywyd y ddinas gan anwybyddu nid yn unig gyfraniad y Cymry, ond hefyd y Saeson a chymunedau ethnig a chrefyddol eraill i fywyd Caerdydd.

Cymerwch un enghraifft: agorwyd y mosg cyntaf yng Nghaerdydd yn 1860, prin ugain mlynedd ar ôl agor yr Eglwys Gatholig gyntaf. Hwn oedd y mosg cyntaf i'w agor ym Mhrydain a chymuned Foslemaidd Caerdydd yw'r hynaf yn y Deyrnas Unedig. Eto i gyd ni cheir yr un sôn am y digwyddiad yn *Cardiff Yesterday*[64] sy'n croniclo hanes y ddinas.

O ganlyniad i'r persbectif hanesyddol rhyfedd yma, tan yn ddiweddar roedd delwedd y ddinas yn dibynnu ar gwrw Brains, acen y Sblot a chaneuon Frank Hennessy. Nawr, mae Frank yn gyfaill annwyl i mi, ond mae ei acen e'n wahanol iawn i'm hacen i, ac mae ei Gaerdydd e yn wahanol iawn i'm Caerdydd i.

Dydd Gwener, 4 Tachwedd 2005

Yng Nghaerdydd y mae gwreiddiau fy nheulu. Symudodd teulu Mam i'r ddinas ar ddechrau'r 20fed ganrif ac ar ochr fy nhad roedd fy hen daid yn weinidog yn Y Groes-wen, pentref ar gyrion Caerdydd a oedd yn Gymraeg ei iaith tan yr 1930au.

Doedd teuluoedd Cymraeg eu hiaith ddim yn anghyffredin yng Nghaerdydd yn yr 20fed ganrif. Roedd teulu fy nghyd-weithiwr, Guto Thomas, yn berchnogion ar nifer o siopau dillad y ddinas. Draw yn Y Barri, wrth gwrs, roedd teulu Gwynfor Evans yn datblygu'r un fath o fusnes. Mae Rhodri Morgan hefyd yn un o feibion Cymraeg Caerdydd.

Ond bregus mewn gwirionedd oedd y bywyd Cymraeg, yn llwyr ddibynnol ar y capeli a 'gwaed newydd' o'r ardaloedd Cymraeg.

Pan gychwynnais i yn yr ysgol fach, un ysgol Gymraeg

---

64   *Cardiff Yesterday,* cyfres o 36 o lyfrau gan Stewart Williams a gyhoeddwyd ganddo rhwng 1980 a 2000.

oedd yn y ddinas gyfan ac roeddwn i'n un o'r 20 o blant pum mlwydd oed oedd yn derbyn addysg Gymraeg yn y ddinas.[65] Erbyn hyn wrth gwrs mae 'na 12 o ysgolion cynradd Cymraeg yng Nghaerdydd a dwy ysgol uwchradd.

Fe gafwyd twf cyffelyb mewn sawl ardal arall wrth gwrs, ond fe dyfodd addysg Gymraeg yng Nghaerdydd yn gynt nag yn ninasoedd eraill y de. Un ysgol Gymraeg sydd yng Nghasnewydd o hyd, a llwyddodd Cyngor Gorllewin Morgannwg i osgoi agor yr un ysgol Gymraeg newydd o'i sefydlu yn 1974 tan ei dranc yn 1996.

Pam y newid yng Nghaerdydd felly? Wel, yn fy marn i, fe arweiniodd y penderfyniad hwnnw i ddyrchafu Caerdydd yn brifddinas yn uniongyrchol at ei hail-Gymreigio. Yn gyntaf wrth gwrs fe ddenwyd miloedd o Gymry Cymraeg i weithio yn y sefydliadau cenedlaethol newydd a ymgartrefodd yn y ddinas.

Ond roedd 'na newid pwysicach, newid seicolegol bron ym meddyliau pobol Caerdydd. Pan oeddwn i'n grwt yn yr 1960au roedd agwedd rhai o'n cymdogion tuag at y Gymraeg, ac yn wir at weddill Cymru, yn ddigon ciaidd. Roedd papur y ddinas, y *South Wales Echo*, yn wenwynig o wrth-Gymraeg ac roedd disgyblion Ysgol Bryntaf yn ffrîcs yng ngolwg rhai o'n cyfoedion.

Ond tra oedd dinasoedd porthladd tebyg fel Lerpwl yn dirywio'n economaidd a chymdeithasol, roedd Caerdydd yn ffyniannus, ac yn raddol sylweddolwyd mai ei statws fel prifddinas oedd yn gyfrifol am hynny. Roedd Cymreictod o fantais i Gaerdydd, ac roedd y wlad yr oedd y ddinas yn ei dirmygu yn gyfrifol am ei dadeni.

Wrth i Gaerdydd ddathlu bod yn 100 oed fel dinas a 50 oed fel prifddinas felly, efallai ei bod hi'n bryd nid i weddill Cymru ddweud 'Pen-blwydd hapus!' ond i Gaerdydd ddiolch i'w gwlad.

---

65   Ysgol Gynradd Gymraeg Bryntaf.

2006

Ni chyhoeddwyd colofn 'O Vaughan i Fynwy' yn ystod pedwar mis cyntaf 2006.

Dychwelodd Vaughan a'i golofn ddechrau Mai ond yn ystod y misoedd di-golofn, ni fu pall ar y berw gwleidyddol.

Ymddiswyddodd Charles Kennedy fel arweinydd y Democratiaid Rhyddfrydol ddeuddydd wedi iddo gyfaddef fod ganddo broblem alcohol. Ym mis Mawrth, etholwyd Menzies Campbell i arwain y blaid yn ei le.

Penderfynodd Plaid Cymru newid strwythur ei harweinyddiaeth. Ieuan Wyn Jones fyddai arweinydd y blaid gyda Dafydd Iwan yn gyfrifol am yr ochr wirfoddol. Mabwysiadodd y blaid logo newydd hefyd, gyda phabi melyn Cymreig yn disodli'r triban cyfarwydd.

Symudodd yr ACau i gartref newydd y Cynulliad Cenedlaethol – Senedd wedi ei dylunio gan y pensaer Richard Rogers. Agorwyd yr adeilad newydd yn swyddogol gan y Frenhines ar Fawrth y Cyntaf.

Bu farw Peter Law, yr Aelod Seneddol a Chynulliad dros Flaenau Gwent. Roedd 'na awgrym y byddai ei weddw, Trish, yn sefyll fel ymgeisydd yn yr isetholiadau.

Dydd Mercher, 3 Mai 2006

... Mynd o ddrwg i waeth mae problemau Llafur ym Mlaenau Gwent ac mae hynny'n rhannol oherwydd penderfyniadau'r blaid ei hun.

Ers 1970 a phenderfyniad S. O. Davies[66] i herio ei blaid ei hun ym Merthyr mae 'na draddodiad hir o aelodau Llafur yn cefnu ar eu plaid i sefyll fel ymgeiswyr annibynnol.

Yn amlach na pheidio, er sicrhau llwyddiant dros dro, digon

---

66   Bu S. O. Davies yn AS Llafur dros Ferthyr Tudful am 36 mlynedd. Penderfynodd y blaid yn lleol ei fod yn rhy hen i fod yn ymgeisydd yn 1970, felly safodd S. O. fel ymgeisydd Llafur annibynnol gan guro'r ymgeisydd Llafur swyddogol yn yr etholiad cyffredinol. Bu farw ddwy flynedd yn ddiweddarach.

byr fu gyrfaoedd gwleidyddol y gwleidyddion hyn. Pwy heddiw sy'n cofio Eddie Milne[67] neu Dick Taverne?[68]

Ym mron pob un o'r achosion, mae'r blaid wedi ceisio osgoi niwed parhaol trwy ymddwyn yn y ffordd fwyaf cymedrol a rhesymol posib.

Roedd gair bach â Sephora, gweddw S. O., yn ddigon i sicrhau na fyddai gwrthryfel ei gŵr yn esgor ar her annibynnol yn isetholiad 1972.

Cafodd Ken Livingstone ei hun ei ddiarddel ar ôl cael ei ethol yn Faer Llundain ond penderfynodd y blaid beidio â chosbi'r aelodau a'i cefnogodd gan ei gwneud hi'n bosib i Livingstone ei hun ddychwelyd o fewn byr o dro.

Mae'n anodd deall felly pam y gwnaeth y blaid ymddwyn mor wahanol ym Mlaenau Gwent gan ddiarddel bron i ddau ddwsin o aelodau am gefnogi safiad Peter Law. Roedd Mr Law o'r farn fod penderfyniad gwreiddiol y blaid i orfodi Blaenau Gwent i ddewis menyw fel ymgeisydd seneddol yn un maleisus.

Roedd y penderfyniad i hel ei gefnogwyr allan o'r blaid yn brawf o hynny ym meddyliau Mr Law, ei deulu a'i ddilynwyr.

Canlyniad hyn oll yw y tebygrwydd y bydd gwrthryfel Peter Law yn ei oroesi gyda her annibynnol yn yr isetholiadau sydd i ddod.

Mae'r Blaid Lafur Gymreig yn talu pris am ei phenderfyniadau ei hun. Colli ei mwyafrif ym Mae Caerdydd oedd y pris a dalwyd am geisio gorfodi menyw ar Flaenau Gwent.

67　AS Llafur Blyth oedd Eddie Milne rhwng 1960 ac 1974. Dewisodd ei blaid etholaethol ymgeisydd arall ar gyfer etholiad cyffredinol Chwefror 1974. Safodd Mr Milne fel ymgeisydd Llafur annibynnol a rhoi crasfa i'r ymgeisydd Llafur swyddogol (Ivor Richard a ddaeth maes o law yn Arglwydd Richard). Byrhoedlog fu llwyddiant Mr Milne. Yn ail etholiad cyffredinol 1974 collodd ei sedd.

68　Bu Dick Taverne yn AS Llafur Lincoln o 1962 tan 1972 pan adawodd y Blaid Lafur ac ymddiswyddo fel AS. Yn yr isetholiad a ddilynodd fe ddaliodd ei afael ar y sedd fel ymgeisydd Llafur Democrataidd. Fe'i hailetholwyd yn etholiad cyffredinol 1974 cyn colli'r sedd yn etholiad cyffredinol yn mis Hydref y flwyddyn honno.

Pwy a ŵyr beth fydd pris y penderfyniad i ddiarddel cefnogwyr Mr Law?

Yn y cyfamser, gwadodd Peter Hain honiadau ei fod wedi cynnig arglwyddiaeth i Peter Law er mwyn sicrhau na fyddai'n sefyll yn erbyn Llafur ym Mlaenau Gwent. Ymddiheurodd wrth yr etholwyr yno am ddewis ymgeisydd seneddol o restr fer o fenywod yn unig. Dewiswyd Owen Smith, swyddog cyfathrebu gyda chwmni fferyllol Pfizer, a chyn-gynhyrchydd newyddion gyda'r BBC fel ymgeisydd Llafur ar gyfer yr isetholiad seneddol. Pan ddaeth yr isetholiad ddiwedd Mehefin, fe'i curwyd gan ymgeisydd annibynnol, cyn-asiant Mr Law, Dai Davies. Etholwyd gweddw Mr Law, Trish, fel cynrychiolydd annibynnol Blaenau Gwent yn y Cynulliad.

Yn San Steffan, cyrhaeddodd Mesur Llywodraeth Cymru y llyfr statud. Roedd hyn yn golygu y gallai'r Cynulliad ddeddfu mewn meysydd penodol pe bai San Steffan wedi cymeradwyo cais gan Lywodraeth Cymru i wneud hynny trwy system y Legislative Competence Order (LCO). Roedd y mesur hefyd yn paratoi'r ffordd ar gyfer refferendwm ar bwerau deddfu llawn.

Dydd Mercher, 30 Awst 2006

A hithau'n ddiwedd Awst mae'r gwleidyddion a ni'r gohebwyr yn dechrau ymlwybro'n ôl o'r traethau i baratoi ar gyfer blwyddyn wleidyddol newydd, blwyddyn sy'n sicr o fod yn un lawn cyffro a chlecs.

Mae'n debyg y bydd yn sesiwn hanesyddol, gyda diflaniad Tony Blair o'r llwyfan gwleidyddol.

Er bod dyddiad ymadawiad y Prif Weinidog o hyd yn destun dadlau a chynllwynio does dim dwywaith y bydd hynny'n digwydd o fewn y 12 mis nesa ac mae'r grym eisoes yn llithro o'i ddwylo.

Fel prawf o hynny ces i'r profiad yn ddiweddar o glywed aelod o'i Gabinet yn beirniadu Tony Blair yn gwbl agored o flaen criw o ryw ddwsin o newyddiadurwyr. Fe wnaeth hynny gan wybod yn sicr na fyddai na chosb na cherydd am ei ddiffyg teyrngarwch. Mater o sut a phryd yw'r ymadawiad erbyn hyn.

Mae Rhodri Morgan yn gwbwl agored ei farn y dylai'r Prif Weinidog gamu o'r llwyfan cyn etholiadau'r Cynulliad yn y gobaith y byddai arweinydd newydd yn gallu lleddfu rhywfaint ar y gyflafan y mae Llafur yn ei hofni.

Er bod system bleidleisio'r Cynulliad yn ffafriol iawn i'r Blaid Lafur, mae canlyniadau isetholiadau Blaenau Gwent wedi peri ofn iddyn nhw.

Mae Llafur yn dechrau becso am ddiogelwch rhai etholaethau sydd, ar bapur, i fod yn gadarnleoedd. Yn yr etholiadau ym Mai, cadw eu gafael ar seddi etholaethol yn y de diwydiannol yw'r flaenoriaeth i Lafur.

Yn nhri rhanbarth etholiadol y de mae colli etholaeth yn golled go iawn i Lafur, heb obaith am wobr gysur o'r rhestr.

Tan yn ddiweddar dim ond llond dwrn o'r etholaethau hyn oedd yn peri pryder i'r blaid. Ond, wrth i'r hinsawdd wleidyddol waethygu, mae rhai Llafurwyr amlwg yn dechrau sibrwd y gallai'r blaid wynebu trafferthion mewn etholaethau annisgwyl fel Gorllewin Abertawe (sedd Andrew Davies), De Caerdydd, Caerffili a hyd yn oed etholaeth Pen-y-bont, etholaeth y mab darogan, Carwyn Jones.

Y cwestiwn anodd i Lafur yw pwyso a mesur y niwed posib y gallai ymdrech rymus i gael gwared ar Tony Blair ei achosi yn erbyn y lles a allai ddod o gael arweinydd newydd.

Heb os, cynhadledd y Blaid Lafur yw'r un i'w gwylio'r hydref yma.

Ddiwedd Awst, galwodd AC Castell-nedd, Gwenda Thomas, ac AS Islwyn, Don Touhig, ar Tony Blair i ddweud yn union pryd y byddai'n gadael rhif 10 Downing Street.

O fewn diwrnodau roedd 17 o ASau Llafur wedi arwyddo llythyr yn galw ar Mr Blair i ymddiswyddo ac roedd yna adroddiadau fod AS y Rhondda, Chris Bryant, yn un o'r trefnwyr. Ysgrifennodd AS Ynys Môn, Albert Owen, lythyr ei hun yn gofyn am ddyddiad pendant.

Ymddiswyddodd Wayne David (AS Caerffili), Ian Lucas (AS Wrecsam), Mark Tami (AS Alun a Glannau Dyfrdwy) fel ysgrifenyddion preifat, gan ddweud bod yr ansicrwydd ynghylch dyddiad ymadawiad Mr Blair yn niweidiol i'r llywodraeth a'r Blaid Lafur.

Ar Fedi'r 7fed, cyhoeddodd y Prif Weinidog y byddai'n rhoi'r ffidil yn y to erbyn Medi 2007. Ond wnaeth hynny ddim dod â'r cecru i ben, gyda'r cyn-weinidog Cabinet Charles Clarke yn beirniadu Gordon Brown am beidio â rhoi taw ar feirniaid Blair.

Dydd Gwener, 8 Medi 2006

Does fawr o angen i mi ddweud fod hon wedi bod yn wythnos a hanner i uned wleidyddol BBC Cymru. Gyda hanner fy nghyd-weithwyr o hyd yn bolaheulo yn rhywle neu'i gilydd mae'r rheiny ohonom sydd yn y gwaith wedi bod yn rhuthro fel ffyliaid i ddiwallu anghenion gwahanol wasanaethau'r gorfforaeth.

Yr hyn sydd wedi gwneud yr holl droeon trwstan dros y dyddiau diwethaf yn arbennig o ddiddorol a difyr yw bod hon, helynt y Blaid Lafur, yn stori Brydeinig lle mae Cymru a'i gwleidyddion, am unwaith, yn ganolog.

Ers blynyddoedd bellach mae'r Blaid Albanaidd wedi bod yn llawer mwy dylanwadol o fewn y mudiad Llafur na'r Blaid Gymreig. Y tro hwn, y Cymry sydd ar flaen y gad. Aelod Rhondda, Chris Bryant, ynghyd â Siôn Simon, Cymro Cymraeg sydd yn AS yn Birmingham, oedd yn gyfrifol am ddrafftio'r llythyr a arweiniodd at yr helynt.

Roedd Julie Morgan, Wayne David a Dai Havard ymhlith y llond dwrn o Aelodau oedd yn fodlon rhoi eu pennau uwchben y parapet yn y stiwdios teledu i alw am ymadawiad Tony Blair. Am oriau lawer roedd Ann Clwyd ar grwsâd unig i amddiffyn y Prif Weinidog.

Does dim angen bod yn athrylith gwleidyddol i ddeall pam mae Llafur Cymru yn creu stŵr. Mae ei gwleidyddion yn poeni'n ddirfawr am etholiadau'r Cynulliad fis Mai, yn enwedig yn sgil y grasfa ym Mlaenau Gwent. Tra bod plaid yr Alban yn rhannu'r pryder, mae'n gorfod ymddwyn yn garcus oherwydd ei chysylltiadau Brownaidd. Mae'r blaid Gymreig ar y llaw arall â'i dwylo'n rhydd i weithredu.

Y dyddiad allweddol nesaf yw cyfarfod Aelodau Seneddol Llafur Cymru ym Medwas ar Fedi 18. Cyfarfod a allai roi'r hoelen olaf yn arch wleidyddol Tony Blair.

Ers blynyddoedd mae rhai o aelodau'r blaid Gymreig wedi teimlo bod y Prif Weinidog yn eu dilorni. Roedd yr honiad yn llyfr Lance Price fod Tony Blair wedi diawlio'r 'ff.... Cymry' yn brawf o hynny, yn eu meddyliau hwy.[69] Hon yw awr y dial.

Dydd Iau, 14 Medi 2006

Yn ôl y drefn arferol, y Democratiaid Rhyddfrydol fydd y blaid gyntaf i gynnal ei chynhadledd, a hwn fydd y tro cyntaf i Menzies Campbell ei hannerch fel arweinydd.

Mae helyntion diweddar Tony Blair wedi denu'r sylw o berfformiad Mr Campbell ond teg yw dweud bod nifer o aelodau'r blaid o hyd yn siomedig â'i record hyd yn hyn. Hanfod y broblem yw bod Mr Campbell wedi gadael i'r bêl lithro trwy ei ddwylo ar sawl achlysur – er mai fel 'pâr saff o ddwylo' y cafodd ei ethol.

Beth bynnag oedd eu rhinweddau neu ffaeleddau personol does dim dwywaith fod gan Paddy Ashdown a Charles Kennedy ddawn i gysylltu â'r etholwyr. Does 'na ddim arwydd hyd yn hyn fod y cyhoedd yn ymateb i Mr Campbell yn yr un ffordd. Gyda David Cameron yn gwneud ei farc yn yr arolygon barn mae 'na beryg i'r Democratiaid Rhyddfrydol ddechrau ymddangos yn amherthnasol...

Tro Plaid Cymru oedd hi i gynadledda nesa, a hynny yn Abertawe. Yno dywedodd yr arweinydd, Ieuan Wyn Jones, fod yr amser

---

69   *The Spin Doctor's Diary – Inside Number10 With New Labour* gan Lance Price. Hodder & Stoughton, 2005.

wedi dod i'w blaid fod mewn llywodraeth, ac y byddai yna raglen bolisi ddeniadol, radical ac ymarferol er mwyn gwneud hynny. Ond dyfodol ei ragflaenydd fel arweinydd aeth â sylw Vaughan.

Dydd Gwener, 29 Medi 2006

Un o straeon mawr etholiadau'r flwyddyn nesaf fydd ymdrech Dafydd Wigley i ddychwelyd i'r Cynulliad fel aelod rhanbarthol dros Ogledd Cymru.

Cawn gyfle i edrych ar yr ymdrech honno rywbryd eto, ond yn y cyfamser, mae 'na dystiolaeth gynyddol na fu Llywydd Anrhydeddus Plaid Cymru yn ddi-rym a diddylanwad yn ystod ei alltudiaeth.

Nawr bod Mesur Llywodraeth Cymru yn ddiogel ar y llyfr statud[70] mae gwleidyddion yn dechrau rhannu cyfrinachau am y tactegau a'r strategaeth wleidyddol a ddefnyddiwyd i sicrhau bod y mesur yn llwyddo.

Yn ôl ffynonellau o fewn Swyddfa Cymru roedd cefnogaeth pedwar gwleidydd amlwg yn allweddol yn y broses.

O safbwynt Llafur, cael cefnogaeth Paul Murphy a Don Touhig oedd yn bwysig. Gallai'r naill neu'r llall ohonyn nhw wedi bod yn ffocws i wrthwynebiad i'r mesur a bu'n rhaid pwyso ar eu teyrngarwch pleidiol i sicrhau eu cefnogaeth.

Ond mae rôl dau wleidydd arall hyd yn oed yn fwy diddorol.

Yn ôl ffynonellau Llafur roedd sicrhau cefnogaeth yr hen act ddwbwl – y ddau Dafydd – yn allweddol.

Dyw hi ddim yn syndod efallai fod gan Dafydd Elis-Thomas, fel Llywydd y Cynulliad, rôl allweddol y tu ôl i'r llenni, ond erbyn hyn mae'n amlwg fod Dafydd Wigley hefyd wedi bod yn hynod weithgar.

---

70 Cafodd Deddf Llywodraeth Cymru 2006 gydsyniad Brenhinol ddiwedd Gorffennaf. Roedd y ddeddf yn creu'r system LCO oedd yn golygu y gallai'r Cynulliad ofyn i San Steffan am yr hawl i ddeddfu mewn maes penodol. Roedd hefyd yn caniatáu cynnal refferendwm ar bwerau deddfu llawn yn y meysydd datganoledig pe bai 40 o'r 60 AC eisiau hynny.

Mae'r ddau Dafydd yn aelodau o'r cyfrin gyngor – y clwb rhyfedd hynny sy'n golygu bod rhai o'r hil ddynol yn 'wir anrhydeddus' tra bod eraill yn gorfod bodloni â bod yn 'anrhydeddus'.

Dyw'r cyngor ei hun ddim wedi cwrdd ers y canol oesoedd ond mae bod yn aelod yn sicrhau breintiau arbennig – ac mae'r breintiau hynny'n parhau am oes.

Un o'r breintiau hynny yw'r gallu, o bryd i gilydd, i gael rhannu cyfrinachau'r llywodraeth, a deellir fod Dafydd Wigley wedi cael gwybod am holl gynnwys y mesur newydd ymhell cyn ei gyhoeddi.

Mewn cyfres o alwadau ffôn llwyddodd Ysgrifennydd Cymru i argyhoeddi cyn-aelod Arfon fod y mesur yn garreg filltir o bwys.

Mae'n debyg mai apêl fawr y mesur i'r ddau Dafydd yw'r cymalau hynny sy'n galluogi i'r Cynulliad dderbyn pwerau llawn heb ddeddfwriaeth bellach yn San Steffan.

Oherwydd hynny deellir fod y ddau wedi gweithio'n agos â Peter Hain wrth i'r mesur fynd trwy'r broses seneddol gan weithredu fel pont rhwng y llywodraeth a'r gwrthbleidiau yn San Steffan a Bae Caerdydd.

Yn wir, yn ôl Swyddfa Cymru roedd Dafydd Wigley yn rhan bwysicach o'r broses na'r un arweinydd plaid. Yn ôl un gwleidydd amlwg yn San Steffan atgyfodwyd hen glymblaid wleidyddol 'Ie Dros Gymru'[71] i fynd â'r maen i'r mur.

Mae'n bosib y byddai rhai yn credu bod rôl Dafydd Wigley yn yr hanes yn adlewyrchiad gwael ar aelodau presennol y Cynulliad.

Mae'n debyg y byddai eraill yn ei ystyried yn brawf fod gan Dafydd Wigley ragor i'w gynnig i fywyd cyhoeddus Cymru.

Mater i etholwyr y gogledd yw a gaiff e'r cyfle i wneud hynny.

---

71   'Ie dros Gymru' oedd enw'r ymgyrch drawsbleidiol o blaid datganoli yn refferendwm 1997.

Dydd Iau, 5 Hydref 2006

Mae hi bron yn ystrydeb bellach i ddweud bod awdurdod Tony Blair wedi dechrau diflannu'r eiliad y cyhoeddodd y byddai'n ymddiswyddo rywbryd ar ôl etholiad cyffredinol 2005.

Mae'n rhyfedd felly nad yw'r un broses wedi digwydd yn achos Rhodri Morgan ac yntau wedi datgan yn ddigon plaen y bydd ei yrfa yntau'n dod i ben yn ystod y blynyddoedd nesaf.

Hunanddisgyblaeth aelodau Llafur y Cynulliad sy'n benna gyfrifol am y ffaith fod awdurdod Mr Morgan yn parhau. Ond er bod y grŵp yn ymddwyn â disgyblaeth haearnaidd yn y siambr, yn y coridorau mae'r sibrwd wedi dechrau ynglŷn â'r hyn a allai ddigwydd ar ôl etholiadau 2007.

Does dim dwywaith y bydd y blaid yn ddigon hapus i Rhodri Morgan barhau â'i fwriad i arwain tan 2009 os ydy e'n llwyddo i ennill mwyafrif i'r blaid, camp wyrthiol, bron, a fyddai'n ennill clod, mawl, parch a bri ei blaid.

Pe bai Llafur, ar y llaw arall, yn colli'n wael ac yn canfod ei hun ar feinciau'r gwrthbleidiau, mae'n debyg y byddai tranc Mr Morgan yn digwydd yn weddol sydyn...

Mewn amgylchiadau felly, mae'n bosib nad y ffefrynnau arferol i'w olynu fyddai'n sicrhau'r arweinyddiaeth.

Y ddau enw sy'n cael eu crybwyll yn gyson yw Carwyn Jones ac Andrew Davies.[72]

Ond yn sgil crasfa mae'n bosib na fyddai'r blaid yn dymuno gwobrwyo aelodau o Gabinet a oedd wedi ei drechu.

Dyw hi ddim yn dilyn chwaith taw'r gwleidyddion sy'n effeithiol mewn llywodraeth yw'r rhai mwyaf effeithiol mewn gwrthblaid.

Gŵr sy'n sefyll ar gyrion y llywodraeth fel dirprwy weinidog yw aelod Merthyr, Huw Lewis.

Er nad yw Mr Lewis wedi cael fawr o gyfle i wasanaethu

---

72 Roedd Andrew Davies yn AC dros Orllewin Abertawe ac yn aelod o'r Cabinet ers sefydlu'r Cynulliad.

gan Alun Michael na Rhodri Morgan, mae'n berfformiwr effeithiol yn y siambr ac mae ar ei orau wrth ymosod.

Hoff darged Mr Lewis yw'r bobol y mae e'n ystyried yn grachach; dosbarth canol cyfrwys sydd, yn ei farn e, yn llywio Cymru trwy eu dylanwad yn y cyfryngau, y celfyddydau a sefydliadau anetholedig eraill.

Yn ei dyb e, 'llywodraeth y crachach' fyddai unrhyw glymblaid o'r gwrthbleidiau presennol.

Yn nhyb rhai aelodau Llafur, Mr Lewis fyddai'r arweinydd perffaith i dynnu blew o drwyn llywodraeth o'r fath, gan gyflyru cefnogwyr Llafur traddodiadol trwy ailgynnau'r rhyfel dosbarth.

Peidied neb â meddwl na allai Mr Lewis gipio'r goron. Mae ei ymosodiadau ffyrnig ar y pleidiau eraill yn boblogaidd yn y rhengoedd Llafur ac fel cyn-weithiwr llawn amser i'r blaid mae ganddo rwydwaith o gyfeillion a chysylltiadau ymhlith yr aelodau cyffredin.

Fel Rhodri Morgan, fe ddylai Carwyn Jones ac Andrew Davies wylio eu cefnau.

Dydd Gwener, 27 Hydref 2006

... Er taw un o feibion Pen-y-bont yw Carwyn Jones, mae ei wreiddiau a'i galon ym Mrynaman a bu'n sôn am y newid sydd wedi bod yn y pentre yn ddiweddar.

Ar ei ymweliadau rheolaidd â'i deulu yno, mae Carwyn wedi sylwi bod y pentrefwyr yn fwyfwy parod i siarad Saesneg â'i gilydd.

Nid sôn am fewnfudwyr y mae Carwyn ond am Gymry Cymraeg naturiol sy'n taro sgwrs â'i gilydd yn yr iaith fain.

Mae Carwyn yn cynnig esboniad posib am y newid, esboniad sy'n gysylltiedig â sefydlu'r Cynulliad.

Dyfalu y mae fod y gydnabyddiaeth swyddogol i Gymru fel cenedl wedi effeithio'n isymwybodol ar agweddau rhai o'r Cymry Cymraeg at yr iaith.

Mae'n amau bod statws newydd Cymru yn golygu nad

yw'r iaith bellach yn rhan mor bwysig o ymwybyddiaeth genedlaethol ei siaradwyr, hynny yw, nad yw pobol yn teimlo'r angen i siarad Cymraeg i ddangos eu bod yn Gymry.

Ar un ystyr dyw'r ddadl ddim yn annhebyg i'r syniadau am genedligrwydd dinesig y bues i'n eu trafod yn y golofn ddiwethaf.[73]

Y gwahaniaeth, wrth gwrs, yw bod Carwyn yn cyfeirio at effeithiau negyddol yn ogystal â rhai positif mewn datblygiad o'r fath.

Hynny yw, os yw cenedligrwydd yn seiliedig ar ddinasyddiaeth a chyfundrefnau llywodraethol yn lle diwylliant, mae peryg y gallai'r diwylliant ei hun gael ei ddibrisio.

Does ond angen edrych ar draws Môr Iwerddon i weld nad yw sefydlu gwladwriaeth ynddi ei hun yn ddigon i achub neu adfywio iaith, ac os yw Carwyn yn gywir, gallai'r Gymraeg gael ei lladd gan garedigrwydd.

Dydd Gwener, 3 Tachwedd 2006

... Bron i chwarter canrif yn ôl, yn 1982, bues i'n gohebu i'r BBC o isetholiad Gŵyr, yn dilyn marwolaeth yr aelod Llafur hirdymor Ifor Davies.[74]

Fel mae'n digwydd, roedd yr ornest yng Ngŵyr yn un o'r isetholiadau lleiaf diddorol yn ein hanes gwleidyddol, gyda Gareth Wardell yn cael ei ethol heb fawr o drafferth.[75]

Ond wrth edrych yn ôl, roedd safbwyntiau un ymgeisydd ymylol yn haeddu mwy o sylw (a phleidleisiau efallai) nag y cafon nhw.

Derbyniodd John Donovan 125 o bleidleisiau. Doedd hynny

---

73 Colofn am araith gan Dafydd Elis-Thomas a awgrymodd fod y profiad o fyw am wyth canrif fel lleiafrif o fewn y Deyrnas Unedig ac o geisio sicrhau eu llais gwleidyddol eu hun wedi gosod dyletswydd arbennig ar y Cymry i dderbyn, croesawu a pharchu lleiafrifoedd.

74 Bu Ifor Davies yn AS Llafur Gŵyr o 1959 tan ei farwolaeth yn 1982. Bu'n is-weinidog yn y Swyddfa Gymreig ddiwedd y chwedegau ac yn groch yn erbyn datganoli yn refferendwm 1979.

75 Bu Gareth Wardell yn AS Gŵyr tan iddo ymddeol yn 1997.

ddim yn syndod o ystyried pa mor hurt a rhyfedd yr oedd ei syniadau'n ymddangos ar y pryd.

Roedd Mr Donovan wedi sefydlu plaid fyrhoedlog o'r enw'r Democratiaid Cyfrifiadurol, plaid oedd yn honni y byddai'r dydd yn dod pan fyddai 'na gyfrifiadur ym mron pob cartref ac y byddai modd i'w rhwydweithio.

Yn ôl Mr Donovan fe fyddai hynny'n ei gwneud hi'n bosib sefydlu cyfundrefn o ddemocratiaeth uniongyrchol gyda phob penderfyniad llywodraethol o bwys yn destun pleidlais agored.

O ystyried fod haneswyr y rhyngrwyd yn dyddio ei bodolaeth o 1983 roedd syniadau'r Democratiaid Cyfrifiadurol yn feiddgar ac o flaen eu hamser a dweud y lleiaf ond er i'r byd cyfrifiadurol gamu mlaen yn gyflym yn yr 1980au a'r 1990au, byr fu oes y blaid.

Heb os, fe fyddai cynllun Mr Donovan yn dechnegol bosib erbyn hyn.

Mae'n gwestiwn arall a fyddai'n beth call ai peidio i drin gwleidyddiaeth fel rhyw fath o X Factor i'r cyhoedd gyda phob penderfyniad yn cael ei ddylanwadu gan ragfarnau, grwpiau gwthio a barwniaid y wasg.

Serch hynny, mae'r we yn cael dylanwad cynyddol ar ein gwleidyddiaeth. Mae safleoedd gwe fel Guido Fawkes ac Iain Dale's Diary[76] yn barod yn fwy dylanwadol na'r cylchgronau wythnosol a hyd yn oed ambell i bapur dyddiol.

Ond ar ddiwedd y dydd, colofnwyr digon traddodiadol yw Guido ac Iain Dale, yn datgan barn a thorri straeon, ond gan ddefnyddio cyfrwng newydd i wneud hynny...

Dramor mae e-ddemocratiaeth wedi mynd gam yn bellach. Un enghraifft o hynny yw Netroots yn yr Unol Daleithiau. Rhwydwaith o bobol a gwefannau asgell chwith yw Netroots sydd wedi hen alaru ag arweinyddiaeth y Blaid Ddemocrataidd.

---

76   Blogiau gwleidyddol. Mae un Guido Fawkes yn parhau tra bod Iain Dale wedi rhoi'r gorau i'w flog personol. Mae yntau bellach yn ddarlledwr ar orsaf radio LBC.

Ymhen wythnos mae'n bosib y byddwn yn gweld trawsnewidiad gwleidyddol oherwydd ei gweithgaredd...

Yn ôl arbenigwyr mae hyd at 50 o seddi, a oedd yn ymddangos yn ddiogel i'r Gweriniaethwyr, bellach yn gystadleuol, ac mae dwsin o'r rheini yn seddi a dargedwyd gan Netroots.

Mewn corneli annisgwyl yn Kentucky, Idaho a Utah mae'r Gweriniaethwyr dan fygythiad, a hynny oherwydd y posibiliadau a grëwyd gan y we.

Nid dyna oedd y dyfodol a broffwydwyd gan Mr Donovan ond mae'n enghraifft o rym gwleidyddol cynyddol y we; grym sy'n sicr o gynyddu yn y blynyddoedd i ddod.

Dydd Iau, 30 Tachwedd 2006

Mae 'na wirioneddau syml mewn bywyd. Yn anffodus mae'n anodd iawn weithiau credu'r gwir. Dyma i chi un gwirionedd plaen. Plaid leiafrifol yw Llafur yng Nghymru. Mae hynny'n ffaith. Ar bob un mesur, carfan leiafrifol yw cefnogwyr Llafur yng Nghymru. Eto i gyd, am ryw reswm, boed hynny'n wleidyddol neu'n seicolegol, mae gwleidyddion Llafur yn ei chael hi'n anodd derbyn hynny.

Dyma'r ffeithiau. Yn yr etholiad Cynulliad diwethaf enillodd Llafur union hanner y seddi ym Mae Caerdydd. Yn ôl Rhodri Morgan roedd y canlyniad yn fwyafrif, a mandad i'w blaid. Ond, arhoswch am eiliad, enillwyd y 'mwyafrif' hwnnw gyda llai na 40% o'r bleidlais...

Nawr, rwy'n synhwyro yn y fan hyn bod nifer o selogion y golofn hon ar fin rhoi'r gorau i ddarllen, gan amau fy mod ar fin cychwyn ar bregeth am systemau pleidleisio a chynrychiolaeth gyfrannol. Nid dyna yw fy mwriad. Ddim y tro yma! Yn hytrach, rwy am ystyried y posibilrwydd fod Llafur wedi gwneud penderfyniad strategol a allai fod yn drychinebus, a hynny oherwydd ei dallineb ynglŷn â lefel a natur ei chefnogaeth.

Mae strategaeth Llafur ar gyfer etholiadau 2007 eisoes yn eglur. Clywir y mantra droeon yn ystod pob dadl yn y Senedd. Mae hi mor gyfarwydd bellach nes bod newyddiadurwyr yn cyfeirio ati fel 'VPGT'. 'Vote Plaid, Get the Tories', sef ymgais i ddylunio'r etholiad fel cystadleuaeth rhwng Llafur â chlymblaid a fydd, yn ôl Llafur, yn sicr o gael ei harwain gan y Ceidwadwyr.

Mae'r strategaeth yn anwybyddu'r posibilrwydd cryf y gallai Plaid Cymru gadw eu trwynau o flaen y Torïaid ym mis Mai. Mae hynny'n gwbwl ddealladwy yn dactegol. Yr hyn rwy'n ei chael yn anodd i'w ddeall yw nad yw Llafur, mae'n ymddangos, wedi ystyried effaith y strategaeth hon ar lawr gwlad, effaith a allai fod yn drychinebus, nid i Blaid Cymru na'r Torïaid, ond iddi hi ei hun...

Gadewch i ni ystyried maes y gad yn yr etholiadau. Yn wahanol i'r tair plaid arall, mae bron pob un sedd y mae'n bosib i Lafur ei hennill neu ei cholli yn seddi etholaethol. Yn y brwydrau hynny gallai strategaeth VPGT fod yn effeithiol yn nhair o'r seddi a gipiwyd gan Lafur o Blaid Cymru yn 2003 sef Islwyn, Rhondda a Llanelli. Ond beth am gytres o seddi eraill lle y gallai'r neges gael effaith bur wahanol?

Meddyliwch am eiliad eich bod chi'n Geidwadwr mewn etholaeth lle'r oedd Plaid Cymru yn ail i Lafur yn yr etholiad diwethaf, rhywle fel Gorllewin Caerfyrddin a De Penfro, De Clwyd neu Aberconwy. Onid yw Llafur, i bob pwrpas, yn eich gwahodd i bleidleisio i Blaid Cymru?

Nawr ystyriwch sefyllfa cefnogwr Plaid Cymru mewn etholaeth lle mae'r Torïaid yn bygwth Llafur – Gorllewin Clwyd, er enghraifft. O glywed yr holl sôn am lywodraeth glymblaid, ac o wybod y byddai buddugoliaeth leol i'r Ceidwadwyr o gymorth i ymdrech Dafydd Wigley ar y rhestr, oni fyddai'n demtasiwn i ddal eich trwyn a chefnogi'r Tori?

Enillodd Llafur fwyafrif dros bawb mewn 10 o etholaethau yn 2003, a Blaenau Gwent oedd un o'r rheini. Mewn 19 etholaeth fe fyddai pleidleisiau'r gwrthbleidiau'n ddigon i drechu Llafur gan un ymgeisydd. Dyw hynny ddim am ddigwydd ond mae tactegau Llafur yn gwneud pleidlais dactegol yn fwy posib.

Mae'r arbenigwyr yn anghytuno ynglŷn â'r union nifer o seddi Llafur a fyddai mewn peryg os fydd 'na bleidleisio tactegol sylweddol ond gallai hyd at ddwsin fod yn y fantol. Fe fyddai rhai o'r colledion hynny'n cael eu digolledu o'r rhestr i Lafur ond dim digon i osgoi'r hunllef i'r blaid lle nad oedd hyd yn oed cefnogaeth y Democratiaid Rhyddfrydol yn ddigon i'w hachub

Un o fy hoff straeon yw'r un am Thibaw, brenin olaf Burma. A'r Prydeinwyr yn bygwth ffiniau ei deyrnas fe benderfynodd Thibaw ymateb, yn unol â thraddodiad ei bobol, fod ffyniant ei wlad yn dibynnu ar lewyrch ei eliffantod gwyn sanctaidd.

Wrth i'r cotiau cochion fygwth ei brifddinas arllwysodd Thibaw ei gariad a'i ofal ar ei hoff fwystfil. Rhoddodd ddigon o aur i'r creadur i sicrhau bod yr eliffant hyd yn oed yn fwy cyfoethog na'i feistr. Roedd ganddo bedair ymbarél aur i'w gysgodi rhag yr haul a drych Ffrengig yn ei stabl. Mae 'na ddiwedd anorfod a thrist i'r stori. Trigodd yr eliffant a syrthiodd y deyrnas.

Gallai'r deyrnas Lafur syrthio hefyd wrth i'w harweinwyr addoli eliffant sanctaidd eu mwyafrif mytholegol. I fachu dywediad enwog John Morris mae 'na eliffant arall ar stepen drws y blaid a'r eliffant hwnnw yw'r mwyafrif gwrth-Lafur a'r bleidlais dactegol.

Etholwyd David Cameron yn arweinydd y Ceidwadwyr. Roedd cyfanswm ei bleidleisiau yntau dros ddwbl ei wrthwynebydd David Davis. Dywedodd fod angen i'w blaid newid a mabwysiadu 'Ceidwadaeth gyfoes a thrugarog'.

Dydd Iau, 7 Rhagfyr 2006

Fel ym mhopeth arall mae gan hap, damwain, ffawd a lwc eu lle mewn gwleidyddiaeth. Yn sicr roeddynt i gyd yn chwarae eu rhan yn y gyfres o ddigwyddiadau rhyfedd yr wythnos hon a ddaeth o fewn y dim i ddymchwel llywodraeth Rhodri Morgan a dyrchafu Ieuan Wyn Jones i fod yn Brif Weinidog Cymru.

Mae'n rhaid i mi gyfaddef (neu frolio efallai) fy mod i wedi chwarae rhan ganolog yn yr holl beth. Felly, cyn i'r *coup d'état* arfaethedig fynd yn angof rwyf am gofnodi beth yn union ddigwyddodd, er fy mod yn gorfod rhannu rhai o'n cyfrinachau newyddiadurol wrth wneud hynny.

Bob dydd Mawrth mae pob un o bleidiau'r Cynulliad yn cynnal sesiynau briffio i'r cyfryngau. Er nad yw'r rhain yn rhannu'r math o gyfrinachedd sy'n nodweddu'r lobi yn San Steffan dydyn ni ddim, fel newyddiadurwyr, yn tueddu i gyfeirio atyn nhw. Cyfle i gronni gwybodaeth gefndirol yn hytrach na bachu straeon yw'r sesiynau hyn.

Dechreuodd drama'r wythnos hon ychydig funudau cyn y sesiwn Lafur. Cafwyd neges y byddai 'na gyhoeddiad o bwys yn y gynhadledd a bod 'na groeso i ni fynd â chamera i'r digwyddiad a oedd nawr wedi ei ddyrchafu i fod yn gynhadledd newyddion lawn.

Y Gweinidog Cyllid, Sue Essex,[77] oedd yn cynnal y gynhadledd, a chyhoeddodd fod yr ymdrechion i gyrraedd cyfaddawd gyda'r gwrthbleidiau ynglŷn â chyllideb y flwyddyn nesaf wedi methu, a bod y llywodraeth wedi penderfynu gorfodi pleidlais ar eu fersiwn nhw yr wythnos nesaf.

Llwyddodd Ms Essex yn gelfydd i osgoi ateb cwestiynau ynglŷn â'r goblygiadau pe bai'r bleidlais yn cael ei cholli, ond mewn sgyrsiau preifat roedd sbin-ddoctoriaid y llywodraeth yn ddigon eglur. Dyma oedd yr 'opsiwn niwclear'. Os oedd y gwrthbleidiau'n trechu'r llywodraeth, fe fyddai'n rhaid iddyn nhw dderbyn y canlyniadau. Maddeuwch i mi am ddyfynnu union eiriau un AC yn Saesneg ond mae gwybod yr union eiriau yn bwysig i weddill yr hanes. Yr hyn a ddywedwyd oedd: 'It's time to put up or shut up.'

O drafod â'n gilydd doedd gen i, na'r un newyddiadurwr arall, ddim unrhyw amheuaeth ynghylch beth oedd ystyr y geiriau hynny. Ar sawl achlysur roedd Rhodri Morgan wedi crybwyll mai methu sicrhau cyllideb fyddai un o'r amgylchiadau a allai arwain at gwymp ei lywodraeth. Y

---

77 Roedd Sue Essex yn AC Llafur dros Ogledd Caerdydd rhwng sefydlu'r Cynulliad a'i hymddeoliad yn 2007. Bu'n Weinidog Cyllid rhwng 2003 a 2007.

casgliad anorfod oedd fod y llywodraeth yn ystyried y bleidlais yn fater o hyder a fyddai, o'i cholli, yn arwain at ymddiswyddiad Mr Morgan.

Gan fod y llywodraeth yn ddiweddarach wedi'n cyhuddo o gamddeall neu gamddehongli ei bwriad, rwyf am achub ein cam fel newyddiadurwyr. Beth yn union oedd ystyr 'It's time to put up or shut up' a'r 'opsiwn niwclear' os nad oedd y bleidlais yn fater o hyder? Yn wir, os nad oedd hi'n fater o hyder doedd dim pwrpas cynnal y bleidlais o gwbwl, gan y byddai'r gwrthbleidiau'n gwybod mai unig ganlyniad trechu'r llywodraeth fyddai rhagor o drafodaethau a mwy o gonsesiynau.

Awr ar ôl i Sue Essex eu gwahodd i wasgu'r botwm coch cynhaliodd arweinwyr y gwrthbleidiau gynhadledd ar y cyd. Mae cynhadledd o'r fath yn hynod anarferol, yn fwyaf arbennig am fod Plaid Cymru'n teimlo'n anghyfforddus wrth rannu llwyfan â'r Toriaid. Roedd Ieuan Wyn Jones yn anghysurus o'r cychwyn ac roedd ei wyneb yn bictiwr pan ddechreuais i ofyn cyfres o gwestiynau ynglŷn â'r hyn a allai ddigwydd wythnos nesa.

Yn y bôn, roedd y cwestiwn sylfaenol yn un amlwg a syml. Pe bai Rhodri Morgan yn ymddiswyddo a fyddai'r gwrthbleidiau'n fodlon ffurfio llywodraeth glymblaid? Roedd atebion Nick Bourne a Mike German yn gwbwl eglur ac yn gadarnhaol. Roedd hi'n ymddangos bod ateb Ieuan Wyn Jones yr un mor bendant.

'Mae'n rhaid i Gymru gael llywodraeth,' meddai.

Ar sail hynny fe wnes i baratoi stori i wasanaethau ar-lein a radio BBC Cymru yn darogan y gallai fod newid llywodraeth yng Nghymru cyn y Nadolig. Mae'n anodd gor-ddweud y panig a achoswyd gan yr adroddiadau hynny.

Mae 'na ddau ddehongliad posib o'r hyn ddigwyddodd nesaf – naill ai fy mod i a fy nghyd-newyddiadurwyr wedi camddeall yr hyn oedd wedi ei ddweud yn y cynadleddau newyddion, neu fod y llywodraeth a Phlaid Cymru wedi syllu i'r dibyn ac wedi penderfynu camu'n ôl. Y cynta i newid eu tôn oedd y llywodraeth. Daeth un o'i llefarwyr i'n swyddfa yn y Cynulliad yn unswydd i fynnu nad oedd 'na unrhyw bosibilrwydd y byddai Rhodri Morgan yn ymddiswyddo pe bai'n colli'r bleidlais.

Rai munudau'n ddiweddarach cafwyd datganiad gan Blaid Cymru yn 'esbonio ystyr' sylwadau Ieuan Wyn Jones. Yn ôl y blaid, pan ddywedodd ei harweinydd fod yn rhaid i Gymru gael llywodraeth, ar ôl clywed Mr Bourne a Mr German yn cytuno y gallai'r gwrthbleidiau ffurfio clymblaid, yr hyn roedd e'n golygu oedd fod yn rhaid cael cyllideb er mwyn i lywodraeth Rhodri Morgan barhau mewn grym. Yng ngeiriau Ifas y Tryc, 'Sgersli bilîf'.

Mae'r rheswm am newid tôn y llywodraeth yn gwbwl amlwg. Trwy sôn am ffurfio clymblaid roedd y gwrthbleidiau wedi profi eu parodrwydd i bwyso'r botwm coch. Ar ôl iddynt wneud hynny roedd yn rhaid i Lafur dynnu'n ôl neu wynebu colli grym.

Mae cymhellion Ieuan Wyn Jones yn anoddach i'w deall. Mae Plaid Cymru'n gwadu bod aelodau meinciau cefn y blaid wedi bygwth gwrthryfela yn erbyn unrhyw ymgais i ffurfio clymblaid. Pam felly rhoi terfyn ar broses a allai wedi agor drws y Cabinet i'r blaid?

Mae'r ateb, dybia i, yn deillio o strategaeth etholiadol y blaid. Cefnogwyr Plaid Cymru yw'r pleidleiswyr mwyaf tebygol o bleidleisio ym mis Mai ac mae'r blaid yn gobeithio na fydd canran uchel o'r bleidlais graidd Lafur yn troi mas i bleidleisio yn etholiadau'r Cynulliad.

A beth fyddai'r un peth a fyddai'n sicr o ddenu cefnogwyr Llafur i'r gorsafoedd pleidleisio? Mae'r ateb yn amlwg. Gweld Ieuan Wyn Jones a Nick Bourne yn llywodraethu Cymru.

Yr amseriad oedd y broblem i Ieuan Wyn Jones, nid y syniad.

Ar 13 Rhagfyr, pasiwyd cyllideb Llywodraeth y Cynulliad wedi iddi ddod i gytundeb gyda Phlaid Cymru, cytundeb a gynddeiriogodd y Ceidwadwyr a'r Democratiaid Rhyddfrydol.

Roedd y cytundeb yn golygu arian ychwanegol ar gyfer ysgolion. Cafwyd sibrydion rhyfeddol ar y pryd am glymblaid bosib rhwng Plaid Cymru a Llafur ar ôl etholiad 2007.

Dechreuodd yr ymgyrchu ar gyfer yr etholiad hwnnw yn gynnar yn y flwyddyn newydd gyda rhybudd gan Peter Hain fod polisïau'r gwrthbleidiau yn bygwth undod y Deyrnas Unedig.

Datgelodd Plaid Cymru 'ddatganiad gweledigaeth' ar gyfer dyfodol Cymru gan sôn am giniawau ysgol am ddim, a chyhoeddodd y Democratiaid Rhyddfrydol Cymreig 70 o syniadau polisi heb fanylu ar faint fydden nhw'n costio na chwaith sut fydden nhw'n cael eu hariannu. Pan gyhoeddwyd y syniadau ger Pont-y-pŵl, doedd arweinydd y blaid Gymreig, Lembit Öpik, ddim yn bresennol. Roedd e yn Llundain.

2007
Dydd Iau, 18 Ionawr 2007

Nid yn aml y mae'r siop bapurau yn Stryd Bute yn gwerthu allan o gylchgrawn ar ddiwrnod ei gyhoeddi. Ond fe ddigwyddodd hynny'r wythnos hon wrth i res o wleidyddion a'i hymchwilwyr ruthro i gael gafael ar rifyn diweddaraf *Hello!*, ie, hwnna â'i dudalennau sgleiniog yn llawn o helyntion diweddaraf Lembit, Siân a Gabriela.[78] Nid bod ein gwleidyddion yn fusneslyd wrth gwrs! Goblygiadau gwleidyddol y cyfan sy'n eu poeni!

Nid fy lle i chwaith yw beirniadu bywydau preifat gwleidyddion, yn enwedig pan fod y stori'n ymwneud â'n hen gyfeilles annwyl Siân, ond mae 'na effaith wleidyddol i'r stori yma ac mae'n ymddangos bod Mr Öpik yn gwbwl anymwybodol o hynny, neu o leiaf yn esgus bod.

Nawr, gadewch i ni fod yn glir. Dyw'r stori hon ddim yn sgandal. Dyw Mr Öpik ddim wedi gwneud unrhyw beth o'i le yn gyfreithiol nac unrhyw beth sy'n anfoesol yng ngolwg

---

78 Cyn y Nadolig, roedd hi wedi dod i'r amlwg fod Lembit Öpik a'r cyflwynydd tywydd Siân Lloyd wedi ymadael â'i gilydd, a'i fod yntau bellach mewn perthynas gyda'r gantores Gabriela Irimia o'r ddeuawd bop The Cheeky Girls.

y mwyafrif llethol o bobol. Ond i wleidydd mae ymddygiad digon cyfreithiol a diniwed yn gallu hawlio pris uchel, a'r peryg i Lembit yw ei fod wedi gwneud ei hun yn destun sbort a gwatwar ac o bosib yn destun dirmyg.

Mae dynion yn gwneud pethau rhyfedd tra yng ngafael y cariad cyntaf ond mae'n anodd deall rhai o benderfyniadau Mr Öpik yn ystod yr wythnosau diwethaf.

Cymerwch un enghraifft. Dydd Llun roedd Lembit yn ymddangos ar raglen Richard Evans ar Radio Wales. Gwrthododd drafod ei fywyd personol gan fynnu ei fod yn 'hen stori'. Digon teg, efallai. Ond roedd Mr Öpik yn gwybod yn iawn fod y cyfweliad a'r lluniau yn *Hello!* ar fin ymddangos. Siawns fod gwleidydd yn colli'r hawl i gadw ei fywyd personol yn breifat os ydy e'n dewis gwerthu ei stori i gylchgrawn clecs?

Yn gyhoeddus, mae aelodau plaid Mr Öpik wedi ymddwyn yn hynod o ddisgybledig, gan fynnu mai mater i'w harweinydd yw ei fywyd carwriaethol. Yn breifat, mae nifer sylweddol ohonynt yn gandryll ac yn ffaelu deall pam y mae Mr Öpik yn ymddangos mor ddi-hid ynglŷn â'u cyfleoedd yn etholiadau mis Mai.

Y broblem i'r blaid yw pa gamau i'w cymryd. Mae 'na sawl dewis, a phroblemau ynghlwm wrthyn nhw i gyd. Y dewis cynta, wrth gwrs, yw gwneud dim, cadw'n dawel a gobeithio y bydd y cyfan yn gostegu. Ar sail eu hegwyddorion Rhyddfrydol dyna yw'r strategaeth resymol. Ond a all y blaid fod yn sicr y bydd y ffwdan yn tawelu? Ydy'r blaid yn gwbwl hyderus y bydd Lembit, Gabriela ac, o ran hynny, ei mam, yn cadw eu pennau i lawr?

Yr ail ddewis yw perswadio Lembit i gamu o'r neilltu fel arweinydd y blaid Gymreig, naill ai yn barhaol neu dros gyfnod yr etholiadau. Y broblem yn fan hyn yw nad yw aelod Maldwyn wedi rhoi unrhyw arwydd ei fod yn fodlon gwneud hynny ac fe fyddai ei orfodi i adael yn broses waedlyd. Ar ben hynny does 'na ddim sicrwydd y byddai'r arweinydd Cynulliadol, Mike German, yn ddewis diwrthwynebiad i'w olynu.

Y trydydd dewis yw gwneud dim, ond paratoi cynllun wrth gefn. Dyna mae'n ymddangos sy'n digwydd. Yn ôl adroddiadau o San Steffan mae Lembit, ynghyd â Charles Kennedy a Mark Oaten,[79] yn un o lond dwrn o Aelodau Seneddol sydd heb eu gwahodd i ginio i ddathlu blwyddyn gyntaf Menzies Campbell fel arweinydd y blaid.

Mae arweinyddiaeth y blaid yn aros i weld beth sy'n digwydd nesaf. Mae dyfodol Lembit yn ei ddwylo ei hun felly, a dyw ei benderfyniadau diweddar ddim yn argoeli'n dda i'w ddyfodol.

Dydd Gwener, 2 Mawrth 2007

... Mewn rhai ffyrdd mae'r Ceidwadwyr wedi llwyddo i gadw disgyblaeth yn rhyfeddol yn ddiweddar... Mae etholiadau mis Mai[80] yn brawf allweddol i strategaeth David Cameron.

Fe fyddai methiant yn fêl ar fysedd rhai ar asgell dde'r blaid yn San Steffan sy'n ysu am gyfle i gicio Mr Cameron oddi ar ei feic.[81] Mae hi eisoes yn amlwg fod y Torïaid yn wynebu talcen caled iawn yn Yr Alban.

Mae canlyniadau Cymru, felly, yn allweddol bwysig i Mr Cameron a'i strategaeth dir canol. Ond dyw ennill tir yng Nghymru ddim yn mynd i fod yn hawdd. Roedd lwc o blaid y Ceidwadwyr yn y bleidlais restr yn 2003.

I gynyddu eu cynrychiolaeth yn 2007 mae'n rhaid ennill nifer cymharol sylweddol o etholaethau. Mae'n ddigon posib na fyddai cynnydd pur sylweddol yn eu canran o'r bleidlais yn golygu unrhyw gynnydd yn eu cynrychiolaeth.

Mae strategwyr y blaid yng Nghymru a Llundain yn deall hynny'n iawn. Ond a fyddai'r esboniad yn ddigon i rwystro'r

79 Roedd Mark Oaten wedi ymddiswyddo fel llefarydd y Democratiaid Rhyddfrydol flwyddyn ynghynt wedi stori bapur newydd am ei fywyd preifat.

80 Ym mis Mai cynhelid etholiadau ar gyfer Senedd yr Alban, ac etholiadau lleol yn Lloegr a'r Alban yn ogystal ag etholiad Cynulliad Cenedlaethol Cymru.

81 Roedd David Cameron wedi ei feirniadu am seiclo i'r gwaith tra bod car yn ei ddilyn yn cario ei ddogfennau.

rhai sy'n awchu am gyfle i adennill y blaid i'r dde? Nid chwarae
bach yw etholiadau Cymru i'r Torïaid y tro hwn.

Mae'r rhain yn rhan o frwydr am gorff ac enaid y blaid.

Dydd Mawrth, 20 Mawrth 2007

Bu farw fy nghyfaill, David Knight, a gafodd ei ladd mewn
damwain car ger Pont Abraham. Roedd yn 52 oed ac yn athro
yn Rhydaman.

Doedd 'na ddim byd arbennig am David. Pedair blynedd
ar Gyngor Cymuned Cefn Cribwr oedd cyfanswm ei yrfa
wleidyddol ac roedd ei fywyd yn un digon cyffredin.

Eto i gyd, pobol fel David yw'r glud sy'n dal ein cymdeithas
ynghyd.

Doeddwn i ddim wedi gweld David ers peth amser ond am
ryw reswm neu'i gilydd cefais alwad ffôn gan blismon yn gofyn
a oeddwn yn gwybod am rif i gysylltu â'i frawd. A doeddwn
i fawr o gymorth iddo ond cynigiais gyfeiriad mam David.
Roedd ei ymateb yn adrodd cyfrolau am agwedd ymroddedig
ein gweision cyhoeddus.

Cefais wybod bod yr heddlu eisoes yn gwybod cyfeiriad y
teulu ond gan fod mam David yn oedrannus roedden nhw am
dorri'r newydd i aelod arall o'r teulu yn gyntaf.

Hynny yw, er gwaetha'r holl bwysau arnyn nhw, roedd
plismyn Dyfed-Powys nid yn unig am wneud eu gwaith, ond
yn benderfynol o wneud hynny yn y modd mwyaf caredig a
sensitif. Hyd yn oed os oedd hynny'n golygu llwyth o waith
ychwanegol.

Dyn fel yna oedd David, dyn a fyddai'n ceisio gwneud yr hyn
oedd yn iawn yn lle'r hyn oedd yn hawdd.

Cafodd ei fagu mewn tŷ cyngor yng Nghefn Cribwr ger Pen-
y-bont a'i genhedlaeth ef oedd y gyntaf o'i deulu i aros ymlaen
yn yr ysgol. Er mai hanes oedd diddordeb mawr David fe
fyddai aros ymlaen i astudio'r celfyddydau yn ormod o naid
i'r teulu. Rhaid oedd astudio rhywbeth defnyddiol, rhywbeth
a fyddai'n sicrhau swydd. Felly, astudio gwyddoniaeth wnaeth

David a chael swydd fel technegydd labordy mewn ysgol gyfun ym Mhen-y-bont.Yn y swydd honno sylweddolodd fod ganddo fwy o ddawn dysgu na llawer o'r athrawon yr oedd yn eu helpu.

Ac yntau yn ei dridegau penderfynodd hyfforddi i fod yn athro i ddysgu nid gwyddoniaeth ond cymdeithaseg a hanes. Cafodd swydd fel athro hanes yn Ysgol Gyfun Dyffryn Aman.

Roedd hynny'n ddigon iddo. Doedd gan y dyn addfwyn hwn fawr o uchelgais. Roedd rhannu ei frwdfrydedd â phlant dwyrain Sir Gâr yn ddigon, a bod yn rhan o we ei gymuned yn ddigon i'w foddhau.

A dyna, ar y cyfan, yw'n gweision cyhoeddus.

Yn athrawon, yn blismyn neu'n ddoctoriaid; pobol sy'n ceisio gwneud eu gorau dros eraill, yn grwgnach weithiau, yn rhwystredig yn aml, ond trwy eu gwaith yn iro ein cymdeithas.

Y bobol hyn yw conglfaen ein gwareiddiad.

Mae'n hawdd i ni ym Mae Caerdydd anghofio hyn weithiau gyda'r holl gêmau gwleidyddol, y strategaethau di-ri, y pwyllgorau, yr is-bwyllgorau a'r adolygiadau. Hanfod y gwasanaethau cyhoeddus yw eu gweithwyr nid eu gwleidyddiaeth; pobol yn gweithio dros eu pobol.

Ac roedd David Knight ymhlith y goreuon.

Dydd Mawrth, 3 Ebrill 2007

Dyw hi ddim yn hawdd bod yn wleidydd Llafur yn ystod etholiadau'r Cynulliad. Yn ddieithriad bron mae dadleuon rhwng y pleidiau yn troi'n rhyw fath o helfa gyda Phlaid Cymru, y Ceidwadwyr a'r Democratiaid Rhyddfrydol yn ymuno â'i gilydd i erlid yr hen gadno Llafuraidd.

Roeddwn i yn stiwdios radio'r BBC bore 'ma i glywed Gwenda Thomas (yn Gymraeg) a Brian Gibbons (yn Saesneg) yn cael eu colbio gan y pleidiau eraill ynghylch dyfodol ysbytai Cymru. Gydag Alun Thomas ar *Post Cyntaf* a Rhun ap Iorwerth ar *Good Morning Wales* mewn tymer ymosodol bu'n rhaid i'r ddau frwydro'n galed i amddiffyn eu hachos.

Ond yn rhannol, efallai, bai aelodau'r Blaid Lafur oedd

hi eu bod nhw'n cael amser caled. Tybiaf ein bod ni heddiw wedi gweld camgymeriad difrifol cyntaf yr ymgyrch wrth i Lafur gyhoeddi ei 'gwarant' o ddyfodol llewyrchus i Ysbyty Llandudno. Dwi ddim yn gwybod pwy oedd yn gyfrifol am y syniad ond yn sicr mae e wedi achosi problemau gwleidyddol.

Cyn cyhoeddi'r gwarant hyd yn oed, dechreuodd y pleidiau eraill alw am warantau tebyg i ysbytai eraill, i Dreforys, Llwynhelyg, Llanelli ac yn y blaen. Os oedd Llafur yn gwrthod rhoi gwarant fe fyddai hynny'n brawf, yn ôl eu gwthwynebwyr, fod yr ysbytai hynny dan fygythiad.

Ar ben hynny cwestiynwyd gwerth gwarant Llandudno. Ofni colli gwasanaethau yn hytrach na chau'r ysbyty mae'r protestwyr, a doedd gan y gwarant fawr ddim i ddweud am ba wasanaethau fyddai'n cael eu cynnig yno yn y dyfodol.

Hel bwganod y mae'r pleidiau eraill, a Phlaid Cymru yn enwedig, yn ôl Llafur. Ymateb i bryderon go iawn yr etholwyr yw eu hesboniad nhw o'u hymddygiad. Mae'n debyg fod y gwir yn gorwedd rhywle rhwng y ddau esboniad.

Eto i gyd, a oes gan Lafur le i gwyno? Wedi'r cyfan, 'nôl yn 1997, pa blaid oedd yn rhybuddio bod ond 'pedair awr ar hugain i achub y gwasanaeth iechyd'?

'1, 2, 3... Cymru'n Un': dwy blaid yn dod ynghyd yn y trydydd Cynulliad, 2007

Ar gyfer ymgyrch etholiad y Cynulliad yn 2007 fe gafodd Vaughan flog go iawn am y tro cyntaf. Yn fuan profodd Vaughan werth y llwyfan newydd gan ei ddefnyddio i ddisgrifio datblygiad annisgwyl, sef priodas wleidyddol rhwng Plaid Cymru a Llafur. Yng nghanol y cyffro hwn roedd llais Vaughan yn un cwbl anhepgor, gan ddechrau gydag un o sgŵps mwya'i yrfa.

COCH A GWYRDD - LLYWODRAETH NESA CYMRU?
23:59, Dydd Llun, 23 Ebrill 2007

Fuodd yna briodfab a phriodferch fwy annhebyg erioed? Ar ôl treulio misoedd yn cyhuddo Plaid Cymru o gynllwynio i gefnogi clymblaid o dan arweinyddiaeth y Torïaid mae'n ymddangos bod Llafur nawr yn ystyried troi at y blaid ei hun mewn ymdrech i barhau i lywodraethu.

Rwy'n cael ar ddeall bod Llafur Cymru yn ystyried ceisio dod i gytundeb â Phlaid Cymru os ydy hi'n colli ei mwyafrif. Mae ffynonellau sy'n uchel o fewn y blaid wedi dweud wrtha i eu bod yn ystyried troi at Blaid Cymru am gefnogaeth yn hytrach nag at ei phartneriaid arfaethedig yn y Democratiaid Rhyddfrydol.

Deallaf fod Llafur wedi cael llond bol o'r hyn y maen nhw'n

ystyried yn agwedd drahaus y Democratiaid Rhyddfrydol a'r ffordd y mae'r blaid honno yn cymryd yn ganiataol mai hi fyddai dewis cyntaf Llafur fel partner.

Y bore wedyn, fe ddywedodd arweinydd y Blaid Lafur yng Nghymru, Rhodri Morgan, fod yr honiadau yn 'nonsens llwyr'. Fe ddywedodd e hefyd mai ennill mwyafrif clir oedd bwriad ei blaid. Erbyn hanner awr wedi naw, roedd Vaughan wedi cyhoeddi blogiad arall:

SYLWER AR Y GWAHANIAETH
09:30, Dydd Mawrth, 24 Ebrill 2007

Mae swyddfa Peter Hain newydd gyhoeddi'r datganiad canlynol:

> Dismissing claims on BBC Wales that Labour would go into coalition with Plaid Cymru after the Assembly elections on May 3rd, Secretary of State for Wales Peter Hain said:
> 'This is a trumped up story from BBC Wales. 'As I've made clear in the past, Labour Party members simply wouldn't wear a coalition with Plaid Cymru.
> 'The fact is that Plaid Cymru and their media sympathisers are desperate to divert attention from the real story which is the backdoor deal Plaid Cymru have done to put the Tories back in charge of Welsh schools and hospitals.'

... Dydw i ddim yn tynnu'r un gair yn ôl.

AM DDIWRNOD!
19:00, Dydd Mawrth, 24 Ebrill 2007

Rwy'n haeddu peint heno!

I ddyfynnu Betsan[82] ar *Wales Today*: 'We are certain of our sources, we stand by our story.'

Iechyd da!

---

82   Betsan Powys, Golygydd Gwleidyddol BBC Cymru, 2006–2013.

Dydy Vaughan dal ddim yn gallu datgelu ffynonellau'r stori hon hyd y dydd heddiw.

Cynhaliwyd etholiad y Cynulliad ar 3 Mai 2007. Ar y noson honno, gwnaeth Vaughan flogio'n fyw wrth gyfrannu i raglen ganlyniadau S4C – y tro cyntaf iddo wneud hynny. Cyhoeddwyd degau o sylwadau gan ddefnyddwyr y blog hefyd.

Roedd hi'n noson aruthrol o wael i'r Blaid Lafur a enillodd ddim ond 26 o'r 60 sedd.

O safbwynt canran, roedd y bleidlais Lafur ar ei hisaf yng Nghymru ers 1918. Ennill tir wnaeth Plaid Cymru (15 sedd) a'r Ceidwadwyr (12). Aros yn eu hunfan wnaeth y Democratiaid Rhyddfrydol, gyda chwe sedd am y trydydd etholiad o'r bron. Daliodd yr aelod annibynnol Trish Law ei gafael ar sedd Blaenau Gwent.

O ganlyniad i lwyddiant y Ceidwadwyr mewn dwy o etholaethau'r de-orllewin, collodd yr AC poblogaidd (a'r blogiwr toreithiog) Glyn Davies ei sedd restr. Dychwelodd y cyn-brifathro uchel ei barch, Gareth Jones, o Blaid Cymru i'r Cynulliad, gan gipio sedd newydd Aberconwy, bedair blynedd wedi iddo golli hen sedd Conwy i Lafur. Trechodd y Ceidwadwr Darren Millar y cyn-weinidog Llafur Alun Pugh yng Ngorllewin Clwyd, ond roedd yna ychydig o newyddion da i Lafur yn Wrecsam ble curwyd yr ymgeisydd annibynnol John Marek gan ei gyn-gyd-weithiwr Llafur, Lesley Griffiths. Methodd Dafydd Wigley â chael ei ethol o'r ail safle ar restr ranbarthol Plaid Cymru yn y gogledd.

Gan nad oedd gan Lafur fwyafrif, doedd hi ddim yn glir sut lywodraeth fyddai gan Gymru – un Lafur leiafrifol, clymblaid rhwng Llafur a'r Democratiaid Rhyddfrydol neu Blaid Cymru, neu glymblaid 'enfys' fyddai'n cynnwys Plaid Cymru, Y Ceidwadwyr a'r Democratiaid Rhyddfrydol. Roedd Cymru'n camu i wagle cyfansoddiadol a chyfnod o ansicrwydd gwleidyddol a fyddai'n parhau am wythnosau.

DAL I DDISGWYL
10:43, Dydd Mawrth, 15 Mai 2007

Rwy'n ôl wrth fy nesg ar ôl cwpwl o ddyddiau o dorri gwair a smwddio crysau...

Treuliodd fy nghyd-weithwyr y diwrnod ddoe yn ffonio'r byd a'r betws ynglŷn â'r sefyllfa wleidyddol...

O'r hyn rydyn ni'n casglu mae hi bron yn sicr na fyddai Mike German yn gallu darbwyllo ei blaid i wasanaethu mewn clymblaid. Y broblem, mae'n debyg, yw nad yw Mr German ei hun yn sylweddoli hynny. Dyna'r rheswm y mae'r wasg a'r cyfryngau yn cael eu defnyddio i siarad dros ben ei harweinydd â gweddill y Democratiaid Rhyddfrydol gan awgrymu cytundeb llai ffurfiol. Ond ein hargraff ni yw na fyddai hynny chwaith yn dderbyniol i drwch aelodau plaid y canol.

Mae hynny yn gadael Ieuan Wyn Jones fel y ffigwr allweddol. Fe fydd grŵp Plaid Cymru, ynghyd â rhai o bobol fawr y blaid, yn trafod y sefyllfa yfory gan ystyried beth bynnag sydd gan Lafur i'w gynnig, a gofynion eu partneriaid posib yng nghlymblaid yr enfys.

Yn y cyfamser mae nifer o fewn y Blaid Lafur yn amau bod eu harweinwyr wedi bod yn ystyried delio â Phlaid Cymru ers tro byd. Yn eironig ddigon, ymhlith y rhai sy'n amau hynny mae ambell i aelod wnaeth ymosod yn chwyrn ar Betsan a finnau am awgrymu'r fath beth yn ystod yr ymgyrch.

Dywedodd Ysgrifennydd Cymru, Peter Hain, nad oedd e eisiau gweld clymblaid rhwng Llafur a Phlaid Cymru. Roedd e'n cefnogi cytundeb gyda'r Democratiaid Rhyddfrydol. Cadarnhaodd y Ceidwadwyr eu bod nhw'n trafod gyda Phlaid Cymru, ond na fydden nhw'n ceisio ffurfio llywodraeth heblaw bod y gwrthbleidiau i gyd yn uno.

DIM FFIARS O BERYG!
15:53, Dydd Mawrth, 15 Mai 2007

Mae BBC Cymru wedi siarad â 33 o'r 40 ymgeisydd etholaeth oedd gan y Democratiaid Rhyddfrydol yn etholiad y Cynulliad. Mae 22 ohonyn nhw yn gwrthwynebu unrhyw ddêl â Llafur, a dim ond chwech yn cefnogi clymblaid. Mae'r blaid wedi gohirio cyfarfod oedd i'w gynnal yn Llandrindod heno oherwydd 'bod 'na ddim byd i drafod'.

Drosodd at Ieuan.

DIM FFIARS O BERYG! (2)
16:51, Dydd Mawrth, 15 Mai 2007

Ar ôl cyfarfod y grŵp Llafur prynhawn yma, cadarnhaodd Rhodri Morgan fod llywodraeth glymblaid rhwng Llafur a'r Democratiaid Rhyddfrydol nawr yn 'annhebygol iawn'. Dim *limo* i Mike felly!

CLOSIO AT YR ENFYS?
12:58, Dydd Mercher, 16 Mai 2007

Wel, fe wnes i lwyddo i gyrraedd amser cinio heb sgwennu am y trafodaethau!

Rwy newydd ddychwelyd o gynhadledd newyddion ddiweddara Ieuan Wyn Jones ac am y tro cyntaf ers i'r holl broses yma gychwyn rwy'n synhwyro bod y 'glymblaid enfys' fondigrybwyll yr un mor debygol â rhyw fath o lywodraeth o dan arweinyddiaeth Llafur.

Aeth Ieuan Wyn Jones allan o'i ffordd i bwysleisio bod y trafodaethau ffurfiol sy'n cael eu cynnal rhwng Llafur a Phlaid Cymru ar y naill law, a rhwng Plaid Cymru, y Ceidwadwyr a'r Democratiaid Rhyddfrydol ar y llaw arall, yn gydradd â'i gilydd ac na fyddai ei blaid yn dewis rhyngddynt tan ddiwedd y trafodaethau.

Y cwestiwn sy'n fy nharo i yw hyn: o gymryd bod y Torïaid a'r Democratiaid Rhyddfrydol yn cydsynio, beth ar y ddaear y gallai Rhodri ei gynnig i Ieuan na fyddai Ieuan ei hun, fel Prif Weinidog, yn gallu ei gyflawni?

Atebwyd cwestiwn rhethregol Vaughan gan y blogiwr ifanc disglair Ciaran Jenkins, a ysgrifennodd yn y sylwadau:

Refferendwm ar fwy o ddatganoli!

Mae angen mwyafrif o 2/3 yn y Cynulliad cyn gofyn i San Steffan ystyried cynnal refferendwm.

Plaid + Llafur = refferendwm

(Plaid + Ceidwadwyr + DRh) – Llafur = Dim refferendwm

LE CRUNCH
14:54, Dydd Mercher, 16 Mai 2007

Heno cynhelir cyfarfod allweddol o'r Democratiaid Rhyddfrydol i benderfynu ar eu cam nesaf. Mae Llafur yn hanner gobeithio y bydd y posibilrwydd o glymblaid ffurfiol yn ailgodi. Os nad yw hynny'n digwydd maen nhw'n disgwyl awgrym cryf mai sicrhau cytundeb â Llafur yn hytrach nag un â Phlaid Cymru a'r Ceidwadwyr yw bwriad y Democratiaid Rhyddfrydol.

O'r holl gyfarfodydd sydd wedi eu cynnal hyd yn hyn rwy o'r farn mai hwn yw'r pwysicaf. Hwn yw'r 'crunch'.

DRAW DROS YR ENFYS
22:49, Dydd Iau, 17 Mai 2007

Dyna ni felly. Mae'r Democratiaid Rhyddfrydol wedi penderfynu mai'r 'enfys' yw eu dewis nhw. Os ydy Ieuan eisiau bod yn Brif Weinidog Cymru mae'r ffordd o'i flaen yn glir. Pwy fase wedi meddwl hynny bedair blynedd yn ôl?

Fe fyddaf yn sgwennu llawer mwy am hyn yfory.

ANHYGOEL
08:00, Dydd Gwener, 18 Mai 2007

Doedd arweinydd Democratiaid Rhyddfrydol Cymru ddim yn bresennol yng nghyfarfod hanesyddol ei blaid neithiwr.

Lle'r oedd e? Wel, yn ôl y sôn, roedd aelod Maldwyn [Lembit Öpik] mewn stiwdio deledu yn recordio *Have I Got News for You*.

Blaenoriaethau.

ENFYS Y BORE, AML GAWODAU
09:55, Dydd Mawrth, 22 Mai 2007

Mae 'na ambell gawod o gwmpas o hyd i ddilynwyr yr enfys. Os nad wyf yn camddarllen pethau'n llwyr rwy'n synhwyro bod Plaid Cymru ar fin dod â'r trafodaethau â Llafur i ben gan ganolbwyntio ar siarad â'r Toriaid a'r Democratiaid Rhyddfrydol. Rwy'n weddol sicr hefyd y bydd y tair plaid yn cyrraedd cytundeb ac y bydd cyngor cenedlaethol Plaid Cymru yn cymeradwyo'r cynllun.[83]

Ond, a dyma'r ond fawr, rwy'n amau y gallai'r Democratiaid Rhyddfrydol simsanu...

ENFYS YW FY MYWYD
20:16, Dydd Mawrth, 22 Mai 2007

Toc wedi wyth heno, wedi pump awr o drafod, cyhoeddodd ACau Plaid Cymru eu penderfyniad. Yr 'enfys' amdani. Pam trafod mor hir? Mae'n sicr y cawn wybod rywbryd ond peidied neb â meddwl bod hwn yn benderfyniad hawdd.

Ar y naill law mae'r 'enfys' yn cynnig cyfle i brofi nad grŵp gwthio na phlaid ymylol yw Plaid Cymru. Mae'n gyfle i wireddu polisïau sy'n agos iawn at galonnau'r blaid mewn meysydd pwysig fel addysg, yr iaith a chynllunio. Os ydy'r

---

83   Lleisiodd 4 o ACau Plaid Cymru, yn bennaf o adain chwith y blaid, eu gwrthwynebiad i glymbleidio gyda'r Ceidwadwyr: Bethan Jenkins, Leanne Wood, Helen Mary Jones a Nerys Evans.

llywodraeth yn un effeithiol a phoblogaidd gallai Plaid Cymru sefydlu ei hun fel un o 'ddwy blaid fawr Cymru'.

Ar y llaw arall mae'n golygu cyfaddef nad yw'r amcanion sy'n cael eu rhestru ar gerdyn aelodaeth y blaid yn adlewyrchiad teg o'r hyn yw hi. Mae'n golygu cyfaddef nad yw hunanlywodraeth/ annibyniaeth yn amcan realistig yn y tymor byr ac hefyd nad yw'r blaid mor sosialaidd ag y mae rhai o'i haelodau yn credu. Mae ei pholisïau yn rhai asgell chwith ond nid sosialaeth yw pwrpas ei bodolaeth.

Pan oedd yn rhaid iddi ddewis rhwng y 'prosiect cenedlaethol' a chadw ei sosialaeth yn bur, doedd ond un dewis mewn gwirionedd.

YM!
22:39, Dydd Mercher, 23 Mai 2007

Mae pwyllgor gwaith y Democratiaid Rhyddfrydol wedi gwrthod yr enfys.[84]

Beth sy'n digwydd nesaf? Duw… neu Trish Law sy'n gwybod! Mi wna i fentro un sylw. Mae'n drychineb i Mike German a Lembit ac, o bosib, i ddyfodol eu plaid.

Mae 'na ddewisiadau mawr yn wynebu'r pleidiau mawr ond does dim un ohonyn nhw yn wynebu cymaint o argyfwng â'r Democratiaid Rhyddfrydol. Yn ddiweddar fe ofynnodd y newyddiadurwr Simon Jenkins, 'Beth yw pwynt y Democratiaid Rhyddfrydol?' Cwestiwn da.

---

84 Roedd cyfarfod o'r Democratiaid Rhyddfrydol Cymreig yn Llandrindod nos Fercher wedi gwrthod clymblaid enfys. Er bod mwyafrif tîm negodi ac ACau'r blaid yn cefnogi'r glymblaid roedd y pwyllgor gwaith wedi ei rannu'n gyfartal dros ac yn erbyn, ac yn ôl rheolau'r blaid doedd hynny ddim yn ddigon i roi'r mater gerbron cynhadledd arbennig o'i haelodau.

PWDU YN Y GORNEL
10:27, Dydd Iau, 24 Mai 2007

Reit, mae 'na lawer i drafod heddiw. Fe wna i gychwyn gyda'r Democratiaid Rhyddfrydol...

Mae'n anodd gor-ddweud ynglŷn â'r dirmyg sy 'na tuag at y blaid o gwmpas y Senedd. Daw'r dirmyg hwnnw nid yn unig o gyfeiriad disgwyliedig Plaid Cymru a'r Torïaid ond hefyd gan aelodau Llafur sy'n elwa o'u penderfyniad.

Mae 'na ddau gwestiwn syml yn cael eu gofyn. Yn gyntaf, sut mae plaid sydd â'r gair 'Democratiaid' yn ei theitl yn gallu gwrthod yr hawl i'w haelodau gymryd y penderfyniad pwysicaf yn ei hanes. Yn ail, sut y gall prif ladmeryddion cynrychiolaeth gyfrannol wrthod cyfle i wneud i'r system weithio, gan benderfynu syllu ar eu bogeiliau eu hun am y blynyddoedd nesaf.

Ar ôl dod dros eu siom fe fydd 'na wenau enfawr ar wynebau Torïaid Powys a Phleidwyr Ceredigion...

CHWECH Y BORE YN Y BAE
07:23, Dydd Gwener, 25 Mai 2007

Mae'n chwech y bore yn y bae. Mae'r rhedwyr cynnar eisoes allan yn jogio. Mae'r stêm yn codi o simnai'r *Waverley* wrth iddi baratoi am daith o gwmpas Rhonech ac Echni ac rwy newydd fwyta'r olaf o'r cant o fananas wnaeth gadw uned wleidyddol y BBC i fynd ddoe.

Mae hi wedi bod yn naw wythnos o ddyddiau deuddeg awr a dyw'r stori ddim yn mynd i fennu heddiw. Ond fe fyddwn ni'n cyrraedd saib. Diwedd y rhan gyntaf. Ar ôl heddiw fe fydd Rhodri'n ei heglu hi am ei garafán ym Mwnt ac Ieuan yn hedfan i Ffrainc am gwpwl o ddyddiau. Fe fydd y Democratiaid Rhyddfrydol yn mynd i Landrindod.[85] Eto.

---

85 Roedd aelodaeth y Democratiaid Rhyddfrydol wedi galw cynhadledd arbennig ar gyfer y dydd Sadwrn ac roedd hi'n ymddangos y gallai'r glymblaid enfys gael ei hadfywio ar waethaf penderfyniad ei phwyllgor gwaith rai dyddiau ynghynt.

101

Gan fod 'da fi amser i sbario rhwng ymddangosiadau ar Radio Wales a Radio Cymru dwi am geisio rhoi rhyw fath o gyd-destun i bopeth sydd wedi bod yn digwydd.

Fe fydd darllenwyr yr hen golofn 'O Vaughan i Fynwy' yn gyfarwydd â'r ddamcaniaeth sydd gen i am wleidyddiaeth Cymru, sef nad yw'r ffiniau rhwng y pleidiau yn cyd-fynd â'r ffiniau ideolegol o fewn Cymru. Hynny yw, dyw'r patrwm pleidiol Prydeinig sy'n bodoli yng Nghymru ddim, mewn gwirionedd, yn adlewyrchu lle mae'r rhaniadau barn yn ein cymdeithas.

Yn fy nhyb i roedd y rhaniadau hynny, tan yr wythnosau diwethaf, wedi bod bron yn ddigyfnewid am ganrif. Ar y naill law roedd y sefydliad Llafur, ar y llall y sefydliad Rhyddfrydol ac yn sefyll i'r neilltu'r garfan Geidwadol.

Y mwyaf diddorol o'r rhain yw'r sefydliad Rhyddfrydol. Ers iddi golli grym yn ugeiniau'r ganrif ddiwethaf mae'r garfan hon wedi bod yn rhanedig ond yn aruthrol o wydn. Ei phlentyn siawns hi, yn anad dim, yw Plaid Cymru. Mae'n rhiant hefyd i'r Democratiaid Rhyddfrydol ond mae ei haelodau hefyd i'w canfod yn rhengoedd y Blaid Lafur a'r Blaid Geidwadol, lle mae eu dylanwad wedi amrywio ar hyd y blynyddoedd.

I weld gwerth y ddamcaniaeth hon, ystyriwch y cwestiwn hwn: pe na bai Lloyd George ac Asquith wedi chwalu'r Blaid Ryddfrydol, â pha blaid y byddai Cledwyn Hughes, Gwynfor Evans a Wyn Roberts wedi ymaelodi, neu Glyn Davies, Ieuan Wyn Jones a Carwyn Jones o ran hynny?

Dwi ddim yn meddwl mai dyna oedd y bwriad, ond roedd yr 'enfys' yn cynnig cyfle i'r rhan fwyaf o etifeddion y traddodiad Rhyddfrydol Cymreig adael eu halltudiaeth wasgaredig. Mae'n eironig mai etifeddion 'swyddogol' Rhyddfrydiaeth Cymru wnaeth ddryllio'r cynllun.

BANT Â NI ETO
14:22, Dydd Sadwrn, 26 Mai 2007

Mae'r Democratiaid Rhyddfrydol wedi pleidleisio o 125 i 77 o BLAID clymblaid enfys.

Mae hwn yn fwyafrif sylweddol iawn. Mae'n fandad eglur iawn i Mike German ac yn ergyd drom i obeithion Kirsty Williams[86] o gipio'r awenau. Ydy maint y mwyafrif yn ddigon i ddenu Ieuan Wyn Jones yn ôl i'r bwrdd cyn yr haf? Fe gawn weld.

Ar Fehefin y 5ed, agorodd y Frenhines drydydd sesiwn y Cynulliad Cenedlaethol a chyfeirio at bwerau newydd y sefydliad ac 'oes newydd ar gyfer datganoli'. Dewisodd ACau Plaid Cymru Leanne Wood a Bethan Jenkins ymweld â phobl ddigartref yn Abertawe yn hytrach na mynd i'r agoriad.

Drannoeth, cyhoeddodd Rhodri Morgan fanylion rhaglen ddeddfwriaethol ei lywodraeth. Am y tro cyntaf, roedd yn cynnwys LCOs, proses a olygai ofyn i San Steffan am bwerau deddfu mewn rhai meysydd. Roedd y llywodraeth am orfodi cyrff cyhoeddus i arddangos eu hymrwymiad i daclo tlodi plant, roedd yna fesur ar reoli gwastraff, un i ailstrwythuro'r system addysg arbennig, un am daliadau gofal yn y cartref, un ar yr iaith Gymraeg ac un am dai fforddiadwy. Roedd yna hefyd fesurau i roi mwy o hawliau i gleifion, i newid y cwricwlwm 14–19 ac i weithredu ym maes trafnidiaeth ysgol. Ond y cyhoeddiad gafodd y sylw mwyaf yn ddi-os oedd gohirio cynlluniau i newid a chau rhai ysbytai.

RHAGLEN RHODRI
14:00, Dydd Mercher, 6 Mehefin 2007

… I bob pwrpas mae'r llywodraeth wedi rhewi'r cynlluniau i ad-drefnu ysbytai Cymru, y cynllun wnaeth gymaint o niwed

---

86   Roedd AC Brycheiniog a Maesyfed wedi gwrthwynebu'r glymblaid enfys.

i Lafur yn yr etholiadau. Roedd hynny i'w ddisgwyl. Fe fyddai bwrw ymlaen â'r cynllun yn cyfateb i hunanladdiad gwleidyddol gan roi rheswm amlwg a phoblogaidd i'r gwrthbleidiau ddymchwel y llywodraeth.

Mae'r materion deddfwriaethol fydd yn cael eu trafod cyn yr haf yn rhai lle mae 'na gryn dipyn o gonsensws yn barod. Mae mesurau mwy dadleuol fel mesur iaith yn annhebyg o gyrraedd y siambr cyn yr hydref.

Er bod y datganiad yn amlwg wedi ei lunio i geisio plesio Plaid Cymru a'r Democratiaid Rhyddfrydol does 'na ddim arwydd fod brwdfrydedd y pleidiau hynny tuag at y syniad o lywodraeth enfys yn pylu. Roedd hi'n gwbwl amlwg yn y ddadl fod arweinwyr y gwrthbleidiau yn cydlynu eu tactegau. Fe fydd yr wythnosau o hyn tan wyliau'r haf yn wythnosau hir a pheryglus i Lafur.

COCH A GWYRDD?
17:16, Dydd Iau, 7 Mehefin 2007

Mae dyfodol Llywodraeth y Cynulliad yn ôl yn y fantol. Am y tro cyntaf mae aelod Llafur blaenllaw wedi awgrymu'n gyhoeddus y gallai Llafur ffurfio clymblaid â Phlaid Cymru.

Mewn cyfweliad â rhaglen Dragon's Eye[87] dywedodd y Gweinidog Iechyd Edwina Hart y byddai hi'n ddigon hapus i eistedd wrth y bwrdd Cabinet gydag Ieuan Wyn Jones.

Ymateb oedd Edwina i alwad Adam Price[88] am glymblaid rhwng ei blaid e a Llafur. Mae llefarydd Rhodri Morgan yn fwy pwyllog gan ddweud ei fod o hyd yn disgwyl am ymateb gan Ieuan Wyn Jones i'w lythyr yn gwahodd trafodaethau pellach.

Beth yw goblygiadau'r stranciau diweddara? Wel, rwy'n amau bod Adam yn ceisio gwneud dau beth. Yn gyntaf roedd am weld a oedd y safbwynt Llafur ynglŷn â chlymblaid ffurfiol wedi newid. Rwy hefyd yn amau ei fod yn disgwyl i'r ateb i'r

---

87 Rhaglen wleidyddol wythnosol BBC Cymru.
88 Ar y pryd, Aelod Seneddol Dwyrain Caerfyrddin a Dinefwr oedd Adam Price.

cwestiwn hwnnw fod yn negyddol – ateb a fyddai'n cryfhau dadl cefnogwyr yr enfys.

Beth felly oedd cymhelliad Edwina wrth roi ei hateb cadarnhaol? Ymdrech oedd hi, rwy'n amau, i wneud hi'n eglur nad yw pawb o fewn Llafur yn ymwrthod yn llwyr â'r syniad o glymblaid coch-gwyrdd. Gallai hynny demtio Ieuan yn ôl i'r bwrdd ac os nad yw hynny'n digwydd fe fydd llaw gwrthwynebwyr yr enfys o fewn Plaid Cymru wedi ei gryfhau.

Croeso i ail hanner y gêm!

BRIEFINGS Y BORE
10:51, Dydd Mawrth, 12 Mehefin 2007

10.15 Rhodri Morgan: Dywedodd Rhodri ei fod wedi cynnal cyfarfod 'adeiladol' y bore 'ma gydag Ieuan Wyn Jones a Jocelyn Davies.[89] Am y tro cyntaf awgrymodd Rhodri fod clymblaid coch/gwyrdd yn bosib. 'Mae popeth ar y bwrdd – does dim byd wedi ei gau allan.' Ychwanegodd y byddai llywodraeth o dan arweinyddiaeth Llafur yn gallu cyflawni llawer mwy o ddyheadau Plaid Cymru na llywodraeth 'enfys' oherwydd ei pherthynas â llywodraeth San Steffan a'i niferoedd yn y siambr. Dywedodd ei fod yn fodlon trafod rhagor gyda'r Democratiaid Rhyddfrydol hefyd ond ei fod yn synhwyro bod y blaid honno wedi 'cau ei hun allan – am y tro'.

11.00 Nick Bourne: Mae Rhodri yn ymddwyn fel 'Ceaușescu ar y balconi' trwy fygwth y gallai Llafur San Steffan flocio mesurau llywodraeth 'enfys'. Mae'r ysgrifen ar y mur i Rhodri; mae Llafur wedi profi nad ydynt yn gallu newid i ddygymod â bod mewn lleiafrif.

12.00 Ieuan Wyn Jones: Fe fydd 'na gyfarfod arbennig o grŵp Plaid Cymru heno i drafod y ffordd ymlaen. Doedd Ieuan ddim yn fodlon datgelu cynnwys ei drafodaethau'r bore 'ma ond

89 Roedd Jocelyn Davies yn AC Plaid Cymru dros ranbarth Dwyrain De Cymru rhwng 1999 a 2016. Fel prif chwip y blaid ar y pryd, fe gymerodd hi ran allweddol yn y trafodaethau clymblaid.

105

dywedodd fod bygwth blocio mesurau llywodraeth enfys yn 'gwbwl drahaus'. 'Os ydy Rhodri yn dweud mai'r unig ffordd y gall y drefn weithio yw trwy gael llywodraethau o'r un lliw yng Nghaerdydd a San Steffan, nid trefn ddemocrataidd yw hi.'

LLAFUR YN SYMUD
14:10, Dydd Mawrth, 12 Mehefin 2007

Mae cyfarfod o'r grŵp Llafur wedi rhoi 'rhyddid llwyr' i Rhodri Morgan wrth gynnal trafodaethau ynglŷn â chytundeb neu glymblaid lawn â Phlaid Cymru. Hwn yw'r tro cyntaf i'r grŵp arwyddo parodrwydd i gyrraedd trefniant clymblaid â'r cenedlaetholwyr.

COCH A GWYRDD!!!
16:41, Dydd Mawrth, 12 Mehefin 2007

Mae Plaid Cymru a'r Blaid Lafur o fewn dim i gytuno ar glymblaid. Rwy'n cael ar ddeall bod grŵp Plaid Cymru bron yn sicr o gytuno i drafodaethau pellach â Llafur mewn cyfarfod heno.

Deallaf fod Llafur wedi cynnig o leiaf tair sedd Gabinet i Blaid Cymru ac addewidion pendant o refferendwm ar bwerau llawn i'r Cynulliad, comisiwn ar fformiwla Barnett a mesur iaith.

DIWEDDARIAD:

Mae ffynonellau o fewn Llafur a Phlaid Cymru yn gwadu bod nifer seddi Cabinet Plaid Cymru wedi ei drafod ond dydyn nhw ddim yn gwadu byrdwn y stori.

Mae dwy blaid arall yr enfys yn disgwyl i aelodau grŵp Plaid Cymru bleidleisio o blaid parhau â thrafodaethau â Llafur yn eu cyfarfod heno ond yn parhau'n obeithiol mai'r enfys fydd y dewis ar ddiwedd y dydd.

RHODRI YN FFAU'R LLEWOD
11:53, Dydd Mercher, 13 Mehefin 2007

Fe fydd Rhodri Morgan yn cwrdd ag Aelodau Seneddol Llafur Cymru yn San Steffan y prynhawn yma i geisio eu hargyhoeddi o'r angen am glymblaid â Phlaid Cymru. Mae'r dasg yn un anodd, gyda'r nifer o aelodau'n gwrthwynebu unrhyw amserlen ar gyfer cynnal refferendwm ar bwerau llawn i'r Cynulliad. Mae agwedd yr aelodau yn hollbwysig gan fod Plaid Cymru ym mynnu cael addewid pendant y byddai'r Blaid Lafur gyfan yn ymgyrchu dros bleidlais 'Ie' mewn refferendwm – syniad sy'n wrthun i rai yn Llundain.

Mae rhai Aelodau Seneddol hefyd yn bwriadu mynnu bod unrhyw gytundeb â Phlaid Cymru yn derbyn sêl bendith trwch y blaid, er na ddigwyddodd hynny yn achos y cytundeb â'r Democratiaid Rhyddfrydol.

CYMHELLION CYMYSG
20:55, Dydd Mercher, 13 Mehefin 2007

Mae'r pwysau am gynhadledd arbennig gan aelodau Llafur Cymru yn hynod ddifyr. Yr hyn sy'n ddiddorol yw pwy sydd y tu ol i'r galw.

Ar y naill ochor mae rhai o'r datganolwyr mwyaf pybyr am weld cynhadledd i sicrhau nad yw'r blaid yn gallu cefnu ar yr addewid o refferendwm. Mae eraill yn gobeithio y byddai cynhadledd yn gwrthod clymblaid neu y byddai'r peryg o hynny yn darbwyllo Plaid Cymru i gerdded i ffwrdd o'r trafodaethau. Rhain yw'r bobol (bach eu nifer) sy'n ystyried purdeb yn bwysicach na'r gallu i gyflawni (mae 'na bobol fel 'na ym mhob plaid!).

Ta beth, mae'r posibilrwydd o Super Saturday wedi ailymddangos, gyda'r Gynhadledd Lafur (mwy na thebyg) ar yr un diwrnod â Chyngor Cenedlaethol Plaid Cymru.

RHOWCH I MI HEDD....
12:32, Dydd Sul, 17 Mehefin 2007

Mae gen i lwyth o eitemau a rhaglenni i'w gwneud ynghylch ymadawiad Tony Blair a dyrchafiad Gordon Brown,[90] a fawr ddim wedi ei recordio hyd yma. Fe fydd yn rhaid i mi rwygo fy hun o'r Bae yr wythnos yma a'i heglu hi am San Steffan.

Rwy'n mwynhau mynd i Westminster ond rwy'n paratoi fy hun yn barod am y cwynion gan Aelodau Seneddol am 'blwyfoldeb' newyddiaduraeth wleidyddol Gymreig. Yr hyn sy'n eu gwneud yn anhapus, wrth gwrs, yw bod Aelodau'r Cynulliad yn tueddu i gael llawer mwy o sylw na nhw. Mae 'na rywbeth eitha eironig ynglyn â gwrando ar drigolion y 'Westminster Village' yn cyhuddo eraill o blwyfoldeb...

Y DDINAS FAWR DDRWG
20:06, Dydd Mercher, 20 Mehefin 2007

San Steffan heddiw, trip am ddiwrnod i'n prifddinas arall. £140 am docyn rheilffordd. Oedd y trên yr oeddwn i eisiau yn rhedeg? Nac oedd...

Mae'n rhatach, ac yn haws, y dyddiau hyn i deithio o Gaerdydd i Prague neu Barcelona nag yw hi i Lundain, ac efallai fod hynny'n rhannol esbonio'r ymbellhau rhwng y sefydliadau gwleidyddol yn y ddwy ddinas...

Wrth i mi adael San Steffan roedd Rhodri mewn cyfarfod o'r Aelodau Seneddol Llafur a phan drodd yr Arglwydd Kinnock i fyny roedd hi'n weddol amlwg ei fod yn wynebu tipyn o job i ddarbwyllo'r aelodau o rinweddau clymblaid coch/gwyrdd. Mae rhai aelodau yno'n pwyso arno i fynd 'nôl i drafod gyda'r Democratiaid Rhyddfrydol. Mae Rhodri'n amharod i wneud hynny gan synhwyro efallai y gallai'r cam hwnnw adfywio'r enfys...

---

90 Doedd neb wedi herio Gordon Brown am arweinyddiaeth y Blaid Lafur, ac fe ddaeth e'n Brif Weinidog ar 27 Mehefin 2007.

DIWEDDARIAD:
Mae'r ASau Llafur newydd ofyn yn swyddogol i Rhodri drafod â'r Democratiaid Rhyddfrydol. Cafodd yr ASau weld y cytundeb arfaethedig rhwng Llafur a Phlaid Cymru. Y refferendwm,[91] mae'n debyg, yw asgwrn y gynnen.

CRI O'R CWM
12:00, Dydd Sadwrn, 23 Mehefin 2007
Mae llais Ken Hopkins yn un pwysig – ac mae e'n gwybod hynny.

'Ken pwy?' meddech chi. Wel, os nad ydych chi'n aelod o'r Blaid Lafur dydych chi ddim yn debyg o wybod, ond ers degawdau Ken yw Mr Fix-it Llafur Cymru – y gŵr sy'n ceisio sortio pethau allan os oes 'na broblem. Yn wir, fel y gŵr oedd yn gyfrifol am lunio polisi datganoli y gallai'r blaid gyfan ei gefnogi yn y nawdegau, mae hawl gan Ken i fynnu mai ef, ac nid Ron Davies, yw gwir bensaer y Cynulliad.

Hyd y gwn i, dyw Ken erioed wedi cael ei ethol i unrhyw swydd ac eithrio sedd ar bwyllgor gwaith ei blaid ac am ran helaeth o'i fywyd roedd yn gweithio ym myd addysg. Fel cyfarwyddwr addysg yr hen Forgannwg Ganol, Ken oedd yn gyfrifol am lunio polisi 'cwrdd â'r galw' ynghylch addysg Gymraeg. O'r herwydd cafwyd ffrwydriad mewn addysg Gymraeg yn y sir yn ystod oes y cyngor, gyda degau o ysgolion Cymraeg newydd yn agor...

Pam sôn am Ken heddiw? Wel, yng ngholofn llythyrau'r *Western Mail* mae 'na lythyr byr gan Ken, llythyr a allai fod yn fawr ei ddylanwad. Ynddo mae'n dadlau'n gryf nid yn unig dros lywodraeth coch-gwyrdd ond, o ddarllen rhwng y llinellau, rhywbeth mwy na hynny. Dyma flas o'r hyn sydd ganddo i ddweud:

---

91 Roedd y cytundeb yn addo cynnal refferendwm ar bwerau deddfu i'r Cynulliad, rhywbeth y byddai clymblaid coch-gwyrdd yn gallu ei warantu oherwydd fod angen i 40/60 aelod ei gefnogi. Fyddai clymblaid enfys ddim yn gallu sicrhau refferendwm oherwydd y byddai ganddi lai na 40 o aelodau.

'A second sensible development... is a logical and radical left
alliance between Labour and Plaid... such an alliance would be
so appropriate to Wales given its recent history... delivering to the
Welsh people an effective and caring administration whether you
live in Wrexham or Anglesey the Vale of Glamorgan or Tonypandy.'

I bob pwrpas mae Ken yn dweud mai dim ond Llafur a
Phlaid Cymru sydd yn gallu ffurfio 'Llywodraeth Cymru
Gyfan' go iawn. Ond os ydy hynny'n gywir, onid yw rhesymeg
ei ddadl yn awgrymu y dylai'r berthynas rhwng y ddwy
blaid fod yn rhywbeth mwy na chytundeb llywodraethol yn
y Cynulliad? Ydy platiau tectonig ein pleidiau yn dechrau
symud?

AAAGGGHHH!
18:01, Dydd Llun, 25 Mehefin 2007

Mae aelodau grŵp Plaid Cymru wedi gohirio eu cyfarfod
allweddol i drafod clymblaid tan ddydd Mercher. Y rheswm
mwyaf tebygol am hynny yw eu bod am sicrhau addewidion
pellach gan gyfarfod pwyllgor gwaith Llafur nos yfory.

O edrych ar y fathemateg, mae'n ymddangos i mi fod saith o
aelodau'r blaid yn gadarn o blaid coch/gwyrdd sef Helen Mary
Jones, Bethan Jenkins, Nerys Evans, Leanne Wood, Dafydd
Elis-Thomas, Rhodri Glyn Thomas a Jocelyn Davies. Mae 'na
bedwar o enfyswyr pybyr, sef Gareth Jones, Chris Franks, Dai
Lloyd a Janet Ryder.

Mae'r cyfan felly yn dibynnu ar Mohammed Asghar, Alun
Ffred Jones, Elin Jones ac wrth gwrs y dyn ei hun, Ieuan Wyn
Jones.

Y CYTUNDEB COCH-GWYRDD
14:03, Dydd Mawrth, 26 Mehefin 2007

Mae'r grŵp Llafur wedi cymeradwyo cytundeb coch/gwyrdd
o fwyafrif sylweddol. Mae'r BBC wedi gweld copi o gytundeb
drafft rhwng y ddwy blaid (nid y cytundeb terfynol).

Dyma rai o'r uchafbwyntiau:

- Llafur a Phlaid Cymru ar bob lefel i gydweithio i sicrhau senedd ddeddfwriaethol o fewn pedair blynedd.
- Dim rhagor o gynlluniau PFI yn y gwasanaeth iechyd ac atal y cynllun ad-drefnu ysbytai.
- Rhoi'r gorau i'r defnydd o gyfleusterau preifat gan y gwasanaeth iechyd.
- Atal yr 'hawl i brynu' mewn ardaloedd lle mae 'na brinder tai fforddiadwy.
- Codi 6,500 o dai fforddiadwy.
- Grantiau i bobol sy'n prynu tŷ am y tro cyntaf.
- Gwell gwasanaeth rheilffordd rhwng y De a'r Gogledd.
- Gwella darpariaeth addysg trwy gyfrwng y Gymraeg, gan gynnwys sefydlu Coleg Ffederal Cymraeg.
- Gliniaduron i blant ysgol (cynllun peilot).
- Deddfwriaeth i roi statws swyddogol i'r Gymraeg a hawliau i ddefnyddio'r Gymraeg wrth ddefnyddio gwasanaethau.

DIWEDDARIAD PWYSIG:
Mae'r cymal cyntaf wedi ei newid yn y cytundeb terfynol. Gallai hynny fod yn bwysig!

DEWIS IEUAN
17:34, Dydd Mawrth, 26 Mehefin 2007

Yfory yw dydd y dewis. Mae'n bosib mai cyfarfod grŵp Plaid Cymru yw'r cyfarfod pwysicaf yn hanes y blaid ac y bydd y penderfyniad, er da neu er drwg, yn gosod patrwm gwleidyddiaeth Cymru am genhedlaeth.

Pan ddwedais hynny wrth Ieuan Wyn Jones fe wnaeth e ymateb trwy ddweud 'No pressure then'.

Y DIWEDDARA... A MWY
20:20, Dydd Mawrth, 26 Mehefin 2007

Dyma sut mae pethau ar hyn o bryd.

Mae cefnogwyr coch-gwyrdd o fewn Plaid Cymru yn hyderus fod ganddynt gefnogaeth wyth o'r pymtheg Aelod Cynulliad. Alun Ffred Jones oedd y bleidlais allweddol mae'n debyg. Mae'r aelodau hynny'n mynnu nad yw'r newid yng ngeiriad cymal cyntaf y cytundeb (yn ymwneud â refferendwm) yn glastwreiddio'r addewid Llafur i weithio dros Senedd.

COCH-GWYRDD SWYDDOGOL
11:13, Dydd Mercher, 27 Mehefin 2007

Mae grŵp Plaid Cymru wedi penderfynu clymbleidio â Llafur.

Mae Mike German wedi ysgrifennu at Rhodri Morgan yn gofyn am drafodaethau.

Ar yr un diwrnod, gadawodd Tony Blair 10 Downing Street wedi degawd fel Prif Weinidog. Ei gymydog, Gordon Brown, gymerodd yr awenau gan addo arwain 'llywodraeth newydd gyda blaenoriaethau newydd'.

Y FRWYDR NESAF
10:52, Dydd Iau, 28 Mehefin 2007

Mae'r cytundeb coch-gwyrdd wedi ei arwyddo yng Nghaerdydd. Y frwydr nesaf yw honna rhwng grŵp Llafur y Cynulliad a thrwch ASau y Blaid Gymreig ynglŷn â'r cynllun. 'Pistols at dawn' yn Membury neu Leigh Delamere o bosib!

Mae mwyafrif yr Aelodau Seneddol yn amheus ynglŷn â, neu yn gwrthwynebu, rhannau allweddol o'r cytundeb, yn eu plith, y refferendwm, yr adolygiad o fformiwla Barnett a'r awgrym y dylid datganoli agweddau o'r gyfraith droseddol i Gaerdydd.

Ar Orffennaf y 6ed, cyfarfu'r Blaid Lafur i bleidleisio ar y cytundeb clymblaid gyda Phlaid Cymru. Teithiodd cynrychiolwyr o bob cwr o Gymru i Arena Rhyngwladol Caerdydd i benderfynu ar y mater hollbwysig hwn.

WELE GWAWRIODD
10:44, Dydd Gwener, 6 Gorffennaf 2007

Mae'n ddiwrnod tyngedfennol i wleidyddiaeth Cymru. Eto. Dydw i ddim yn gwybod faint o weithiau rwy wedi defnyddio'r ystrydeb yna yn ystod yr wythnosau diwethaf. Ond fe wna i fwyta fy het, fy sgidiau a phob dilledyn arall sy gen i os na chyrhaeddwn ni ddiwedd y saga yn ystod y deuddydd nesaf.

Ond mae 'na un neu ddau o droeon bach i fynd, a dyma un ohonyn nhw: rwy wedi clywed o sawl cyfeiriad y gallai un cyfraniad yn y gynhadledd Lafur y prynhawn yma fod yn allweddol, bod 'na un person a allai ddylanwadu ar y cynrychiolwyr sy'n ansicr eu meddyliau.

Pwy yw'r person hwnnw? Rhodri? Peter Hain? Nage. Mae'n bryd i ni gyd groesawu Alun Michael yn ôl i fwrlwm gwleidyddiaeth ddatganoledig.

Mae pawb yn cofio, wrth gwrs, am y frwydr ffyrnig rhwng Rhodri ac Alun am arweinyddiaeth y Blaid Lafur Gymreig, ac yn cofio hefyd am fuddugoliaeth drwch blewyn Alun a'i gwymp ddwy flynedd yn ddiweddarach.

Beth sy'n cael ei anghofio yw pa mor deyrngar oedd Rhodri i Alun yn ystod ei gyfnod fel Prif Ysgrifennydd. Er cymaint ei siom bersonol chafwyd yr un gair o gŵyn, yn gyhoeddus nac yn breifat, gan Rhodri. Pan gafodd ei ddyrchafu i'r brif swydd nid ar ei ddwylo fe yr oedd gwaed Alun.

Heddiw fe fydd Alun yn ad-dalu'r ddyled gan ddatgan ei gefnogaeth i'r glymblaid. Fel un o'r ychydig Aelodau Seneddol Llafur o Gymru sydd wedi llwyddo i gyrraedd yn bellach na'r meinciau cefn, ac fel un o brif ladmeryddion 'Llafur newydd' fe fydd ei lais yn cyfri.

LLAFUR – Y CANLYNIAD
19:59, Dydd Gwener, 6 Gorffennaf 2007

O blaid y glymblaid: 78.43%
Yn erbyn: 21.57%
Undebau
O blaid: 95.83%
Yn erbyn: 4.17%
Pleidiau Lleol
O blaid: 61.02%
Yn erbyn: 38.98%

Dywedodd Rhodri Morgan ei fod e'n 'bles iawn' fod dwy ran y blaid wedi cefnogi'r cytundeb. Roedd maint y mwyafrif yn hwb aruthrol i'w awdurdod fel arweinydd.

TYNNU AT Y TERFYN
08:08, Dydd Sadwrn, 7 Gorffennaf 2007

Dyna ni felly. Mae Rhodri wedi cael ei ffordd. Doedd hyd yn oed huodledd Neil Kinnock ddim yn gallu darbwyllo'r cynrychiolwyr Llafur i gefnu ar y sicrwydd o rym.

Dyw hi ddim yn feirniadaeth o Lafur Cymru i ddweud ei bod hi'n blaid sydd yn hoff o bŵer. Nid fforwm drafod na chlwb cymdeithasol yw Llafur Cymru ond peiriant gwleidyddol sy'n bodoli i amddiffyn buddiannau ei phobol. O orfod dewis rhwng bod mewn grym a phurdeb pleidiol doedd ond un dewis.

Y diwrnod wedi cyfarfod Llafur, cynhaliwyd cyfarfod hanesyddol o Gyngor Cenedlaethol Plaid Cymru ym Mhontrhydfendigaid mewn adeilad lle nad oedd modd cael signal ffôn symudol. Doedd Vaughan ddim yno, ond fe rannodd e ddolenni ar y blog wrth aros am y canlyniad. Pan ddaeth e, roedd yna fwyafrif clir o blaid y cytundeb gyda Llafur.

NESÁU AT Y LAN
17:56, Dydd Sadwrn, 7 Gorffennaf 2007

225 o blaid, 18 yn erbyn.

Beth arall sydd 'na i'w ddweud? Does dim gwadu bod Ieuan wedi gwneud jobyn da wrth werthu'r cytundeb i aelodau ei blaid. Mae'n help, wrth gwrs, i beidio bod yn or-ddemocrataidd. Go brin y byddai'r mwyafrif mor sylweddol pe bai'r ddau gytundeb clymblaid wedi eu gosod gerbron.

Ai hwn oedd y penderfyniad cywir? Nid fi yw'r person i farnu. Yn sicr roedd y cynrychiolwyr ym Mhontrhydfendigaid yn bles i weld y blaid yn dod yn rhan o lywodraeth am y tro cyntaf. Mae 'na beryglon a phryderon, wrth reswm, ond roedd 'na beryglon mewn canlyn yr enfys hefyd. O leiaf, o'r diwedd, daeth pen ar bennod os nad ar y stori gyfan.

Fe fydd 'na gyfle i bwyso a mesur yn ystod y dyddiau nesaf ond ar ôl naw wythnos o sgwennu am y broses hon, heb sôn am wythnosau'r ymgyrch cyn hynny, rwy'n haeddu brêc. Rwy'n mynd am ddrinc! Wela i chi fory!

Ar Orffennaf yr 8fed, cafodd Rhodri Morgan ei daro'n wael. Cafodd driniaeth ar ei rydweliäu (arteries) yn Ysbyty Athrofaol Cymru drannoeth.

SIBRYDION O'R SIAMBR
14:28, Dydd Mercher, 11 Gorffennaf 2007

Roedd hi'n brynhawn rhyfedd yn y siambr heddiw wrth i Ieuan Wyn Jones gymryd yr awenau fel Dirprwy Brif Weinidog. Yn yr oriel roedd 'na bedair cenhedlaeth o deulu Ieuan, o'i fam i'w wyres fach. Hefyd yn bresennol roedd rhai o hen stejars Plaid Cymru, gan gynnwys y bytholwyrdd Glyn James a fu'n llais unig dros ei blaid am ddegawdau yn y Rhondda.

Roedd pob un o Aelodau Cynulliad Plaid Cymru yn bresennol, wrth reswm. Roedd hynny i'w ddisgwyl. Roedd pob un Ceidwadwr yno hefyd a phob un Democrat Rhyddfrydol.

Ond nid Rhodri oedd yr unig aelod oedd yn absennol o'r

meinciau Llafur. Dim Huw Lewis. Dim Ann Jones. Dim Lynne Neagle. Dim Karen Sinclair. Fe adawodd Irene James y siambr wrth i Ieuan godi ar ei draed.

Y rheswm am absenoldeb rhai o'r aelodau, yn ôl y Llywydd, oedd eu bod yn mynychu cyfarfod pwyllgor busnes. Mae ambell aelod arall yn pendroni pa bwyllgor sydd ond yn cynnwys yr union aelodau Llafur hynny oedd yn gwrthwynebu'r glymblaid. Cwestiwn da.

O gymharu â chyffro Ebrill, Mai a Mehefin, roedd gweddill yr haf yn dawelach o safbwynt gwleidyddol. Penodwyd Cabinet clymblaid, gyda Phlaid Cymru'n cael tair sedd – Ieuan Wyn Jones yn Ddirprwy Brif Weinidog, gyda chyfrifoldeb am yr economi a thrafnidiaeth, Elin Jones yn Weinidog Materion Gwledig a Rhodri Glyn Thomas yn Weinidog Treftadaeth. Huw Lewis oedd yr unig Lafurwr i gael ei ddiswyddo o'r Cabinet. Penodwyd Carwyn Jones yn Gwnsler Cyffredinol ac Arweinydd y Tŷ, yn Weinidog dros Fusnes y Cynulliad a Chyfathrebu. Awgrymodd Vaughan y byddai'r penodiad yn fêl ar ei fysedd – heb gyfrifoldebau adrannol fe fyddai ganddo'r amser a'r llwyfan i adeiladu ar ei broffeil fel 'olynydd naturiol' i Rhodri Morgan.

PENNOD 5

Cymru'n Un, coroni Carwyn a diwedd *Y Byd*, 2007–2009

WIL EDWARDS
17:37, Dydd Gwener, 17 Awst, 2007

Bu farw Wil Edwards, Aelod Seneddol Meirionnydd o 1966 tan Chwefror 1974. Doeddwn i ddim yn nabod Wil yn dda ond ces i groeso digon cynnes yn ei gartref yn Llangollen ar ambell i achlysur a'i gael yn ddyn ffraeth a dymunol.

Roedd Wil yn perthyn i genhedlaeth ddiddorol o wleidyddion wnaeth ddod i'r amlwg yn ystod cyfnod pan oedd hi'n ymddangos bod Llafur ar fin disodli'r Rhyddfrydwyr fel plaid naturiol yr ardaloedd Cymraeg. Cledwyn Hughes oedd eu hysbrydoliaeth a phan ymunodd Megan Lloyd George â Llafur roedd hi'n ddealladwy fod gwleidyddion Cymreig uchelgeisiol yn barnu mai'r blaid honno oedd plaid y dyfodol.

Denwyd Elystan Morgan o rengoedd Plaid Cymru, ymunodd y cyn-Weriniaethwr,[92] Gwilym Prys Davies, hefyd. Gyda ffigyrau huawdl eraill fel Ednyfed Hudson Davies, Gwynoro Jones a Denzil Davies ar flaen y gad, gellid dadlau bod Llafur wedi denu'r rhan fwyaf o wleidyddion Cymraeg mwyaf disglair eu cenhedlaeth.

Plaid Cymru, wrth gwrs, oedd y drwg yn y caws. O fewn misoedd i ethol Wil ym Meirionnydd cynhaliwyd isetholiad Caerfyrddin. Gwilym Prys oedd yr ymgeisydd Llafur

---

92   Grŵp asgell chwith oddi fewn i Blaid Cymru oedd y Gweriniaethwyr.

aflwyddiannus. Fe gipiodd Llafur y sedd honno yn ôl yn 1970 ond roedd cyfle Llafur i sicrhau gafael ar y Cymry Cymraeg wedi ei golli. Trechwyd Wil Edwards gan Dafydd Elis-Thomas yn 1974. Collodd Elystan i Geraint Howells ac fe gymerodd Wyn Roberts le Ednyfed fel Aelod Seneddol Conwy.

Yn etholiad cyffredinol 1966 enillodd Llafur ym Môn, Arfon, Meirionnydd, Ceredigion a Chaerfyrddin. Pan gyrhaeddodd y blaid benllanw tebyg yn 1997 enillwyd dim ond un o'r seddi hynny.

Mae 'na ddigonedd o Gymry Cymraeg, wrth gwrs, sy'n pleidleisio i Lafur, ond mae 'na lawer mwy sydd ddim yn gwneud ac mae'r dyddiau lle y gallai Llafur obeithio ennill mewn ardal fel Meirionnydd wedi hen ddiflannu.

Pam? Wel dyna yw'r cwestiwn y bydd Cymdeithas Cledwyn[93] yn ceisio'i ateb dros y misoedd nesa wrth baratoi adroddiad ar ddyfodol y blaid ymysg y Cymry Cymraeg. Fe fynegwyd hanfod y broblem efallai ar ôl etholiad 1974 gan un o etholwyr Meirionnydd. Fe ddywedodd hyn: 'Problem Llafur yw bod 'na o leiaf un George Thomas am bob Cledwyn Hughes.'

DATHLU'R DEG
11:06, Dydd Llun, 17 Medi 2007

'Ydwyf.'

Go brin y bydd unrhyw un wnaeth aros ar ddi-hun yn oriau mân Medi'r 19eg, 1997, yn anghofio llais pregethwrol John Meredith yn cyhoeddi'r newydd fod etholwyr Sir Gâr wedi sicrhau buddugoliaeth fechan i'r ochor 'Ie' yn y refferendwm datganoli. Er mor fregus oedd y mwyafrif hwnnw roedd y canlyniad, heb os, yn garreg filltir bwysig i Gymru.

Wrth gwrs, fel oedd Ron Davies yn hoff o ddweud, proses nid digwyddiad yw datganoli ac mae'r Cynulliad heddiw yn

---

93 Grŵp oddi fewn i Lafur a ffurfiwyd er mwyn hyrwyddo defnydd o'r Gymraeg o fewn y blaid gan gynnal digwyddiadau er mwyn denu mwy o siaradwyr Cymraeg i ymuno â'r blaid.

wahanol iawn i'r un dderbyniodd sêl bendith yr etholwyr ddegawd yn ôl.

Roedd blynyddoedd cynnar y Cynulliad yn rhai anodd a dweud y lleiaf. Yn sgil y brwydro mewnol ffyrnig yn y Blaid Lafur ar ôl cwymp Ron Davies, byw o ddydd i ddydd oedd hanes llywodraeth leiafrifol Alun Michael. Dim ond ar ôl i Rhodri Morgan gymryd y llyw y dechreuodd y corff ddatblygu a thyfu.

Mae'r datblygu hynny wedi bod yn ddi-dor, er nid yn ddi-rwystr, fyth ers hynny. Yn nhermau ariannol mae gwariant y Cynulliad wedi dyblu i bob pwrpas. Erbyn hyn mae'n gwario oddeutu £4,000 y pen ar ddarparu gwasanaethau i drigolion Cymru.

Fe fyddai'r rhan fwyaf o'r gwasanaethau hynny – iechyd, addysg ac yn y blaen – wedi eu darparu ta beth wrth gwrs. Y cwestiwn allweddol yw ydy'r modd y cyflenwir y gwasanaethau yn well neu hyd yn oed yn wahanol oherwydd bodolaeth y Cynulliad?

Mae'r ateb i'r cwestiwn hwnnw yn hynod ddiddorol. Heb unrhyw amheuaeth mae 'na agendor bellach rhwng y ffordd y mae gwasanaethau cyhoeddus yn cael eu rhedeg yng Nghymru a Lloegr. Yr eironi yw mai'r rheswm penna am hynny yw'r newidiadau radicalaidd yn Lloegr yn hytrach nag unrhyw newid sylfaenol yng Nghymru.

Tra bod y llywodraeth yn San Steffan wedi troi fwyfwy at y sector breifat ac asiantaethau hyd braich i ddarparu gwasanaethau, mae gwleidyddion Bae Caerdydd wedi glynu at fodel llawer mwy traddodiadol. Cyfyng yw rôl y sector breifat yn y gwasanaethau cyhoeddus yma ac os unrhyw beth, mae'n debyg o grebachu ymhellach.

Mae llywodraeth Bae Caerdydd hefyd wedi cyflwyno cyfres o bolisïau i greu 'dŵr coch clir' rhwng Cymru a Lloegr. Mewn rhai achosion, megis mynediad am ddim i amgueddfeydd, mae Lloegr wedi dilyn esiampl Cymru. Mae eraill, fel dileu taliadau presgripsiwn, yn parhau'n unigryw. Mae Cymru a'r Alban hefyd wedi mabwysiadu rhaglenni i ailagor rheilffyrdd i deithwyr, syniad sydd wedi ei wrthod gan yr adran drafnidiaeth yn Llundain...

Mae'n bosib dadlau'r naill ffordd neu'r llall p'un ai ydy model Cymru'n well nag un Lloegr ond does dim gwadu eu bod yn gyfan gwbwl wahanol i'w gilydd, ac mae'r gwahaniaethau hynny yn sicr o gynyddu wrth i'r Cynulliad ddechrau defnyddio ei hawliau deddfwriaethol newydd.

Ymhen pedair blynedd arall mae'n ddigon posib y bydd etholwyr Cymru yn wynebu trydydd refferendwm datganoli, y tro hwn i benderfynu a ddylai'r Cynulliad gael pwerau deddfwriaethol tebyg i rai Senedd yr Alban.

SWYNO'R *SUN*
12:24, Dydd Mawrth, 25 Medi 2007

Digon diflas a disylwedd oedd cynadleddau newyddion wythnosol y llywodraeth a'r brif wrthblaid heddiw, gydag Edwina Hart yn canolbwyntio ar fusnes dydd i ddydd y Cynulliad a'r Ceidwadwyr unwaith yn rhagor yn galw am refferendwm ar ddyfodol yr Undeb Ewropeaidd. Yfory, fe fydd y Cynulliad yn trafod y pwnc yn amser y Ceidwadwyr er, wrth gwrs, mai mater i San Steffan yw pleidlais o'r fath.

Mae'r cwestiwn o refferendwm wedi dod i frig yr agenda unwaith yn rhagor gyda'r *Sun* yn lansio ymgyrch rymus dros gynnal pleidlais. Serch hynny, dydw i ddim yn sicr pa mor fanteisiol yw hi i'r Ceidwadwyr drafod y pwnc. Mae'n ddigon gwir bod arolygon barn yn awgrymu bod y mwyafrif llethol o bobol am weld pleidlais yn cael ei chynnal ond does 'na fawr ddim tystiolaeth fod Ewrop yn effeithio ar batrymau pleidleisio ac eithrio mewn etholiadau Ewropeaidd.

Y peryg i'r Toriaid yw bod sôn gormod am y pwnc yn atgoffa'r etholwyr o gyfnod John Major a'r rhaniadau o fewn y blaid yn ystod y blynyddoedd hynny. Y gwir amdani yw nad yw Ewrop yn bwnc o bwys i'r rhan fwyaf o etholwyr ac mae'r rheiny sy'n obsesiynol am sofraniaeth y DU eisoes yn cefnogi'r Ceidwadwyr neu'n fflyrtio gydag UKIP. Ydy'r Ceidwadwyr mewn gwirionedd yn dymuno dychwelyd i'r dyddiau rhyfedd hynny lle'r oedd pob Tori gwerth ei halen yn gorfod gwisgo bathodyn siâp y bunt ar ei got?

Dydw i ddim yn gweld bod rhygnu ymlaen am Ewrop yn mynd i ennill pleidleisiau i'r Ceidwadwyr ond efallai nad hynny yw'r bwriad. Efallai bod yr ymgyrch wedi ei hanelu at ennill cefnogaeth un person penodol, a Rupert Murdoch yw'r person hwnnw.

Mae'r post nesaf yn cyfeirio at alwad gan Eluned Morgan a oedd yn ASE ar y pryd ar i'r Blaid Lafur Gymreig newid ei strategaeth o osod dŵr coch clir rhyngddi hi ei hun a'r blaid ar lefel y DU. Roedd canlyniad etholiad y Cynulliad, meddai, yn golygu bod angen i'r Blaid Lafur edrych y tu hwnt i'w phleidlais graidd ac apelio at etholwyr y canol.

ELUNED MORGAN A'R DŴR COCH CLIR
13:23, Dydd Mawrth, 25 Medi 2007

… Cefais sgwrs gydag Eluned Morgan ddydd Gwener ynghylch canlyniadau etholiad y Cynulliad ac mae hi o'r farn nad yw'r Blaid Lafur eto wedi sylweddoli pa mor agos y daeth hi at drychineb etholiadol. Ym marn Eluned, oni cheir ymdrech i apelio yn fwy eang mae 'na beryg go iawn y gallai Llafur fod yn ail blaid y Cynulliad yn 2011.

Mae apelio'n fwy eang yn golygu dau beth. Yn gyntaf, mae angen i Lafur apelio at etholwyr yn y Gogledd a'r Gorllewin wnaeth droi at Blaid Cymru. Roedd y ffordd wnaeth y blaid ddelio â David Collins[94] yn brawf, yn ôl Eluned, fod y wers honno wedi ei dysgu. Ond mae'n rhaid i Lafur hefyd gynyddu ei hapêl yn y dinasoedd lle mae'r Ceidwadwyr yn ennill tir. Dyw polisïau asgell chwith traddodiadol (fel rhai Rhodri Morgan – a Phlaid Cymru o ran hynny) ddim yn debyg o wneud hynny,

---

94 Roedd David Collins wedi ymddiheuro ac ymddiswyddo fel ymchwilydd i AC Llafur Dyffryn Clwyd Ann Jones ar ôl gwneud sylw sarhaus am y Gymraeg mewn ystafell sgwrsio ar y we.

ym marn Eluned. Yn lle hynny dylai'r blaid ddysgu gwersi gan Lafur Newydd yn Lloegr ar bynciau megis cynnig rhagor o ddewis i ddefnyddwyr gwasanaethau cyhoeddus.

Mae hon yn ddadl gwbwl wahanol i'r ddadl gyfansoddiadol. Fe fyddai 'unoliaethwr' fel Huw Lewis er enghraifft yn tueddu i ochri gyda Rhodri dros y dŵr coch clir, tra bod 'datganolwraig' fel Eluned ar yr ochr arall i'r ffens.

Yn fy marn i mae 'na gryn sylwedd yn nadansoddiad Eluned. Mae'r nifer o gefnogwyr Llafur 'traddodiadol' yn lleihau o flwyddyn i flwyddyn ac mae newidiadau demograffig mewn etholaethau fel Gŵyr, Caerffili a Phontypridd yn golygu bod etholaethau oedd yn gadarnleoedd yn prysur droi'n ymylol ar lefel gynulliadol. Mae 'na beryg go iawn y gallai dŵr coch clir fodoli rhwng polisïau Llafur Cymru a safbwyntiau a dyheadau nifer cynyddol o etholwyr.

Ar Hydref y 30ain cyhaliwyd cynhadledd Brydeinig y Ceidwadwyr a galwodd Arweinydd yr Wrthblaid, David Cameron, am etholiad cyffredinol yn yr hydref. Addawodd George Osborne,Canghellor yr Wrthblaid, y byddai llywodraeth Geidwadol yn codi'r trothwy ar gyfer treth etifeddiant i filiwn o bunnau. Erbyn diwedd y mis roedd dyfalu rhemp y byddai Gordon Brown yn manteisio ar boblogrwydd Llafur yn yr arolygon barn ac yn galw etholiad cyffredinol ddiwedd mis Hydref neu ddechrau Tachwedd. Gwrthododd Mr Brown roi taw ar y sibrydion yn ystod cynhadledd y Blaid Lafur yn Bournemouth.

POENI AM BLEIDLAIS
14:44, Dydd Llun, 1 Hydref 2007
Pump rheswm dros alw etholiad.

1. **Momentwm:** Efallai mai tacteg i anesmwytho'r Torïaid oedd y sôn am etholiad i ddechrau ond fe fyddai tynnu'n ôl nawr ymddangos yn wan. Fe fydd hanes Jim Callaghan yn 1978 yn chwarae ar feddyliau Llafur.

2. **Yr economi:** Mae'r rhagolygon economaidd yn gymylog, a

122

dweud y lleiaf. Dyw hi ddim yn amhosib bod yr Unol Daleithiau yn wynebu dirwasgiad – sefyllfa a fyddai'n peri problemau byd-eang. Dyw hynny ddim o reidrwydd yn newyddion gwleidyddol drwg. Mae'n bosib y byddai'r etholwyr yn troi at hen law profiadol fel Gordon Brown mewn argyfwng ond dyw hynny ddim yn sicr.

3. Yr arolygon: Mae'n anodd dychmygu y bydd 'na well arolygon barn i Lafur na'r rhai presennol. Os nad nawr, pryd?

4. Yr aelodau awyddus: Mae aelodau'r blaid yn awchu am etholiad. Mae hynny'n wir ym mhob rhan o'r DU ond yn enwedig yng Nghymru lle mae'r blaid yn awyddus i ddangos mai storom Awst oedd etholiad y Cynulliad.

5. Arweinwyr anwadal: Mae arweinwyr y Ceidwadwyr a'r Democratiaid Rhyddfrydol yn ymddangos yn simsan ar hyn o bryd. Does dim pwrpas rhoi cyfle iddynt adfer eu sefyllfaoedd nac i'w pleidiau newid y llaw wrth y llyw.

Pump rheswm dros beidio galw etholiad.

1. Yr Alban: Yn ôl yr arolygon diweddaraf fe fyddai Llafur yn ennill 40% o'r bleidlais mewn etholiad cyffredinol, gyda'r SNP yn denu 35%. Nid yn unig y byddai Llafur yn colli seddi ond fe fyddai'r Democratiaid Rhyddfrydol hefyd yn dioddef gan danseilio opsiynau Llafur mewn senedd grog. A beth am y sibrydion y gallai Alex Salmond sefyll yn erbyn Gordon Brown yn Kirkcaldy?

2. Arian: Mae sefyllfa ariannol y Ceidwadwyr yn hynod o iach o gymharu â Llafur. Gyda'u trysorydd Michael Ashcroft yn bwriadu rhoi hyd at £25,000 i bleidiau lleol mewn etholaethau ymylol gallai hi fod yn anodd i Lafur gystadlu.

3. Oedran y rhestr: Fe fydd y rhestr etholwyr newydd yn dod i rym ar ddechrau mis Rhagfyr. Amcangyfrifir y gallai miliwn o bobol golli eu pleidlais oherwydd oedran y rhestr bresennol. A phwy yw'r bobol hynny? Yr ifanc yn benna, sef yr union grŵp sydd fwyaf cefnogol i Lafur.

4. Y tywydd: Wyt Dachwedd yn oer a'th farrug yn wyn...

5. Fi: Rydw i fod ar wyliau.

Ar Hydref y 6ed dywedodd Gordon Brown na fyddai'n galw etholiad cyffredinol. Roedd yntau eisiau amser i ddangos ei 'weledigaeth dros newid' meddai. Tua'r un adeg, cyhoeddodd Llywodraeth y Cynulliad mai cyn-lysgennad Prydain yn y Cenhedloedd Unedig, Syr Emyr Jones-Parry, fyddai cadeirydd Confensiwn Cymru Gyfan – y confensiwn cyfansoddiadol fyddai'n braenaru'r tir ar gyfer refferendwm ar bwerau deddfu llawn i'r Cynulliad.

Bu farw'r darlledwr a chyn-chwaraewr rygbi Llanelli, Cymru a'r Llewod, Ray Gravell, yn sydyn, ar ei wyliau yn Sbaen. Cafwyd cannoedd o deyrngedau iddo, gan gynnwys nifer cwbl ddigynsail ar wefan BBC Cymru'r Byd.

GRAV
13:27, Dydd Iau, 1 Tachwedd 2007

Does gen i fawr i'w ychwanegu at yr hyn sydd wedi ei ddweud am farwolaeth sydyn ac echrydus Ray Gravell. Fel pawb arall, roeddwn yn hoff ar y naw ohono a'i bersonoliaeth gynnes. Roedd Ray wrth gwrs yn gwisgo ei wleidyddiaeth, fel ei galon, ar ei lewys. Cenedlaetholwr traddodiadol oedd e, gyda'i ddaliadau wedi eu gwreiddio yn ei wladgarwch pybyr.

Nid bod hynny'n golygu ei fod yn naïf neu'n anwybodus. Pob tro yr oeddwn yn cwrdd roedd Ray yn awchu i glywed y clecs gwleidyddol diweddaraf. Roedd yn hynod o falch hefyd o'i gyfeillgarwch agos â Dick Spring pan oedd hwnnw'n ddirprwy ben ar lywodraeth Gweriniaeth Iwerddon ac roedd ganddo stôr o straeon difyr am wleidyddiaeth y wlad honno. Mae'n anodd dweud cymaint yw'r golled.

W Y MISUS
16:15, Dydd Iau, 1 Tachwedd 2007

Fe wnes i addo peidio torri'r embargo ar lyfr newydd Alison Halford *Leeks from the Back Benches* ond fe aeth y demtasiwn yn ormod...[95]

Fedrwch chi ddyfalu pwy mae'n disgrifio yn fan hyn?

'Despite his small stature, I found him an attractive man with his black glistening hair, distinctive check shirts and elegant cuff-links protruding from well-cut suits. Despite our different age, size and poltical ethos we liked each other.'

Beth fydd gan Mrs Cairns i'w ddweud, tybed?!

TIPYN O LANAST?
15:55, Dydd Mawrth, 27 Tachwedd 2007

Mae'r drefn newydd sy'n caniatáu i'r Cynulliad ofyn am yr hawl i ddeddfu mewn trafferthion. Mae hynny'n anorfod wrth gyflwyno trefn newydd, yn ôl y llywodraeth, ond awgrymodd un aelod cynulliad fod y llythrennau LCO yn arwyddo Llanast Cwbwl Ofnadwy yn ogystal â Legislative Competence Order.

Dyw'r llywodraeth a Swyddfa Cymru ddim hyn yn oed yn cytuno faint o'r ceisiadau yma sydd ar y gweill. Mae 'na ddau yn ôl Whitehall, pedwar yn ôl Parc Cathays.

A beth am y sefyllfa lle mae pwyllgorau'r Cynulliad wedi cwblhau'r gwaith o graffu ar ddau gais cyn i'r Pwyllgor Dethol Cymreig yn San Steffan gychwyn ar y gwaith? Onid yw pwyllgorau'r Cynulliad fod i gymryd safbwyntiau'r Pwyllgor Dethol i ystyriaeth? Oes 'na ryw TARDIS cynulliadol sy'n caniatáu i bwyllgorau Bae Caerdydd ragweld casgliadau eu cydwleidyddion?...

---

95   Alison Halford, cyn-Brif Gwnstabl Cynorthwyol Heddlu Glannau Mersi ac AC Llafur Delyn yn ystod tymor cynta'r Cynulliad. Yn 2006 ymunodd â'r Ceidwadwyr. Cyhoeddwyd ei chyfrol *Leeks from the Back Benches* gan Jeremy Mills ar 6 Tachwedd 2007.

Ydy'r llywodraeth yn becso? Efallai. Mae 'na rwystredigaeth wrth reswm. Ar y llaw arall, pe bai'r gyfundrefn yn troi'n llanast llwyr fe fyddai'n cryfhau'r dadleuon dros bleidlais gynnar ar bwerau deddfwriaethol llawn.

CYFYNG-GYNGOR
11:44, Dydd Iau, 13 Rhagfyr 2007

Dyma ni'n tynnu at y terfyn o ran 2007. I'r rhan fwyaf o'n gwleidyddion, heddiw yw'r diwrnod olaf yn y Bae eleni. Mae gan weinidogion a newyddiadurwyr rhyw wythnos arall i fynd. Mae'n bryd meddwl am flwyddyn nesaf.

Gallai etholiadau [lleol] 2008 fod yn rhai hanesyddol os ydy pethau'n parhau'n hunllefus i Lafur. Dyw e ddim yn gwbwl amhosib na fydd 'na'r un cyngor â mwyafrif Llafur yng Nghymru ar ôl mis Mai nesaf. Cyn i neb feddwl fy mod wedi colli fy marblis gwleidyddol fe wna i ruthro i ddweud mai posibilrwydd ac nid tebygrwydd yw sefyllfa o'r fath, a sôn am golli mwyafrif dros bawb ydw i yn fan hyn. Beth bynnag sy'n digwydd, fe fydd Llafur yn parhau fel y blaid fwyaf ar sawl Cyngor ac mewn grym mewn nifer ohonynt. Serch hynny, mae'n ymddangos bod oes y 'Kremlins' lleol, oedd mor nodweddiadol o'r 20fed ganrif, yn dirwyn i ben.

Mewn gwirionedd, efallai fod yr oes honno eisoes yn perthyn i'r llyfrau hanes. Saith Cyngor mwyafrifol Llafur sydd ar ôl yng Nghymru a dim ond tri Chyngor sy 'na lle mae Llafur yn dominyddu fel roedd hi'n arfer gwneud mewn rhannau helaeth o'r wlad. Does ond angen i Lafur golli llond dwrn o seddi yn Sir Fflint, Casnewydd, Caerffili a Chastell-nedd Port Talbot i Lafur golli ei mwyafrifoedd, a dyw'r tri chadarnle ddim mor gadarn â hynny. Does ond angen yngan enw 'Blaenau Gwent' i wybod y gallai mwyafrif sylweddol ddiflannu fel gwlith y bore a chyda Llais y Bobol (y fersiwn ddeheuol wreiddiol) yn weithgar drws nesaf hefyd, dyw Torfaen ddim yn gwbwl ddiogel.

Mae hynny'n gadael Rhondda Cynon Taf, Cyngor lle mae'r mwyafrif Llafur yn sylweddol ond un lle'r oedd Plaid Cymru yn rheoli rhwng 1999 a 2004. Gyda'r Democratiaid Rhyddfrydol ac ymgeiswyr annibynnol yn weithgar yn etholaeth Pontypridd, gallai unrhyw adfywiad i Blaid Cymru yng Nghymoedd Rhondda a Chynon osod y Cyngor hwn yn y fantol hefyd.

Nid am y tro cyntaf gallai Blaenau Morgannwg chwarae rhan allweddol yn hanes y Mudiad Llafur.

2008
DYMA'R FLWYDDYN WEDI DOD...
17:39, Dydd Mawrth, 1 Ionawr 2008

Maddeuwch i mi am beidio blogio dros y Nadolig a'r Flwyddyn Newydd. Pe bai gen i rywbeth i'w rannu fe fyddwn wedi gwneud! A dweud y gwir, ar ôl blwyddyn mor brysur a diddorol, rwy wedi bod yn cadw draw o'r gwleidyddion a'r gwleidyddiaeth!

Yr unig wleidydd i mi weld dros yr ŵyl oedd Rhodri Morgan a hynny ar hap a damwain wrth iddo fe a finnau wneud ein siopa munud olaf yn y Tesco lleol. Yr unig beth ddywedaf i am hynny yw bod 'na rywbeth braf iawn ynghylch byw mewn gwlad lle mae'r Prif Weinidog yn gorfod gwthio ei droli fel pawb arall! Cyn i chi ofyn, wnes i ddim edrych i weld p'un ai'r Finest neu'r Value sy'n cael ei ffafrio yn Llanfihangel-y-pwll!

AM HANES!
11:32, Dydd Iau, 17 Ionawr 2008

Un o'r geiriau hynny sy'n brysur colli ei werth yw 'hanesyddol'. Ar gychwyn cyfarfod ar y cyd rhwng y Pwyllgor Dethol ar Faterion Cymreig ac un o bwyllgorau craffu'r Cynulliad heddiw, defnyddiwyd y gair droeon. Hwn, wedi'r cyfan, yw'r tro cyntaf i Aelodau Seneddol ac Aelodau Cynulliad gynnal cyfarfod ar y cyd i scriwtineiddio cais am yr hawl i ddeddfu [LCO].

'Hanesyddol,' meddai Cadeirydd y Pwyllgor Dethol, Hywel Francis, ac wedi'r cyfan, fel hanesydd, fe ddylai wybod! 'Hanesyddol,' meddai Gwenda Thomas, y dirprwy weinidog sy'n gwneud y cais. 'Hanesyddol,' meddai Joyce Watson AC sy'n cadeirio'r cyfarfod.

Un cwestiwn bach. Os ydy'r cyfarfod yma mor 'hanesyddol', pam mae cyn lleied o Aelodau Seneddol wedi trafferthu i droi fyny? Mae 'na un ar ddeg aelod o'r pwyllgor dethol. Dim ond tri ohonyn nhw sydd yn y Bae heddiw. Yn ogystal â Dr Francis, y ddau sydd wedi trafferthu teithio i Gaerdydd yw Hywel Williams a Siân James.

WEDI *WENT*
12:41, Dydd Iau, 24 Ionawr 2008

Mae Peter Hain wedi ymddiswyddo.[96] Fe wna i sgwennu rhagor am hynny yn y man. Ond pwy fydd yn ei olynu fel Ysgrifennydd Cymru? David Hanson[97] yw'r dewis amlwg, ond pa swydd Gabinet fyddai'n addas ar ei gyfer?[98] Gogledd Iwerddon efallai, gyda Shaun Woodward yn mynd i'r Adran Waith a Phensiynau? Fe gawn weld.

Mae'n bosib, wrth gwrs, y gallai Gordon Brown fod yn fwy radicalaidd gan ddiddymu swydd yr Ysgrifennydd Gwladol a phenodi Ysgrifennydd y Cenhedloedd i fod yn i fod yn gyfrifol am swyddfeydd yr Alban, Cymru a Gogledd Iwerddon. Dyna, rwy'n deall, yw gobaith rhai o wleidyddion amlycaf y Bae sydd o'r farn bod Peter Hain wedi hwpo'i drwyn i fusnes y Cynulliad yn rhy aml.

---

96 Ar 24 Ionawr, gofynnodd y Comisiwn Etholiadol i'r heddlu ymchwilio i fanylion ariannol ymgyrch Peter Hain ar gyfer dirprwy arweinyddiaeth y Blaid Lafur (gornest yr oedd Harriet Harman wedi ei hennill). O fewn munudau i gyhoeddiad y Comisiwn, ymddiswyddodd Mr Hain o'r Cabinet gan ddweud ei fod yn gwneud hynny er mwyn adfer ei enw da. Wedi ymchwiliad heddlu, casglodd erlynwyr nad oedd yna dystiolaeth i'w gyhuddo o unrhyw drosedd a dywedodd Mr Hain ei fod yn falch ei fod wedi clirio'i enw.

97 AS Delyn ers 1992.

98 Adeg ei ymddiswyddiad, roedd Peter Hain yn Ysgrifennydd Gwaith a Phensiynau ac yn Ysgrifennydd Cymru.

Yn ddiweddarach yn y dydd, cyhoeddwyd y byddai'r cyn-Ysgrifennydd Gwladol Paul Murphy yn dychwelyd i'w hen swydd i gymryd lle Peter Hain fel Ysgrifennydd Cymru a hynny heb gyfuno'r swydd gyda phortffolio arall.

BYW HEB HAIN
15:23, Dydd Gwener, 25 Ionawr 2008

Am ryw reswm rwy wastad wedi credu bod Peter Hain lawer yn iau na Paul Murphy. Ges i dipyn o sioc, felly, i sylwi mai dwy flynedd sydd rhyngddyn nhw, gyda Mr Hain yn 57 a Mr Murphy yn tynnu am ei drigain.

Mae llawer o sôn wedi bod yn y Bae am y gwahaniaeth y bydd penodi Mr Murphy (deinosor ar ddatganoli, chwedl Ieuan Wyn Jones) yn gwneud i ddatblygiad y Cynulliad dros y misoedd a'r blynyddoedd sydd i ddod. Mae rhai Aelodau Cynulliad eisoes yn datgan eu bod yn disgwyl i Mr Murphy ddehongli'r gyfundrefn newydd o ddeddfu yn y modd llymaf posib, gan ei gwneud hi'n anodd i'r Cynulliad gynyddu ei bwerau deddfu'n gymharol gyflym.

Mae gen i deimlad y gallai'r ofnau hynny fod yn ddi-sail ac y gallai'r gwahaniaethau arwynebol rhwng Mr Hain a Mr Murphy, fel y gwahaniaeth oedran, fod yn llai nag y maen nhw'n ymddangos.

Y gwahaniaeth pwysicaf rhwng y ddau, wrth gwrs, yw fod Peter Hain yn ddatganolwr brwd. Mae Paul Murphy, ar y gorau, yn sgeptig. Ond a fydd hynny yn effeithio ar y ffordd y mae'n cyflawni'r swydd?

Mae 'na ambell i beth sy'n werth cofio yn fan hyn. Yn gyntaf, mae Mr Murphy yn ddyn pwyllog sy'n hoff o chwarae yn ôl y rheolau. O bryd i'w gilydd cafodd Mr Hain ei gyhuddo o ymyrryd ym mhriod waith y Cynulliad. Dyw Mr Murphy ddim yn debyg o wneud hynny. Mae e hefyd, wrth reddf, yn gymodwr ac yn ystod ei gyfnod yng Ngogledd Iwerddon dangosodd ei fod yn effeithiol yn y rôl honno.

Mae unrhyw un sydd yn disgwyl i Mr Murphy luchio

ceisiadau am ddeddfwriaeth i'r bin er mwyn amddiffyn sofraniaeth San Steffan yn camddarllen y dyn. Os oes 'na LCO dadleuol (ac mae'n sicr y bydd 'na rai), ceisio cyfaddawd rhwng y Cynulliad a San Steffan fyddai ymateb greddfol yr ysgrifennydd newydd. Oherwydd ei fod yn sgeptig fe fydd Aelodau Seneddol yn fwy parod i wrando arno fe nag ar ei ragflaenydd.

Mae hefyd werth cofio nad oedd 'na berthynas bersonol agos rhwng Rhodri Morgan a Peter Hain. Yn wir, dyw dilynwyr Rhodri byth wedi anghofio rhan Mr Hain yn y frwydr waedlyd rhwng Rhodri ac Alun Michael i arwain Llafur Cymru yn etholiad cyntaf y Cynulliad. Er gwaethaf eu safbwyntiau gwahanol ynghylch datganoli, mae Rhodri a Paul Murphy wedi cydweithio ers degawdau ac yn deall ei gilydd i'r dim. Gallai rhai ACau gael eu siomi o'r ochor orau gan yr Ysgrifennydd newydd.

Roedd cytundeb Cymru'n Un, a oedd yn sail i'r glymblaid rhwng Llafur a Phlaid Cymru, wedi sôn am 'gynyddu'r cyllid a'r gefnogaeth i gylchgronau a phapurau newydd Cymraeg, gan gynnwys sefydlu papur newydd dyddiol Cymraeg'. Mawr oedd y disgwyl ond, ym mis Ionawr, fe gododd adroddiad gan Dr Tony Bianchi ar gyfer y Llywodraeth gwestiynau am fodel ariannol y cynlluniau ar gyfer papur newydd Y Byd *gan gwmni Dyddiol Cyf. Wedi ychydig wythnosau i ystyried yr adroddiad, fe wnaeth y Gweinidog Treftadaeth Rhodri Glyn Thomas ddatganiad ar y pwnc yn y Senedd.*

Y GWIR YN ERBYN *Y BYD*
15:51, Dydd Mawrth, 5 Chwefror 2008
detholiad o flog byw

15.50: Fe fydd y datganiad ynglŷn â'r wasg Gymraeg [gan y Gweinidog Treftadaeth, Rhodri Glyn Thomas] yn dechrau ymhen ychydig funudau. Blogio byw amdani.

15.52: Mae Ned Thomas, cadeirydd Dyddiol Cyf., wedi gadael

yr adeilad ar ôl cwrdd â'r gweinidog. Gwrthododd ddweud gair wrth newyddiadurwyr. Dyw e ddim yn arwydd da ei fod wedi penderfynu peidio aros i wrando ar y ddadl.

16.04: Rhodri Glyn Thomas ar ei draed.

16.05: Crynodeb o adroddiad Tony Bianchi i gychwyn.

16.12: £600,000 i'r wasg Gymraeg dros y tair blynedd nesaf... llawer yn llai nag oedd Dyddiol Cyf. yn gobeithio amdano [Roedd Dyddiol wedi gobeithio am grant o £600,000 ar gyfer y flwyddyn gyntaf]. Y Cyngor Llyfrau fydd yn cael yr arian.

16.13: Mae amserlen wreiddiol *Y Byd* wedi ei dryllio, fe dybiwn i [Roedd Dyddiol wedi bwriadu cyhoeddi'r rhifyn cyntaf o bapur newydd *Y Byd* ym mis Mawrth 2008], a'r pwyslais ar gydweithio yn awgrymu bod y model busnes heb argyhoeddi'r llywodraeth.

16.15 Paul Davies AC:[99] Ydy'r datganiad yma yn ymrwymiad i bapur dyddiol ai peidio? Cwestiwn da. Ydy'r £600,000 yn seiliedig ar unrhyw gynllun busnes? Pwy sy'n debyg o gael yr arian?

16.16: RhGT: Mae'r datganiad yn benagored, dydw i ddim am ffrwyno unrhyw syniad. Rydw i eisiau edrych ar ffyrdd newydd o gyflwyno'r newyddion. Dim ffafriaeth i Dyddiol Cyf. felly, ond diolch i Dyddiol, talp o arian i'r Cyngor Llyfrau.

16.30: RhGT: ... Mae'r cymhorthdal yn fwy nag sy'n cael ei roi i bapur Gwyddeleg yn Belfast. Nid Dyddiol Cyf. yw'r unig gwmni sydd â diddordeb mewn sefydlu papur dyddiol Cymraeg.

Vaughan: Pwy arall tybed? Mae *Golwg* yn gwadu. *Trinity Mirror* efallai? Neu Tindle, perchnogion *Y Cymro* a'r *Cambrian News*? Trafodwch chi. Ai dyma ddiwedd *Y Byd*?

---

99   Paul Davies, AC Ceidwadol Preseli Penfro ers 2007.

PEN-BLWYDD HAPUS
13:35, Dydd Gwener, 8 Chwefror 2008

Ces i a fy nghyd-newyddiadurwyr gyfle i nodi wyth mlynedd Rhodri Morgan wrth y llyw yng nghwmni'r Prif Weinidog heddiw. Roedd 'na gacen pen-blwydd i ni, a bara brith (heb fenyn) i Rhodri. Achubodd ar y cyfle i wneud ei fwriadau ynghylch ei ymddeoliad yn fwy eglur...

Medi'r 29ain, 2009. Dyna ddyddiad pen-blwydd Rhodri yn 70. Ar y dyddiad hwnnw, neu yn agos ato, y bydd e'n ymddiswyddo fel Prif Weinidog ac Arweinydd Llafur Cymru. Ychwanegodd na fyddai'n ymddiswyddo o'r Cynulliad ar yr un pryd a dywedodd y byddai'n gwrthod sedd yn Nhŷ'r Arglwyddi pe bai un yn cael ei chynnig.

Ydy'r hwyaden ungoes[100] bellach yn chwaden gloff?

Dechreuodd fersiwn wreiddiol y post canlynol trwy gyfeirio darllenwyr at erthygl yn croniclo dirywiad y wasg Albanaidd.

TRWY GYFRWNG Y CYFRWNG
13:13, Dydd Mawrth, 12 Chwefror 2008

... Yma yng Nghymru, byrhoedlog fu'r ymdrechion diweddar i gyhoeddi rhifynnau Cymreig o bapurau Prydeinig, gyda'r *Welsh Mirror* a'r *Welsh Daily Star* yn diflannu'n fuan wedi eu geni. O safbwynt y papurau cynhenid, crebachu mae nifer y darllenwyr. Mae'r *Western Mail* a'r *Daily Post* yn gwerthu llai na 75,000 o gopïau rhyngddyn nhw ac mae cyfanswm cylchrediad y pedwar papur nos yn rhyw 130,000.

Nid fy lle i yw barnu neu feirniadu cynllun busnes Dyddiol Cyf., ond teg yw dweud bod lansio unrhyw fusnes yn anoddach mewn marchnad sy'n crebachu nag un sy'n ehangu.

Beth felly yw'r rhagolygon ar gyfer papur dyddiol

---

100 Pan ofynnwyd i Rhodri Morgan ar *Newsnight* yn 1998 a oedd e'n ystyried sefyll am arweinyddiaeth Llafur yn y Cynulliad, ei ateb i Jeremy Paxman oedd 'Does a one-legged duck swim in circles?'

Cymraeg? Wel, mae'n anodd anghytuno â safbwynt Dyfrig Jones [Golygydd *Barn* ar y pryd, ar ei flog personol yntau] ac eraill ei bod hi bron yn amhosib dychmygu sefyllfa lle mae Dyddiol yn gallu addasu ei model busnes i weithio, o ystyried yr arian cyhoeddus cyfyng. Mae'n bosib torri cot yn ôl y brethyn ond go brin fod 'na ddigon o frethyn fan hyn i lunio gwasgod.

Os ydy cyhoeddi papur yn amhosib i Dyddiol oes 'na rywun arall a fyddai'n gallu llwyddo? Ar yr olwg gyntaf fe fyddai cwmnïau fel Trinity Mirror neu Tindle (perchnogion *Y Cymro*, y *Cambrian News* a Radio Ceredigion) yn gallu cynhyrchu papur llai costus nag *Y Byd*. Fyddai ddim angen cyflogi tîm gwerthu hysbysebion ac fe fyddai'n bosib dyblu ar y newyddiaduraeth.

Y broblem 'da chynllun o'r fath yw bod 'na hen ddigon o dystiolaeth bod talp o Gymry Cymraeg wnaiff ddewis y fersiwn Saesneg os oes 'na gyhoeddiadau Cymraeg a Saesneg tebyg i'w gilydd – y *Caernarfon & Denbigh* yn hytrach na'r *Herald Cymraeg*, yr *Holyhead and Anglesey Mail* yn hytrach na *Herald Môn*. Mae'r un patrwm yn eglur yma ar dudalennau Cymru'r Byd – y tudalennau Cymraeg unigryw yw'r rhai sy'n tueddu denu'r nifer fwyaf o ddarllenwyr.

Un rheswm am lwyddiant y papurau bro yw'r ffaith nad yw eu cynnwys ar gael yn Saesneg yn unman. Dyna'r rheswm hefyd y tu ôl i benderfyniad golygyddol gan y *Daily Post* i lenwi'r *Herald* ar ei wedd bresennol â sgwennu gwreiddiol yn hytrach na chrynodeb newyddion.

Gwefan amdani, fwy na thebyg, felly. Ond os ydy'r wefan am lwyddo mae'n rhaid iddi fod yn un rhad ac am ddim. Un agwedd o gynllun Dyddiol oedd yn fy mhoeni oedd y syniad y byddai darllenwyr electronig yn fodlon tanysgrifio i'r wefan. Mae sawl papur ar hyd a lled y byd wedi ceisio codi am wefan ac wedi methu. Hyd y gwn i, dim ond y *Financial Times* a'r *Wall Street Journal* sy'n dal i wneud. Ychydig wythnosau yn ôl rhoddodd y *New York Times* y gorau i'r arfer. Os na fedrith yr *NYT* ddarbwyllo darllenwyr i dalu am wefan go brin y byddai'r *Byd, Golwg, Y Cymro* neu bwy bynnag yn gallu llwyddo.

Ar Chwefror y 15fed, cyhoeddodd Dyddiol Cyf. eu bod nhw'n rhoi'r gorau i'w cynlluniau i gyhoeddi papur newydd dyddiol. Roedden nhw'n feirniadol o Lywodraeth y Cynulliad ond yn bwriadu edrych ar syniadau eraill i gryfhau'r wasg Gymraeg.

Ym mis Mai 2008, cyhoeddodd y Cyngor Llyfrau mai Golwg *fyddai'n cael yr arian i ddatblygu'r wasg Gymraeg. Prif elfen y cynllun oedd gwasanaeth gwe newydd, a fyddai'n cael ei fedyddio maes o law yn Golwg360.*

PROBLEM PLAID
11:41, Dydd Gwener, 15 Chwefror 2008

Rwy wedi bod i ffwrdd am gwpwl o ddyddiau. Beth ydw i wedi colli, dwedwch?

... Dydw i ddim wedi sgwennu o'r blaen am helynt ysgolion Gwynedd.[101] Mae hynny'n rhannol oherwydd nad wyf yn gwbwl gyfarwydd â'r holl ddadleuon. Rwy hefyd yn un sy'n credu bod y cyfryngau Cymraeg yn tueddu i roi gormod o sylw i straeon o'r Gogledd-Orllewin yn yr un modd ag y mae'r cyfryngau Saesneg yn dyrchafu straeon digon pitw o Gaerdydd.

Serch hynny rwy'n dechrau meddwl bod Llais Gwynedd yn dynodi rhywbeth mwy arwyddocaol na gwrthryfel bach lleol ynghylch addysg. Mae hi'n ymddangos erbyn hyn fod arweinyddiaeth Plaid Cymru, naill ai trwy hap neu drwy fwriad, yn pechu rhai o'i chefnogwyr traddodiadol mwyaf pybyr. Does ond eisiau darllen Maes-e[102] neu ddatganiadau diweddar Cymdeithas yr Iaith i wybod bod y ffrae addysg, helynt *Y Byd*

---

101 Roedd grŵp newydd wedi'i sefydlu yng Ngwynedd i herio cynlluniau'r Cyngor (dan arweiniad Plaid Cymru) i ad-drefnu ysgolion y sir. Roedd maniffesto'r grŵp yn disgrifio'r cynlluniau fel rhai 'dieflig'.
102 Fforwm Gymraeg ar y we.

a lefel ariannu'r Coleg Ffederal Cymraeg[103] wedi cynddeiriogi nifer sylweddol o genedlaetholwyr.

Nawr, mae'n ddigon posib mai realiti llywodraethu neu bwysau gan Lafur a'r gwasanaeth sifil sy'n gyfrifol am benderfyniadau Llywodraeth y Cynulliad ond mae cynllun ysgolion Gwynedd (lle nad yw'r esboniadau yna'n tycio?) yn awgrymu newid mwy sylfaenol.

Trwy gydol ei hanes mae Plaid Cymru wedi bod yn rhyw gymysgedd rhyfedd rhwng plaid wleidyddol a mudiad protest. Roedd Gwynfor Evans yn mynnu bod hynny'n gryfder, gan honni bod y blaid yn rhan o 'Fudiad Cenedlaethol' ehangach oedd yn cynnwys bron pob dim oedd a wnelo unrhyw beth â'r iaith Gymraeg a Chymreictod. O bryd i'w gilydd roedd hynny'n achosi trafferthion wrth i'r arweinyddiaeth geisio sicrhau teyrngarwch y selogion wrth apelio am bleidleisiau'r rheiny oedd yn amheus o ffwndamentaliaeth ieithyddol y garfan honno. Roedd Gwynfor ei hun, a Dafydd Wigley, yn feistri ar gadw'r ddysgl yn wastad. Doedd gan Dafydd Elis-Thomas ddim o'r amynedd ac mae'n ymddangos nad oes gan Ieuan Wyn Jones yr awydd i wneud hynny.

Yn sgil digwyddiadau'r wythnosau a'r misoedd diwethaf, y cwestiwn sy'n codi yw hwn: ydy arweinyddiaeth Plaid Cymru wedi penderfynu (yn ymwybodol neu'n isymwybodol) nad oes angen y 'Mudiad Cenedlaethol' arni bellach? Ydy'r blaid yn bwriadu cefnu ar ei chenedlaetholdeb ieithyddol hanesyddol a chanolbwyntio ar fod yn blaid wleidyddol draddodiadol yn chwennych grym ar ei thelerau ei hun?

IE WEL...
20:18, Dydd Mercher, 9 Ebrill 2008

Bant â ni eto. 'Diwrnod hanesyddol yn y Cynulliad.' Dyna mae pawb yn ei ddweud o leiaf. Heddiw fe arwyddodd y Frenhines

---

103 Roedd sefydlu Rhwydwaith Addysg Uwch Cyfrwng Cymraeg – y Coleg Ffederal – yn un o addewidion cytundeb y glymblaid. Y nod oedd sicrhau darpariaeth Gymraeg yn y prifysgolion.

yr LCO cyntaf (un yn ymwneud ag addysg disgyblion ag anghenion dysgu ychwanegol) ac roedd Rhodri wrth ei fodd yn y siambr ac yn ei ddatganiad newyddion. Dyma oedd ganddo i ddweud: 'Am y tro cyntaf mewn pum can mlynedd mae gan bobol Cymru'r hawl i wneud deddfau i wella eu bywydau bob dydd.'

Arhoswch eiliad. Hwn yw'r LCO cyntaf. Cywir. Ond, ac mae'n ond go bwysig, dyw'r hawl i ddeddfu y mae'r gorchymyn hwnnw'n trosglwyddo yn ddim gwahanol i'r hawliau a drosglwyddwyd eisoes yng nghrombil Mesur Llywodraeth Cymru. Mae'r pwerau hynny eisoes yn cael eu defnyddio i gyflwyno'r 'mesur bwyta'n iach' a'r 'mesur gwneud yn iawn am gamweddau'r gwasanaeth iechyd' sy'n ymlwybro'u ffordd trwy'r Cynulliad. Ehangu gallu'r Cynulliad i ddeddfu mae'r LCO. Dim mwy. Dim llai.

PEN AR Y BLOC
15:13, Dydd Mercher, 30 Ebrill 2008

Y diwrnod cyn etholiad y Cynulliad fe wnes i roi fy mhen ar y bloc a gwneud ambell i broffwydoliaeth. Roedd y canlyniadau'n gymysg a dweud y lleiaf! Serch hynny, rwy am fentro eto, gan lwyr ddisgwyl bod yn gyfan gwbwl anghywir mewn sawl ardal. Dyma nhw felly, fy mhroffwydoliaethau ynghylch yr hyn fydd yn digwydd yfory.[104]

O safbwynt nifer y seddi rwy'n rhagweld mai'r Ceidwadwyr fydd y buddugwyr mawr yfory. Mae hynny'n weddol sicr oherwydd y cynnydd sylweddol yn nifer ymgeiswyr y blaid, yn arbennig mewn ardaloedd fel Sir Benfro a Phowys. Does dim amheuaeth yn fy meddwl i chwaith y bydd y Ceidwadwyr yn ennill mwyafrif ym Mro Morgannwg.

Yn 2004 enillodd y Torïaid lai o seddi (107) na Llafur (478), Plaid Cymru (174) a'r Democratiaid Rhyddfrydol

---

104 Ar 1 Mai 2008, cynhaliwyd etholiadau lleol yng Nghymru a rhannau o Loegr, yn ogystal ag etholiadau Maer a Chynulliad Llundain.

(146), heb sôn am aelodau annibynnol (322). Rwy'n disgwyl i'r Ceidwadwyr guro'r Democratiaid Rhyddfrydol y tro hwn a bod yn agos at gyfanswm Plaid Cymru.

Mae 'na wobr, sy'n fwy na gwobr gysur, i'r Democratiaid Rhyddfrydol, sef Cyngor mwyaf Cymru, Caerdydd. Yn fy marn i, fe fydd y blaid o fewn llond dwrn o seddi i sicrhau mwyafrif dros bawb yn y brifddinas, gyda Llafur, o bosib, yn drydydd i'r Ceidwadwyr.

Gallai pethau fod yn anos i'r Democratiaid Rhyddfrydol yn Abertawe, Pen-y-bont a Wrecsam. Mae'n debyg y bydd ffawd y cynghorau hynny yn dibynnu ar drafodaethau ar ôl yr etholiad. Fyswn i ddim yn synnu, er enghraifft, i weld cytundeb rhwng Llafur a Phlaid Cymru i ddiorseddu'r Democratiaid Rhyddfrydol yn Abertawe pe bai'r fathemateg yn caniatáu hynny.

Ar hyn o bryd mae gan Lafur dros hanner y seddi mewn saith ardal. Rwy'n disgwyl i'r blaid honno gadw ei mwyafrifoedd yn Rhondda Cynon Taf, Castell-nedd Port Talbot a Thorfaen, a'u colli yn Sir Fflint, Caerffili a Blaenau Gwent. Gallai'r sefyllfa yng Nghasnewydd fod yn aneglur oherwydd gohirio'r etholiad mewn dwy ward lle mae ymgeiswyr wedi marw.

Yn y gorllewin rwy'n amau y gallai Plaid Cymru ddod yn agos at gipio mwyafrif yng Ngheredigion ac ennill tir yng Nghaerfyrddin. Gallai hynny ddigolledu'r blaid am unrhyw golledion yng Ngwynedd.

Fe wna i orffen trwy sôn am y Cyngor hwnnw... Yr unig gwestiwn yng Ngwynedd yw a fydd gan Blaid Cymru fwyafrif dros bawb? Does dim amheuaeth mai hi fydd y blaid fwyaf a gan fod y Cyngor yn cael ei redeg gan fwrdd amlbleidiol mae'n annhebyg y bydd y canlyniad yn gwneud fawr o wahaniaeth i reolaeth neu bolisïau'r cyngor yn y tymor hir.

Nid wfftio pwysigrwydd posib Llais Gwynedd yw dweud hynny. Fe fyddai llwyddiant i'r grŵp hwnnw (ac mae hynny'n golygu ennill o leiaf deg i ddwsin o seddi) yn sicr o effeithio ar y cynllun i ad-drefnu'r ysgolion yn y sir ac yn arwydd o anniddigrwydd arwyddocaol yn rhengoedd cefnogwyr traddodiadol Plaid Cymru.

Efallai fy mod yn ormod o sinig ond rwy'n cofio sawl unigolyn a grŵp sydd wedi addo llawer yn y Gymru Gymraeg ac wedi cyflawni fawr ddim ar ddiwrnod y pleidleisio. A fydd Llais Gwynedd yn fwy arwyddocaol nag ymdrechion Peter Rogers neu Lais y Bobol ar Ynys Môn, neu'r ymgyrch dros faer etholedig yng Ngheredigion? Gwlith y bore neu wrthryfel go iawn? Fe gawn weld.

Ar ddiwedd y cyfri, roedd Llafur wedi colli 334 o seddi ar draws Cymru a Lloegr, y Ceidwadwyr wedi ychwanegu 257 at eu cyfanswm hwythau, y Democratiaid Rhyddfrydol 33 a Phlaid Cymru 31. Enillodd Llais Gwynedd ddwsin o seddi ar Gyngor Gwynedd.

MARCIO'R GWAITH CARTREF
13:42, Dydd Sul, 4 Mai 2008

Pedair awr ar hugain o ddadansoddi a malu awyr ar y radio a'r teledu. Yna pedair awr ar hugain o gwsg. Nawr mae'n bryd i fi weld pa mor gywir oedd fy mhroffwydoliaethau ar drothwy'r bleidlais.

Bant â ni.

Doedd dim angen bod yn athrylith i fentro ceiniog ar y Ceidwadwyr. Gydag ambell i sedd o hyd yn wag fe enillodd y blaid 173 o seddi, 66 yn fwy na'r tro diwethaf. Mae hynny'n gynnydd o bron i hanner, ond oedd hynny'n ddigon i guro'r Democratiaid Rhyddfrydol a Phlaid Cymru? Yn achos y Democratiaid Rhyddfrydol, oedd. Enillodd y blaid honno 162 o seddi. Mae hynny'n 16 yn fwy na'r tro diwethaf ond go brin fod hynny'n 'ganlyniad rhagorol', beth bynnag oedd barn mawrion y blaid ac ambell i newyddiadurwr ar noson y cyfri.

Efallai oherwydd y sylw a roddwyd i Wynedd (mwy am hynny yn y man) doedd neb wedi rhagweld y byddai'n noson dda i Blaid Cymru ond roedd hwn, mewn gwirionedd, yn ganlyniad rhagorol i'r cenedlaetholwyr. Enillodd y blaid 207 o seddi, cynnydd o 33. I roi hynny yn ei gyd-destun, roedd cynnydd Plaid Cymru yng Nghymru gymaint â chyfanswm cynnydd y Democratiaid Rhyddfrydol yng Nghymru a Lloegr...

Cafodd Llais Gwynedd noson arbennig o dda gan brofi pwynt yn lleol, ond pwynt lleol yw hwnnw. Gobeithio bydd canlyniadau 2008 yn profi unwaith ac am byth i rannau o'r cyfryngau Cymraeg a rhai cendlaetholwyr fod y byd yn fwy na'r Bontnewydd.

LLOND CWPAN
19:46, Dydd Mercher, 14 Mai 2008

Does 'na ddim rheol na gorchymyn sy'n gorfodi i bob un aelod o staff BBC Cymru ganolbwyntio ar glwb pêl-droed Dinas Caerdydd yr wythnos hon[105] ond gan fy mod yn gefnogwr achlysurol (iawn) a chan fod pethau'n dawel yma yn y Bae, bant â fi!

Peidiwch â becso. Dydw i ddim am esgus am eiliad fy mod yn arbenigwr ar bêl-droed... fe wna i ganolbwyntio ar gysylltiadau gwleidyddol y clwb.

Beth am gychwyn â chartref presennol Dinas Caerdydd? Parc Ninian, wrth gwrs, wedi ei enwi (fel bron popeth arall yng Nghaerdydd) ar ôl aelod o deulu Iarll Bute. Ninian Crichton-Stuart yw'r gŵr penodol y tro yma, Aelod Seneddol Unoliaethol Bwrdeistrefi Caerdydd (oedd yn cynnwys Y Bontfaen a Llantrisant) rhwng 1910 a 1915.

Cafodd ei ladd yn y flwyddyn honno wrth arwain chweched bataliwn y Gatrawd Gymreig ym mrwydr Loos ac mae cerflun ohono ym Mharc Cathays i goffáu ei aberth ond nid dyna yw'r rheswm dros enw Parc Ninian. Mae arian wastad wedi bod yn bwysig ym myd ffwtbol ac nid gwrhydri Crichton-Stuart oedd yn cael ei goffáu wrth enwi'r maes ond

---

105   Roedd Caerdydd wedi cyrraedd rownd derfynol cwpan yr FA. Fe gollon nhw i Portsmouth yn Wembley.

y ffaith ei fod wedi gwarantu dyledion y clwb wrth godi'r stadiwm!

Er gwaetha'r cysylltiad Ceidwadol hwnnw, dewisodd Harold Wilson lansio ei ymgyrch etholiad yn 1970 ym Mharc Ninian gyda llwyfan wedi ei godi o flaen y Canton Stand. Gan fod Cwpan y Byd yn cael ei gynnal ar y pryd, y gobaith oedd y byddai uniaethu Llafur â phêl-droed yn dwyn ffrwyth yn etholiadol. Dim ffiars o beryg. Roedd ymgyrch Wilson yr un mor llwyddiannus ag ymdrechion Lloegr i ddal ei gafael ar dlws Jules Rimet.

Er gwaethaf profiadau Crichton-Stuart a Wilson doedd y Ceidwadwr lliwgar a hoffus, Stefan Terlezki, ddim yn ofni bod y clwb yn dod â rhyw anlwc ryfedd i wleidyddion. Doedd cyfnod Terlezki fel cadeirydd y clwb ddim yn un hynod o hapus yn hanes Parc Ninian ond efallai fod yr effaith ar ei broffil yn rhan o'r rheswm dros ei fuddugoliaeth yn etholaeth Gorllewin Caerdydd yn 1983.

Erbyn heddiw dau wleidydd sy 'na sy'n gallu honni eu bod yn gefnogwyr go iawn i'r Adar Gleision. Ydy, mae Neil Kinnock hefyd yn dilyn y bêl hirgron, a do, fe gafodd Leighton Andrews garwriaeth â Gillingham tra'n ymgeisydd seneddol yn yr ardal honno, ond go brin y gellir cwestiynu ymroddiad y naill na'r llall yn y dyddiau drwg yn ogystal â'r dyddiau da.

Pob lwc iddyn nhw a'r tîm ddydd Sadwrn.

ALUN DRUAN
16:22, Dydd Sadwrn, 14 Mehefin 2008

Dydw i ddim wedi blogio am helyntion Alun Cairns hyd yma am fy mod, mewn rhyw ystyr, yn rhan o'r stori. Wedi'r cyfan, ar raglen Bethan Lewis a minnau y gwnaeth Alun y sylwadau anffodus sydd wedi arwain at ei ymddiswyddiad o fainc flaen y Ceidwadwyr.[106]

---

106 Roedd Alun Cairns wedi defnyddio'r ymadrodd 'greasy wops' ar raglen *Dau o'r Bae* ar BBC Radio Cymru. Ymddiheurodd ar y rhaglen. Ymddiswyddodd hefyd fel cadeirydd Pwyllgor Cyllid y Cynulliad.

Rwy'n gorfod gwneud yr hyn na wnaeth Alun, sef dewis fy ngeiriau yn ofalus. Y peth cyntaf yr hoffwn i ddweud yw fy mod yn gwbwl sicr nad yw Alun mewn unrhyw ffordd nac unrhyw ystyr yn ddyn hiliol. Yr hyn ddigwyddodd, yn fy marn i, oedd ei fod, mewn ymdrech i fod yn ddifyr ac yn ffraeth (ac mae darlledwyr yn ddiolchgar am wleidyddion sy'n gwneud yr ymdrech honno), wedi croesi'r llinell ynglŷn â'r hyn sy'n dderbyniol, hyd yn oed mewn sgwrs ysgafn.

Peidiwch camddeall. Dydw i ddim yn amddiffyn geiriau Alun. Does gen i ddim amheuaeth eu bod yn annerbyniol. Dyna yw'r rheswm y gwnes i roi'r cyfle iddo ymddiheuro yn syth, a dyna yw'r rheswm iddo achub ar y cyfle hwnnw. Doedd hynny, mae'n amlwg, ddim yn ddigon ond, er tegwch, rwy'n meddwl bod gwybod ble mae'r ffin rhwng yr hyn sy'n dderbyniol a'r hyn sy'n annerbyniol yn gallu bod yn anodd. Mae 'na eiriau a llysenwau sy'n gwbwl annerbyniol ym mhob cyd-destun, eraill sy'n dderbyniol, dyweder, ar raglen gomedi neu raglen chwaraeon ond ddim, efallai, ar raglen newyddion.

Mae'n broblem sy'n ein hwynebu ni'r darlledwyr yn gyson. Rwyf i fy hun wedi baglu fwy nag unwaith. Fe fydd hi'n drueni os ydy profiad Alun yn darbwyllo'n gwleidyddion i gadw draw o hiwmor a gwatwar yn y dyfodol. Mae 'na ormod o'n gwleidyddion yn barod sy'n siarad fel pe baent yn darllen yn robotig o ryw sgript bleidiol. Rwy'n gobeithio nad yw Alun yn troi'n un ohonyn nhw.

Cafodd Alun Cairns hefyd ei ddiarddel dros dro fel darpar ymgeisydd seneddol y Ceidwadwyr ym Mro Morgannwg tra bod cadeirydd y blaid yn ymchwilio i'r mater. Erbyn mis Hydref, fe oedd yr ymgeisydd unwaith eto ac fe'i penodwyd yn llefarydd Cynulliad y Ceidwadwyr ar Lywodraeth Leol.

CNOI CIL
17:15, Dydd Mercher, 25 Mehefin 2008

Yn ôl yn y dyddiau pan oedd glo Cymreig yn troi tyrbinau llongau'r byd, prin oedd y dynion oedd yn gallu goddef y gwres a'r stŵr i wneud y gwaith hanfodol o gadw ffwrneisi'r llongau ynghyn.

Ar longau moethus Cunard a White Star 'the black hand gang' oedd llysenw'r dynion hynny, a rhybuddiwyd teithwyr i gadw draw o griw oedd yn chwedlonol o anwar a meddw.

Ar longau cargo, yr arfer oedd cyflogi trigolion rhai o drefedigaethau mwyaf crasboeth Prydain i weithio am oriau di-ben-draw mewn amodau arswydus. Does dim angen dweud bod enillion y dynion hynny yn chwerthinllyd o fach hyd yn oed o gymharu â morwyr eraill.

Yn anorfod efallai, fe wnaeth rhai o'r dynion hynny, yn arbennig rhai o Aden a British Somaliland, ymgartrefu yng Nghaerdydd a Chasnewydd gan ffurfio dwy o'r cymunedau ethnig cyntaf ym Mhrydain. Mae 'na ddadl rhwng Caerdydd a Lerpwl ynghylch lleoliad y mosg cyntaf ym Mhrydain ond mae gwreiddiau cymunedau Moslemaidd y ddwy ddinas yn Yemen a Somalia yn perthyn i'r un cyfnod.

Wrth i grwpiau ethnig eraill gyrraedd yn ystod y ganrif a hanner diwethaf mae hanes y grwpiau cynnar hynny wedi bod yn wahanol iawn i'w gilydd. Mae Arabiaid Yemen ar y cyfan wedi ymdoddi i'r gymdeithas ehangach tra bod y Somaliaid wedi parhau fel cymuned ar wahân – cymuned sydd ymhlith y mwyaf difreintiedig yng Nghymru.

Mae'r ffeithiau yn frawychus. Yn ôl astudiaeth yn 2006, roedd oddeutu 8,000 o Somaliaid yn byw yng Nghaerdydd ac roedd 95% ohonyn nhw yn ddi-waith ac yn dibynnu ar fudd-daliadau neu haelioni eraill er mwyn byw. Mae'r anfanteision sy'n wynebu'r gymuned yn amlwg. Mae nifer sylweddol o Somaliaid Caerdydd yn newydd-ddyfodiaid, yn bobol sydd wedi ffoi rhag anarchiaeth waedlyd eu mamwlad i geisio lloches â pherthnasau yng Nghymru. Maen nhw hefyd yn bobol sydd yn dioddef rhagfarn hiliol ddifrïol, nid yn unig gan y mwyafrif gwyn ond gan leiafrifoedd ethnig eraill, hyd yn oed Moslemiaid eraill.

Mae gan y gymuned ei lladmeryddion gwleidyddol. Mae Alun Michael a Lorraine Barrett[107] wedi gweithio'n ddiflino ar eu rhan. Mae Llywodraeth y Cynulliad hefyd wedi gweithio'n ddyfal i geisio gwella eu sefyllfa ond yng nghanol hyn oll mae cwestiwn anodd a chymhleth wedi codi.

Mae'r cwestiwn yn ymwneud â'r cyffur traddodiadol *khat*, cyffur sy'n cael ei ddefnyddio'n helaeth o fewn y gymuned. Ar hyn o bryd mae prynu, gwerthu a chnoi dail *khat* yn gyfreithlon ym Mhrydain ond mae 'na alwadau cynyddol o'r tu fewn a'r tu fas i'r gymuned am newid yn y gyfraith.

Mae Llefarydd y Ceidwadwyr ar Gymru yn San Steffan, Cheryl Gillan, yn un sydd wedi galw ar y Llywodraeth i'w ddynodi'n gyffur anghyfreithlon.

Mae dadl Ms Gillan yn un sylweddol ac mae 'na gefnogaeth iddi ymhlith Somaliaid Caerdydd ond mae'n bosib dadlau i'r gwrthwyneb hefyd. Wedi'r cyfan gellid defnyddio disgrifiad Ms. Gillan o effeithiau *khat* i ddisgrifio effeithiau alcohol ac mae 'na beryg y byddai gwneud *khat* yn anghyfreithlon yn creu masnach danddaearol ac yn ychwanegu at droseddu.

Yr hyn na ddylid gwneud yw anwybyddu'r cwestiwn oherwydd ei fod yn amherthnasol i'r mwyafrif ohonom, neu oherwydd ein bod yn awyddus i beidio â sathru ar ddiwylliant lleiafrifol. Y Somaliaid yw'r peth agosaf sy 'na yng Nghymru i isddosbarth ethnig ac fe ddylai'r problemau sydd wedi datblygu gydag isddosbarthiadau o'r fath yn Llundain a Gogledd Lloegr fod yn rhybudd y gall eu problemau mewnol droi'n broblem i'r gweddill ohonom yn ddigon buan.

Cafodd khat *ei wahardd yn 2014.*

---

107   AC De Caerdydd a Phenarth 1999–2011.

A'R ENILLYDD YW...
15:59, Dydd Mercher, 2 Gorffennaf 2008

Fedra i ddim ychwanegu rhyw lawer at yr helynt ynglŷn â'r Gweinidog Treftadaeth yn enwi'r awdur anghywir fel enillydd gwobr Llyfr y Flwyddyn. Doeddwn i ddim yno ac mae'r lluniau'n siarad drostyn nhw eu hunain o safbwynt maint yr embaras.[108]

Cofiwch chi, o gymharu â'r sefyllfaoedd mae ambell i wleidydd wedi eu hwynebu, go brin y bydd Rhodri Glyn yn cochi gormod. Fel cysur i'r gweinidog dyma ddetholiad bychan o sefyllfaoedd trwstan y mae gwleidyddion wedi wynebu.

Beth am y gwleidyddion hynny sydd wedi bod yn ddigon anffodus i golli eu trowsus? Fe ddigwyddodd hynny i Geoffrey Howe yn ôl yn 1982. Dihunodd canghellor Mrs Thatcher mewn caban cysgu ar drên i ddarganfod bod lladron wedi dwyn ei ddillad. Mae'n adrodd cyfrolau am Syr Geoffrey fod pawb wedi derbyn yr esboniad hwnnw!

... Ond does dim un digwyddiad gwaeth na'r un diarhebol na wnaeth ddigwydd i George Brown. Roedd e'n yfwr o fri ac yn ddirprwy arweinydd ac Ysgrifennydd Tramor i Harold Wilson. Yn ôl yr hanes, gofynnodd i fenyw ddeniadol ddawnsio ag e yn ystod ymweliad â De America. Derbyniodd yr ateb yma: 'I will not dance with you for three reasons. The first is that you are drunk. The second is that the band is not playing a waltz, but the Peruvian national anthem. The final reason is that I am the Cardinal Archbishop of Montevideo'. Yr hyn sy'n ddiddorol am y stori yma yw bod bron pawb yn y chwedegau yn ei chredu er nad oedd 'na fymryn o wirionedd yn perthyn iddi. Roedd hi'n haeddu bod yn wir, rywsut – ac efallai fod 'na wers yn hynny.

---

108 Roedd Rhodri Glyn Thomas wedi camddarllen cerdyn a baratowyd iddo gan yr asiantaeth hybu llenyddiaeth, Academi, a chyhoeddi enw Tom Bullough fel enillydd y wobr Saesneg, cyn ymddiheuro a chyflwyno'r wobr i'r enillydd go iawn, Dannie Abse.

Nid dyma oedd diwedd gofidiau Rhodri Glyn Thomas. Ymddiswyddodd y Gweinidog Treftadaeth wedi honiadau iddo gerdded i fewn i dafarn gyda sigâr oedd ynghyn yn ei law. Dywedodd nad oedd ei sefyllfa'n 'gynaliadwy' yng ngoleuni ei gamgymeriad blaenorol yn seremoni Llyfr y Flwyddyn. Penodwyd AC Caernarfon Alun Ffred Jones i'r Cabinet yn ei le.

CROESO!
14:24, Dydd Gwener, 1 Awst 2008

Dyma ni felly ar drothwy Eisteddfod arall – a hon yn ninas fy mebyd. O leiaf y tro hwn mae'r maes (sy'n hyfryd gyda llaw) yng nghalon y ddinas. Y tro diwethaf i'r brifwyl ddod i Gaerdydd, yn ôl yn 1978, roedd yr hen bafiliwn dur yn gorwedd fel rhyw forfil alltud ar gyrion stad cyngor Pentwyn – yn nes mewn gwirionedd at ganol Casnewydd na chanol Caerdydd.

Eisteddfod ryfedd oedd honno. Roeddwn i'n gwneud rhywfaint o waith i'r *Dinesydd Dyddiol* ac roedd 'na hen ddigon o wleidyddion i'w holi. Roedd y cytundeb rhwng Llafur a'r Rhyddfrydwyr wedi dod i ben yn San Steffan ac roedd llywodraeth leiafrifol Jim Callaghan (aelod lleol maes y brifwyl) yn byw ar gardod yr SNP, Plaid Cymru ac ambell i aelod o Ogledd Iwerddon. Drwy'r wythnos, felly, roedd aelodau'r Cabinet yn crwydro'r maes yn ceisio seboni cenedlaetholwyr. Yr olygfa sy'n aros yn y cof oedd gweld yr Ysgrifennydd Tramor, David Owen, yn eistedd ym Mhabell y Dysgwyr er mwyn dysgu ei rifau!

Go brin y bydd yr Ysgrifennydd Tramor presennol yn mynychu'r brifwyl – mae gan hwnnw hen ddigon o bethau eraill i'w gwneud! Ta beth, mae'n argoeli'n dda at yr Eisteddfod eleni ac rwy'n edrych ymlaen at gwrdd â nifer ohonoch ar y maes.

THANCIW
15:56, Dydd Iau, 4 Medi 2008

Rwy newydd ddarganfod fy mod wedi ennill gwobr yng nghystadleuaeth blogiau'r flwyddyn.[109] Diolch yn fawr i chi i gyd. Nawr rwy'n teimlo'n wironeddol euog am beidio postio ym mis Awst!

ABER, ABER, ABER
11:29, Dydd Iau, 11 Medi 2008

... Yn Aberystwyth y mae Plaid Cymru yn cynnal ei chynhadledd eleni. Rwy'n cadw draw o hon, nid fel protest yn erbyn y penderfyniad i ddymchwel Neuadd y Brenin, y neuadd gynadleddau orau yng Nghymru, ond oherwydd fy mod yn synhwyro na fydd hon yn gynhadledd ddiddorol iawn. Mae newyddiadurwyr yn hoffi ffeits a does 'na ddim arwydd o unrhyw wrthdaro difrifol yn Aber y penwythnos hwn.

Yn y cyd-destun hwn mae sylwadau Dafydd Wigley yn y *Daily Post* y bore 'ma yn ddiddorol. Apelio am amynedd mae Dafydd yn y bôn. Mae'n dadlau ei bod hi'n gynnar i fesur perfformaid gweinidogion Plaid Cymru gan fod y peirianwaith llywodraethol o reidrwydd yn symud yn araf. Does dim dwywaith yn fy meddwl y bydd y selogion yn Aber yn derbyn y cyngor hwnnw. Dydw i ddim yn siŵr bod yr un peth yn wir am rai o gefnogwyr traddodiadol y blaid sy'n llai cibddall yn eu teyrngarwch.

Mae 'na un sylw arall gan Dafydd Wigley y dylai'r blaid ystyried yn ofalus sef hwn: 'Mae Ieuan Wyn Jones yn wynebu dilema. Fel gweinidog economaidd o'r radd flaenaf mae'n adeiladu hygrededd Plaid Cymru. Fel arweinydd plaid mae'n rhaid iddo gymryd golwg fwy eang o'r sefyllfa wleidyddol gan gadw hyd braich o'r manylion dydd i ddydd. Mae angen amser arno i weld y darlun cyfan.'

---

109 Cystadleuaeth y Welsh Blog Index. Roedd Vaughan wedi ennill yng nghategori'r blog Cymraeg gorau.

Nawr, mae'n bosib bod Dafydd ond yn gwneud pwynt cyffredinol yn fan'na ond mae'n anodd credu nad yw e hefyd yn cyfeirio at gymeriad a phersonoliaeth arweinydd ei blaid.

Dyn manylion yw Ieuan Wyn Jones ac yn ôl gweision sifil mae'n feistr ar ofyn y cwestiynau cywir a mynnu'r holl wybodaeth angenrheidiol cyn gwneud penderfyniad.

Ond ydy hynny'n ddigon? Roedd Mike German yn weinidog da, ac roedd Jenny Randerson[110] yn Weinidog Diwylliant penigamp, ond doedd hynny o ddim lles etholiadol i'r Democratiaid Rhyddfrydol. Roedd gan y blaid strategaeth i geisio elwa o fod mewn llywodraeth. Roedd hi'n strategaeth dda hefyd, wedi ei hanelu at berswadio cefnogwyr Llafur i fwrw eu hail bleidlais ranbarthol dros y Democratiaid Rhyddfrydol. Ond rywsut roedd y blaid yn rhy brysur yn mwynhau llywodraethu i wireddu'r strategaeth honno.

Ydy'r un peth yn debyg o ddigwydd i Blaid Cymru? Dyna, mae'n ymddangos, yw ofn Dafydd Wigley.

Dyna yw'r 'darlun cyfan' y mae Dafydd Wigley yn cyfeirio ato. Ydy Ieuan yn ei weld? Efallai cawn ni ateb yn araith yr arweinydd yfory.

Methdalodd un o fanciau mwyaf America, Lehman Brothers, ac fe brynwyd un arall, Merrill Lynch, gan Bank of America. Gostyngodd mynegai can cwmni'r FT i'w lefel isaf ers tair blynedd ac roedd yna bryder ynghylch cwmni yswiriant AIG.

TAN GWMWL
10:34, Dydd Mercher, 17 Medi 2008

Pam mae argyfyngau ariannol wastad yn digwydd yn ystod cynadleddau'r Democratiaid Rhyddfrydol? All yr un newyddiadurwr oedd yn bresennol yn Harrogate yn ystod Black Wednesday anghofio'r diwrnod hwnnw. Wrth i'r cynadleddwyr

---

110 AC Canol Caerdydd 1999–2011 a Gweinidog Diwylliant, Chwaraeon a'r Gymraeg 2000–2003.

barhau i drafod trethi gwyrdd, hawliau lleiafrifol neu beth bynnag oedd ar yr agenda fe wagiodd ystafell y wasg wrth i bawb ei heglu hi am Lundain. 'Great story... great story... of course I've lost my house...' oedd geiriau un cyfaill i mi wrth iddo ymuno â'r *exodus*.

Erbyn diwedd yr wythnos roedd HBOS wedi cael ei achub gan Lloyds TSB, roedd Llywodraeth America wedi achub AIG ac roedd pryderon am ddyfodol banc arall, Morgan Stanley, wedi lleddfu rhywfaint wedi i Lywodraeth America ddweud y byddai'n helpu'r banciau. O ganlyniad cododd gwerth cyfranddaliadau ar draws y byd.

CHWALFA
13:00, Dydd Mawrth, 23 Medi 2008

Fel y rhan fwyaf ohonom, rwy'n amau, rwy'n ei chael hi'n anodd deall maint y problemau economaidd sy'n ein bygwth ar hyn o bryd. Heb os, mae'r ffigyrau yn arswydus a bron yn ormod i'w dirnad. Cymerwch un ystadegyn bach fel enghraifft: mae dyled llywodraeth yr Unol Daleithiau bellach yn $3,278 am bob un person yn y wlad. Mae'r cyfanswm yn ddeg gwaith yr hyn mae'r wlad yn gwario ar addysg ac mae hynny cyn ychwanegu'r $700,000,000,000 y mae'r Arlywydd Bush yn bwriadu gwario ar achub y banciau.

Roedd hi'n drawiadol fod Rhodri Morgan ac Ieuan Wyn Jones wedi dewis agor cynhadledd newyddion heddiw trwy sôn am helyntion economi America a'r effaith bosib ar bawb ohonom.

Roedd Rhodri yn ddiflewyn ar dafod. Hwn oedd yr argyfwng bancio gwaethaf ers 1929, meddai, ac roedd hi'n bosib fod y byd cyfan yn wynebu'r fath o sioc economaidd wnaeth haneru gwerth farchnad stoc Japan dros nos yn 1987 – cwymp sy'n llesteirio economi'r wlad honno hyd heddiw.

Ac eithrio ar yr ymylon, does 'na fawr ddim y gall Llywodraeth y Cynulliad wneud ynghylch hyn. Y gwir amdani yw bod unrhyw fesurau posib fel piso dryw bach yn y môr o gymharu â'r grymoedd economaidd sy'n ein hwynebu. Mewn gwirionedd does 'na ddim llawer y gall Llywodraeth y Deyrnas Unedig ei wneud ychwaith.

Roedd hi'n rhyfedd felly bod y Ceidwadwyr wedi dewis heddiw i alw am ragor o ddefnydd o gwmnïau preifat i gyflenwi gwasanaethau cyhoeddus. Onid oedd hi braidd yn rhyfedd i wneud hynny ar yr union adeg yr oedd George Bush yn cyflawni'r rhaglen fwyaf o wladoli yn hanes dynoliaeth? Dyna oedd y cwestiwn i David Melding[111] y bore 'ma. Gofynnais iddo (a 'nhafod yn saff yn fy moch) oedd e'n gyffyrddus i fod i'r dde o Sarah Palin?

Chwerthin yn hytrach na gwrido wnaeth David ond mae 'na ryw deimlad yn y Bae ein bod yn dawnsio ar ymyl y dibyn, gyda ffactorau economaidd allanol yn debyg o ysgubo pob dadl arall i'r neilltu yn hwyr neu'n hwyrach.

Y GWIR YN ERBYN...
11:42, Dydd Iau, 25 Medi 2008

Mae grŵp o'r enw Gwir Gymru yn cael ei lansio heddiw i ymgyrchu yn erbyn ymestyn pwerau'r Cynulliad. Hwn yw'r grŵp y bu David Davies[112] yn ceisio ei gydlynu ac yn ôl ei ddatganiad mae'n cynnwys aelodau Llafur a chynghorwyr annibynnol, yn ogystal â David ei hun.

Fe gawn ni weld pa mor arwyddocaol yw'r datblygiad hwn. Mae mudiadau gwleidyddol yn gallu datblygu yn y modd rhyfedda... Mae'n ddigon posib y gallai Gwir Gymru ddatblygu yn yr un modd. Y broblem i'r aelodau ar hyn o bryd, dybiwn i, yw llunio neges eglur ac atyniadol. Hynny yw pan (os?) ddaw'r refferendwm, y dewis i'r etholwyr fydd ymestyn pwerau'r Cynulliad neu gadw at y drefn bresennol...

---

111 AC ers 1999 a llefarydd Datblygu Economaidd Ceidwadwyr y Cynulliad ar y pryd.

112 AS Mynwy, ac un o hoelion wyth yr ymgyrch 'Na' adeg refferendwm datganoli 1997.

Does dim dwywaith y bydd Gwir Gymru yn apelio at wrthwynebwyr datganoli – y rheiny fyddai'n dymuno diddymu'r Cynulliad – ond dyw hynny ddim yn ddigon. Mae'n annhebyg y byddai'r Comisiwn Etholiadol yn rhoi cydnabyddiaeth na chymorth i grŵp ymgyrchu oedd yn dadlau achos oedd yn amherthnasol i'r cwestiwn ar y papur pleidleisio.

Y dasg sy'n wynebu Gwir Gymru yw llunio neges sy'n esbonio pam fod y drefn bresennol yn rhagori ar gynulliad â phwerau deddfu llawn. Dyna, wedi'r cyfan, yw'r cwestiwn sy'n cael ei ofyn. Pob lwc iddyn nhw!

CHWADEN GLOFF
11:09, Dydd Gwener, 26 Medi 2008

Yn ystod y dyddiau nesaf fe fydd y Ceidwadwyr yn cyhoeddi eu hadolygiad nhw o record Rhodri Morgan wrth i'r Prif Weinidog gychwyn ar ei flwyddyn olaf yn y swydd. Dydw i ddim am dorri'r embargo ond mae casgliad o ddyfyniadau gan Rhodri yng nghefn yr adroddiad yn wych. Mae'r rhan fwyaf ohonyn nhw'n gyfarwydd ond mae 'na un neu ddau nad ydw i wedi eu clywed o'r blaen. Rwy'n siŵr na fydd y Toriaid yn poeni os ydw i'n eu rhannu nhw:

'Jonathan Morgan's suddenly discovered commitment to nurse training is rather like King Herod worrying about the drop in blue Babygro sales in the Jerusalem branch of Mothercare.'

'He (Alun Cairns) looks like a Victorian undertaker looking forward to winter.'

A'r gorau ohonyn nhw i gyd:

'Lionel Jospin's socialism is popular in Wales; in Llanelli they sing Jospin Fach.'

TROI'R AWYR YN LAS
14:33, Dydd Iau, 2 Hydref 2008

Fe allai hon fod yn stori fawr – ac yn fan hyn mae hi gynta!

Mae rhai o Doriaid y Cynulliad wrth yddfau ei gilydd.

Ddydd Sul fe gyhoeddodd y Ceidwadwyr ddogfen yn croniclo ffaeleddau honedig Rhodri Morgan, gan gynnwys sylwadau am ei ymarweddiad a'i ddillad.

Heddiw mae Nick Bourne wedi datgysylltu ei hun o'r ddogfen. Ar Radio Wales dywedodd ei fod wedi siarad â Rhodri Morgan i glirio'r awyr a bod y ddogfen yn 'mynd yn rhy bell'.

Mynnodd mai'r blaid oedd yn gyfrifol am y ddogfen nid fe ei hun.

Y broblem? Cyhoeddwyd y ddogfen yn enw Nick Bourne ac mae ffynonellau o fewn y blaid yn mynnu ei fod wedi ei ddarllen ac wedi ei chymeradwyo. Fedra i ddim dweud wrthoch chi pa mor grac y mae rhai o'r Ceidwadwyr ynghylch hyn.

Wrth siarad ar raglen wleidyddol The Politics Show, *ymddiheurodd arweinydd y Ceidwadwyr am roi camargraff ynghylch ei ran yntau yn y broses o lunio'r ddogfen ddadleuol am Rhodri Morgan. Cyfaddefodd Nick Bourne ei fod e wedi ei gweld, yn groes i'r hyn roedd e wedi dweud rai dyddiau ynghynt.*

Bu'r cyfnod hwn yn un cythryblus i'r broses o ddeddfu trwy'r LCOs. Ers etholiad 2007 roedd modd i Lywodraeth Cymru ofyn i San Steffan am yr hawl i ddeddfu mewn meysydd penodol. Ond, yn gyson, rhwystrwyd ymdrechion y llywodraeth yng Nghaerdydd i ddeddfu, gan ddechrau ym maes tai ac wedyn ynghylch y Gymraeg. Deilliai'r gwrthwynebiadau yma o gyfeiriad rhai Aelodau Seneddol Llafur Cymreig a'r Pwyllgor Dethol ar Faterion Cymreig. Mae'r post canlynol yn un o nifer a gyhoeddwyd ar yr LCOs yn dadlennu'r anawsterau hynny a'r tensiynau a greodd hyn.

CWYMPO'N DDARNAU?
11:11, Dydd Mawrth, 11 Tachwedd 2008

Diawch, gallai Elin Jones roi gwers i Geoff Boycott ynghylch cadw bat yn syth. Mewn cynhadledd newyddion heddiw fe lwyddodd y Gweinidog i wrthod pob ymgais i awgrymu bod 'na densiynau o fewn y llywodraeth ynghylch ffawd yr LCO tai. Mewn cyfres o atebion llwyddodd y Gweinidog i ddweud fawr mwy na bod trafodaethau'n parhau rhwng y llywodraeth a'r Ysgrifennydd Gwladol.

Y cwestiwn mawr, fe dybiwn i, yw i ba raddau y mae Llywodraeth y Cynulliad yn teimlo y byddai ildio i'r pwyllgor dethol yn gosod cynsail ar gyfer LCOs eraill – yn fwyaf enwedig yr LCO iaith. O safbwynt cul polisi tai'r llywodraeth does 'na fawr ddim i'w golli trwy ildio i ofynion y pwyllgor dethol. Os ydy ildio, ar y llaw arall, yn golygu bod y pwyllgor wedi llwyddo i ddyrchafu ei hun yn rhyw fath o ail siambr ym mhroses deddfwriaethol Cymru, fe fyddai hynny'n broblem ddifrifol.

Roedd y ffrae yma'n gwbwl anorfod. Fe wnaeth rhai ohonom broffwydo y byddai hyn yn digwydd yn ystod taith Mesur Llywodraeth Cymru drwy'r senedd. Ymateb rhai o'r rheiny sydd yn awr yng nghanol y ffrwgwd oedd ein cyhuddo o'r cabledd mwyaf erioed gan fynnu bod Peter Hain 'wedi setlo'r cwestiwn cyfansoddiadol am genhedlaeth'.

Dim ffiars o beryg. Mae hon yn mynd i droi'n frwnt...

CADWA DY BLYDI *CHIPS*
13:09, Dydd Mawrth, 25 Tachwedd 2008

Mae'r economi yn mynd wyneb i waered. Mae'r banciau'n gofyn am gardod. Mae'r ddyled genedlaethol am fynd trwy'r to. Beth sy'n poeni pobol yn Nhŷ Hywel fwyaf? Mae'r peiriant *chips* wedi torri.

Nid gwneud pwynt ysgafn ydw i fan hyn. Yr hyn sy'n poeni pobol fwyaf yw'r pethau sydd yn digwydd iddyn nhw, eu teuluoedd a'u cyfeillion. Mae'r peiriant *chips* yn bwysicach na General Motors ac AIG.

Hyd yma dyw'r dirwasgiad ddim wedi cael rhyw lawer o effaith uniongyrchol ar y rhan fwyaf ohonom. Mae gwerth ein tai wedi gostwng – ond dyw hynny ond o bwys os ydych chi'n dymuno gwerthu. Mae swyddi wedi eu colli – ond mae'r mwyafrif llethol ohonom ni o hyd mewn gwaith. Yn wir, mae'r ffaith fod graddfeydd llog a phrisiau tanwydd wedi gostwng yn golygu bod gan y rhan fwyaf ohonom fwy o arian yn ein pocedi nawr na chwe mis yn ôl. Pryder yw'r broblem. Mae pawb yn becso. Ydy'r swydd yn saff? Beth sy'n digwydd os oes rhaid i fi symud?

Ydy cyhoeddiadau'r Canghellor yn debyg o leddfu'r pryderon hynny – i'n darbwyllo ni i wario a'r banciau i fenthyg? Fe gawn weld.

Mae Alistair Darling wedi cyflawni un peth. Am y tro cyntaf er pymtheg mlynedd mae 'na agendor sylweddol rhwng polisïau economaidd Llafur a'r Ceidwadwyr, ac mae'r agendor hwnnw'n seiliedig ar y rhaniadau athronyddol traddodiadol rhwng y dde a'r chwith. Gallai hynny fod yn newyddion drwg i'r Ceidwadwyr yng Nghymru.

Yn hanesyddol mae trafferthion economaidd wedi tueddu i gryfhau'r gefnogaeth i Lafur yng Nghymru. Mae 'na esboniad digon syml sy'n deillio o strwythur yr economi Gymreig. Mae'r ganran ohonom sy'n dibynnu ar y wladwriaeth naill am gyflog neu am fudd-daliadau llawer yn uwch nag yw hi yn Lloegr. Yn y gorffennol felly mae toriadau gwariant wedi ein poeni ni'n fwy na chodiadau trethi.

Bues i'n trafod hynny gyda Nick Bourne y bore 'ma. Dyw e ddim yn llwyr anghytuno â'r dadansoddiad hanesyddol, ond mae'n dadlau na fydd yr un peth yn wir y tro hwn. Barn Nick yw na fydd Llafur yn gallu dianc rhag cael ei beio am y trafferthion economaidd a bod y dyddiau lle'r oedd pawb yn encilio i'w llwyth gwleidyddol yn ystod argyfwng wedi dod i ben. Eto, fe gawn weld.

Yn y cyfamser mae gen i gwestiwn. Os ydy'r economi mor wael, pam mae'n cymryd wythnos i ddod o hyd i rywun i drwsio peiriant *chips*?

DEIGRYN
21:04, Dydd Sul, 30 Tachwedd 2008

Mae hon yn stori gwbwl wir.

Mae fy mrawd-yng-nghyfraith yn Americanwr. Oherwydd hynny mae fy nheulu yn dathlu 'Thanksgiving' gan wahodd Americanwyr eraill i'r cinio.

Mae 'na lot o blant. Gormod o blant. Heddiw roedd y cryts yn hynod o swnllyd gyda dau grwt yn esgus saethu ei gilydd. Un ohonyn nhw oedd fy nai, Gwynfor, sy'n ddeg oed. Crwt bach du (Cymraeg ei iaith), sy'n bump, oedd y llall.

Fe wnes i geisio eu tawelu trwy ofyn beth oedd y gêm.

'James Bond,' meddai'r crwt. 'Gwynfor yw James Bond a fi yw'r *evil black guy...*'

Gallwch ddychmygu shwd oeddwn i'n teimlo am hynny.

'Dyw hynny ddim yn swnio'n deg iawn...'

'Na, mae'n OK. Ni'n chwarae Barack Obama[113] nesa...'

Mae modd gwybod bod rhywbeth arbennig iawn wedi digwydd pan mae'r plant yn sylwi.

DROS Y FFYRDD A DROS Y CAEAU...
13:51, Dydd Mawrth, 2 Rhagfyr 2008

Heddiw cyhoeddodd Llywodraeth y Cynulliad gyfres o gynlluniau gwariant cyfalaf... Does 'na ddim arian ar gyfer peiriant *chips* newydd yn Nhŷ Hywel yn anffodus.

Fe fydd manylion y cynlluniau yn ymddangos mewn sawl man arall. Wna i ddim eu rhestru nhw yn fan hyn. Serch hynny mae'n werth nodi un peth am y cynlluniau trafnidiaeth sef y pwyslais ar wella cysylltiadau rhwng y de a'r gogledd. Mae 'na gyfres o gynlluniau i wella'r A470 yng Ngwynedd a Phowys, a buddsoddiad sylweddol i alluogi i'r gwasanaeth trên cyflym rhwng Caergybi a Chaerdydd deithio drwy Wrecsam yn hytrach

---

113 Ar ddechrau Tachwedd, roedd Barack Obama wedi ei ethol yn Arlywydd America – y dyn du cyntaf i arwain y wlad. Dywedodd fod 'newid wedi dod i America'.

na Chaer. Y Gerallt Gymro yw enw'r gwasanaeth hwnnw, gyda llaw. Dyna i chi enw blaengar a modern!

Yn wleidyddol mae'r cynlluniau yma'n hynod o bwysig i Blaid Cymru. Rwy'n meddwl bod hi'n deg i ddweud bod llywodraeth Cymru'n Un wedi ei chael hi'n haws i gyflawni blaenoriaethau'r Blaid Lafur na rhai Plaid Cymru hyd yma. Mae dirfawr angen llwyddiannau concrit ar Ieuan Wyn Jones i gyfiawnhau ei benderfyniad i ddewis Llafur fel partner llywodraethol.

Mae dwy o brif flaenoriaethau'r cenedlaetholwyr, sef Mesur Iaith a refferendwm, yn gorwedd mewn cors yn rhywle...

CORONI KIRSTY
17:09, Dydd Llun, 8 Rhagfyr 2008

Kirsty Williams yw arweinydd newydd Democratiaid Rhyddfrydol Cymru,[114] ac o fwyafrif mwy sylweddol nag oeddwn i'n disgwyl. All neb wadu bod ganddi fandad – ond mandad i wneud beth?

... Mae 'na ddarlun eglur hefyd o'r hyn y mae Kirsty yn dymuno i'r blaid fod, sef plaid sy'n ailafael yn ei radicaliaeth a'i Chymreictod. Hynny yw, y nod yw i geisio adennill y fantell y gwnaeth Gwynfor Evans ei dwyn o'u hysgwyddau yn y Gymru wledig tra'n parhau i adeiladu ar y sylfeini a osodwyd yn y Gymru ddinesig dros y chwarter canrif diwethaf.

Haws dweud na gwneud. Tu allan i Geredigion prin fod y blaid yn bodoli yn yr ardaloedd Cymraeg eu hiaith. Ar gynghorau Sir Ddinbych, Conwy, Môn, Gwynedd Caerfyrddin a Phenfro mae gan y blaid gyfanswm o 16 o gynghorwyr. Hyd yn oed o ychwanegu Ceredigion dyw'r cyfanswm ond yn cyrraedd 26. Mae hyd yn oed y cyfanswm hwnnw braidd yn garedig gan ei fod yn cynnwys cynghorwyr sy'n cynrychioli

---

114 Roedd Mike German wedi cyhoeddi ym mis Mai y byddai'n ymddeol
     fel arweinydd y Democratiaid Rhyddfrydol Cymreig. Curodd Kirsty
     Williams ei gwrthwynebydd Jenny Randerson o ryw ddeg pwynt canran
     yn y gystadleuaeth i'w olynu.

wardiau Saesneg eu hiaith mewn llefydd fel Conwy a Sir Ddinbych. Sut ar y ddaear mae adeiladu mudiad ar sylfaen mor dila?

Wel, fe fydd carisma Kirsty Williams o gymorth. Mae'n debyg y bydd ei phroffil cyhoeddus gryn dipyn yn uwch nag un Mike German ac yn llai chwerthinllyd nag un Lembit Öpik. Mae arweinydd carismataidd adnabyddus yn gallu bod yn ffactor allweddol mewn etholiad. Fe enillodd y cymariaethau anffafriol diddiwedd rhwng Alun Michael a Dafydd Wigley jacpot o bleidleisiau i Blaid Cymru yn 1999, er enghraifft.

Serch hynny, mae'n bosib y bydd haneswyr yn ystyried Ieuan Wyn Jones yn gymeriad pwysicach yn hanes Plaid Cymru na Dafydd Wigley – na Dafydd Elis-Thomas o ran hynny. Dyw Ieuan ddim yn ddyn carismataidd ac mae'n dipyn o embaras pan mae'n esgus bod. Ond pwy wnaeth arwain ei blaid i fewn i lywodraeth? Pwy wnaeth lunio strategaeth eglur a phenodi'r bobl iawn i greu peiriant ymgyrchu sy'n destun eiddigedd i'r pleidiau eraill?

Y peiriant hwnnw yw'r un y mae Kirsty yn bwriadu ei herio. Mae hi wedi dewis gweithio ar dalcen caled iawn – ond, mewn gwirionedd, doedd ganddi fawr o ddewis.

Yn eironig ddigon, oherwydd cynrychiolaeth gyfrannol, dyw'r gêmau tactegol y mae'r Democratiaid Rhyddfrydol mor dda wrth eu chwarae ddim yn gweithio mewn etholiadau Cynulliad. Doedd jyst cadw i fynd a byw mewn gobaith ddim yn opsiwn. Oherwydd y sefyllfa Brydeinig mae'n rhaid i'r blaid ymladd brwydrau amddiffynnol yn erbyn y Ceidwadwyr a Llafur. Targedu Plaid Cymru yw'r unig opsiwn ymosodol ar y bwrdd.

Mae ganddi ei strategaeth felly. Yn y tymor byr mae'n annhebyg o lwyddo. Yn y prawf mawr etholiadol nesaf*– yr etholiad cyffredinol – mae gan y blaid lawer i'w golli a bron dim i'w ennill. Fe fydd angen amynedd – ar Kirsty ei hun ac ar ei phlaid.

156

* Sori, dydw i ddim yn cyfri etholiad Ewrop fel prawf pwysig i neb – ni'n gwybod y canlyniad yn barod!

TIC TOC
13:39, Dydd Mercher, 10 Rhagfyr 2008

Mae gwyliau Nadolig y Cynulliad yn dechrau yfory. Pam felly fod y rhan fwyaf o newyddiadurwyr y Bae wedi dewis gweithio wythnos nesaf? A pham maen nhw'n galw'r wythnos honno yn 'Bournewatch'?

Oes a wnelo hynny unrhyw beth â chyhoeddi treuliau'r Aelodau Cynulliad ddydd Gwener?

TIPYN O SBORT...
12:54, Dydd Iau, 11 Rhagfyr 2008

Er mwyn ailsefydlu ei hygrededd gwleidyddol mae Lembit Öpik wedi sicrhau colofn wleidyddol wythnosol. Syniad da. Jyst y math o beth i wneud i bobol gofio eich bod yn wleidydd o sylwedd.

Un cwestiwn bach. Ai'r *Daily Sport* oedd y papur gorau i ddewis?

O leiaf mae'n golygu y bydd 'na fersiwn newydd o'r hen esgus – 'Rwy ond yn cael y *Sport* er mwyn darllen colofn Lembit...'

BOURNEWATCH (1)
10:59, Dydd Gwener, 12 Rhagfyr 2008

Tic... toc... tic... toc...

Dyma nhw. Treuliau'r aelodau ar gyfer 2006–2007. Mae hyn braidd yn gymhleth. Roedden ni eisoes wedi gweld y ffigyrau ar gyfer 2007–2008. Nawr, oherwydd cais rhyddid gwybodaeth gan y BBC a'r *Western Mail*, rydym yn gweld ffigyrau'r flwyddyn gynt.

Ar bwy edrychwn ni gyntaf? Beth am Laura Jones?[115]

---

115 Laura Anne Jones, AC Ceidwadol 2003–2007.

Etholwyd Laura yn 2003. Yn Ionawr 2007 hawliodd £1,109 am set deledu i'w fflat. Collodd ei sedd ym mis Mai. Ble mae'r bocs tybed?

Nawr y prif gwrs. Nick Bourne.

iPod – £229. Pam? I beth? Trouser Press (!!!) – £119.99, Camera Digidol – £306.95.

Mae 'na fwy. Yn Rhagfyr 2006 hawliodd Nick £3,573 am 'essential work to bathroom'. Yn Ebrill 2007 hawliodd £1,430 am yr un peth...

Dros y ddwy flynedd gwariodd Nick £1,983.94 ar lyfrau cyfeiriadol. Mae e wedi bod yn talu £150 y tro i Geidwadwyr Preseli Penfro am logi ystafell i gynnal cymorthfeydd. Beth sy'n bod ar neuadd bentref neu ysgol, tybed?

Mae angen pwysleisio yn fan hyn fod y taliadau yma i gyd wedi eu cymeradwyo gan swyddogion y Cynulliad. Dyw hynny ddim yn golygu y bydd y cyhoedd yr un mor hael.

Y pwynt gwleidyddol, a'r rheswm am ganolbwyntio ar Nick Bourne yw hyn: ers dyddiau mae Ceidwadwyr blaenllaw wedi bod yn sibrwd yn ein clustiau, yn ein cynghori i graffu'n ofalus ar dreuliau eu harweinydd. Pam? Wel, doedden nhw ddim yn ceisio ei helpu. Y gwir plaen yw bod 'na ymdrech ddifrifol ar droed i'w wthio allan.

Mae'r Nadolig wedi dod yn gynnar i newyddiadurwyr.

Dros yr oriau nesaf gohebodd Vaughan a'i gyd-newyddiadurwyr yn helaeth am yr hyn roedd gwahanol ACau wedi ei hawlio o ran eu treuliau, yn amrywio o filiau o filoedd am fwyd i ychydig bunnoedd am dorch o flodau pabi ar gyfer Sul y Cofio.

Dywedodd Nick Bourne y byddai e ac Alun Cairns yn ad-dalu'r Cynulliad am yr iPods roedden nhw wedi eu prynu ac ymddiheuro i bobl Cymru. Roedden nhw eisoes wedi gwneud cyfraniadau elusennol. Parhaodd yr Athro Bourne yn ei swydd.

WYT TI'N COFIO...?
10:15, Dydd Sul, 21 Rhagfyr 2008

Roeddwn wrth fy modd i ddarllen ynghylch agor Neuadd Beasley[116] yn Llangennech. Mewn sawl ystyr, Eileen Beasley oedd Rosa Parks y mudiad iaith yng Nghymru – y fenyw gyffredin, ond anghyffredin, wnaeth ddweud 'digon yw digon' a thrwy hynny symbylu mudiad cyfan.

Rai blynyddoedd wedi helyntion y dreth roedd Mrs Beasley yn un o'n hathrawon yn Ysgol Rhydfelen a dydw i ddim yn rhyfeddu bod Cyngor Gwledig Llanelli wedi gorfod ildio iddi. Os oedd Mrs Beasley yn penderfynu ei bod hi am gael rywbeth fe fyddai'n ei gael yn y diwedd – boed hynny'n fil treth Cymraeg neu'n ddarn o waith cartref da gan ddisgybl diog (fi).

Mae'n anodd gwerthfawrogi erbyn hyn pa mor arloesol a blaengar oedd gwaith athrawon Glan Clwyd a Rhydfelen – y ddwy ysgol uwchradd Gymraeg gyntaf. Heb unrhyw adnoddau dysgu pwrpasol ac yn wyneb cryn wrthwynebiad fe ddefnyddiodd y criw bach yma bob owns o'u hegni a'u gallu i wrthbrofi'r gred gyffredinol nad oedd y Gymraeg yn gyfrwng addas ar gyfer addysg uwchradd fodern.

Mae Mrs Beasley yn haeddu ei neuadd... a llawer mwy.

AROS MAE'R MYNYDDOEDD BACH...
11:00, Dydd Mawrth, 23 Rhagfyr 2008

Mae gan bawb yng Nghymru eu milltir sgwâr a gan fod y Nadolig yn hala i ni feddwl am y pethau 'ma, meddyliais y byddai'n braf sgwennu am fy un i. Fe fydd 'na ychydig o wleidyddiaeth ar ddiwedd y post – ond dim byd trwm!

Mae gwreiddiau fy nheulu ar Fynydd Maio. 'Ble?' meddech chi. Dydw i ddim yn eich beio chi! Dyw Mynydd Maio ddim yn fynydd mawr crand. Mae'n un o'r rhes o fynyddoedd sy'n

---

116 Neuadd gymunedol a enwyd ar ôl Eileen Beasley a'i gŵr Trefor a wrthododd dalu bil gan Gyngor Dosbarth Gwledig Llanelli yn 1952 am ei fod yn uniaith Saesneg.

gwahanu cymoedd Taf a Rhymni. Os ydych chi'n teithio ar hyd yr A470, Mynydd Caerffili (neu Fforest Ganol) yw'r mynydd cyntaf. Mynydd Maio yw'r ail un. Mynydd Eglwysilan yw'r trydydd.

Mae 'na ddau bentref bach ar y mynydd. Tawelfryn yw'r cyntaf. Rwy'n ei alw'n bentref ond stad cyngor fach yw'r lle mewn gwirionedd. Fe'i henwyd ar ôl fy hen dad-cu, Tawelfryn Thomas. Groes-wen yw'r pentref arall. Does 'na ddim llawer yno chwaith – rhyw hanner cant o dai, tafarn o'r enw'r White Cross a chapel. Ond am gapel!

Tŷ cwrdd Groes-wen oedd yr adeilad cyntaf i'w godi gan y Methodistiaid yng Nghymru. Ym Mis Ionawr 1742 cyflwynodd dyn o'r enw Thomas Evans gae o'r enw Waun Fach i Howell Harris er mwyn codi'r adeilad. Gofynnodd yntau i William Edwards, Tŷ Canol, fod yn bensaer, yn adeiladydd ac yn weinidog ar yr achos! William Edwards, 'yr adeiladydd i ddau fyd', oedd arwr mawr Mynydd Maio. Pan oeddwn yn grwt rwy'n cofio bod llun ohono ar y wal yn Nhŷ Canol ac roedd Wncwl Ted ac Wncwl Elwyn yn adrodd hanesion amdano – yn enwedig ei ymdrechion diflino i bontio afon Taf ym Mhontypridd gan godi, yn y diwedd, y bont y mae'r dref wedi ei henwi ar ei hôl.

Cafodd Tŷ Canol ei ddymchwel yn ôl yn y chwedegau er bod fy nghefnder, Richard, wedi cadw'r enw ar gyfer ei ganolfan farchogaeth. Rai degawdau'n ddiweddarach roedd hi'n ymddangos bod y capel yn wynebu'r un ffawd. Pan briododd fy chwaer yno yn 1994 y gred oedd mai honno fyddai'r briodas olaf, er y bwriadwyd cadw'r fynwent yn agored am rai blynyddoedd ar gyfer y ffyddloniaid.

Yn ffodus mae 'na bobol dda yn y byd 'ma. Mae rhai ohonyn nhw'n mynd mewn i wleidyddiaeth ac felly'n gallu cyflawni pethau yn hytrach na dim ond sgwennu amdanyn nhw! Un o'r rheiny yw arweinydd bytholwyrdd Cyngor Caerffili, Lindsay Whittle. Gwell i mi gyfaddef yn fan hyn mai Lindsay yw un o'm cyfeillion hynaf. Rwy'n cofio gwylio canlyniadau etholiad Chwefror 1974 yn ei gwmni – mewn *lock-in* yn y

Thomas Henry Owen: taid Vaughan a frwydrodd yng Nghoed Mametz adeg y Rhyfel Byd Cyntaf.
Llun teuluol

Selwyn Roderick: tad Vaughan a chynhyrchydd radio a theledu arloesol gyda'r BBC.
Hawlfraint: BBC

'Ni orffwysaf nes cael gweld fy etifeddiaeth bur'. Vaughan a'i chwaer Sian yn olrhain hanes eu hynafiad Williams Pantycelyn ar gyfer rhaglen BBC Radio Cymru i nodi trichanmlwyddiant geni'r Pêr Ganiedydd yn 2017.
Hawlfraint: BBC

'Abaty Westminster Cymru': Capel Groes-wen, Mynydd Meio, ger Caerffili, lle bu hen dad-cu Vaughan, Tawelfryn Thomas, yn weinidog.
Hawlfraint: John Lord/Geograph

Y goleuadau'n diffodd: Tabernacl, Cwm-gors, lle bu tad-cu Vaughan, TM Roderick, yn weinidog. Mae'r adeilad wedi ei ddynodi'n un gradd 2* ar restr Cadw.
Hawlfraint: Jeremy Bolwell/Geograph

Daeargryn Cadarn Goncrit Bangor: protestiadau iaith Gymraeg Bangor ddiwedd y 1970au y bu Vaughan yn rhan ohonyn nhw. Tynnwyd y lluniau yma gan awdurodau'r Coleg.
Hawlfraint: Prifysgol Bangor

VAUGHAN RODERICK
Born 1957 in Cardiff of parents employed by the BBC (Lord Reith introduction service and friendship bureau!)

Educated at Ysgol Gymraeg Bryntaf, Ysgol Gyfun Rhydfelen, and U.C.N.W. University College, North Wales, Bangor. Youngest ever political agent in British general election (I was too young to vote!) After college was employed by BBC Radio Wales as researcher/producer and had previously appeared on various Radio and TV programmes.

Joined CBC two months before it came on air. Initially presented late night art show then Welsh programmes. Now presents afternoon show and Welsh language elements. Interests: Work, politics and life.

Afternoon Delight...   1.15 p.m. ¯5 p.m.

When Vaughan Roderick answers the phone on his afternoon show and finds himself talking to someone trying to swop a dozen 78 records for a Budgie cage, he's learnt not to be surprised. The daily "Tradio" feature allowing listeners to buy, sell, or swop items, has proved one of the success stories of the show, regularly jamming the CBC switchboards. "78" record buffs often use the service and Vaughan himself has picked up some bargains. His addiction to 78 records has spread to the music played which includes some very early recordings. Surprisingly the 78's seem to appeal particularly to young listeners. A 14-year-old once requested Vera Lynn!

The afternoon show also carries the bulk of Action Line appeals be they requests for help or attempts to trace missing dogs or stolen cars. Other popular features include "The year in question" quiz, "four o'clock rock" and, of course, those love songs for the daily "teabreak" spot.

Vaughan Roderick picks the day's "Stars on 78".

Afternoon Delight: dechreuodd gyrfa ddarlledu Vaughan ar orsaf radio Cardiff Broadcasting Company. Yn ogystal â chyflwyno'r rhaglen brynhawn, roedd Vaughan yn gyfrifol am fwletinau'r rhaglen ddyddiol Gymraeg, *Cadw Cwmni*. Daw'r llun a'r erthygl o rifyn cyntaf cylchgrawn CBC Radio.

Y Vaughan Driphlyg.

Tîm *Newyddion 7* yn yr wythdegau, gan gynnwys Ann Williams, David Nicholas, Vaughan Roderick, Gwyn Llewelyn, Sarah Novello Ruckley, Deryk Williams, Wendy Batmanghelich, Gwyndaf Owen a Rod Richards.

Hawlfraint: BBC

'La Betisima' (Beti George), Deryk Williams a Gwyn Llewelyn.

Patrick Hannan: un o gyd-weithwyr Vaughan yn y BBC ddechrau'r wythdegau oedd y digymar Patrick Hannan a welir yma yn holi Nicholas Edwards, a ddyrchafwyd yn ddiweddarach yn Arglwydd Crughywel.

Pass Vaughan ar gyfer cynhadledd y Ceidwadwyr yn Brighton yn 1988.

Tîm rhaglen refferendwm 1997: Guto Harri, Bethan Rhys Roberts, Dewi Llwyd a Vaughan Roderick.
Hawlfraint: BBC

*Good Morning
Wales*: Vaughan
Roderick a'r
diweddar
dalentog Sian
Pari Huws a
gydgyflwynodd
brif raglen
newyddion
Radio Wales am
flynyddoedd.
Hawlfraint: BBC

Ymgyrch
etholiad
cyffredinol 2010:
Elin Gwilym,
Bethan Rhys
Roberts, Betsan
Powys, Vaughan
Roderick, Garry
Owen a Jamie
Owen.
Hawlfraint: BBC

Noson etholiad
cyffredinol 2017.
Llun: Huw John,
Hawlfraint: BBC

Y 'campwaith coll': cynllun Zaha Hadid am Dŷ Opera ar gyfer Bae Caerdydd.

Gyda chaniatâd Penseiri Zaha Hadid

Carys Pugh, un o sylfaenwyr ymgyrch 'Na' refferendwm 1997 yn ymgyrchu yng Nghaerdydd lai nag wythnos cyn y bleidlais.

Hawlfraint: Jeff Morgan/Alamy

Y llwybr llithrig tuag at ddatganoli: Peter Hain a Peter Mandelson yn cefnogi'r ymgyrch 'Ie' yn Awst 1997.

Hawlfraint: Jeff Morgan/Alamy

'Ydwyf': John Meredith yn dweud wrth wylwyr S4C sut oedd y gwynt yn chwythu yng Nghaerfyrddin ar noson y refferendwm.

Hawlfraint: BBC

Tra Bo Dau: Rod Richards a Nick Bourne, ymgeiswyr ar gyfer arweinyddiaeth Ceidwadwyr y Cynulliad, Tachwedd 1998.

Hawlfraint: Jeff Morgan

Alun Michael a Rhodri Morgan: ymgeiswyr ar gyfer arweinyddiaeth Llafur Cymru. Cyhoeddwyd buddugoliaeth Alun Michael ar 20 Chwefror 1999, lai na thri mis cyn etholiad cynta'r Cynulliad.

Hawlfraint: Jeff Morgan

Yn haf 2000 etholwyd Ieuan Wyn Jones yn llywydd Plaid Cymru gyda dros dri chwarter o'r pleidleisiau a fwriwyd. Helen Mary Jones a Jill Evans oedd yr ymgeiswyr eraill.

Hawlfraint: Michael Olivers/Alamy

Peter Law a Llew Smith, AC ac AS Blaenau Gwent yn cerdded o waith dur Glynebwy ar 6 Gorffennaf 2002 pan gaewyd y safle gan gwmni Corus. Achosodd ffrae wedi ymddeoliad Mr Smith fel AS 'hunllefau' i Lafur Cymru.

Hawlfraint: Jeff Morgan/Alamy

Y Dyddiau Cynnar: cyfarfu'r Cynulliad yn Nhŷ Crughywel tan i adeilad y Senedd gael ei agor yn 2006.

Hawlfraint: Cynulliad Cenedlaethol Cymru.

Y cyfarfod yn Llandrindod lle gwrthododd y Democratiaid Rhyddfrdol gefnogi clymblaid enfys.

Hawlfraint: BBC

Rhodri Morgan a Ieuan Wyn Jones yn cyhoeddi eu bod am i'w pleidiau glymbleidio, rhyw ddeng niwrnod cyn i aelodau'r ddwy blaid roi eu sêl bendith ar y cytundeb hwnnw.

Hawlfraint: BBC

'No pressure then': trafodaethau clymblaid 2007.

Hawlfraint: BBC

Ieuan Wyn Jones yn cyfarch y dorf ym Mhontrhydfendigaid wedi i gyfarfod o'r blaid gymeradwyo'r glymblaid â Llafur.

Hawlfraint: BBC

Ni yw Y Byd: lansiad papur newydd *Y Byd* gyda'i ddarpar olygydd, Aled Price.
Hawlfraint: BBC

Bu'r Arglwydd Elis-Thomas yn Llywydd y Cynulliad am ddeuddeng mlynedd. Yma fe'i gwelir yn bwrw golwg dros siambr newydd sbon adeilad Richard Rogers yn 2006.
Hawlfraint: Cynulliad Cenedlaethol Cymru

Y cyfarfod llawn cyntaf yn y Senedd newydd, Mawrth 2006.

Hawlfraint: Cynulliad Cenedlaethol Cymru

Refferendwm 2011: Rachel Banner, arweinydd True Wales a ymgyrchodd yn erbyn pwerau ychwanegol i'r Cynulliad yn refferendwm 2011, ar ôl i'r canlyniad gael ei gyhoeddi yn y Senedd.

Hawlfraint: Jeff Morgan/Alamy

Leanne Wood, Roger Lewis, Leighton Andrews a Kirsty Williams yn dathlu'u buddugoliaeth yn refferendwm 2011.

Hawlfraint Jeff Morgan/Alamy

Refferendwm Brexit: ymgyrchwyr Stronger In gan gynnwys yr Arglwydd Kinnock yn mynd benben â'u gwrthwynebwyr o Vote Leave ym Mae Caerdydd.

Hawlfraint: Natasha Hirst

Agoriad Brenhinol y Pumed Cynulliad, 7 Mehefin 2016.

Hawlfraint: Cynulliad Cenedlaethol Cymru

'Je suis Jac': Cartŵn Jac Glan-y-gors y cyfeiriodd Vaughan ato wrth drafod yr ymosodiad erchyll ar swyddfeydd *Charlie Hebdo* yn Ionawr 2015.
Hawlfraint: Llyfrgell Genedlaethol Cymru

Y llenni'n disgyn: Canolfan Berwyn, Nantymoel, sydd bellach wedi ei dymchwel. Cafodd yr adeilad ei ailenwi'n Ganolfan Berwyn yn y saithdegau i anrhydeddu ewyrth Vaughan, Berwyn Roderick.
Hawlfraint: Rob Firman, awdur *The Theatres and Performance Buildings of South Wales*

Syrpréis! Cacen ar set rhaglen etholiad
cyffredinol 2017 wrth i Vaughan
ddathlu ei ben-blwydd yn 60.
Llun: Sharon Laban

White Cross fel mae'n digwydd. Mae gen i ragfarn o'i blaid!

Fel mae'n digwydd, mae Groes-wen yn rhan o ward Lindsay. Ar gais y Gymdeithas Hanes Lleol fe weithiodd yn ddiflino i baratoi cynlluniau a sicrhau grantiau i ddiogelu'r capel. Mae hynny wedi costio cannoedd o filoedd o bunnau oherwydd yr angen i ddefnyddio deunydd a dulliau adeiladu traddodiadol. Mae 'na waith ar ôl i'w wneud ar y fynwent (lle mae Ieuan Gwynedd, ymhlith eraill o'n mawrion, wedi ei gladdu) ond fedra i ddim dweud wrthoch chi pa mor bert y mae'r capel yn edrych a pha mor braf fydd hi wrth i blant ysgol y cylch ddechrau ei ddefnyddio i ddysgu am hanes eu hardal.

Dyma'r darn bach o wleidyddiaeth. Rydym wedi bod yn sôn llawer am dreuliau a thrachwant gwleidyddion yn ddiweddar. Os ydyn nhw'n camfihafio maen nhw'n haeddu popeth maen nhw'n ei gael. Ond dyma i chi gyfaddefiad arall. Ar y cyfan, rwy'n edmygu'n Haelodau Cynulliad a Seneddol a'n cynghorwyr. Mae'r mwyafrif llethol ohonyn nhw'n bobol anrhydeddus sy'n gweithio'n rhyfeddol o galed dros eu hetholwyr.

2009
IECHYD DA
15:34, Dydd Mercher, 4 Chwefror 2009

Yn ddiweddarach yn yr wythnos fe fydd tafarn newydd yn agor yng Nghaerdydd neu os ydych chi'n credu'r sbin fe fydd hen dafarn yn ailagor, ddwy ganrif ar ôl iddi gau ei drysau.

Menter ddiweddaraf Clwb Ifor Bach yw'r Fuwch Goch ac mae wedi ei lleoli mewn adeilad hanesyddol gyferbyn â'r clwb. Dyma esboniad o'r enw:

> 'Yn y ddeunawfed ganrif a'r bedwaredd ganrif ar bymtheg y safai tafarn y Fuwch Goch ar Stryd Womanby. Yr enw Saesneg Red Cow a gofnodir ar gyfer yr hen dafarn, ac yr oedd ei harwydd mor amlwg fel i'r stryd ddwyn yr enw Red Cow Lane am gyfnod. Fodd bynnag, mae'n debyg mai'r Fuwch Goch oedd y lle ar lafar, gan fod yna gyfeiriad yn 1731 at un o'r ardalwyr dan yr enw Dic

y Fuwch. Efallai mai ef oedd y perchennog ar y pryd. Y sawl a wnaeth gyfeirio ato oedd Thomas Morgan, cyfreithiwr ac un o fân sgweieriaid y fro, oedd yn ymwelydd cyson â thafarn arall o'r enw Tŷ Coch, lai na chanllath i ffwrdd.'

Rwy'n amau mai'r cyn-Aelod Cynulliad Owen John Thomas, sy'n dipyn o feistr ar hanes y Gymraeg yng Nghaerdydd, sy'n gyfrifol am fedyddio'r lle. Os felly, pob clod i'w enw! Mae adfer hen enw ar dafarn nid yn unig yn syniad da ond hefyd yn gwbwl groes i'r arfer diweddar melltigedig o newid enwau tafarn hanesyddol ar fympwy masnachol.

O fewn crôl tafarn i'r Fuwch Goch mae'r Goat Major (y Bluebell gynt), yr Yard (yr Albert), yr Owain Glyndŵr (mae sawl enw gwahanol wedi bod – Mably Arms, Kemys Tynte, Tennis Court a Buccaneer), O'Neill's (Market Tavern), Kitty Flynn's (y Cambrian / The Cambrian Tap yn ddiweddarach) a Zync (y Terminus).

Yn wir, prin yw'r tafarndai yng nghanol Caerdydd sy'n arddel eu henwau gwreiddiol. Y Queens Vaults, y King's Cross[117] a'r Philharmonic yw'r unig rai rwy'n gallu meddwl amdanyn nhw.

Mae'n beth rhyfedd fod angen caniatâd ar berchennog tafarn i newid ei oriau agor neu wneud newidiadau i'r adeilad ond does dim byd o gwbwl yn rhwystro newid enwau sydd, mewn rhai achosion, yn ganrifoedd oed.

Rydym i gyd wedi gwylltio o bryd i'w gilydd o weld enwau tai yn newid o Awelon i The Pippins, neu o Heulfryn i Rose Cottage. Dydw i ddim yn meddwl ei bod hi'n bosib rhwystro hynny ond oni fyddai'n bosib gwneud newid enwau tafarndai (a ffermydd o bosib) yn fater cynllunio, oherwydd eu pwys hanesyddol?

---

117 Ers i Vaughan ysgrifennu'r cofnod hwn, mae enw'r King's Cross wedi diflannu hefyd – The Cornerhouse yw enw'r dafarn honno bellach.

COFEB CLIVE
11:05, Dydd Iau, 26 Chwefror 2009

Dydw i erioed wedi credu mewn newyddiaduraeth ddiduedd. I rai o fewn y BBC mae hynny'n gabledd. Cyn i fi gael y sac felly, mae'n well i fi esbonio.

Nid anghytuno â'r ddelfryd ydw i ond â'r realiti. Efallai ei bod hi'n bosib bod yn ddiduedd mewn byd o ffantasi, ar fryniau Bro Afallon neu mewn maniffesto etholiadol! Yn y byd real mae newyddiaduraeth ddiduedd yn gwbwl anymarferol ac amhosib. Yn ei hanfod mae newyddiadura yn broses o gasglu ac o ddewis. Mae dewis, o'i natur, yn fater goddrychol.

Yn ddisymwth yr wythnos hon, mae Clive Betts[118] wedi ymddeol am resymau iechyd ar ôl dros ddeugain mlynedd o newyddiadura gwleidyddol. Y penwythnos hwn hefyd mae'n ddeg mlynedd ar hugain ers refferendwm 1979.

Ar Fawrth yr 2il, 1979 gyda'r cwrw'n llifo yng nghlybiau Llafur Islwyn ac wrth i John Morris syllu ar yr eliffant ar stepen ei ddrws, go brin y byddai unrhyw un wedi proffwydo y byddai gan Gymru Gynulliad cyn troad y ganrif.

Rai blynyddoedd yn ddiweddarach, ar ddechrau'r wythdegau cynhaliwyd cyfarfod cyhoeddus ym Merthyr i drafod lansio ymgyrch o blaid datganoli. Roedd Denzil Davies a Geraint Howells yno, a rhyw ddeg ar hugain o bobol yn y gynulleidfa, os hynny.

Yng nghefn yr ystafell roedd 'na grŵp arall o ryw ddeg o bobol yn eistedd gyda'u camerâu a'u llyfrau nodiadau. Doedd dim diddordeb 'da'r cyhoedd yn y cyfarfod. Yn wrthrychol, pe bai cyfarfodydd yn cael sylw ar sail y nifer oedd yn bresennol, dyweder, roedd y cyfarfod ym Merthyr yn gwbwl ddibwys ac amherthnasol. Doedd newyddiadurwyr gwleidyddol Cymru

---

118 Adeg ei ymddeoliad, roedd Clive Betts yn newyddiadurwr a sylwebydd llawrydd. Cyn hynny bu'n Olygydd Cynulliad y *Western Mail*. Cyn hynny roedd e wedi gwneud llawer o swyddi eraill i'r papur gan gynnwys bod yn Olygydd Materion Cymreig.

ddim yn credu hynny. Ein barn oddrychol ni oedd bod y cyfarfod yma'n bwysig ac yn haeddu sylw.

Mae Pat Hannan wedi dadlau bod Cymru yn bodoli fel uned wleidyddol oherwydd penderfyniad y BBC yn y dauddegau i wasanaethu Cymru gyfan o Gaerdydd yn hytrach nag o Fryste a Manceinion. Dydw i ddim yn siŵr fy mod yn llwyr gytuno ond rwy'n sicr o un peth. Un o'r rhesymau y mae'r Cynulliad yn bodoli heddiw yw oherwydd ystyfnigrwydd newyddiadurwyr fel Clive, John Osmond, Geraint Talfan Davies ac eraill wrth fynnu bod y cwestiwn cyfansoddiadol yn bwysig yn wyneb difaterwch eu darllenwyr a'u gwylwyr.

Dyw hynny ddim yn golygu, fel mae rhai yn credu, bod newyddiadurwyr gwleidyddol Cymru i gyd yn ddatganolwyr pybyr neu'n bumed golofn i Feibion Glyndŵr. Roedd newyddiadurwyr oedd yn ffyrnig yn erbyn datganoli (Geoff Ritch, Golygydd y *South Wales Echo*, er enghraifft) yn cytuno ynglŷn â phwysigrwydd y cwestiwn ac yn dyrchafu'r pwnc yn eu dewisiadau newyddiadurol.

Roeddwn yn meddwl am Clive wrth gerdded trwy'r Senedd y bore 'ma ac fe ddaeth geiriau cofeb Christopher Wren yn St Paul's i'm meddwl: 'Lector, si requiris monumentum, circumspice.' ['Ddarllenydd, os wyt yn chwennych ei gofadail, edrych o d'amgylch.']

Brysia wella, Clive!

GWYLIO'R KREMLIN
15:40, Dydd Iau, 26 Chwefror 2009

Does 'na neb yn y Cynulliad sy'n fwy hoff o gymdeithasu na'r Ceidwadwyr. Maen nhw wastad yn barod am baned neu beint, i gyfnewid clecs a sibrwd sibrydion.

Nid fel 'na mae pethau heddiw. Roedd dirnad gwleidyddiaeth fewnol y Kremlin yn nyddiau Brezhnev yn hawdd o gymharu â cheisio canfod beth sy'n mynd ymlaen y tu ôl i ddrws caeedig swyddfeydd y Ceidwadwyr yn Nhŷ Hywel.

Serch hynny, mae hi'n ymddangos bod 'na dipyn o ryfel

cartref yn mynd mlaen, gyda Nick Bourne yn ceisio ailsefydlu ei awdurdod ar ôl tymhestloedd ei dreuliau a'r 'gyfrol gyfeiliornus' ynghylch Rhodri Morgan.

Daeth Nick o fewn dim i golli'r arweinyddiaeth ar y pryd. Mae'n debyg mai dim ond gwyliau'r Nadolig ac adwaith i ymosodiadau hysterig y *Western Mail* wnaeth achub ei groen. Gallai'r rheiny oedd wedi hogi eu cyllyll fod yn difaru peidio eu defnyddio heddiw.

O'r hyn rydym yn deall fe wnaeth y mab darogan, Jonathan Morgan – y ffefryn i olynu Nick – wrthod cael ei symud o fod yn llefarydd iechyd i fod yn Llefarydd Addysg. O ganlyniad does dim swydd ganddo fe ar hyn o bryd. Y si yw mai Andrew RT Davies yw'r Llefarydd Iechyd newydd.

Nid Jonathan yw'r unig aelod anhapus. Mae'n ymddangos bod Alun Cairns, Brynle Williams a William Graham hefyd yn dawel gynddeiriog. Ydych chi wedi sbotio'r patrwm? Mae'r hen griw yn cael eu diosg, a chywion 2007 yn cael eu dyrchafu. Mae Nick yn gamblo y bydd hynny'n sicrhau cefnogaeth ambell i aelod allweddol fel Darren Millar ac Angela Burns i'w arweinyddiaeth, gan adael Jonathan i fferru yn Siberia'r meinciau cefn.

POPIO'R PLORYN
10:17, Dydd Gwener, 6 Mawrth 2009

Dydw i ddim yn gwybod beth fyddai cost codi pencadlys newydd sbon i Lywodraeth y Cynulliad. Dim llawer mwy na'r £42 miliwn y mae'r llywodraeth yn bwriadu ei wario ar adfer ac ailddodrefnu CP2,[119] y pencadlys presennol ym Mharc Cathays, mae'n siŵr.

Yn fy marn fach i, fe fyddai pencadlys newydd yn werth pob ceiniog pe bai'n golygu diflaniad CP2, y ploryn pensaernïol ar wyneb ein prifddinas!

---

119 Adeilad a gwblhawyd ddiwedd y saithdegau yw CP2 (Cathays Park 2), drws nesaf i'r adeilad rhestredig sy'n dal i gael ei alw'n Swyddfa Gymreig. Mae gan Lywodraeth Cymru swyddfeydd yn y ddau adeilad.

Does gen i ddim o'r geiriau i gyfleu fy nghasineb tuag at CP2, adeilad hyll a haerllug sy'n anharddu ardal sy'n un o drysorau pensaernïol Cymru. Yr haerllugrwydd nid yr hylltra sy'n fy ngwylltio fwyaf. Fel un o adeiladau'r Raj gynt, prin yw'r ffenestri sy'n edrych allan ar y bobol sy'n cael eu llywodraethu. Edrych i mewn ar ei gilydd mae'r gweision sifil.

Mae'r holl bensaernïaeth yn cyfleu delwedd o sefydliad sy'n gaeedig, yn gyfrinachol ac yn ddigroeso. Disgrifiwyd yr adeilad unwaith fel 'enghraifft berffaith o bensaernïaeth drefedigaethol'. Os am brawf o hynny, cymharwch y ffos bymtheg troedfedd o ddyfnder sy'n amgylchynu CP2 a'r ffosydd o gwmpas cestyll y Normaniaid.

Cyn i neb ddweud, rwy'n gwybod mai peryglon terfysgaeth oedd yr esgus am godi'r fath gaer. Os felly, pam nad oes 'na adeiladau tebyg yn Westminster? Oes 'na fwy o beryg o derfysgaeth yng Nghymru nag yn Llundain? Ydy Parc Cathays yn llai pwysig yn bensaernïol na Whitehall?

Ond pechod mwyaf CP2 yw ei lleoliad. Mae cynlluniau gwreiddiol Parc Cathays yn werth eu gweld. Mae rhai o'r adeiladau ar y cynlluniau i'w gweld heddiw – Neuadd y Ddinas, yr Amgueddfa a'r Brifysgol, er enghraifft. Ond yn coroni'r cyfan, roedd adeilad na chafodd ei godi. Clamp o adeilad, dwywaith yn uwch na Neuadd y Ddinas, yn ymestyn lled y parc wedi ei gynllunio yn yr un arddull neo-baroque. Hwn oedd Senedd Cymru i fod, yn cynnwys y Welsh House of Commons a'r Welsh House of Lords.

Ffantasi bensaernïol yn hytrach na realiti wleidyddol oedd y Senedd wrth gwrs, ond fe osodwyd carreg ar y safle yn nodi ei fod wedi ei 'ddiogelu am byth' ar gyfer Senedd Cymru. Yn y pumdegau lluniodd y diweddar Athro Dewi Prys Thomas gynlluniau newydd am Senedd ar y safle yn arddull bensaernïol y Festival of Britain.

Ar y safle hwn y codwyd CP2. Byncer i ysgrifenyddion gwladol o Wokingham a'r Wirral lle'r oedd Senedd Cymru i fod. Fe ofynnais rai blynyddoedd yn ôl beth ddigwyddodd i'r garreg. Doedd neb yn gwybod. Wedi ei thaflu i ryw sgip, mae'n siŵr. Yn sgip hanes y mae CP2 yn haeddu bod hefyd!

OWAIN BEVAN
10:08, Dydd Gwener, 27 Mawrth 2009

Ydw, rwy'n gallu cadw fy ngheg ynghau weithiau! Fedra i ddim dweud wrthoch chi pa mor anodd mae hi wedi bod i beidio blogio ynghylch fideo firaol y Blaid Lafur dros y dyddiau diwethaf. Roeddwn yn ofni y byddai rhywun yn cael traed oer pe bawn i'n crybwyll y peth cyn i wefan Aneurin Glyndŵr fynd yn fyw. Fe fyddwn wedi bod mor siomedig pe na bai'r genedl wedi cael y cyfle i weld y campwaith rhyfeddol yma!

[*Roedd y wefan newydd yn cynnwys fideo gydag aralleiriad o'r gân 'Delilah', yn ymosod ar y Ceidwadwyr a Phlaid Cymru, gan bortreadu Nick Bourne fel fampir ac Ieuan Wyn Jones mewn het clown.*]

Yr hyn sy'n rhyfedd yw bod 'na bobol fawr yn y Blaid Lafur yn meddwl bod y fideo yn un doniol ac effeithiol. Wel mae pobol yn chwerthin – ond am y rhesymau anghywir! Ffrwyth dychymyg Eluned Morgan a Peter Hain yw'r fideo. Yn ôl Llafur mae'n cynrychioli 'Obama moment for Welsh Labour'. Gadewch i ni ryfeddu am eiliad. Mae Llafur Cymru yn credu bod eu fideo nhw yn cyfateb i rai hynod lwyddiannus ymgyrch Barack Obama.

SIANEL SAITH
17:29, Dydd Iau, 9 Ebrill 2009

… Mae'r Cydbwyllgor Addysg newydd symud i fewn i bencadlys newydd yn Llandaf (adeilad trawiadol iawn gyda llaw) ac mae'r hen swyddfa gerllaw yn cael ei throi'n rwbel. Adeilad digon di-nod oedd hwnnw ond roedd yn haeddu lle (fel ôl-nodyn o leiaf) yn y llyfrau hanes. Hwn oedd pencadlys Teledu Cymru, yr ymgais byrhoedlog i sefydlu sianel deledu Gymreig yn y chwedegau cynnar. Methdalodd y fenter ar ôl rhyw ddeunaw mis, a chafodd yr orsaf ei llyncu gan TWW. Rai blynyddoedd yn ddiweddarach collodd y cwmni hwnnw ei drwydded i HTV.

Mae 'na rywbeth eitha symbolaidd mewn gweld yr hen stiwdios yn diflannu ar adeg pan mae'r cyfryngau traddodiadol o dan y fath bwysau. Mae gorsafoedd radio (gan gynnwys Valleys Radio mwy na thebyg) yn rhoi'r gorau i ddarlledu oherwydd diffyg hysbysebion. Mae papurau lleol hefyd yn diflannu... Rydym i gyd yn gyfarwydd â'r problemau sy'n wynebu ITV Cymru. Does dim syndod felly fod dau o bwyllgorau'r Cynulliad yn cynnal ymchwiliadau i gyflwr y wasg a darlledu yng Nghymru ar hyn o bryd.

Hyd yn hyn mae'r ymchwiliadau hynny wedi bod yn llawn o wylofain a rhincian dannedd. Dro ar ôl tro clywir yr un hen sylwadau 'Beth allwn ni ei wneud?', 'yn anffodus dyw darlledu ddim wedi ei ddatganoli a chwmnïau preifat sydd berchen y papurau'... ayyb ayyb.

Ond mae 'na bethau y gallai'r Cynulliad a'r Llywodraeth eu gwneud nawr. Beth am gylchlythyr yn gorchymyn i gynghorau hysbysebu mewn papurau lleol yn hytrach na chyhoeddi eu papurau eu hun i ddechrau? A beth am ddatgan y bydd y Llywodraeth a'i hasiantaethau ond yn prynu amser hysbysebu ar orsafoedd radio a theledu sydd yn cynnig gwasanaeth newyddion Cymreig teilwng?

CIPOLWG
16:46, Dydd Iau, 14 Mai 2009

Rwy wedi bod yn cael cipolwg ar wefan newydd Golwg. Peidiwch â gofyn sut. Dydw i ddim am gynnig adolygiad llawn am ddau reswm amlwg. Yn gyntaf, rwy'n gweithio i'r 'gystadleuaeth'! Yn ail, safle datblygu yn hytrach na'r wefan orffenedig sydd i'w weld ar hyn o bryd. Ar ôl dweud hynny mae gen i ambell i sylw – adeiladol gobeithio!

Mae'n ddiddorol nodi bod y wefan (fel y BBC yn nyddiau Cymru'r Byd) yn cynnwys newyddion tramor. Mewn egwyddor mae'r penderfyniad yn ddigon call. Wedi'r cyfan fe ddylid cael gwasanaeth mor gynhwysfawr â phosib yn Gymraeg.

Ein profiad ni yn fan hyn oedd mai ychydig iawn oedd yn darllen straeon tramor oedd heb ryw fath o ongl neu elfen Gymreig. Ar ddiwrnodau newyddion prysur yng Nghymru rwy'n rhyw amau y bydd yr eitemau tramor yn cael eu gwthio i'r naill ochor. Dyna ddigwyddodd yn y BBC. Fe gawn weld os ydy'r un peth yn digwydd i Golwg.

Mae'r safle hefyd wedi gwneud penderfyniad golygyddol i gyfyngu ar hyd y straeon newyddion. Rhyw ddau gant o eiriau sy 'na mewn stori ar gyfartaledd. Fe ddywedodd Dylan [Iorwerth] ar *Raglen Gwilym Owen* mai gwahaniaethu rhwng y wefan a chylchgrawn *Golwg* yw'r bwriad.[120] Rwy'n amau y bydd angen ailfeddwl. Fe fydd angen peth deunydd swmpus os am ennill cefnogaeth y rheiny oedd yn cefnogi *Y Byd*.

Fel dwedais i, safle datblygu yw hwn ond mae'n rhaid i mi gyfaddef fy mod wedi siomi ychydig gan y diwyg (hen ffasiwn braidd ac yn llawn gwagleoedd) a'r diffyg deunydd amlgyfrwng. Mae adran Lle Pawb (casgliad o wefannau gan unigolion a chymdeithasau) ar y llaw arall yn syniad addawol ac ardderchog. Fe fyddai'n braf pe bai'n bosib gweld a oedd un o'r is-safleoedd wedi ei ddiweddaru heb ei agor, ond cwyn fach yw honno!

Rhag ofn fy mod yn ymddangos yn negyddol mae'r safle yn hawdd iawn i'w ddefnyddio ac yn eglur iawn o safbwynt canfod cynnwys. Ar ddiwedd y dydd, cynnwys safonol a diweddaru aml fydd yn cyfri.

Lansiwyd gwasanaeth Golwg360 ar 15 Mai 2009. Roedd yna broblemau technegol gyda'r wefan yn ystod ei hwythnosau cyntaf. Cyfeiriodd Vaughan atyn nhw mewn blogiad ar 20 Mai.

---

120 *Rhaglen Gwilym Owen* – rhaglen drafod wythnosol ar BBC Radio Cymru.

GWINLLAN A RODDWYD
22:13, Dydd Iau, 21 Mai 2009

Roeddwn yn ofni hyn! Mae ambell i un wedi fy nghyhuddo o rawnwin surion trwy grybwyll y problemau technegol ar safle Golwg360. Fe wnes i gau 'nhrap am ddyddiau gan bryderu y gallai hynny ddigwydd.

I fod yn gwbwl eglur rwyf yn awchu i weld Golwg360 yn llwyddo am sawl rheswm. Yn bennaf fe fyddai hynny'n arf wrth i ni ddadlau dros ragor o adnoddau i wasanaethau ar-lein Cymraeg y BBC.

'Damned if you do, damned if you don't', fel maen nhw'n dweud

CERRIG MILLTIR
15:57, Dydd Mercher, 3 Mehefin 2009

Rwy wedi ysgrifennu o'r blaen ynghylch pa mor anodd yw proffwydo canlyniad etholiad Ewrop yng Nghymru. Mae'n haws gosod ambell i garreg filltir i nodi beth fyddai'n cyfri fel llwyddiant a beth fyddai'n cael ei ystyried yn fethiant i bob un o'r pleidiau.

Mae Plaid Cymru a'r Ceidwadwyr yn rhannu'r un targed syml, sef curo Llafur. Dyw'r naill blaid na'r llall erioed wedi gwneud hynny mewn etholiad cenedlaethol yng Nghymru. Fe fyddai ennill ail sedd yn fonws ac wrth gwrs mae'r ddwy blaid yn gobeithio curo ei gilydd ond mân bethau yw'r rheiny o gymharu â'r cyfle hanesyddol i glatsio Llafur.

Y nod i'r Blaid Lafur yw cadw ei thrwyn ar y blaen yn y bleidlais boblogaidd. Mae'r ffaith fod hynny'n ymddangos yn dasg ryfeddol o anodd yn adrodd cyfrolau am gyflwr y blaid. Fe fyddai dod yn ail yn ddigon drwg i Lafur. Fe fyddai dod yn drydydd yn drychineb.

Fe wnaeth y Democratiaid Rhyddfrydol yn rhyfeddol o wael yn yr etholiad Ewropeaidd diwethaf gan ddod yn bumed y tu ôl i UKIP. Curo'r blaid honno yw'r nod cyntaf felly. O wneud hynny mae'n bosib, er yn annhebyg, y gallai'r blaid gipio sedd. Fe fyddai angen llawer llai na hynny er mwyn i'r blaid ystyried yr ymgyrch yn llwyddiant. Fe fyddai ennill y bleidlais boblogaidd mewn un etholaeth yn welliant ar y canlyniad tro diwethaf!

Cynhaliwyd y bleidlais ar 4 Mehefin ond ni chafwyd y canlyniadau tan y nos Sul ganlynol.

Wrth i'r canolfannau pleidleisio gau, cafodd y Prif Weinidog Gordon Brown wybod bod James Purnell yn ymddiswyddo fel Ysgrifennydd Gwaith a Phensiynau. Wrth wneud hynny, galwodd ar Mr Brown 'i gamu o'r neilltu' gan y byddai buddugoliaeth Geidwadol yn fwy tebygol pe bai'n parhau'n arweinydd.

Y RECORD
22:00, Dydd Sul, 7 Mehefin 2009

Mae William Hague yn dweud mai'r tro diwethaf i'r Ceidwadwyr ennill yng Nghymru oedd yn y tridegau. Mae hynny'n wir ond dim ond os ydych chi'n cyfri ymgeiswyr Llafur Cenedlaethol a Rhyddfrydwyr Cenedlaethol fel Torïaid.

Mae Betsan yn dweud mai'r tro diwethaf i Lafur ddod yn ail oedd yn 1918. Mae hynny'n wir ond clymblaid Lloyd George oedd ar y blaen. Roedd rhai o'r rheiny yn Geidwadwyr, eraill yn Ryddfrydwyr.

Yn ôl Daran Hill, y tro diwethaf i'r Ceidwadwyr ennill ar eu pennau eu hunain yng Nghymru oedd yn 1865 cyn ymestyn y bleidlais i ddynion dosbarth gwaith.

Gallai heno fod yn noson fawr.

Diweddarodd Vaughan ei flog yn ystod y nos wrth i sibrydion a chanlyniadau ei gyrraedd. Crisialodd ei ymateb i'r canlyniadau terfynol mewn un gair. 'Anhygoel.' Yng Nghymru, enillodd y Ceidwadwyr 145,193 o bleidleisiau. Roedd Llafur yn ail gyda 138,852. Cafodd Plaid Cymru 126,702, UKIP 87,585, a gwthiwyd y Democratiaid Rhyddfrydol i'r pumed safle gyda 73,082. Bwriodd 30.5% o etholwyr Cymru bleidlais, canran is na'r cyfartaledd ar draws y DU (34.5%) a thipyn is na'r ganran Gymreig yn 2004 hefyd.

Yr ASEau a etholwyd oedd Kay Swinburne o'r Blaid Geidwadol, Derek Vaughan o'r Blaid Lafur, Jill Evans o Blaid Cymru ac am y tro cyntaf, cafodd UKIP ASE Cymreig – John Bufton.

FFEITHIAU O'R DIWEDD!
23:41, Dydd Sul, 7 Mehefin 2009

Etholaethau wedi eu hennill fesul plaid:

Ceidwadwyr 17; Llafur 15; Plaid 7; Dem. Rhydd. 1

Cofiwch mai'r hen etholaethau yw rhain. Conwy nid Aberconwy, er enghraifft.

Ar draws y Deyrnas Unedig, fe gafodd y Ceidwadwyr 27.7% o'r bleidlais yn yr etholiad Ewropeaidd, (26 ASE). Roedd UKIP yn ail gyda 16.5% (13 ASE). Roedd Llafur yn drydydd (15.7%, 13 ASE) a'r Democratiaid Rhyddfrydol yn bedwerydd (13.7%, 11 ASE).

Daeth David Cameron i Gymru i ddathlu.

RHOWCH I MI'R HEN FFORDD GYMREIG...
19:01, Dydd Llun, 8 Mehefin 2009

Mae'n werth ystyried geiriau Eluned Morgan ar *Post Cyntaf* y bore 'ma:

'Roedd 'na broblem ynglŷn â'n neges ni. Doedd y neges ddim yn un eglur. Roeddwn i'n rhan o'n hymgyrch ni a fedra i ddim dweud wrthoch chi'n eglur beth oedd ein neges ni... Roedd hon yn gic i ni ac mae'n rhaid i ni fynd ati i ailadeiladu'r blaid yng Nghymru. Dyw hynny ddim yn mynd i fod yn hawdd i ni. Mae 'na dipyn bach o fyth wedi codi ynghylch y peiriant Llafur yng Nghymru. Does dim lot o beiriant i gael. 'Na'r gwirionedd, ac wrth gwrs ar hyn o bryd mae prinder arian yn peri pryder mawr i ni fel plaid.'

Hwn yw'r tro cyntaf, rwy'n meddwl, i wleidydd Llafur

gyfaddef yn gyhoeddus yr hyn sydd wedi bod yn amlwg i nifer ohonom ers tro byd. Mae peirianwaith canolog y Blaid Lafur yng Nghymru bellach yn blisgyn gwag ac yn llwyr fethu cystadlu â'r Ceidwadwyr a Phlaid Cymru ac efallai hyd yn oed y Democratiaid Rhyddfrydol.

Pan gychwynnais i yn y busnes yma chwarter canrif yn ôl roedd swyddfa'r Blaid Ryddfrydol Gymreig yn cyflogi un person (sef Kate Lloyd) a hynny yn ystod y boreau yn unig. Dai Banjo, Gwerfyl[121] a Phero'r gath oedd yn swyddfa Plaid Cymru ac roedd dau hen foi mewn blazers yn gweithio ym mhencadlys y Torïaid.

Cymharwch hynny â'r hyn oedd gan Hubert Morgan o dan ei oruchwyliaeth yn Transport House. Nid yn unig yr oedd ganddo fe fwy o staff na chyfanswm y pleidiau eraill gyda'i gilydd, yn ystod etholiad fe fyddai llu o swyddogion undeb ar gael i sicrhau goruchafiaeth y blaid yng Nghymru. O dan eu goruchwyliaeth roedd cannoedd o ganghennau plaid ac undeb heb sôn am rwydweithiau'r Co-op, yr adran fenywod, y clybiau yfed, y llyfrgelloedd, y neuaddau gweithwyr a'r stiwts.

Hwn oedd y peiriant Llafur, y peiriant y mae Eluned yn cyfaddef nad yw'n bodoli bellach. Dyw hynny ddim wedi digwydd dros nos. Bron fel enwad anghydffurfiol, mae'r dirywiad wedi digwydd capel wrth gapel, pentref wrth bentref, achos wrth achos, a hynny dros gyfnod o ddegawdau.

Nid yng Nghymru yn unig mae hynny wedi digwydd, ac ymdrech i ymrafael â'r broblem oedd Llafur Newydd. Lluniwyd polisïau a delwedd newydd i apelio at bobol nad oeddynt yn rhan o'r rhwydweithiau traddodiadol. Canfuwyd ffynonellau ariannol newydd i gyllido'r blaid ac roedd y cyfan yn ddarostyngedig nid i'r gynhadledd flynyddol na'r undebau, ond i'r arweinydd a'r criw o'i gwmpas.

Ymwrthod â hynny wnaeth Rhodri Morgan. Roedd e am weld 'dŵr coch clir' rhwng Llafur Cymru a Llafur Newydd – y bechgyn â'r siwtiau drud a'r sgidiau sgleiniog. Efallai bod y

---

121 Dafydd Williams a Gwerfyl Arthur, trefnyddion Plaid Cymru.

nenfwd yn gollwng, yr aelodaeth yn lleihau a'r blaenoriaid yn heneiddio, ond roedd Llafur Cymru am barhau i gadw drysau'r hen Dabernacl ar agor a chanu'r un hen emynau bob etholiad.

Dyna sydd wrth wraidd y gyflafan. Dyw beio 'cyfuniad gwenwynig yr economi a threuliau' ddim yn ddigonol. Dyw hynny ddim yn esbonio pam yr oedd y canlyniad i Lafur yng Nghymru yn waeth nag yng ngweddill Prydain. Mae Llafur Cymru wedi methu addasu i newid cymdeithasol ac wedi osgoi penderfyniadau poenus ac anodd.

Dyw Llafur ddim ar ei gwely angau. Fe ddylai hi ennill y mwyafrif o seddi Cymru yn yr etholiadau cyffredinol nesaf ond mae'n bryd iddi ffarwelio â'r 'hen ffordd Gymreig o fyw'. Yn eu calonnau mae aelodau Llafur Cymru yn gwybod hynny ac mae nifer cynyddol yn fodlon dweud hynny'n gyhoeddus.

Yn y sylwadau cywirwyd 'gwall difrifol' yn y post hwn. Mae'n debyg mai Mwrc nid Pero oedd enw'r gath a drigai yn swyddfa Plaid Cymru yn y cyfnod y cyfeiria Vaughan ato.

YN HAPUS WRTH YMYL Y LLI...
15:41, Dydd Mawrth, 9 Mehefin 2009

Os oeddech chi'n gwylio'r lluniau teledu o David Cameron ar stepiau'r Senedd ddoe roedd hi'n anodd peidio sylwi ar Nick Bourne yn gwenu o glust i glust. Roedd y canlyniad yn rhoi rheswm iddo wenu wrth gwrs – ond nid buddugoliaeth ei blaid oedd yr unig beth i lonni ei galon. Yn sgil y canlyniad mae'n anodd credu nad yw ei afael ar yr arweinyddiaeth bellach yn gadarn. Ymhen rhai dyddiau fe fydd Jonathan Morgan yn amlinellu ei weledigaeth e ynghylch dyfodol y Ceidwadwyr yng Nghymru mewn darlith gyhoeddus. Ydy e'n gorfod ailsgwennu darnau o'i araith, tybed?

BLOGAIL-SYLLU
10:18, Dydd Llun, 13 Gorffennaf 2009

Mae'n ddiwedd tymor yn y Bae. Rhyw wythnos o bwyllgorau'n cau pen y mwdwl fydd hon. Cafwyd yr adroddiadau pwysig a'r cyhoeddiadau mawr wythnos ddiwethaf. Wedi'r cyfan, fe fydd pawb yn awyddus i ymlacio a mwynhau'r partïon diwedd tymor. Pawb, ac eithrio'r cyn-Weinidog Treftadaeth, efallai!

Rywbryd yn ystod yr wythnos fe fydd post rhif 1,000 yn ymddangos ar y blog yma. Mae hynny'n rhyw 300,000 o eiriau i gyd, ers i'r peth gychwyn ddwy flynedd a hanner yn ôl. Mae'r cyfanswm yna'n ddwywaith hyd y Testament Newydd a phedair gwaith hyd y Koran. Doeddwn i ddim yn disgwyl i fy ngwirioneddau mawr bara cyhyd!

Mewn ymateb i'r post hwn, cafwyd sylw yn awgrymu cyhoeddi llyfr o'r blogiau. Doedd 'Fi' ddim yn meddwl y byddai hynny'n llawer o waith!

RHIF Y GWLITH
09:28, Dydd Mercher, 29 Gorffennaf 2009

Dim ond wrth i mi ddarllen y rhifyn cyfredol o'r *Dinesydd* y gwnes i ddarganfod bod Nans Jones wedi marw. Digwyddodd hynny ryw ddeufis yn ôl. Maddeuwch i mi felly bod yr ychydig eiriau yma ar ei hôl hi braidd!

'Trefnydd adran fenywod Plaid Cymru' oedd teitl swyddogol Nans am ddegawdau ond, mewn gwirionedd, hi oedd brenhines hen swyddfa'r blaid yn Queen Street, Caerdydd.

Roedd ei swyddfa bersonol hi deirgwaith yn fwy nag un yr Ysgrifennydd Cyffredinol ac roedd popeth yn rhedeg yn unol â'i threfn hi. Os oedd pethau yn 'ddigon da i J. E.'[122] prin bod angen eu newid ar gyfer y wipyrsnapyrs ifanc ddaeth ar ei ôl!

Un agwedd o waith Nans oedd cadw trefn ar y gofrestr aelodaeth. Roedd y manylion wedi eu ffeilio mewn dwsenni o focsys gan ddefnyddio system yr oedd Nans yn unig yn ei deall.

---

122 J. E. Jones oedd Ysgrifennydd Cyffredinol Plaid Cymru 1930–1962

Am flynyddoedd roedd Plaid Cymru yn honni mai hi oedd plaid fwyaf Cymru gyda deugain mil o aelodau. Nonsens pur oedd hynny – ffrwyth system ffeilio Nans.

Roedd y gofrestr yn llawn o'r meirwon a chyn-aelodau. Clywais unwaith fod enw Elystan Morgan yn dal ar y system, hyd yn oed ar ôl ei ethol fel Aelod Seneddol Llafur! Efallai fod hynny'n wir. Doedd neb ond Nans yn cael edrych er mwyn cael gwybod i sicrwydd! Yn ôl rhai, roedd hi'n haws dianc o Colditz nag o gofrestr Nans!

O bryd i'w gilydd fe fyddai rhywun yn cynnig 'chwynnu'r' ffeiliau a chywiro'r camgymeriadau amlwg. Yr un oedd ateb Nans bob tro, 'Mae'r deugain mil yn bwysicach na'r manylion!'

Go brin fod triciau fel'na'n cael eu caniatáu yn Nhŷ Gwynfor ond mae gen i un awgrym. Fe ddylai enw Nans aros ar y rhestr aelodaeth. Er cof.

MYN YFFARN!
17:44, Dydd Llun, 17 Awst 2009

Newydd weld hwn. [*Yn y cylchgrawn gwleidyddol* Total Politics]

Total Politics Top 40 Media blogs:
1. (1) Spectator Coffee House
2. Paul Waugh
3. (2) Ben Brogan
4. (5) Nick Robinson
5. (6) Comment Central
6. James Delingpole
7. (9) Peter Hitchens
8. FT Westminster Blog
9. (13) **Vaughan Roderick**
10. (4) Boulton & Co

Beth fedra i ddweud? Mae'n rhaid fod mwy o bobol yn deall Cymraeg nag oeddwn i'n meddwl! Diolch i bawb wnaeth bleidleisio!

Roedd tri enw cyfarwydd arall yn y 40 uchaf: Betsan Powys (21) David Cornock[123] (22), hefyd Tomos Livingstone[124] (36).

TIC TOC
14:16, Dydd Mawrth, 1 Medi 2009

Dyma ni ym mis Medi felly. O'r diwedd mae gobaith i ni gael atebion i rai o'r cwestiynau y mae pawb yn y Cynulliad wedi bod yn eu gofyn.

Ar 29 Medi fe fydd Rhodri Morgan yn dathlu ei ben-blwydd yn saith deg ac os ydych chi'n credu ei fantra cyson fe fydd hynny hefyd yn ddiwedd, neu'n ddechrau ar ddiwedd, ei gyfnod fel Prif Weinidog Cymru. Ers sbel mae Rhodri wedi glynu at yr un fformiwla sef ei fod yn bwriadu sefyll i lawr ar ei ben-blwydd os nad oes 'na etholiad cyffredinol neu ryw argyfwng arall yn ei rwystro fe rhag gwneud hynny.

Nawr pe bai Rhodri yn dymuno cadw at ei union eiriau fe fyddai'r etholiad arweinyddol eisoes yn cael ei gynnal er mwyn iddo gael rhoi ei dŵls ar y bar a'i ffidl yn y to ar union ddiwrnod ei ben-blwydd. Gan nad yw hynny'n digwydd gallwn gymryd y bydd hi'n closio at y Nadolig cyn i'r arweinydd newydd gael ei draed dan y bwrdd.

Mae hynny'n golygu y bydd y penderfyniadau pwysig ynghylch cyllideb y llywodraeth yn 2010–2011 eisoes wedi eu gwneud. Fydd 'na fawr o gyfle i newid cyfeiriad na blaenoriaethau cyn yr etholiad Cynulliad nesaf felly. Cyn hynny wrth gwrs fe fydd 'na etholiad cyffredinol, etholiad lle y gallai Llafur gael hamrad.

Ym marn llawer o fewn y blaid, gwell fyddai aros tan ar ôl yr etholiad cyffredinol i ddewis arweinydd newydd. Gellid wedyn bortreadu dewis yr arweinydd fel rhan o'r broses o adnewyddu'r blaid, ac fe fyddai fe neu hi yn rhydd o gyhuddiadau o fod yn gysylltiedig â'r *ancien régime*.

---

123 Gohebydd seneddol BBC Cymru.
124 Golygydd gwleidyddol y *Western Mail* ar y pryd.

Yn wrthrychol mae'r dadleuon o blaid oedi yn gwneud synnwyr perffaith. Yr unig ddadl yn erbyn, hyd y gwelaf i, yw nad yw Rhodri yn dymuno cael ei weld fel dyn sy'n mynd yn ôl ar ei air. Mae hynny'n ddealladwy. Ar ôl dweud hynny mae cymryd clatsien dros y tîm hefyd yn beth digon anrhydeddus i'w wneud.

Un peth bach arall. Mae Medi 29 yn ystod cynhadledd Brydeinig y Blaid Lafur. Ydy Rhodri, mewn gwirionedd, yn bwriadu tynnu'r gwynt o hwyliau'r ymdrech i gyhoeddi'r neges Llafur yn y ffenest siop fawr olaf cyn etholiad cyffredinol?

NID POB ARWR SYDD ANGEN ASYN
11:36, Dydd Llun, 14 Medi 2009

Mae gen i gyfaddefiad. O bryd i'w gilydd rwy'n teimlo'n rhwystredig nad ydwyf yn gallu dod o hyd i ryw ddyfyniad neu ddywediad bachog i gyfleu syniad neu i'w ddefnyddio fel pennawd. Ar adegau felly rwy'n estyn i fy nychymyg ac yn bathu rhywbeth sy'n swnio'n dda, yn hynafol ac sy'n cyfleu'r ystyr.

Ffug-ddywediadau a dyfyniadau yw'r rhain mewn gwirionedd, pethau fel 'mwy o geffyl gwaith na cheffyl gwedd' neu 'y gwas bach sy'n cael y geiniog'. Yr un gorau i mi ei gofio oedd 'codi caib i agor cocos' – fy fersiwn Gymraeg i o 'sledgehammer to crack a nut'.

Dydw i ddim sicr p'un ai hanner cofio'r pethau 'ma ydw i, neu eu creu nhw allan o nunlle! Serch hynny mae'n rhoi boddhad enfawr i mi pan welaf rywun arall yn defnyddio un ohonyn nhw fisoedd neu flynyddoedd yn ddiweddarach.

Ta beth, ar y daith yn ôl o Landudno[125] fe drafododd Betsan a finnau y syniad o fathu dywediadau cwbl ddiystyr a'u cynnwys yn ein blogs i weld a fyddai unrhyw un yn sylwi! Fyddai hynny ddim yn beth call yn yr hinsawdd bresennol ond dyma rai o'r ffug-ddywediadau y gwnaethom ni eu bathu:

---

125 Roedd cynhadledd Plaid Cymru wedi ei chynnal yno dros y Sul.

Nid hawdd yw twyllo gafr benddu.

Nid ar gaws y mae codi buarth.

Un wiwer ni wna goelcerth.

Haul y bore yw hunllef yr hwyr.

Ydych chi'n gallu meddwl am rai gwell, ac oni fyddai'n sbort cael cystadleuaeth fathu yn y Babell Lên?

Mewn araith yng nghynhadledd y TUC yn Lerpwl, daeth y gydnabyddiaeth gyntaf gan Gordon Brown y byddai'n rhaid torri ar wariant cyhoeddus. Pwysleisiodd y byddai'r llywodraeth yn gwarchod gwasanaethau hanfodol.

WYTHNOS YNG NGHYMRU NA FU
11:08, Dydd Llun, 21 Medi 2009

Does dim dwywaith yn fy meddwl i mai'r nofel fwyaf dylanwadol yn hanes gwleidyddol Cymru yw *Wythnos yng Nghymru Fydd*, llyfr sydd yn bropaganda effeithiol oherwydd ei fod yn gythraul o stori dda ac yn waith llenyddol go iawn. Mae cymhellion gwleidyddol y llyfr yn amlwg o'r ffaith mai Plaid Cymru wnaeth ei gyhoeddi yn 1957. Ei werth llenyddol a'i stori afaelgar sy'n gyfrifol am y ffaith ei fod yn dal mewn print dros hanner canrif yn ddiweddarach.

Yr hyn sy'n rhyfedd am *Wythnos yng Nghymru Fydd* yw nad oes neb bron yn cofio Iwtopia'r Gymru Rydd y mae Ifan Powell yn glanio ynddi ar ei daith gyntaf i'r dyfodol. Yr hyn sy'n aros yn y cof yw cymdeithas hunllefus 'Western England' sy'n cael ei phortreadu mewn ychydig o benodau byrion ar ddiwedd y llyfr.

Gallwn fod yn weddol sicr y bydd Cymru 2033 yn debycach i fyd Mair Llywarch nag un hen wraig y Bala a hynny oherwydd yr hyn ddigwyddodd ar Fedi 18 1997 pan bleidleisiodd Cymru o drwch blewyn o blaid datganoli. Ond beth pe bai'r bleidlais ychydig yn wahanol a'r cynnig wedi ei drechu o ychydig filoedd? Sut le fyddai Cymru heddiw? Dydw i ddim yn meddu ar ddychymyg na dawn lenyddol Islwyn Ffowc ond rwy'n fodlon rhoi cynnig arni!

179

Yn gyntaf, yn lle ymddeol, a'i le yn y llyfrau hanes yn ddiogel, fe fyddai Rhodri Morgan wedi treulio degawd ar feinciau cefn San Steffan. Mae'n bosib y byddai wedi ei ddyrchafu'n gadeirydd pwyllgor ond pobol fel Alun Michael a Paul Murphy fyddai'n llywodraethu Cymru o Barc Cathays. Heb fandad annibynnol mae'n debyg y byddai eu polisïau yn ddigon tebyg i rai Lloegr. Dim presgripsiynau am ddim, dim Cyfnod Sylfaen yn yr ysgolion a dim dŵr coch clir. Yn eu lle byddai gennym gytundebau PFI, academis a 'foundation hospitals'.

O safbwynt y pleidiau eraill, mae'n debyg y byddai Plaid Cymru yn perthyn i'r cyrion. Gyda'r syniad o ddatblygiad cyfansoddiadol 'cam wrth gam' wedi methu, mae'n debyg y byddai'r blaid yn cyflwyno neges fwy digyfaddawd gyda fawr ddim apêl y tu allan i lond dwrn o etholaethau. Mae'n ddigon posib hefyd y byddai 'na lawer mwy o dorcyfraith gwleidyddol gan fudiadau iaith, ac o bosib fe fyddai grwpiau terfysg wedi ymddangos fel y digwyddodd yn sgil refferendwm 1979.

Ond nid Plaid Cymru fyddai'r unig blaid ar ei chefn. Heb beiriant cynnal bywyd y Cynulliad, fe fyddai hi wedi bod yn llawer anos i'r Ceidwadwyr ailadeiladu yn sgil trychineb colli pob sedd yng Nghymru yn 1997. Mae'n ddigon posib felly mai plaid y cyrion fyddai'r Ceidwadwyr yng Nghymru hefyd. Yn sicr mae'n anodd credu y gallai plaid oedd heb ei Chymreigio apelio i'r un graddau ag y mae'r Ceidwadwyr yn gwneud ar hyn o bryd.

Mae'n bosib wrth gwrs y byddai'r Democratiaid Rhyddfrydol wedi llenwi'r gwagle gwleidyddol gan ddatblygu i fod yn brif wrthblaid Cymru. Ta beth am hynny, mae'n anodd osgoi'r casgliad mai canlyniad pleidlais Na yn 1997 fyddai parhad yr hegemoni Llafur yng Nghymru am ddegawdau.

Yn hynny o beth mae'n bosib dadlau mai buddugoliaeth Medi 1997 oedd y peth gwaethaf i ddigwydd i Lafur yng Nghymru yn ei holl hanes.

GLASFEDD EU HANCWYN, A GWENWYN FU
10:51, Dydd Llun, 5 Hydref 2009

Mae Ceidwadwyr Cymry yn ei heglu hi am Fanceinion mewn hwyliau da iawn iawn. Mae perffaith hawl ganddyn nhw deimlo felly. Wedi'r cyfan fe enillodd y blaid y bleidlais boblogaidd yng Nghymru am y tro cyntaf ers ~~Arch Noa Math Fab Mathonwy~~ oes Fictoria yn yr etholiadau Ewropeaidd eleni.

Er i'r blaid fethu ennill yr un sedd seneddol yn 1997 a 2001, a dim ond tair yn 2005, mae 'na ddarogan o ddifri y gallai'r blaid ennill mwy o seddi na Llafur yn 2010. Mae hynny'n dibynnu ar sawl ffactor ac yn eu plith mae cyflwr y drefniadaeth leol.

Mae hi bron yn amhosib gor-ddweud ynghylch y ffordd yr oedd trefniadaeth leol y Ceidwadwyr wedi ei rhacsio erbyn diwedd y nawdegau, gyda chynghorwyr Ceidwadol bron â bod wedi diflannu o'r tir. Mae Llafur erbyn hyn mewn sefyllfa debyg (er nid cynddrwg), ond i ba raddau y mae'r drefniadaeth Geidwadol wedi ei hadfer? Mewn ardaloedd lle nad yw aelodau annibynnol yn bodoli mewn niferoedd mae'n bosib mesur hynny trwy edrych ar y siambrau cyngor.

Y newyddion da i'r Ceidwadwyr yw bod pethau'n edrych yn iachus iawn i'r blaid yn y rheng flaen o etholaethau. Yng Ngogledd Caerdydd, er enghraifft, mae'r Ceidwadwyr yn dal mwyafrif o'r seddi cyngor. Yn fwy diddorol byth, mae'r gweddill yn eiddo i'r Democratiaid Rhyddfrydol ac aelodau annibynnol. Does dim un cynghorydd Llafur ar ôl yn etholaeth Julie Morgan!

Yr un yw'r patrwm yng ngweddill y rheng flaen, er ei fod yn llai eithafol efallai. Mae'r Ceidwadwyr yn rheoli (fel lleiafrif) ar gyngor Bro Morgannwg ac mae 'na ddau ar hugain o Dorïaid a dim ond saith aelod Llafur ar Gyngor Conwy sy'n cynnwys sedd David Jones a sedd darged Aberconwy.

Dyw pethau ddim yn edrych mor addawol yn yr ail reng – y seddi y byddai'n rhaid eu hennill i'r Torïaid oddiweddyd Llafur fel plaid seneddol fwyaf Cymru. Dim ond dau gynghorydd Ceidwadol sy 'na yng Ngorllewin Caerdydd, er enghraifft, a dim ond chwech ar Gyngor Pen-y-bont.

Y broblem i'r Ceidwadwyr yw hon: os nad yw'r sefyllfa wleidyddol gyffredinol yn newid fe fyddai'r blaid yn gallu ennill llefydd fel Gogledd Caerdydd heb drefniadaeth leol effeithiol. Mewn etholaethau eraill, yr union etholaethau lle y gallai trefniadaeth leol wneud gwahaniaeth, mae 'na farc cwestiwn dros safon y drefniadaeth honno.

Mae 'na esiamplau di-ri wedi bod yn ddiweddar o bleidiau yn ennill etholaeth 'ar y dydd' ond yn ei cholli oherwydd y bleidlais bost. Gallai 'na fod rhagor yn 2010.

PATRICK HANNAN
09:18, Dydd Llun, 12 Hydref 2009

Mae'n rhyfedd meddwl nad oedd y fath bobol â newyddiadurwyr gwleidyddol yn bodoli yng Nghymru ddeugain mlynedd yn ôl. Roedd gan ambell i bapur ohebydd gwleidyddol ond yn San Steffan yr oedd y rheiny'n byw a bod. Roedd y syniad y gallai 'na fod digon o wleidyddiaeth ar lawr gwlad Cymru fach i gyfiawnhau gohebydd llawn amser yn cael ei ystyried yn chwerthinllyd braidd.

Pan benodwyd Patrick Hannan, a fu farw'n ddisymwth dros y Sul, yn ohebydd gwleidyddol BBC Cymru, fe gafodd e'r teitl 'Political and Industrial Correspondent' i ddechrau. Yn ôl Pat cafodd y gair 'Industrial' ei ychwanegu i'r teitl am ddau reswm. Yn gyntaf doedd neb yn sicr iawn os oedd 'na ddigon o bolitics i lenwi ei oriau gwaith. Yn ail, gwleidyddiaeth y mudiad Llafur oedd gwleidyddiaeth Cymru i raddau helaeth iawn ar y pryd ac os am ddeall y Blaid Lafur rhaid oedd deall y brodyr yn yr undebau hefyd. Wel, fe ddaeth Pat o hyd i hen ddigon o wleidyddiaeth yng Nghymru a gosododd batrwm a maes llafur i bawb ddaeth ar ei ôl.

Gallwn sôn llawer am Pat. Mae gen i atgofion dirifedi amdano. Roeddwn yn rhyfeddu at ei wybodaeth eang a'i ddawn sgwennu anhygoel ond yr hyn yr oeddwn yn edmygu fwyaf amdano oedd ei ystyfnigrwydd a'i ymroddiad i newyddiadura.

Roedd e, ac eraill o'i genhedlaeth o newyddiadurwyr, wedi

treulio degawd a mwy yn y chwedegau a'r saithdegau yn trafod 'cwestiwn cyfansoddiadol Cymru'. Roedd hi'n ymddangos bod y cwestiwn hwnnw wedi ei ateb yn ddigon eglur yn refferendwm 1979.

Doedd yr ateb yna ddim yn ddigon da i Pat. Dydw i ddim yn meddwl y byddai pleidlais Ie wedi ei blesio fe chwaith. Fe fyddai'r bleidlais yn '79, y naill ffordd neu'r llall, yn un ddifeddwl ac anwybodus yn ei farn ef. Roedd 'na gwestiynau eraill i'w hateb yn gyntaf.

Yn anad dim, yr hyn yr oedd Pat eisiau oedd i bobol *feddwl* ynghylch pynciau fel cenedligrwydd Cymru, ei threfniadau cyfansoddiadol a'i difreintedd economaidd. Trwy lyfr a thrwy raglen, yr un oedd y nod bob tro. Roedd pryfocio, cellwair, cwestiynu a dadlau i gyd yn arfau i orfodi i'w ddarllenwyr a'i wrandawyr feddwl drostyn nhw eu hunain ac i gyflwyno'r wybodaeth iddyn nhw allu gwneud hynny.

Roedd yn gas gan Pat bobol oedd yn siarad mewn ystrydebau neu'n parablu safbwyntiau ail-law. Cynhyrchodd gyfres deledu gyfan yn herio mytholeg rhai o arwyr gwleidyddol Cymru oherwydd hynny. Roedd dyrchafu gwleidyddion yn arwyr, ym marn Pat, yn esgus i beidio herio eu safbwyntiau a'u daliadau ac, yn ei dyb ef, herio popeth oedd hanfod dysg a democratiaeth.

Fe fyddai Pat yn dirmygu unrhyw ymdrech i'w ddyrchafu'n arwr. Wna i ddim felly. Fe ddyweda i hyn yn lle hynny. Roedd Pat yn athro da i mi ac yn athrylith gwleidyddol. Roedd yn gyfaill a chyd-weithiwr ffyddlon ac yn bersonoliaeth gyfan gwbwl unigryw.

Nid oes angen dweud y bydd colled ar ei ôl.

ELYSTAN
11:27, Dydd Iau, 15 Hydref 2009

Peth rhyfedd yw'r blogio 'ma. Ar adegau, mae dyn yn teimlo'r angen i bostio rhywbeth ond mae amser yn brin a dyw'r awen ddim yn dod. Mae'n bosib mai rhywbeth felly wnaeth arwain at bost Blogmenai ynghylch ei gas wleidyddion. Go brin ei fod yn disgwyl y nyth cacwn wnaeth lanio ar ei ben!

Cynnwys enw Elystan Morgan ar fersiwn wreiddiol y rhestr oedd asgwrn y gynnen ac fe ddiflannodd yr enw o'r ail fersiwn. Ond pam ei gynnwys yn y lle cyntaf?

Hyd y gwn i, dau beth a dau beth yn unig y mae Elystan wedi gwneud i bechu cenedlaetholwyr. Ei agwedd tuag at sefydlu Ysgol Penweddig oedd un ohonyn nhw. Ei benderfyniad i gefnu ar Blaid Cymru ac ymuno â'r Blaid Lafur yn 1965 oedd y llall.

Mae 'na hen ddigon o wleidyddion wedi newid plaid heb wynebu'r fath lid a dirmyg. Mae'n anodd osgoi'r casgliad mai'r rheswm am y teimladau gelyniaethus tuag at Elystan oedd ei fod, yng ngolwg llawer, nid yn unig wedi bradychu'r blaid neu fradychu Cymru ond ei fod wedi bradychu Gwynfor.

Elystan oedd etifedd Gwynfor. Ef oedd y mab darogan. Ar ôl i Gwynfor fethu ennill Meirionnydd yn 1959 Elystan gafodd y fraint o sefyll yn 'sedd y Llywydd' yn 1964. Ei fethiant yno wnaeth ei ddarbwyllo i droi at Lafur, gan arwain at ei ethol yn aelod Ceredigion yn 1966. Dyma'r esboniad a roddwyd gan Elystan yn ei ddarlith i'r archif wleidyddol Gymreig yn 2008:

'Er bod gen i'r parch eithaf i amcanion Plaid Cymru i ennill statws cyfansoddiadol teilwng i'r genedl, fe ddes i deimlo fwy a mwy nad oedd strategaeth y Blaid yn cyfateb â realaeth y sefyllfa na'r tymheredd gwleidyddol ychwaith. Fe deimlwn o ran fy hunan pe bai'r ddegrif nesaf yn ailadrodd patrwm y ddegrif flaenorol nad oedd yna yn wir ddim cyfraniad o werth y medrwn i ei wneud i'r sefyllfa o fewn Plaid Cymru. Yr ail oedd yr honiad a oedd yn un o ganonau canolog Plaid Cymru fod Llafur yn wrth-Gymreig ac na fuasai Llafur fyth yn arwain Cymru yn sylweddol i statws cyfansoddiadol uwch. Pan, felly, y bu i Lywodraeth Lafur yn ail ddydd ei bodolaeth ar ôl etholiad Hydref 1964 sefydlu'r swydd o Ysgrifennydd i Gymru, fe deimlais ysfa gref i ymuno â'r Blaid Lafur. Wedi'r cyfan, yr oedd creu'r ysgrifenyddiaeth yn gydnabyddiaeth gwbwl bendant o fodolaeth Cymru fel gwlad a chenedl.'

Y gwir oedd, wrth gwrs, fod Elystan wedi llwyr gamddarllen y 'tymheredd gwleidyddol'. Fe drodd ei fuddugoliaeth ei hun yng Ngheredigion yn llwch yn ei geg gyda buddugoliaeth Gwynfor yng Nghaerfyrddin rai misoedd yn ddiweddarach. Roedd Nans Jones, hoelen wyth pencadlys Plaid Cymru, yn adrodd hanes amdano yn dod ati'n fuan wedyn gyda dagrau yn ei lygaid gan ofyn 'Beth wnes i?' Yn ôl bywgraffiad Rhys Evans o Gwynfor roedd Elystan yn 'gyfaill cywir' iddo yn San Steffan yn sgil yr isetholiad.

Fe gollodd Elystan yng Ngheredigion yn 1974. Fe gollodd eto yn Ynys Môn yn 1979, yn rhannol am iddo dreulio llawer o'i amser yn y flwyddyn honno yn arwain yr ymgyrch Ie yn y refferendwm datganoli. Ni fyddai wedi gwneud hynny pe na bai'n wleidydd o argyhoeddiad ac yn Gymro gwlatgar.

Pe na bai Elystan wedi troi at Lafur, mae'n debyg y byddai wedi ei ethol dros Blaid Cymru ym Meirionnydd yn 1970 neu 1974 ac wedi dal y sedd am gyhyd yr oedd e'n dymuno. Mae'n ddigon posib y byddai wedi diweddu ei yrfa yn arwain Plaid Cymru yn y Cynulliad.

Dim ond Elystan all ddweud, ond dwi'n meddwl y byddai e wedi cael mwy o foddhad o'r yrfa honno nag o fod yn Farnwr ac yn Arglwydd.

Fe wnaeth Elystan gamgymeriad gwleidyddol. Dyna i gyd. 'Get over it', fel maen nhw'n dweud.

JYST DWEUD
23:17, Dydd Sadwrn, 17 Hydref 2009

… Dyma i chi ffaith ryfeddol. Yr wythnos hon fe fydd teithiwr rhif 1,000,000 yn teithio ar lein Glyn Ebwy. Mae'r defnydd o'r gwasanaeth yn fwy na dwbwl y disgwyl.

Fe gefnogwyd ailagor y lein gan bob un o bleidiau'r Cynulliad. Beth am roi tipyn o glod am unwaith? Gall y Cynulliad a'i Lywodraeth frolio ynghylch hyn ac mae'n gwneud i bolisi Adran Drafnidiaeth Lloegr o wrthod pob cais i ailagor rheilffyrdd edrych yn rhyfedd ar y naw.

Ar ddechrau Hydref roedd Rhodri Morgan wedi dweud y byddai'n rhoi'r gorau i fod yn Brif Weinidog Cymru ac arweinydd y Blaid Lafur Gymreig ym mis Rhagfyr wedi pleidlais ar y gyllideb yn y Cynulliad. Huw Lewis, Edwina Hart a Carwyn Jones fyddai'r ymgeiswyr yn y ras i'w olynu.

BANT Â NI
08:32, Dydd Mawrth, 27 Hydref 2009

Mae'n hanner awr wedi wyth ac mae'r cyffion wedi eu cymryd oddi ar ein traed ynghylch arolwg barn Aber/YouGov. Dydw i ddim am atgynhyrchu'r ystadegau i gyd ond mae 'na gymaint o bethau diddorol i drafod mae'n debyg y bydd 'na fwy nag un post ynghylch hyn yn ystod y dydd heddiw!

Y peth cyntaf sy'n fy nharo i yw cymaint o gawr gwleidyddol yw Rhodri. Mae 63% o'r panel yn credu ei fod yn gwneud gwaith da fel Prif Weinidog a dim ond 19% yn credu ei fod yn gwneud jobyn gwael. Mae hynny'n farc o +44%, sy'n ffigwr anhygoel i rywun sydd wedi bod mewn grym am ddeng mlynedd. Cymharwch hynny â'r -24% y mae Gordon Brown yn ei dderbyn!

Mae marciau rhai o wleidyddion eraill y Cynulliad hefyd yn ddiddorol er bod o gwmpas hanner y panel wedi ateb 'Ddim yn gwybod' i'r cwestiynau ynghylch p'un ai y byddai'r gwleidyddion a enwyd yn brif weinidogion da ar Gymru ai peidio. Mae un gwleidydd ben ac ysgwydd yn uwch na'r gweddill, a Carwyn Jones yw hwnnw. Dyma'r sgoriau'r ymgeiswyr i olynu Rhodri fel arweinydd Llafur:

Carwyn Jones +18; Huw Lewis +3; Edwina Hart -1

… Un ystadegyn anhygoel i orffen. Mae 52% o'r panel yn ymddiried yn Aelodau'r Cynulliad i ymddwyn mewn modd gonest a didwyll. Dim ond 19% sy'n ymddiried mewn Aelodau Seneddol i wneud hynny.

Holwyd 1,078 o oedolion, Hydref 21–23.

TITCH A CWACERS
13:45, Dydd Llun, 2 Tachwedd 2009

O am fod yn bry ar wal yng nghyfarfodydd 'hustings' yr arweinyddiaeth Llafur!

Does dim angen Tardis i deithio'n ôl hanner canrif a mwy. Y cyfan sydd angen yw cerdyn aelodaeth Llafur i glywed cyhuddiadau fod y *Western Mail* yn 'Tory rag', y BBC yn 'cael ei rhedeg gan Blaid Cymru' a bod busnesau yn 'our class enemy'.

Pa ymgeisydd sy'n dweud pethau felly? Gwell i mi beidio ei henwi ond mae treigladau'n adrodd cyfrolau weithiau!

CWYMPO AR EU BAE
15:02, Dydd Mercher, 4 Tachwedd 2009

Dydw i ddim yn gwybod sut i ddisgrifio'r tywydd yng Nghaerdydd ar hyn o bryd. Dyw Haf Bach Mihangel ddim yn ddigonol, rywsut, am sefyllfa lle mae pobol yn crwydro o gwmpas mewn crysau T a siorts ar drothwy Noson Tân Gwyllt. Hwyrach y byddai Haf Mawr Mihangel yn gwneud y tro!

Ta beth, gellid maddau i Rhodri Morgan pe bai e'n credu bod y duwiau'n gwenu ar ei wythnosau olaf mewn gwleidyddiaeth rheng flaen. Wrth iddo edrych allan o'i swyddfa ar yr olygfa heulog mae'n gweld dinas sydd wedi ei thrawsnewid ers iddo gamu mewn i wleidyddiaeth yn yr 1980au.

Fe fyddai ambell wleidydd yn cael ei demtio i gymryd y clod. Dyw Rhodri ddim yn ceisio gwneud hynny. Mae'n ymwybodol efallai o'r eironi bod y rhan fwyaf o'r pethau mae'n gallu gweld trwy ei ffenest yn bethau y gwnaeth e eu gwrthwynebu!

Doedd e ddim yn ffan o'r syniad o Dŷ Opera. Roedd yn well ganddo'r 'bog on stilts' ym maes parcio Tŷ Hywel na Senedd Richard Rogers, ac fe wnaeth ei dactegau seneddol clyfar ohirio adeiladu morglawdd Bae Caerdydd am flynyddoedd.

Mae'n ffaith ryfeddol bod Mesur Morglawdd Bae Caerdydd wedi llyncu mwy o amser seneddol nag unrhyw fesur arall yn hanes San Steffan, mwy hyd yn oed na diddymu'r deddfau ŷd a mesurau hunanlywodraeth Iwerddon yn oes Fictoria! Yn un o'r dadleuon, fe siaradodd Rhodri am bron i dair awr. Fe fyddai hynny'n dipyn o dasg i unrhyw un arall, ond rwy'n amau y byddai Rhodri wedi gallu cario ymlaen am oriau'n fwy pe bai angen.

Dydw i ddim yn cofio'r union ddyfyniad ond fe ddywedodd Chris Moncrieff, prif ohebydd y Press Association rywbeth fel 'Governments come, governments go, empires rise and empires fall but the Cardiff Bay Barrage Bill stands eternal.'!

Yng ngeiriau Rhodri ei hun (Hansard 1993):

'There is Budget day; there is the autumn statement; there is the Loyal Address and the Cardiff Bay Barrage Bill at one of its stages – Second Reading, Report, or Third Reading – either as a private Bill or as a public Bill. Whatever else happens, there must be the Cardiff Bay Barrage Bill in any parliamentary Session.'

Ddeng mlynedd yn ôl i heddiw fe lifodd dŵr y môr allan o Fae Caerdydd am y tro olaf. Caewyd y gatiau ac yn raddol fe ddiflannodd y mwd o dan ddyfroedd afonydd Taf ac Elai.

Mae 'na ambell i bloryn pensaernïol yn y Bae ac mae'n deg dweud nad yw'r ailddatblygu wedi gwneud rhyw lawer dros y bobol oedd eisoes yn byw yma. Mae'r bobol o'r hen Tiger Bay bron mor dlawd a difreintiedig ag erioed. Serch hynny, mae'n anodd dadlau nad yw gweledigaeth Nicholas Edwards wedi profi'n drech nag amheuon Rhodri Morgan.

Cofiwch, nid Rhodri oedd yr unig wleidydd oedd yn methu gweld pwynt y cynllun. Dydw i ddim yn cofio ym mha etholiad ac yng nghwmni pa Ysgrifennydd Gwladol yr oedd John Major pan wnaeth e ymweld â'r Bae ar ddiwrnod heulog digon tebyg i heddiw.

Syllodd y Prif Weinidog ar fwd y Bae yn disgleirio yn yr haul.

'Aren't the mudflats beautiful?' meddai Major wrth i wyneb yr Ysgrifennydd Gwladol gochi.

'Actually, Prime Minister...'

YR IFANC A ŴYR, SYR EMYR A DYBIA
00:01, Dydd Mercher, 18 Tachwedd 2009

£1.3 miliwn, tair mil o ddarnau o dystiolaeth, a dwy flynedd o fywyd un o ddiplomyddion mawr Prydain. Dyna Gonfensiwn Cymru Gyfan i chi. A beth mae'r llywodraeth wedi cael am ei harian?

Wel, nid rhyw adroddiad 'ar y naill law... ar y llaw arall', ond, yn hytrach, y neges yw 'Cerwch amdani'.

Yng ngeiriau un person, nid nepell o Syr Emyr, os oedd pobol yn disgwyl i'r diplomydd gynhyrchu rhywbeth *fuzzy* fe fyddan nhw wedi eu siomi! Mae gen i deimlad fod y posibilrwydd o adroddiad o'r fath wedi diflannu'r eiliad y gwnaeth Don Touhig honni y byddai angen sat nav ar Syr Emyr i ddod o hyd i Gymru!

Hanfod yr adroddiad yw beirniadaeth lem o'r system bresennol o roi pwerau fesul dipyn i'r Cynulliad. Y syrpréis gyntaf yw nad y system LCO (Legislative Competence Orders) sy'n poeni'r Confensiwn fwyaf. Dyw'r Aelodau ddim yn or-hoff o honna, ond y ffordd arall o drosglwyddo grymoedd i Gymru, y 'pwerau fframwaith' sy'n eu cythruddo mewn gwirionedd.

O leiaf gyda'r LCOs mae San Steffan a'r Cynulliad yn cael dweud eu dweud ynghylch y pwerau sy'n cael eu trosglwyddo. Gyda phwerau fframwaith, San Steffan yn unig sy'n eu hystyried ac mae hynny'n golygu ychydig funudau o ystyriaeth, os hynny. Yn y bôn dywed adroddiad Syr Emyr fod pwerau fframwaith yn cael eu trosglwyddo ar fympwy gweinidogion yn Llundain heb unrhyw fath o drafodaeth gyhoeddus go iawn. Mae pwerau pwysig yn cael eu trosglwyddo felly heb fawr o ystyriaeth, tra bod pwerau cymharol ddibwys yn gaeth am flynyddoedd yn y gyfundrefn LCO gan dderbyn scriwtini ymhell y tu hwnt i'w haeddiant.

Mae hynny, yn ôl y Confensiwn, wedi creu system sy'n aneglur, hyd yn oed i wleidyddion, ac yn gwbwl annealladwy i'r cyhoedd. Yn ogystal, mae'n rhwystro'r Cynulliad rhag gallu deddfu'n strategol. Er mwyn llunio deddf gynhwysfawr ynghylch newid hinsawdd, er enghraifft, fe fyddai angen hanner dwsin o wahanol LCOs neu fesurau fframwaith yn ymwneud â gwahanol adrannau Whitehall.

Fe fyddai trosglwyddo pwerau llawn i'r Cynulliad yn datrys y broblem. Dyna oedd barn unfrydol y Confensiwn ac mae'r Aelodau o'r farn y gellid gwneud hynny heb gynyddu nifer yr Aelodau ym Mae Caerdydd a heb unrhyw gostau ychwanegol sylweddol.

A fyddai cefnogwyr datganoli yn ennill refferendwm? Mae hynny'n bosib, er nid yn sicr yn ôl y Confensiwn. 47% o blaid, 37% yn erbyn oedd canlyniad ei arolwg barn, ffigyrau digon tebyg i arolygon eraill. Ond yn ôl un aelod, roedd cyfarfodydd cyhoeddus y Confensiwn yn awgrymu bod y gefnogaeth yn tyfu wrth i etholwyr ddeall y cwestiwn yn well.

Yn ôl Aelod arall, gallai llawer ddibynnu ar faint o ymddiriedaeth fydd gan y cyhoedd yn arweinwyr yr ymgyrchoedd. Yn 1975, meddai, pleidleisiodd y mwyafrif o blaid y Farchnad Gyffredin am fod ganddyn nhw fwy o ffydd yn Harold Wilson, Ted Heath a Jeremy Thorpe nag yn Tony Benn ac Enoch Powell.

Y casgliad clir yw bod poblogrwydd digamsyniol Rhodri Morgan yn arf bwerus yn nwylo cefnogwyr datganoli ac y dylid defnyddio'r arf honno cyn iddi golli ei sglein.

Wrth gwrs, fuasai rhywun fel Syr Emyr fyth yn dweud rhywbeth mor wleidyddol â hynny ar goedd neu hyd yn oed yn breifat ond roedd y neges yn eglur. Rhodri v. Touhig. 'Bring it on', sat nav neu beidio!

Drosodd atoch chi, Rhodri!

TRWY GYFRWNG Y CYFRWNG
12:35, Dydd Mawrth, 24 Tachwedd 2009

Un o'r pethau sy'n digalonni dyn wrth fynd yn hŷn yw gwylio gwyrthiau technoleg un degawd yn cael eu gwthio i'r naill ochor yn y nesa. Betamax... VHS... cryno-ddisgiau... Fe gyfrais i nhw mas ac fe gyfrais i nhw'n ôl!

Yn Eisteddfod Casnewydd yn 1988 y gwelais i'r wyrth honno – y peiriant ffacs – am y tro cyntaf. Meddyliwch! Danfon dogfen dros y ffôn! Anhygoel!

Mae'r ffacs bellach wedi ei daflu i sgip hanes gyda'r Walkman, y BBC Micro a'r Sinclair C5 ond gallai hynny beri problem i'r Cynulliad. Mae'n rhaid i bwy bynnag sy'n cael ei ethol yn Brif Weinidog ymhen ychydig wythnosau dderbyn sêl bendith y Frenhines. Sêl bendith y Frenhines... yn llythrennol. Dim ond llythyr â'r sêl frenhinol arni neu lungopi o'r llythyr wedi ei ffacsio sy'n cyfri. Wnaiff e-bost ddim o'r tro.

Gallaf ddychmygu'r olygfa ar ôl i'r arweinydd newydd gael ei ddewis gyda phawb yn ei longyfarch a dymuno'n dda iddo nes i ryw was bach godi ei lais a gofyn 'Oes unrhyw un yn gwybod sut mae gweithio peiriant ffacs?'.

CICIO I'R YSTLYS
12:53, Dydd Mawrth, 24 Tachwedd 2009

Fe fydd hwn yn gwylltio ambell un. Dyma ddatganiad sydd newydd ei gyhoeddi ar y cyd rhwng Peter Hain, Rhodri Morgan a Garry Owen[126] (yr un arall!) ar ran Llafur Cymru. Ymateb i adroddiad y confensiwn mae'r datganiad. Dyma'r paragraff allweddol:

> 'Welsh Labour's Welsh Joint Policy Committee has met, prioritised the need to campaign for a General Election victory, and agreed to start considering the All Wales Convention report in detail as a prelude to stepping-up wider Party consultation with AMs and MPs, councillors, trade unionists and members as soon as the General Election is over.'

Mae hynny, mae'n ymddangos, yn tynnu'r gwynt o hwyliau'r rheiny oedd yn gobeithio y byddai'r Cynulliad yn penderfynu ynghylch refferendwm yn gynnar yn y flwyddyn

---

126 Y Garry Owen 'arall' oedd cadeirydd Llafur Cymru ar y pryd.

newydd. Does dim sôn chwaith am ddechrau ar y gwaith o ffurfio ymgyrch Ie.

Beth fydd ymateb plaid arall y Glymblaid? Fe gawn weld, ond cofiwch mai gallu'r Blaid Lafur i ddelifro refferendwm oedd y rheswm y gwnaeth Ieuan wrthod yr Enfys.

A beth tybed fydd ymateb pwy bynnag sy'n olynu Rhodri? A fydd e neu hi yn hapus fod Rhodri wedi clymu ei (d)dwylo?

Ydy gohirio penderfyniad tan ar ôl etholiad cyffredinol yn ei gwneud hi'n amhosib i refferendwm gael ei gynnal yn Hydref 2010? Nac ydy. Fe fyddai'r amserlen yn dynn, yn enwedig os oedd yr Ysgrifennydd Gwladol yn defnyddio'r cyfan o'r 120 diwrnod o ymgynghori y mae'r mesur yn caniatáu. Ar y llaw arall, beth sy 'na i ymgynghori yn ei gylch, mewn gwirionedd?

CLYMBLAID MEWN PERYG
14:10, Dydd Mawrth, 24 Tachwedd 2009

Mae dyfodol Clymblaid Cymru'n Un yn y fantol yn ôl ffynonellau o fewn Plaid Cymru.

Deellir nad oedd Plaid Cymru yn gwybod am gynnwys datganiad newyddion y Blaid Lafur cyn ei gyhoeddi. Yn ôl aelodau blaenllaw o'r blaid, mae Llafur wedi torri ymddiriedaeth ac mae ymddygiad Rhodri Morgan yn 'gwbwl annerbyniol'. Yng ngeiriau un: 'Ni fydd aelodau'r blaid yn caniatáu i'w gweinidogion eistedd wrth y bwrdd â Llafur os ydy hwn yn sefyll. Mae angen i Lafur gofio eu bod mewn clymblaid â Phlaid Cymru nid Peter Hain.'

Mae'n anodd cyfleu cymaint yw dicter Plaid Cymru ynghylch y sefyllfa. Mae'r bygythiad yn un syml. Ni fydd Plaid Cymru yn pleidleisio dros olynydd Rhodri fel Prif Weinidog os nad yw Llafur yn newid ei safiad a hynny ar fyrder.

Erbyn diwedd y dydd roedd Rhodri Morgan ac Ieuan Wyn Jones wedi cyhoeddi datganiad ar y cyd yn dweud bod 'pob dewis' o ran amseru refferendwm ar bwerau deddfu llawn yn dal yn agored, gan gynnwys refferendwm yn ystod yr hydref pe bai hynny'n ymarferol.

LEIGHTON A FI
12:34, Dydd Mawrth, 1 Rhagfyr 2009

Dim ond unwaith rwy wedi sefyll mewn etholiad, ac etholiad Undeb Myfyrwyr oedd hwnnw. Fe wnes i golli. I Leighton Andrews. Roedd hynny'n ddigon i'm perswadio mai edrych ar wleidyddiaeth o'r tu fas oedd y llwybr cywir i fi mewn bywyd!

Ta beth, os nad yw pawb yn darllen yr ymysgaroedd yn anghywir, y prynhawn yma fe fydd Carwyn Jones yn cael ei ethol yn arweinydd Llafur. I Leighton y bydd y rhan helaeth o'r diolch am hynny. Etholiad Carwyn i'w golli oedd hwn. Roedd yn weddol saff o'i ennill os oedd ganddo ymgyrch effeithiol a does neb yn well trefnydd ymgyrch na Leighton. Rwy'n gwybod hynny o brofiad!

CORONI CARWYN
16:31, Dydd Mawrth, 1 Rhagfyr 2009

Carwyn Jones yw'r arweinydd Llafur newydd. [*Enillodd yn y rownd gyntaf gyda 52% o'r bleidlais yn y coleg etholiadol.*] Doedd dim sioc funud olaf felly, ac eithrio maint y fuddugoliaeth.

... Fe fydd 'na ddigon o amser i drafod y goblygiadau yn y man ond y peth cyntaf i nodi yw bod gan yr arweinydd newydd gythraul o fandad. Does arno fe ddim byd i'r ymgeiswyr eraill. Mae'n bosib y bydd Edwina neu Huw neu'r ddau yn y Cabinet, ond does y naill na'r llall yn gallu hawlio lle.

Gan fy mod wedi cyfaddef yn gynharach heddiw fy mod wedi colli etholiad i Leighton Andrews dyma gyfaddefiad arall. Fy nhad-cu wnaeth briodi taid a nain Carwyn. Diawch, mae Cymru'n lle bach!

PENNOD 6

Cameron, Clec S4C a Refferendwm, 2009–2011

Y GWIR YN ERBYN Y BYD
10:59, Dydd Gwener, 4 Rhagfyr 2009

Os ydych chi'n un o'r rheiny sy'n ymddiddori yn yr hyn allai ddigwydd mewn refferendwm y flwyddyn nesaf mae'n werth treulio ychydig o amser yn darllen erthygl Rachel Banner o Gwir Gymru, draw ar safle *Wales Home*.[127] Mae'n cynnwys amlinelliad pur dda o'r themâu a'r dadleuon y byddai ymgyrch Na yn eu cyflwyno yn ystod yr ymgyrch.

Problem yr ymgyrch Na wrth gwrs yw mai cadw'r drefn fel ag y mae hi fyddai canlyniad pleidlais negyddol ac mae'n anodd dychmygu sut y gellid creu brwdfrydedd trwy ddadlau dros ragoriaethau LCOs a phwerau fframwaith! Mae'r ateb sy'n cael ei gynnig gan Rachel yn un clyfar.

Y bwriad yw portreadu'r Cynulliad fel corff sy'n cynrychioli *elite* Cymru (y crachach, fel byddai Don Touhig yn dweud), corff sydd ddim eto wedi gwneud digon i haeddu cael pwerau ychwanegol. Mae'r ymgyrch yn gwahodd yr etholwyr i hala'r neges yma i'w cynrychiolwyr yn y Bae: 'Gweithiwch yn galetach, torrwch yn ôl ar eich costau, gwrandewch yn fwy astud ar y bobol ac wedyn fe wnawn ni ystyried rhoi rhagor o bwerau i chi. Tan hynny, anghofiwch hi!'

Fel dwedais i, rwy'n meddwl bod y lein yn un glyfar ac yn

---

127 Gwefan arall sydd bellach wedi diflannu.

un y gallai daro tant gyda'r etholwyr. Rwy'n fwy amheus am ail hanner y ddadl, sef yr honiad y gallai cynyddu pwerau'r Cynulliad arwain at dorri nifer yr Aelodau Seneddol o Gymru ac y byddai hynny'n andwyol i'n buddiannau ni.

Yn gyntaf, wrth gwrs, ni fyddai'r nifer o Aelodau Seneddol yn cael ei gwtogi o ganlyniad i bleidlais Ie. Gallai hynny ddigwydd rhyw ben, beth bynnag oedd canlyniad y bleidlais. Yng nghyd-destun refferendwm mae'n dipyn o fwgan felly.

Mae 'na broblem arall 'da'r dacteg hon yn fy marn i. Mae hi wedi ei seilio ar y syniad fod pobol Cymru yn meddwl y byd o'i 'hard won voice in parliament' tra'n dirmygu'r *elite* yn y Bae. Mae pob un darn o dystiolaeth sy 'na yn awgrymu mai'r gwrthwyneb sy'n wir a bod gan bobol Cymru lawer mwy o barch at eu Haelodau Cynulliad na'u Haelodau Seneddol. Os ydy Gwir Gymru am droi'r refferendwm yn gystadleuaeth poblogrwydd rhwng ASau ac ACau fe fydd pobol yr ochor Ie wrth eu boddau!

Dros gyfnod y Nadolig, aeth Vaughan ar ei wyliau i Awstralia. Yn y cyfamser penododd Carwyn Jones ei Gabinet newydd – Cabinet a gâi ei weld fel un 'saff'.

2010
BLWYDDYN NEWYDD HWYR
09:18, Dydd Mawrth, 12 Ionawr 2010

Reit. Dyma fi'n ôl felly. Rwy'n casglu ei bod hi wedi bod yn oer yma!

Dydw i ddim am sgwennu traethawd am fy ngwyliau. Fe wna i adael hynny i ddisgyblion TGAU! Serch hynny, fe ddysgais i ambell i beth tra oeddwn i bant. Dyma rai ohonyn nhw.

1. Mae grym y Saesneg yn gythreulig o anodd i'w wrthsefyll. Trist oedd clywed hysbysebion radio ym Malaysia yn cymell pobol i ddefnyddio'r iaith genedlaethol. Oes angen dweud taw Saesneg oedd iaith yr hysbysebion?
2. Mae'r Amgueddfa Ymfudo ym Melbourne yn defnyddio

mwy o Gymraeg yn ei hadnoddau rhyngweithiol na rhai Llundain.

3. Mae llywodraeth Tasmania mewn trafferthion yn sgil cwymp arswydus yng nghyraeddiadau addysgol yr ynys. Daeth y cwymp yn sgil ddiddymu dosbarthiadau 6 traddodiadol er mwyn cynnig 'rhagor o ddewisiadau i ddisgyblion 16+'. Y plant tlotaf a lleiaf academaidd sydd wedi dioddef fwyaf. Dim ond dweud.

Ta beth, mae 'na glasur o flwyddyn wleidyddol o'n blaenau. Fe fydd 'na un, ac efallai dau, etholiad cyffredinol, refferendwm o bosib, ac mae etholiad Cynulliad ar y gorwel. Bant â ni, felly!

ELIN, O ELIN...
10:59, Dydd Iau, 14 Ionawr 2010

Dyw'r tywydd garw ddim wedi effeithio ar waith y Cynulliad. Er cynddrwg yr eira mae'r Aelodau i gyd wedi llwyddo i gyrraedd y Bae – arwydd, mae'n rhaid, o'r ffaith eu bod yn cymryd eu gwaith o ddifri. Go brin y byddai un ohonyn nhw'n cyfaddef bod y trafod ar adegau braidd yn ddibwrpas. Heblaw Elin Jones, hynny yw.

Yn gynharach yr wythnos hon roedd y Gweinidog yn agor dadl ar 'Egwyddorion Cyffredinol y Mesur Arfaethedig ynghylch y Diwydiant Cig Coch' ac yn gwneud hynny, yn ôl ei harfer, yn Gymraeg.

Am unwaith doedd y cyfieithu ar y pryd ddim yn gweithio'n rhy dda gan arwain at y sylwadau yma yn y siambr:

> The Deputy Presiding Officer: Order. We missed quite a lot of the translation there, Minister. Could you go back a few paragraphs?
>
> Elin Jones: May I suggest that what I was saying was not all that important?

Elin, Elin! Dwyt ti ddim fod dweud pethau fel'na!

YR HET BLUOG
14:37, Dydd Mawrth, 19 Ionawr 2010

Un o arferion Nick Bourne yw cyfeirio at Peter Hain fel y 'Governor General'. Mae'n derm braidd yn rhyfedd i Geidwadwyr ei ddefnyddio. Gellid disgwyl y peth gan ambell i bleidiwr ond mae'n rhyfedd braidd i'w glywed ar wefusau rhywun o anian unoliaethol.

Gofynnais i Nick heddiw a fyddai'n trosglwyddo'r het bluog i Cheryl Gillan pe bai hi'n Ysgrifennydd Gwladol. Mynnodd na fyddai, gan esbonio mai gwawdio agwedd nawddoglyd honedig Peter Hain tuag at y Cynulliad yw ei fwriad ac nid dirmygu swydd yr Ysgrifennydd Gwladol.

Digon teg, efallai. Wedi'r cyfan dyw Peter ddim wedi mynd allan o'i ffordd i wneud cyfeillion ar y meinciau Ceidwadol. Doedd Nick ddim hyd yn oed yn gwybod bod gan Peter swyddfa mewn adeilad gyferbyn â'r Cynulliad nes i rywun ddweud hynny wrtho heddiw! Mae hyd yn oed newyddiadurwyr yn cael eu gwahodd i'r fangre honno!

Dyw hi ddim yn ymddangos bod Carwyn Jones yn orawyddus i drafod â'r Torïaid chwaith. Wythnos yn ôl fe wrthododd Carwyn ddweud a fyddai'r bleidlais yn y Cynulliad ynghylch refferendwm ar Chwefror y 9fed yn un a fyddai'n cwrdd â gofynion Deddf Llywodraeth Cymru. Fe fyddai hynny wrth gwrs yn golygu cychwyn y broses swyddogol a fyddai'n arwain at refferendwm yn yr hydref.

Y rheswm am yr aneglurder, yn ôl Carwyn, oedd yr angen i drafod â'r gwrthbleidiau. Dyw'r trafodaethau hynny ddim wedi digwydd eto. Yn wir, doedd y Democratiaid Rhyddfrydol ddim wedi clywed gair gan y llywodraeth tan toc cyn eu cynhadledd newyddion heddiw – cynhadledd lle'r oedd y blaid yn bwriadu gofyn beth gebyst oedd yn mynd ymlaen!

Mae'n ymddangos bod Carwyn mewn ychydig o dwll. Mae 'na arwyddion plaen nad yw Ieuan Wyn Jones yn fodlon derbyn unrhyw beth llai na phleidlais swyddogol, er y byddai hynny yn groes i ddymuniadau Peter Hain.

Ar ddiwedd y dydd mae'n debyg y bydd yn rhaid i Carwyn bechu naill ai Ieuan neu Peter. Ai'r 'country solicitor' neu'r 'Governor General' fydd yn cael ei siomi? Fe gawn weld.

Ar 9 Chwefror, pleidleisiodd ACau o blaid cynnal refferendwm ar ddatganoli grymoedd ychwanegol i'r Cynulliad. Cafodd y cynnig ei gymeradwyo'n ddi-wrthwynebiad, gyda 53 AC yn ei gefnogi. Er bod y Ceidwadwyr a'r Democratiaid Rhyddfrydol wedi bygwth atal eu pleidlais oherwydd eu gwrthwynebiad i gynnal y refferendwm ar yr un diwrnod ag etholiad y Cynulliad, llwyddodd y llywodraeth glymblaid i sicrhau eu cefnogaeth wrth addo y byddai pryderon y gwrthbleidiau'n cael eu hystyried.

HANDLO HUNLLEF
13:58, Dydd Mawrth, 9 Chwefror 2010

Yng nghanol cyfnod bach digon hunllefus i Ddemocratiaid Rhyddfrydol Cymru mae gan y blaid un cysur ac mae hwnnw'n gysur go fawr. Mae Kirsty Williams wedi arddangos sgiliau a synnwyr gwleidyddol o'r radd uchaf wrth ddelio nid yn unig â sefyllfa Mick Bates ond hefyd y trafodaethau ynghylch y bleidlais i gynnal refferendwm.[128]

Roedd 'na beryg y gallai'r bleidlais honno, ynghyd â bygythiad y blaid i ymatal ynddi, fod yn gwmwl dros gynhadledd y blaid. Llwyddodd Kirsty i osgoi hynny yn gelfydd trwy gyrraedd cytundeb â'r llywodraeth ddydd Gwener ar ôl danfon neges glir fod angen iddi fod yn llai llawdrwm wrth ddelio â'r gwrthbleidiau os am sicrhau eu cefnogaeth.

Doeddwn i ddim yn y neuadd ar gyfer araith Kirsty yn Abertawe ond yn ôl y rhai oedd yno roedd hi'n dipyn o 'barnstormer'. Pwy all feio Kirsty felly os aeth hi i'w gwely nos Sadwrn gan deimlo bod popeth yn mynd o'i phlaid?

Gallwn ond dychmygu gymaint o glec oedd gweld y

---

128 Mick Bates, AC y Democratiaid Rhyddfrydol dros Faldwyn, 1999–2011. Fe'i cafwyd yn euog o ymosod ar barafeddygon ac ymddwyn yn afreolus yn 2010.

cyhuddiadau ynghylch Mick Bates yn y *Wales on Sunday*. Roedd hi, fel ni'r newyddiadurwyr, yn gwybod bod Aelod Maldwyn wedi cael anaf yn oriau mân y bore rai wythnosau yn ôl. Roedd hi, a ni, yn gwybod bod Mick wedi bod yn yfed cyn hynny. Coeliwch neu beidio, dyw gwleidydd yn meddwi ddim yn stori!

Yr hyn y gwnaeth hi'n stori oedd honiad y papur fod 'na gyhuddiad bod Mick Bates wedi ymddwyn yn fygythiol tuag at staff y gwasanaeth iechyd. Prin oedd tystiolaeth y papur mewn gwirionedd ac fe fyddai'n annheg beirniadu Kirsty am beidio â gweithredu yn erbyn yr Aelod yn syth. Roedd cadw Mick oddi wrth newyddiadurwyr a chamerâu yn gamgymeriad, ond yn un cymharol ddibwys.

Pan ddarlledodd y BBC honiadau gweithiwr ambiwlans ynghylch ymddygiad Mick Bates fe weithredodd y blaid y gyflym ac yn gywir. Collodd yr Aelod ei swydd fainc flaen a'i gadeiryddiaeth pwyllgor yn syth a doedd 'na ddim ymdrech i fychanu difrifoldeb y sefyllfa. Yn ei chynhadledd newyddion heddiw atebodd Kirsty bob un cwestiwn yn bwyllog a gofalus gan wrthod cymryd yr abwyd a chwestiynu amseriad ymddangosiad y stori.

Y cyhuddiad y mae dyn yn ei glywed amlaf gan wrthwynebwyr Kirsty yn y pleidiau eraill yw ei bod hi'n 'anaeddfed' neu'n 'wleidydd myfyrwyr'. Mae ei hymddygiad dros y dyddiau diwethaf wedi gwneud llawer i wrthbrofi'r cyhuddiad hwnnw.

DEWCH AT EICH GILYDD...
11:37, Dydd Gwener, 26 Chwefror 2010

Bant â fi i'r Gynhadledd Lafur felly, ac ar ôl misoedd o ddyfalu mae strategaeth Llafur Cymru ar gyfer yr etholiad cyffredinol yn dechrau amlygu ei hun.

Mae'n anodd gor-ddweud ynghylch pwysigrwydd yr etholiad yma i wleidyddiaeth Cymru. Os ydy Llafur yn colli yng ngweddill y Deyrnas Unedig, gellir beio hynny ar y cylchred gwleidyddol. Yma yng Nghymru, mae 'na rywbeth mwy sylfaenol yn digwydd gyda chyfres o etholiadau dros y blynyddoedd diwethaf yn awgrymu bod platiau tectonig ein gwleidyddiaeth yn symud. Mae'n ddigon posib mai'r etholiad hwn fydd cyfle olaf y Blaid Lafur i ailsefydlu ei goruchafiaeth wleidyddol draddodiadol cyn i batrwm amlbleidiol go iawn sefydlu ei hun.

LLWYBR LLAETHOG
14:33, Dydd Iau, 4 Mawrth 2010

Mae'n wythnos o golledion yng Nghymru. Nid yn unig yr ydym wedi colli un o'n mawrion gwleidyddol,[129] daw newydd fod rhyd Llanrhystud i'w chau a Phafiliwn Corwen wedi *went*. Mewn ergyd drom i fynychwyr sefydliad Cymreig unigryw gwelat fod NMB [National Milk Bar] arall yn cyrraedd pen ei oes. Ni fydd 'na filc shêcs yn Llanidloes o'r Pasg ymlaen.

O leiaf yn yr achos yma, yn wahanol i'r gyflafan honno pan wnaeth KFC fachu hanner dwsin o fariau llaeth dros nos, mae gwyliwr ar y tŵr wedi seinio'r larwm. Mae trigolion Llanidloes yn trefnu protest. Pob nerth i'w braich!

Mewn peryg yn fan hyn mae un o ffiniau mwyaf pwysig Cymru. Nid ffin ddaearyddol economaidd nac ieithyddol mohoni ond ffin gymdeithasol o bwys – y llinell anweladwy, lle mae 'cafe latte' yn diflannu o'r fwydlen a 'frothy coffee' yn ymddangos yn ei le!

MESUR Y MESUR
13:01, Dydd Mercher, 17 Mawrth 2010

Mae'r Prif Weinidog Carwyn Jones yn westai ar *CF99*[130] heno ac yntau ar fin dathlu ei ganfed diwrnod yn y swydd. Roedd Rhodri Morgan yn arfer cynnal *photo-op* a theisen ar achlysuron o'r fath...

Go brin y bydd Carwyn yn orawyddus i ddilyn esiampl neu

---

129 Cyfeiriad at farwolaeth y cyn-arweinydd Llafur, Michael Foot.
130 Roedd *CF99* yn un o raglenni gwleidyddol y BBC ar gyfer S4C.

dderbyn cyngor gan ei ragflaenydd am ddathliadau o'r fath nac ar unrhyw beth arall yn sgil ei sylwadau yn y pwyllgor deddfwriaeth sy'n ystyried y mesur iaith y bore 'ma. Fe roddodd Rhodri amser anghysurus i'r Gweinidog Treftadaeth, a dweud y lleiaf.

Gofyn wnaeth y cyn-Brif Weinidog a fyddai'n ddyletswydd ar y Comisiynydd Iaith i geisio sicrhau cydraddoldeb i'r Saesneg mewn ardaloedd lle mae'r Gymraeg yn iaith fwyafrifol...

Does bosib nad yw Rhodri'n gwybod yn iawn nad hynny yw rôl y Comisiynydd. Siawns nad oedd e wedi trafod y peth droeon wrth i'r LCO iaith ymlwybro'i ffordd trwy goridorau San Steffan.

Mae'n ddigon posib mai ceisio sicrhau bod rôl y Comisiynydd wedi ei ddisgrifio'n fwy manwl ac eglur yn y mesur oedd Rhodri. Dyna mae ef ei hun yn dweud ond fe fydd eraill yn ei weld fel enghraifft arall o'r berthynas ryfedd rhwng Rhodri a'r byd Cymraeg.

Ar y naill ochor mae'n siarad yr iaith a phob tro yn barod i'w defnyddio. Dyw e ddim yn un o'r gwleidyddion hynny sy'n gwrthod gwneud cyfweliadau Cymraeg os nad oes 'na gyfle i wneud un Saesneg hefyd. Mae 'na fwy o'r rheiny na fysech chi'n meddwl. Wna i ddim o'u henwi ond dyw Rhodri byth wedi bod yn un ohonyn nhw.

Ar y llaw arall mae Rhodri'n reddfol ddrwgdybus ynghylch unrhyw syniad neu awgrym sy'n deillio o'r hyn mae'n ystyried fel 'y sefydliad Cymraeg'. Mae agweddau Rhodri tuag at y sefydliad hwnnw (os ydy'r peth yn bodoli) wedi eu gwreiddio'n ddwfn ac yn ymwneud i raddau â'i dad, W. J. Gruffydd a Saunders Lewis! Ta beth am hynny, maen nhw wedi eu hamlygu droeon ar hyd y blynyddoedd, yn natur gyfyngedig mesur iaith arfaethedig y llywodraeth ddiwethaf a'i agwedd tuag at addysg Gymraeg yn ei etholaeth, er enghraifft.

Serch hynny, y tro hwn mae gan Rhodri bwynt dilys. Os nad yw'n rhan o rôl y Comisiynydd Iaith i amddiffyn hawliau pobol Saesneg eu hiaith yng Ngwynedd oni ddylai'r mesur ddweud hynny?

Nid Rhodri yw'r unig un sy'n gweld diffygion y mesur. Fe fydd rhai o ben-bandits byd y gyfraith yn mynegi eu hanfodlonrwydd mewn llythyr i'r wasg yfory...[131]

Ar 6 Ebrill, galwyd yr etholiad cyffredinol. Roedd hi bellach yn swyddogol mai ar 6 Mai y cynhelid y bleidlais.

CHWIFIWN EIN BANERI
10:45, Dydd Mercher, 7 Ebrill

Fe fyddai dyn yn meddwl y byddai pob plaid yn gweithio'n galed i geisio osgoi cydymffurfio â stereoteip anffodus. Ydy UKIP yn gall, felly, i drefnu ei lansiad Cymreig mewn Clwb Hwylio?

Ocê, dyw blazers ddim yn orfodol ac fe fyddai Clwb Golff yn waeth. Serch hynny...

Mae 'na ambell i stereoteip anffodus arall. O'r 38 darpar ymgeisydd sy'n cael eu rhestru ar wefan y blaid mae 36 yn ddynion. Does 'na ddim llawer o Gymraeg ar y safle chwaith.

CYMARIAETHAU
09:20, Dydd Sul, 11 Ebrill 2010

Go brin fod 'na eiriau sy'n cael eu gorddefnyddio mwy mewn newyddiaduriaeth nag 'unigryw' a 'hanesyddol'.

Mater i'r haneswyr yw barnu pwysigrwydd hanesyddol unrhyw etholiad ac mae bron pob etholiad yn 'unigryw' mewn rhyw ffordd neu'i gilydd. 2005, er enghraifft, oedd y tro cyntaf i Lafur ennill trydydd etholiad o'r bron ond go brin y bydd hwnnw'n cael ei gofio fel 'etholiad mawr'.

---

131 Cyhoeddwyd llythyr yng nghylchgrawn *Golwg* a'r *Western Mail* gan nifer o bobl amlwg, gan gynnwys y Barnwr Uchel Lys Dewi Watkin Powell, yr Arglwydd Gwilym Prys Davies, Dr Robyn Léwis ac Emyr Lewis, yn dweud nad oedd y mesur newydd yn sicrhau hawliau ieithyddol i siaradwyr Cymraeg nac yn sicrhau statws swyddogol i'r Gymraeg. Cafwyd gwelliant i'r mesur a blesiodd y llythyrwyr cyn i'r mesur gael ei gymeradwyo gan ACau ar 7 Rhagfyr 2010.

Ar ôl dweud hynny mae'n anodd meddwl am unrhyw etholiad sy'n gymhariaeth hawdd ag un 2010.

Roedd canlyniad 1970, pan etholwyd Ted Heath yn groes i'r disgwyl, yn un agos ond dyw hwnnw ddim yn cymharu mewn gwirionedd. 1970 oedd yr etholiad olaf mewn cyfres yn dyddio yn ôl i 1945 pan oedd Llafur a'r Ceidwadwyr rhyngddyn nhw yn ennill oddeutu 90% o'r bleidlais. Dim ond yn 1974 y dechreuodd y drefn amlbleidiol bresennol amlygu ei hun. Yn y cyd-destun hwnnw mae'n werth nodi un ystadegyn difyr. Enillodd Llafur 43.1% o'r pleidleisiau yn 1970 a cholli. Yn 2005 roedd 36% yn ddigon i sicrhau mwyafrif o dros hanner cant.

Chwefror 1974 oedd y tro diwethaf i senedd grog gael ei hethol ond yn wahanol i eleni doedd neb, mewn gwirionedd, wedi rhagweld hynny. Gyda dim ond rhyw ddeg ar hugain o aelodau'r pleidiau llai yn Nhŷ'r Cyffredin roedd pawb yn disgwyl y byddai'r naill blaid fawr neu'r llall yn sicrhau mwyafrif. Wedi'r cyfan, i hynny beidio digwydd fe fyddai angen i Lafur a'r Ceidwadwyr fod bron yn union gydradd. Dyna beth ddigwyddodd, wrth gwrs, ond gyda dim ond gogwydd bach ei angen i sicrhau mwyafrif y naill ffordd neu'r llall yr ateb oedd cynnal ail etholiad o fewn byr o dro. Mae hynny'n llai tebygol pe bai 'na senedd grog y tro hwn oherwydd niferoedd tebygol y pleidiau llai.

Ymlaen â ni at 1992. Hon yw'r gymhariaeth orau yn fy marn i. Roedd llywodraeth amhoblogaidd yn wynebu gwrthblaid hyderus ar ôl 14 blwyddyn mewn grym. Y drwg yn y caws i'r wrthblaid oedd amheuon y cyhoedd ynghylch ei harweinydd ifanc carismataidd.

Fe gafodd yr amheuon hynny ynghylch Neil Kinnock eu crisialu yn nyddiau olaf yr ymgyrch ac mae 'na le i gredu mai yn y diwrnodau olaf y bydd yr etholiad hwn yn cael ei benderfynu hefyd.

TOM
13:37, Dydd Mercher, 14 Ebrill 2010

Fe fu farw Tom Ellis, cyn-Aelod Seneddol Llafur Wrecsam. Roedd yn un o'r tri aelod Llafur Cymreig wnaeth groesi'r llawr i ymuno â'r SDP ac yn un o fy hoff bobol mewn gwleidyddiaeth.

Un o'r Rhos oedd Tom ac fel y rhan fwyaf o feibion 'pentref mwyaf Cymru' fe drodd at y diwydiant glo am ei fywoliaeth. Gwyddonydd ac yna rheolwr, nid gweithiwr ar y talcen, oedd Tom cyn mentro i fyd gwleidyddiaeth. Fe fu'n rheoli glofa'r Bers nid nepell o Rhos ac ef hefyd oedd rheolwr olaf pwll y Ffynnon. Caeodd y gwaith hwnnw yn 1968, ddwy flynedd cyn ei ethol i'r senedd.

Roedd Tom yn ddyn hynod o annwyl. Roedd ganddo ddaliadau cryfion oedd, efallai, yn agosach at y Rhyddfrydwyr nag at Lafur o'r cychwyn cyntaf. Roedd yn ddatganolwr pybyr ac yn gadarn yn ei gefnogaeth i'r Farchnad Gyffredin gan gynrychioli Cymru yn Senedd Ewrop fel aelod enwebedig. Doedd hi ddim yn syndod felly ei fod wedi dewis ymuno â phlaid newydd y giang o bedwar.

Dydw i ddim yn cofio'r union amgylchiadau ond yn etholiad 1983 fe safodd Tom yn Ne Clwyd yn hytrach na Wrecsam gan golli i'r Ceidwadwr o ryw 2,500 o bleidleisiau. Does fawr ddim amheuaeth y byddai wedi cadw ei hen sedd pe bai wedi sefyll yno. Efallai mai camddarllen y sefyllfa wnaeth Tom neu efallai ei fod yn amharod i bechu Martin Thomas, yr ymgeisydd Rhyddfrydol yn Wrecsam. Beth bynnag oedd y rheswm am ei benderfyniad, fe dalodd yn ddrud amdano.

Yn wahanol i Ednyfed Hudson Davies a Jeffrey Thomas ni ddiflannodd Tom o wleidyddiaeth Cymru ar ôl iddo golli ei sedd. Fe dderbyniodd glatsien dros ei dîm trwy gario baner plaid newydd y Democratiaid Rhyddfrydol yn isetholiad Pontypridd a than yn gymharol ddiweddar roedd yn wyneb cyfarwydd mewn cynadleddau a chyfarfodydd.

Doeddwn i ddim wedi ei weld ers peth amser ond rwy'n teimlo colled ar ei ôl. Doedd Tom Ellis ddim yn gawr o wleidydd ond roedd e'n ddyn da a didwyll ac mae'r rheiny'n gallu bod yn ddigon prin.

TWLA'R *ZAPPER* 'NA DRAW...
14:51, Dydd Iau, 15 Ebrill 2010

Mae'n rhyfedd sylweddoli mai tair wythnos yn unig sydd i fynd tan y diwrnod mawr. Dewis Gordon Brown oedd hi i gael ymgyrch (neu o leiaf ymgyrch swyddogol) mor fyr, wrth gwrs. Am wn i roedd a wnelo coffrau gwag y Blaid Lafur a chyfoeth cymharol y Torïaid rywbeth â'r peth.

Mae'r ymgyrch fer wedi ychwanegu at y pwyslais y mae rhai'n ei roi ar y dadleuon teledu. Mae'r syniad taw'r dadleuon fydd yn penderfynu'r canlyniad yn bur gyffredin o gwmpas y lle. Gan fy mod yn gweithio yn myd darlledu efallai y byddech yn disgwyl i mi rannu'r farn honno. Mae'n ddrwg gen i'ch siomi. Rwy'n gableddus ynghylch y mater hwn, gan gredu na fydd y dadleuon yn cael fawr ddim effaith ar y canlyniad os na wnaiff un o'r arweinwyr homar o gamgymeriad.

Wedi'r cyfan, yr unig linell mae bron unrhyw un yn cofio o'r dwsinau o ddadleuon sydd wedi eu cynnal yn yr UDA ar hyd y blynyddoedd yw Lloyd Bentsen yn dweud 'You're no Jack Kennedy' wrth Dan Quayle. Efallai bod yr ymosodiad yn un ysbrydoledig ond mynd yn ôl i Texas gyda'i gwt rhwng ei goesau wnaeth Bentsen ar ôl y bleidlais!

Rwy'n ddigon o sinig ynghylch y rhaglenni yma i feddwl mai am naw o'r gloch bore fory y bydd y stori fawr ynghylch y dadleuon yn dod, nid rhwng hanner awr wedi wyth a deg o'r gloch heno.

Am oddeutu naw bob bore mae bron pob un cyfrifiadur yn adeiladau'r darlledwyr yn seinio i nodi cyhoeddi ffigurau gwylio dros nos BARB. Mi fentraf swllt y bydd y ffigyrau hynny'n dangos cwymp sylweddol yn nifer y gwylwyr wrth i'r ddadl fynd yn ei blaen ac mai penawdau fel 'The Great Switch-Off' fydd ar dudalennau blaen papurau fore Sadwrn!

Yn ôl polau a gyhoeddwyd yn syth wedi'r ddadl, Nick Clegg 'enillodd', a'r dyfyniadau y byddai pobl yn eu cofio oedd Gordon Brown a David Cameron yn dweud 'I agree with Nick'.

AR Y BOCS
10:10, Dydd Gwener, 16 Ebrill 2010

Gan fy mod wedi gwneud proffwydoliaeth fach ddoe ynghylch maint y gynulleidfa ar gyfer y ddadl deledu gyntaf mae'n well i mi syrthio ar fy mai heddiw.

Fe wyliodd 9.4 miliwn o bobol y ddadl ar gyfartaledd. 450,000 oedd y gynulleidfa yng Nghymru neu 34% o'r rheiny oedd yn gwylio teledu ar y pryd.

Roedd nifer y gwylwyr yn weddol gyson yn ystod y rhaglen. Mae hynny'n fy synnu i. Doeddwn i ddim yn disgwyl i gymaint o bobol wylio'r rhaglen ar ei hyd. Wrth gwrs mae'n bosib bod 'na elfen o 'fynd a dod' yn ystod yr awr a hanner. Serch hynny mae 9.4 miliwn ar gyfartaledd yn gythraul o gynulleidfa yn y dyddiau aml-sianel yma.

Doeddwn i ddim chwaith wedi rhagweld y byddai'r arolygon yn awgrymu bod yna 'enillydd' amlwg, ac mai Nick Clegg fyddai hwnnw. Fe gawn weld yn ystod y dyddiau nesaf a fydd hynny'n effeithio ar yr arolygon ynghylch bwriadau pleidleisio.

Am wn i, mae 'canlyniad' y ddadl yn fwy o broblem i'r Ceidwadwyr nag i Lafur. Mae pobol yn gwybod sut ddyn a sut brif weinidog yw Gordon Brown. Gyda'r ymgyrch Lafur yn canolbwyntio i raddau ar godi amheuon ynghylch David Cameron gallai ei fethiant ymddangosiadol i argyhoeddi fod yn broblem.

Cofiwch, os ydych chi am weld llanast go iawn, ewch ar yr iPlayer a gwyliwch rifyn neithiwr o *Dragon's Eye*. Doedd Elfyn Llwyd ddim ar ei orau, a dweud y lleiaf.[132]

---

132 Mewn cyfweliad gyda chyflwynydd y rhaglen, Felicity Evans, roedd Elfyn Llwyd wedi'i chael hi'n anodd ateb cwestiynau ynghylch ble a sut y byddai Plaid Cymru yn cyflwyno toriadau.

DIM CLEM
10:01, Dydd Sadwrn, 17 Ebrill 2010

'Byswn i wrth fy modd yn fotio i chi ond fedra i ddim bradychu Clem. Fe fyddai'n troi yn ei fedd!'

1992 oedd yr etholiad, rwy'n meddwl, a Maldwyn oedd yr etholaeth lle wnaeth ymgeisydd aflwyddiannus glywed y geiriau yna gan etholwraig.

Clement Davies oedd 'Clem' ac roedd wedi bod yn ei fedd ers deng mlynedd ar hugain pan fynegodd yr etholwraig o Faldwyn ei theyrngarwch iddo. Ef oedd Aelod Seneddol Maldwyn o 1929 hyd ei farwolaeth yn 1962.

Mewn sawl ystyr mae Clem yn ffigwr trasig. Collodd dri o'i bedwar plentyn, yn eu llawn dwf, o fewn cyfnod o ddwy flynedd ac roedd yn byw ei fywyd dan gysgod y botel. Roedd yn ddyn heb fawr o garisma ac ym marn llawer roedd ei drwyn gwleidyddol yn drychinebus.

Pam sôn am Clem? Wel, oni bai amdano fe, go brin y byddai'r Democratiaid Rhyddfrydol yn bodoli heddiw.

Yn 1945 cafodd ei ddarbwyllo i fod yn arweinydd 'dros dro' ar y Blaid Ryddfrydol. Doedd e ddim eisiau'r swydd ond doedd gan y blaid neb arall, mewn gwirionedd. Fe gytunodd i afael yn yr awenau am gyfnod byr nes i rywun mwy abl gael ei ethol i'r senedd i gymryd ei le. Fe barodd y cyfnod byr am un mlynedd ar ddeg.

Dau beth, a dau beth yn unig sy'n nodweddu ei gyfnod fel arweinydd. Y cyntaf oedd cyfres o etholiadau trychinebus lle bu bron i'r blaid ddiflannu o'r tir. Yr ail oedd ei benderfyniad i wrthod gwahoddiadau mynych Churchill i uno'i blaid â'r Ceidwadwyr. Doedd hyd yn oed y cynnig o sedd yn y Cabinet ddim yn ddigon i'w ddarbwyllo i aberthu annibyniaeth plaid yr oedd ef ei hun wedi cefnu arni am gyfnod yn y tridegau.

Olynwyr Clem wnaeth lwyddo i adfer ychydig o'r mawredd a fu i'r Blaid Ryddfrydol. Ar ddau achlysur, yn 1974 ac 1983, mae hi wedi ymddangos fel pe bai ar fin ailsefydlu ei hun fel prif blaid go iawn. Nawr, y penwythnos hwn, am ychydig ddyddiau o leiaf, mi ydyn ni yn yr un sefyllfa eto.

Amser a ddengys a fydd 'sbeic' y Democratiaid Rhyddfrydol yn diflannu cyn gynted ag y daeth hi. Mae 'na ddwy ddadl i fynd, wedi'r cyfan, ac mae magnelau'r pleidiau eraill yn cael eu troi'n araf i wynebu ffosydd y Democratiaid Rhyddfrydol.

Serch hynny, fe fyddai Clem yn rhyfeddu o weld y polau. Fe fyddai'n hapus hefyd, rwy'n amau, o glywed sut wnaeth Nick Clegg ddathlu ei lwyddiant yn y ddadl – gyda gwydred o win coch a sigarét. Jyst fel Clem.

HANNER FFORDD
11:37, Dydd Iau, 22 Ebrill 2010

Dyma ni felly wedi cyrraedd hanner ffordd yn yr ymgyrch etholiadol fwyaf diddorol a difyr ers, wel, ers dwn i ddim pryd.

Dydw i ddim yn meddwl fy mod yn gor-ddweud chwaith wrth hawlio y bydd y dyddiau nesaf yn rhai tyngedfennol. Mae'r papurau'r rheiny sy'n pleidleisio trwy'r post ar fin cael eu dosbarthu. Mae'r Democratiaid Rhyddfrydol felly ar fin gallu bancio peth o'r ymchwydd yn eu cefnogaeth. Y cyfan sydd ei angen yw cadw'r ddysgl yn wastad ym ychydig ddyddiau.

Y cwestiwn mawr yw hwn: ydy patrwm yr etholiad wedi ei osod neu, i ddefnyddio cymhariaeth Nick Bourne, a fydd y soufflé felen yn dechrau suddo cyn i'r bleidlais gyntaf gael ei bwrw?

Mae magnelau mawrion Fleet Street wedi'u tanio'r bore 'ma ond tamaid i aros pryd yw hynny mewn gwirionedd. Yng Nghaerodor (Bryste) heno y bydd y loddest.[133] Fel un o Gaerdydd rwy'n rhannu rhagfarnau fy nghyd-ddinasyddion gan gredu mai'r unig beth da i ddod allan o Fryste yw'r stemar i Benarth. Serch hynny fe fydd fy llygaid i, a'ch rhai chi, rwy'n tybio, wedi eu hoelio ar y teledu.

Un peth sy'n rhyfedd heno. Dyw'r digwyddiad ddim yn un

---

133   Yn ystod yr ail ddadl deledu rhwng David Cameron, Gordon Brown a
        Nick Clegg trafodwyd Ewrop, newid hinsawdd, trethi ac arfau niwclear.
        Wnaeth Mr Cameron a Mr Brown ddim 'cytuno â Nick' cyn amled ag yn
        y ddadl gyntaf. Cynhaliwyd y drydedd ddadl wythnos yn ddiweddarach.

arbennig o bwysig i Gordon Brown. Fe fyddai osgoi trychineb yn ddigon da i'r Prif Weinidog. Mae'r stêcs llawer yn uwch i'r ddau arweinydd arall.

Cofiwch, fe ddywedodd un Llafurwr rywbeth diddorol wrtha i'r dydd o'r blaen. 'Jyst meddylia,' meddai, 'ble y gallai Llafur fod pe bai rhywun fel Alan Johnson yn ein harwain.' Mae'n rhy hwyr i feddwl am bethau felly, bois. Mae'r gwely hwnnw wedi'i hen gyweirio, er da neu er drwg.

Yn y cyfamser mae ymddiriedolwyr y BBC wedi gwrthod cwynion Plaid Cymru a'r SNP ynghylch y dadleuon. Gellir darllen y dyfarniad ar wefan yr ymddiriedolaeth.

Y BREGETH SABOTHOL
10:29, Dydd Sul, 2 Mai 2010

Dyma ni, ddydd Sul olaf yr ymgyrch, a heddiw fe fyddwn yn cynnal y rihyrsal gyntaf ar gyfer y rhaglen ganlyniadau. Fe wna i ddwy broffwydoliaeth. Yn gyntaf, fe fydd y peth yn siambolic. Yn ail, fe fydd Dewi Llwyd yn cwyno bod y stiwdio'n rhy boeth. Does dim angen becso. Fe fydd hi'n iawn ar y noson, neu felly maen nhw'n dweud...

Ond eisiau edrych yn ôl ydw i heddiw, gan geisio canfod camgymeriadau'r pleidiau yn eu strategaethau a'u hymgyrchoedd.

Heb os, camgymeriad mawr y Ceidwadwyr oedd cytuno i gynnal y dadleuon teledu.

Camgymeriad yw meddwl nad yw'r rheiny wedi digwydd o'r blaen oherwydd amharodrwydd prif weinidogion i ddisgyn i'r un lefel â'u gwrthwynebwyr. Mae hynny'n wir gan amlaf, ond mae'n werth nodi mai Margaret Thatcher, arweinydd yr wrthblaid, nid y Prif Weinidog Jim Callaghan wnaeth rwystro'r dadleuon rhag cael eu cynnal yn 1979. A'r rheswm? Roedd hi'n ofni y byddai'r dadleuon yn dyrchafu'r Rhyddfrydwyr i statws cydradd â'r ddwy blaid arall. Tw reit, Magi!

Mae camgymeriad mwyaf Plaid Cymru hefyd yn ymwneud â'r dadleuon, yn fy marn i. Rwy'n deall y teimladau cryfion yn iawn ac yn deall hefyd pam y byddai'r blaid yn cwffio hyd yr eitha ynghylch y sefyllfa. Ond oedd angen mynd ymlaen cymaint am y peth yn gyhoeddus? Os nad yw'r blaid yn cael chwarae teg ar y cyfryngau onid gwell fyddai defnyddio'r cyfleoedd y mae hi *yn* eu cael i gyflwyno negeseuon positif?

O safbwynt y Blaid Lafur dydw i ddim yn gwybod ydy hi'n deg i alw 'bigotgate'[134] yn gamgymeriad. Hap a damwain oedd hi o bosib, ond yn sicr fe sugnodd yr egni allan o eneidiau nifer o 'nghyfeillion Llafur gydag ambell un yn awgrymu bod rhywbeth felly yn sicr o ddigwydd gyda Gordon Brown yn arwain. Does dim angen chwilio'n galed iawn i ganfod aelodau Llafur sy'n credu y gallasai pethau fod yn wahanol iawn dan arweinydd arall.

Mae hynny'n dod â ni at y Democratiaid Rhyddfrydol. Ydy'r rheiny wedi gwneud unrhyw gamgymeriadau o gwbwl, ac eithrio palu gormod yn y bocs gwisgo i fyny?[135]

Rwyf ar dir dadleuol yn fan hyn ond mae nifer o hen bennau gwleidyddol yn rhyfeddu ynghylch sylwadau Nick Clegg yn honni bod yr etholiad yn ras dau geffyl rhwng ei blaid ef a'r Ceidwadwyr.

Mae'n sicr fod gan y Democratiaid Rhyddfrydol siart i brofi'r peth! Efallai fod y dacteg yn effeithiol ar daflenni ffocws ond i nifer o sylwebyddion mae'n ymddangos yn groes i'r naratif sydd wedi bod mor llwyddiannus i'r blaid hyd yma.

Am wn i, mae'n ymgais i wneud i'r polareiddio munud olaf, sydd wedi gweithio yn erbyn y blaid yn y gorffennol, weithio o'i

134 Ar 28 Ebrill ymddiheurodd Gordon Brown wedi iddo gael ei ddal ar feicroffon, wedi i ddrysau ei gar gau, yn disgrifio dynes yr oedd e wedi cwrdd â hi wrth ymgyrchu yn Rochdale fel 'a sort of bigoted woman'. Roedd Gillian Duffy wedi trafod nifer o bynciau gydag e, gan gynnwys mewnfudo a throseddu. Gwelwyd y digwyddiad fel un niweidiol iawn i Mr Brown.
135 Beirniadwyd y Democratiaid Rhyddfrydol gan eu gelynion gwleidyddol am gynnwys ffotograffau wedi eu llwyfannu o wleidyddion yn siarad â modelau wedi eu gwisgo fel plismon a nyrs. Dywedodd y blaid mai lluniau enghreifftiol oedden nhw a'i bod hi'n anodd i weithwyr y gwasanaeth iechyd a phlismyn ymddangos ar daflenni.

phlaid y tro hwn. Mae'n dipyn o gambl. Wedi'r cyfan, a fyddai plaid sydd 'yn wahanol' ac yn 'gwrando ar y bobol' yn cymryd canlyniad yr etholiad a'r etholwyr yn ganiataol? Dyna yw'r cwestiwn y mae rhai yn ei ofyn. Yn ôl pobol Llafur fe fydd y sylwadau yn gwylltio eu pleidleiswyr craidd ac yn eu troi nhw allan i bleidleisio. Yng ngeiriau un: 'Fe ddylai Nick Clegg gofio mai canlyniad *hubris* yw *nemesis*.'

BWRW'R BWL
13:24, Dydd Mawrth, 4 Mai 2010

Rwyf wedi dweud hyd syrffed pa mor anodd yw hi i broffwydo canlyniad yr etholiad yma.

Ar y llaw arall fedra i ddim osgoi rhoi fy mhen ar y bloc yn gyfan gwbwl. Nid proffwydoliaethau sydd gen i yn y post yma ond cipolwg bach ar sut mae'r pleidiau'n gwneud yn eu seddi targed a sut mae rhestrau eu targedau yng Nghymru wedi newid yn ystod yr ymgyrch.

Fe wnawn ni gychwyn gyda'r hawsaf, sef rhestr dargedau'r Blaid Lafur. Dyma hi. Blaenau Gwent. Mae Llafur yn hyderus yno, ond dim ond ffŵl fyddai'n proffwydo'r canlyniad.

Digon byr yw rhestr dargedau'r Democratiaid Rhyddfrydol hefyd. Gorllewin Abertawe a Dwyrain Casnewydd yw'r targedau – yn y drefn yna. Mae'n anodd gweld y blaid yn mynd ymhellach na hynny. Cyn i neb feddwl bod hynny'n gynhaeaf digon pitw, mae'n werth cofio bod 'na ddarogan ar ddechrau'r ymgyrch y gallai'r blaid golli tair o'u pedair sedd. Fe fyddai cynyddu'r nifer yn dipyn o gamp.

Mae'n debyg mai Ceredigion, Ynys Môn ac yna Llanelli/Aberconwy oedd rhestr dargedau Plaid Cymru ar ddechrau'r ymgyrch. Ynys Môn, mae'n debyg, yw'r fwyaf enilladwy erbyn hyn. Mae rhai o fewn y blaid hyd yn oed yn darogan bod Llanelli yn well bet na Cheredigion oherwydd y cynnydd cyffredinol yn y gefnogaeth i'r Democratiaid Rhyddfrydol.

O safbwynt Aberconwy mae 'na broblem fawr i'r blaid, dybiwn i. Mae popeth yn awgrymu y bydd y ganran sy'n bwrw pleidlais yn anarferol o uchel yn yr etholiad yma gan olygu y byddai'n rhaid i Blaid Cymru ychwanegu'n sylweddol at ei phleidlais Cynulliad er mwyn ennill. Mae'n anodd gweld hynny'n digwydd.

Am y rheswm hynny rwy'n gosod Aberconwy yn y dosbarth cyntaf o dargedau Ceidwadol, ynghyd â Gorllewin Caerfyrddin a De Penfro, Gogledd Caerdydd a Bro Morgannwg.

Rwy'n tybio bod seddi Powys mwy neu lai wedi diflannu o'r rhestr dargedau erbyn hyn ond mae gan y Torïaid lwyth o dargedau ail ddosbarth. Mae'r rhain yn seddi lle enillodd Llafur 40–50% o'r bleidlais yn 2005 ac oedd yn agos yn etholiad y Cynulliad, llefydd fel Delyn, Dyffryn Clwyd, Gŵyr a Gorllewin Casnewydd. Y canlyniad mwyaf tebygol yw bod y Ceidwadwyr yn ennill rhai ohonyn nhw ac yn boddi wrth y lan mewn eraill.

Pe bawn i'n gorfod pigo un sedd i'w gwylio yn y dosbarth yma, Gorllewin Caerdydd yw honno, ac nid oherwydd fy mod yn byw yna! Fe fyddai angen gogwydd enfawr o 11% i'r Ceidwadwyr ei chipio ond mewn taflen hynod anarferol mae Kevin Brennan wedi rhybuddio bod 'na 'wir beryg' y bydd Llafur yn colli wrth i'r Ceidwadwyr arllwys adnoddau i mewn i'r sedd. I'r Ceidwadwyr a Llafur, mae cartref gwleidyddol Rhodri Morgan yn gymaint o sedd droffi ag yw Ceredigion i'r ddwy blaid arall. Mae'n gythraul o frwydr ac fe allai fod yn hynod agos fore Gwener.

GWELEDIGAETHAU'R BARDD DI-GWSG
09:28, Dydd Mercher, 5 Mai 2010

Fe fydd hi'n noson hir nos yfory...

Os nad oes 'na ryw symudiad mawr munud olaf rwy'n tybio y bydd hi'n agos at doriad gwawr cyn i ni ddirnad y darlun cyflawn...

Wrth edrych ar y sefyllfa yng Nghymru a thu hwnt mae 'na dri ffactor allweddol yn fy marn i.

Y cyntaf yw'r nifer anarferol o uchel o bobol sy'n dweud eu bod yn sicr o bleidleisio ond sydd heb benderfynu eto pwy fydd yn cael eu pleidlais. Teg yw casglu mai pobol wnaeth gefnogi Llafur yn y tri etholiad diwethaf yw'r rhan fwyaf ohonyn nhw. A fydd y rheiny'n dychwelyd at Lafur neu a fyddant yn penderfynu bod unrhyw newid yn well na dim?

Yr ail ffactor yw pleidleisio tactegol. I ba raddau y bydd hynny'n digwydd ac at ba ddiben, i gadw Cameron mas neu i gael Brown allan?

Y ffactor olaf yw hwn. Does neb yn well ar dargedu etholaethau ac ennill pleidleisiau tactegol na'r Democratiaid Rhyddfrydol. Os ydy'r blaid honno yn llwyddo i gipio seddi Ceidwadol, mae'r mynydd etholiadol sy'n wynebu'r Torïaid yn fwy o Gadair Idris nac o Garn Ingli. Pa mor gryf yw'r llanw melyn felly ac i ba gyfeiriad mae'n llifo?

Tri ffactor a thri cwestiwn felly. A'r atebion? Duw yn unig a ŵyr. Yn sicr dydw i ddim!

Cewch chi farnu, neu yng ngeiriau'r Bardd Cwsg: 'A Ddarlleno, ystyried'.

Ar noson yr etholiad, ceisiodd Vaughan flogio'n fyw o stiwdio rhaglen S4C ond gyda'r canlyniadau'n llifo'n gyflym iawn yn yr oriau mân bu'n rhaid iddo roi'r gorau iddi. Wedi i'r holl bleidleisiau gael eu cyfri, ar draws y DU roedd gan y Ceidwadwyr 307 o seddi, Llafur 258, y Democratiaid Rhyddfrydol 57, yr SNP 6 sedd a Phlaid Cymru 3.

Yng Nghymru, trechodd Glyn Davies, y Ceidwadwr, Lembit Öpik yn etholaeth Maldwyn, ac etholwyd Alun Cairns ym Mro Morgannwg. Enillodd y Ceidwadwyr Jonathan Evans Ogledd Caerdydd a Simon Hart Orllewin Caerfyrddin a De Penfro. Ble roedd yna ad-drefnu ffiniau wedi bod yn y gogledd, cipiodd y Ceidwadwr Guto Bebb etholaeth Aberconwy a Hywel Williams o Blaid Cymru oedd yn fuddugol yn Arfon. Methodd Plaid Cymru gipio'i thargedau. Daliodd Llafur ei gafael ar Ynys Môn yn gyfforddus ac fe wnaeth y Democratiaid Rhyddfrydol yn yr un modd yng Ngheredigion. Cipiodd Llafur Flaenau Gwent yn ôl o afael plaid Llais y Bobl.

TWLL A CHORNEL
18:02, Dydd Gwener, 7 Mai 2010

Ymddiheuriadau eto fod y blogio wedi mynd braidd yn drech na mi yn ystod y dydd heddiw. Ar ôl llwyddo i flogio'n llwyddiannus yn ystod etholiad 2007 roeddwn yn hyderus y gallwn i wneud yr un peth y tro hwn. Yn y diwedd fe aeth y llif aruthrol o ganlyniadau a newyddion yn drech na mi.

Fel yn yr etholiad ei hun fe brofodd y teledu yn drech na'r we! Dyna fy esgus i, o leiaf!

Mae 'na ddigon gen i i'w ddweud am y canlyniadau a'r hyn sy'n debyg o ddigwydd nesaf ond mae un peth am y canlyniadau Cymreig sy'n hynod ddiddorol i mi.

Er bod Llafur wedi ennill ei siâr isaf o'i bleidlais mown etholiad cyffredinol ers 1918, mae'r canlyniad o safbwynt seddi yn ddigon tebyg i ganlyniadau etholiadau cyffredinol eraill yng Nghymru yn y degawdau ers i Blaid Cymru sicrhau cynrychiolaeth seneddol yn Chwefror 1974. Gyda Llafur ar y blaen yn gysurus, y Torïaid yn ail a Phlaid Cymru a'r Rhyddfrydwyr mwy neu lai yn gydradd, go brin y gellir galw'r etholiad yn un hanesyddol neu hyd yn oed yn un anarferol.

Beth sydd yn anarferol yw'r gagendor rhwng yr hyn ddigwyddodd yng Nghymru a'r hyn ddigwyddodd yn Lloegr. Mae'n werth bod yn eglur yn fan hyn. Pe bai Ceidwadwyr Cymru wedi perfformio yn unol â'u disgwyliadau fe fyddai hi'n gwbwl amhosib i Lafur hyd yn oed ystyried ffurfio Llywodraeth.

Yn y cyd-destun hwnnw mae'n werth cymryd cipolwg ar ganlyniadau Lloegr:

Ceidwadwyr 297; Llafur 191; Dem. Rhydd. 43; Gwyrdd 1

Hwn yw'r tro cyntaf ers datganoli i'r Ceidwadwyr ennill mwyafrif o seddi Lloegr a hynny'n fwyafrif o dros gant.

Mae hynny'n codi cwestiynau cyfansoddiadol dyrys i bob un o'r pleidiau Prydeinig ond yn fwyaf arbennig ar hyn o bryd i'r Democratiaid Rhyddfrydol.

Beth fyddai ymateb trigolion Lloegr pe bai'r blaid yn cynnal Prif Weinidog Llafur yn groes i ewyllys etholwyr y wlad honno?

Ar y llaw arall beth fyddai ymateb pobol Cymru, a hyd yn oed yn fwy'r Albanwyr, pe bai Nick Clegg yn rhoi allweddi rhif deg i David Cameron?

Gellir dadlau bod y Democratiaid Rhyddfrydol yn y sedd yrru ar hyn o bryd. Mae'n bosib dadlau hefyd eu bod nhw mewn tipyn o gornel.

Mae'n werth cofio bod yr ymdrechion i sefydlu llywodraeth enfys yn y Cynulliad wedi methu oherwydd gwrthwynebiad rhai o'r Democratiaid Rhyddfrydol i gydweithio â Cheidwadwyr y Cynulliad. Yn eu plith roedd Kirsty Williams sydd nawr yn arwain y blaid Gymreig.

Beth fyddai ei hymateb hi i ddêl â'r Torïaid yn San Steffan – yn enwedig o gofio'r effaith debygol ar y gefnogaeth i'r Democratiaid Rhyddfrydol yn seddi targed y blaid yn 2011?

CODI GOBEITHION
08:55, Dydd Sadwrn, 8 Mai 2010

Mae canfyddiad yn bopeth mewn gwleidyddiaeth ac yn amlach na pheidio mae canfyddiadau yn seiliedig ar ddisgwyliadau. Os ydy plaid yn gwneud yn well na'r disgwyl mewn etholiad, bernir ei bod wedi cael 'etholiad da'. Os ydy hi'n methu cwrdd â'r disgwyliadau, gwae hi!

Y Tori o Gasnewydd, Kenneth Baker, ocdd meistr y gêm ddisgwyliadau. Mae sawl hen law gwleidyddol yn cofio hyd heddiw y ffordd y gwnaeth e lwyddo un tro yn yr wythdegau i argyhoeddi pawb mai'r unig etholiadau lleol oedd yn cyfri oedd y rheiny yn Wandsworth a Westminster.

Eleni fe wnaeth dwy blaid gamchwarae'r gêm. Go brin y gellir beio'r Democratiaid Rhyddfrydol am hynny. Wedi'r cyfan doedd disgwyliadau'r blaid ynghylch ei pherfformiad ddim yn wahanol iawn i ddisgwyliadau pawb arall. Nid y blaid wnaeth greu'r heip, er ei bod yn ddigon parod i loddesta arni.

Ar y llaw arall fe wna i'ch atgoffa o'r hyn ddywedais i rai dyddiau yn ôl:

'Mae'r ffin rhwng hyder, sy'n llesol i blaid, a *hubris*, sy'n gallu bod yn ddamniol, yn aneglur weithiau... A fydd honiadau Nick Clegg yn ymddangos yr un mor chwerthinllyd â honiadau'r Cynghrair ynghylch 'torri mowld gwleidyddiaeth Prydain'?'

Rwy wedi bod yn anghywir ynghylch sawl peth yn yr etholiad yma ond roeddwn i'n iawn i ofyn y cwestiwn yna ac mae wedi ei ateb bellach.

Mân bethau oedd camgymeriadau'r Democratiaid Rhyddfrydol o gymharu â'r smonach lwyr wnaeth Plaid Cymru o'r gêm ddisgwyliadau.

Fe ddywedais i ddoe fod canlyniad yr etholiad yng Nghymru yn un gweddol arferol ac mae Plaid Cymru wedi bod yn ddigon bodlon gyda thair sedd ac oddeutu 12% o'r bleidlais mewn sawl etholiad yn y gorffennol.

Roedd Ceredigion yn drychineb i'r blaid, a Môn ac Aberconwy yn ganlyniadau siomedig, ond fe fyddai hi wedi bod yn bosib sbinio'r etholiad fel un llwyddiannus pe na bai'r blaid wedi codi disgwyliadau. Roedd canlyniadau Llanelli, Dwyrain Caerfyrddin ac ambell i sedd yn y cymoedd yn ddigon addawol ac yn rhoi modd i'r blaid bortreadu'r etholiad fel llwyddiant. Anodd oedd gwneud hynny ar ôl addo cymaint.

TRWY LYGAID ESTRON
12:25, Dydd Sadwrn, 8 Mai 2010

Ar wahân i'r ffaith fod y bleidlais Lafur yn hanesyddol o isel does dim llawer o sylw wedi ei roi i ganrannau'r pleidleisiau yng Nghymru yn yr etholiad. Dyma nhw:

Llafur 36.2%; Ceidwadwyr 26.1%; Dem. Rhyddfrydol 20.1%; Plaid Cymru 11.3%

Ar ôl ychwanegu cefnogwyr y pleidiau llai, 68% oedd cyfanswm pleidiau'r chwith yng Nghymru a 30% oedd cyfanswm pleidiau'r dde. Yn yr Alban pleidleisiodd 83% dros bleidiau'r chwith a 17.5% dros bleidiau'r dde. Yn Lloegr 53.3% oedd cyfanswm y chwith a 44.5% oedd cyfanswm y dde.

Nawr fe fyddai rhai (gan gynnwys nifer sylweddol wnaeth bleidleisio iddi, dybiwn i) yn dweud mai plaid y canol ac nid rhan o'r chwith yw'r Democratiaid Rhyddfrydol. Nid fel'na mae'r blaid yn gweld ei hun a does dim dwywaith mai perthyn i'r chwith y mae'r gwerthoedd sylfaenol sy'n cael eu hamlinellu yn y rhagair i'w chyfansoddiad.

Gallai hynny fod o bwys wrth i bobol drafod clymbleidiau yn ystod y dyddiau nesaf ond nid dyna yw pwynt y post yma. Y gwahaniaeth rhwng y gwledydd sydd gen i dan sylw, a'r pwynt cyntaf i'w wneud wrth reswm yw nad gwlad gadarn ei Cheidwadaeth yw Lloegr. Ar ôl dweud hynny mae'n amlwg fod ei gwleidyddiaeth ymhellach i'r dde na gwleidyddiaeth y ddwy wlad Geltaidd.

Gellir cynnig sawl esboniad am hynny. Mae traddodiadau teuluol, undebaeth, crefydd, iaith a hanes i gyd yn y mics yn rhywle, ond yn aml, y ffactorau pwysicaf yw'r ffactorau mwyaf amlwg. Yn yr achos hwn, tlodi a maint y sector gyhoeddus yw'r rheiny...

Mae gwleidyddiaeth Cymru yn adlewyrchu ei heconomi, a than i'r economi newid, cyfyngedig fydd y nifer o etholwyr sy'n cefnogi pleidiau'r dde.

Am y rheswm hynny mae nifer o Ddemocratiaid Rhyddfrydol yn torri eu boliau mewn pryder ynghylch effaith cytundeb â'r Ceidwadwyr yn San Steffan ar etholiad nesa'r Cynulliad.

Edrychwch ar y niferoedd wnaeth bleidleisio i'r blaid ym Merthyr a Phontypridd, a meddyliwch am effaith gwneud dêl â'r Ceidwadwyr ar y pleidleiswyr hynny. Meddyliwch hefyd am bobol fel Kirsty Williams a Peter Black, yn gorfod eistedd yn y Cynulliad a gwrando ar bobol Llafur a Phlaid Cymru yn rhygnu ymlaen ynghylch 'pleidiau'r dde', 'toriadau Cameron a Clegg' a 'gweision bach y Ceidwadwyr'.

Efallai fod Kirsty wedi bod ar y ffôn neu wedi paratoi'r lein yn barod. Dyma hi:

'I don't agree with Nick.'

Ar 10 Mai ymddiswyddodd Gordon Brown fel Prif Weinidog

ar ôl dod i'r casgliad na fedrai ffurfio llywodraeth glymblaid. Ymddiswyddodd hefyd fel arweinydd Llafur gan ddechrau'r ras i'w olynu.

Ar 12 Mai 2010 cyhoeddwyd y byddai'r Ceidwadwyr a'r Democratiaid Rhyddfrydol yn ffurfio llywodraeth glymblaid, gyda Nick Clegg yn Ddirprwy i'r Prif Weinidog David Cameron. Roedd y cytundeb rhwng y ddwy blaid yn cynnwys pennu hyd y tymhorau seneddol (ac felly dyddiad yr etholiad cyffredinol nesaf) ac addewid i gynnal refferendwm ar newid y system bleidleisio i system AV – y bleidlais amgen.

PHILISTIA
18:34, Dydd Mawrth, 25 Mai 2010

Mae dweud bod Cymru'n wlad fach a bod pawb yn nabod pawb yn ystrydeb braidd. Ond os am brawf o hynny dyma i chi ffaith fach frawychus. Nid yn unig roedd Leighton Andrews a finnau yn y coleg gyda'n gilydd ond yn ein blwyddyn gyntaf ym Mangor roedd ein hystafelloedd yn Neuadd JMJ o fewn ychydig ddrysau i'w gilydd.

Fe fydd unrhyw un oedd â chysylltiad â Choleg Bangor yng nghanol y saithdegau yn gwybod bod hwnnw'n gyfnod cythryblus ac anhapus yn ei hanes. Roedd 'na wrthdaro cyson rhwng myfyrwyr Cymraeg a Chymreig ac awdurdodau'r coleg ynghylch pynciau fel y polisi iaith a'r hyn oedd yn cael ei weld fel agwedd ffroenuchel yr academyddion at y cymunedau o'u cwmpas.

Roedd Leighton yn un o'r myfyrwyr di-Gymraeg oedd yn gadarn yn ei gefnogaeth i'r protestiadau iaith, gan gefnogi'r dadleuon nad oedd y coleg yn cyflawni ei ddyletswyddau i Gymru.

Mae'n ymddangos ei fod yn cofio'r dyddiau hynny ac yn credu bod y broblem yn para hyd heddiw.

Heno fe fentrodd Leighton i ffau'r llewod ym Mhrifysgol Caerdydd i golbio'r colegau mewn ffordd gwbwl ddiflewyn ar dafod.

Yn y bôn cyhuddodd Leighton y prifysgolion (neu rai ohonyn nhw) o fod yn wrthwynebus i ddatganoli ac o fethu Cymru. Dydw i ddim yn meddwl ei fod yn ormodedd i ddweud ei fod wedi dod yn agos at eu cyhuddo o fod yn wrth-Gymreig. Honnodd fod eu cyrff llywodraethol yn 'gartref olaf i'r crachach' ac yn esgus bod yn annibynnol tra'n dibynnu ar arian cyhoeddus am eu cynhaliaeth.

O hyn ymlaen, meddai, fe fydd yr arian hwnnw'n cael ei gyfeirio at sefydliadau sy'n gwasanaethu buddiannau Cymru ac yn cyflawni blaenoriaethau'r Llywodraeth megis cynyddu'r ddarpariaeth Gymraeg a denu rhagor o fyfyrwyr o gefndiroedd difreintiedig.

Yn ôl Leighton fe sefydlwyd Prifysgol(ion) Cymru yn y 19eg ganrif fel gweithred wleidyddol ac mae angen gweithred wleidyddol yn yr 21ain i'w chwyldroi a'u gwneud yn atebol i bobol Cymru.

Yn ôl yn y saithdegau fe fabwysiadodd myfyrwyr Bangor linell o eiddo Williams Parry fel eu harwyddair. 'Gwna ddaeargrynfeydd dan gadarn goncrit Philistia' oedd y llinell honno.

Rwy'n amau bod Leighton wedi achosi ambell i ddaeargryn heno!

PETER WALKER
12:56, Dydd Mercher, 23 Mehefin 2010

Mae'n un o gonglfeini ffydd y chwith yng Nghymru fod Margaret Thatcher yn gwbwl anwybodus a di-hid ynghylch Cymru a'i hanghenion. Mae 'na ambell i Aelod Cynulliad sy'n methu gwrthsefyll y demtasiwn i godi bwganod Thatcheriaeth ar bob cyfle posib, gan gyplysu ei henw yn amlach na pheidio ag un John Redwood.

Mae'n hawdd anghofio felly mai penodiad John Major, nid Margaret Thatcher, oedd John Redwood. Roedd y ddau aelod o Loegr a benodwyd gan Mrs Thatcher i fod yn benaethiaid ar y Swyddfa Gymreig yn wahanol i aelod Wokingham.

Roedd Peter Walker a David Hunt ill dau yn Geidwadwyr cymedrol, yn perthyn i draddodiad 'un genedl' Macmillan a Heath. Cafodd y ddau rwydd hynt gan y Prif Weinidog i ddilyn polisïau gwahanol iawn i'r rhai yr oedd hi ei hun yn eu pregethu.

Cyhoeddwyd y bore yma fod Peter Walker (yr Arglwydd Walker o Gaerwrangon) wedi marw yn 78 oed. Rwy'n meddwl mai fi yw'r unig un o staff gwleidyddol BBC Cymru oedd o gwmpas yn ei gyfnod e. Rwy'n teimlo'r angen i sgwennu pwt amdano felly.

Roedd penodiad Peter Walker yn Ysgrifennydd Cymru yn 1987 yn gythraul o sioc i bawb. Doedd y syniad y gallai aelod o Loegr gael ei benodi'n Ysgrifennydd Cymru erioed wedi croesi meddyliau ni'r newyddiadurwyr. Gyda Nicholas Edwards yn rhoi'r ffidil yn y to roedd pawb yn cymryd yn ganiataol mai Wyn Roberts fyddai'n ei olynu.

Roedd y ffaith fod Peter Walker wedi derbyn y swydd hefyd yn syndod. Wedi'r cyfan, roedd Peter wedi bod yn Ysgrifennydd yr Amgylchedd, yn Ysgrifennydd Diwydiant a Masnach ac yn Ysgrifennydd Ynni. Oni fyddai'n gweld cynnig o 'gilfach gefn' fel Cymru yn sarhaus braidd?

Ond doedd Peter ddim yn ddyn oedd yn bryderus am statws ac o fewn byr o dro roedd hi'n amlwg pam ei fod wedi derbyn y cynnig. Ef oedd yr Ysgrifennydd Ynni yn ystod streic y glowyr. Roedd yn gadarn o'r farn fod honno'n frwydr yr oedd yn rhaid i'r Llywodraeth a'r Bwrdd Glo ei hennill ond roedd e hefyd yn ymwybodol iawn o'r llanast economaidd a chymdeithasol fyddai'n dilyn yn y meysydd glo.

Dod i Gymru i geisio lleddfu'r effeithiau hynny wnaeth Peter. Conglfaen ei gyfnod yn y Swyddfa Gymreig oedd Cynllun y Cymoedd. Crafwyd am geiniogau ym mhobman i dalu am grwsâd i ddod â gwaith i faes glo'r de. Codwyd ffatrïoedd parod a chynigiwyd grantiau hael i ddenu cyflogwyr i'r ardal. Defnyddiodd Peter ei gysylltiadau personol ym myd bancio hefyd i ddarbwyllo busnesau i fuddsoddi yn y meysydd glo.

Mae'n anodd felly anghytuno â'r hyn y dywedodd ei deulu mewn datganiad y bore 'ma:

'As a politician, he always believed in the importance of helping those most in need, combining efficiency with compassion. He was a true one-nation Conservative and a patriot. His great personal compassion was always reflected in his private life.'

Y tristwch yw na phrofodd Cynllun y Cymoedd yn llwyddiant yn y tymor hir. Fe'i lansiwyd mewn stad o swyddfeydd parod ar safle hen lofa'r Cambrian yn y Rhondda, pwll lle'r oedd nifer o fy nheulu yn gweithio fel mae'n digwydd.

Yn ei araith fe broffwydodd Peter y byddai cwmnïau newydd, beiddgar yn ymgartrefu yng Nghlydach Vale o fewn byr o dro. Ni ddigwyddodd hynny.

Mae'r swyddfeydd yn dal yno ond gweithwyr y sector gyhoeddus, sef rhai Cyngor Rhondda Cynon Taf, sy'n eu defnyddio, nid cwmnïau preifat.

O fewn yr wythnosau nesaf mae'n debyg y bydd Llywodraeth y Cynulliad yn troi ei chefn yn derfynol ar y 'diwylliant grantiau' oedd yn ganolog i athroniaeth Peter Walker ond o leiaf fe wnaeth ei orau, a gwneud hynny'n ddidwyll a bonheddig. O'r holl Ysgrifenyddion Gwladol roedd Peter Walker yn un o'r goreuon.

Ar 25 Medi, etholwyd Ed Miliband yn arweinydd y Blaid Lafur. Trwch adain gwybedyn oedd rhyngddo fe a'i frawd, David Miliband. Roedd Ed Balls yn drydydd, Andy Burnham yn bedwerydd a Diane Abbott yn olaf.

WRTH BASIO
09:17, Dydd Sadwrn, 9 Hydref 2010

Rwy'n becso braidd wrth ysgrifennu'r post yma. Eisiau trafod effeithiau gwleidyddol y bygythiad i Swyddfa Basborts

Casnewydd[136] ydw i ond fe allai hynny ymddangos yn galon-galed iawn i'r rheiny sydd mewn peryg o golli gwaith.

Dyw pobol ddim yn cyfansoddi caneuon na cherddi i goffáu cau swyddfa. Dim ond chwareli a phyllau glo sy'n cynnau'r awen. Serch hynny, mae'r boen yr un mor real i dri chant o deuluoedd Casnewydd heddiw ag yr oedd i eraill wrth i Lanwern grebachu neu bwll glo De Celynen gau.

Ar ôl dweud hynny mae 'na bwynt gwleidyddol pwysig yn fan hyn. Y cyhoeddiad hwn yw un o'r enghreifftiau cyntaf o realiti toriadau gwariant Llywodraeth y DU. Am y tro cyntaf bron gallwn weld yr effeithiau personol ar unigolion. Nid hwn fydd y tro olaf chwaith.

Nawr, mae 'na bobol sy'n wirioneddol gredu bod gweithwyr y sector gyhoeddus yn eistedd ar eu tinau am ddeugain mlynedd cyn ymddeol ar bensiynau gwerth mwy na gwobr loteri. Lleiafrif sy'n credu hynny, rwy'n meddwl. Beth bynnag yw'r farn gyhoeddus ynghylch cyflogau rhai o banjandrams y sector gyhoeddus, nid pobol felly yw gweision sifil glannau Wysg.

Mae'r cyhoeddiad hwn, yn fy marn i, yn dipyn o faen prawf neu garreg filltir i Ddemocratiaid Rhyddfrydol Cymru. Mae'n rhywbeth caregog, ta beth – a hynny am ddau reswm.

Yn gyntaf, mae'r Democratiaid Rhyddfrydol yn blaid sydd o'i hanian yn credu mewn gwasanaeth cyhoeddus. Yn wir, byswn i'n tybio mai yn y sector gyhoeddus y mae rhan helaeth o'i haelodau yn gweithio. Darllenwyr y *Guardian* a'r *Independent* yw selogion y blaid ar y cyfan. Prin yw'r rhai sy'n pori tudalennau'r *Daily Mail* neu'r *Sun*. Yn reddfol felly fe fyddai dyn yn disgwyl i'r blaid ochri â'r undebau yn yr achos hwn.

Mae 'na reswm arall dros wneud hynny – un llawer mwy sinigaidd. Yn etholaeth Gorllewin Casnewydd mae'r ganolfan,

---

136 Roedd y gwasanaeth pasbortau wedi cyhoeddi bwriad i gau ei swyddfa yng Nghasnewydd ddechrau mis Hydref 2010. Yn y pen draw cadwyd hanner y swyddi yno.

ond mae hi o fewn tafliad carreg i Ddwyrain Casnewydd, etholaeth hynod o bwysig i'r Democratiaid Rhyddfrydol. Dydw i ddim yn credu bod gan y blaid obaith mul o ennill y sedd flwyddyn nesaf ond heb dalp o bleidleisiau yno mae 'na beryg gwirioneddol y gallai golli ei sedd restr yn rhanbarth Dwyrain De Cymru.

Rwy wedi bod yn crafu fy mhen ers misoedd ynghylch y ffaith nad yw Democratiaid Rhyddfrydol y Cynulliad wedi ceisio rhoi tipyn o bellter gwleidyddol rhyngddyn nhw a chlymblaid San Steffan. Mae'r Torïaid wedi gwneud hynny ynghylch S4C ac ambell i bwnc arall ond hyd y gwelaf i mae'r Democratiaid Rhyddfrydol wedi martsio'n ufudd i ddrwm San Steffan.

'Os nid nawr, pryd?' yw'r cwestiwn. Wrth i mi ddweud hynny, gweler! Dyma ddatganiad newyddion yn fy nghyrraedd gan Kirsty Williams yn dweud hyn:

'To suggest that every passport office should remain open except for the only one serving South Wales and South West England is at best high handed and will leave millions of people with an inferior service to the rest of the UK, as well as threatening hundreds of jobs. My understanding is that, at this stage, this is a proposal for consultation and I shall be responding to express my concerns as I am sure many others will.'

Mae'n ymddangos bod rhywun wedi dechrau meddwl yn strategol yn 'Freedom Central'![137] Hen bryd hefyd!

Ar 20 Hydref, cyhoeddodd y Canghellor George Osborne y byddai'r rhan fwyaf o gyllid S4C yn dod o goffrau'r BBC gan arwain at bryderon mawr ynghylch annibyniaeth y sianel.

---

137 Enw pencadlys Cymreig y Democratiaid Rhyddfrydol.

LLITHRO AR Y DEC
09:40, Dydd Gwener, 22 Hydref 2010

Rwy'n ymwybodol nad wyf wedi blogio rhyw lawer wythnos hon. Prysurdeb yw'r rheswm pennaf ond mae 'na elfen o 'beidio tyfu tato yn eich baw eich hun' pan ddaw hi at S4C!

Mae gen i ambell i beth i ychwanegu at y drafodaeth honno ond rwy'n gwneud fy ngorau glas i sgwennu'r sylw yma mewn ffordd gwbwl ffeithiol a niwtral.

Yn gyntaf, mae pobol yn llygad eu lle wrth amau mai penderfyniad munud olaf oedd hwn. Rwy'n gwybod hyd sicrwydd mai'r bwriad wythnos ddiwethaf oedd cynnal adolygiad cynhwysfawr o'r sianel. Mae gan yr Ysgrifennydd Treftadaeth yr hawl i orchymyn ymchwiliad o'r fath. Yn wir, cafwyd ymchwiliad tebyg yn y nawdegau, un yr oedd S4C ar y pryd yn ei ystyried yn hynod o ddefnyddiol. Y bwriad oedd na fyddai 'na unrhyw newid yn strwythur y sianel cyn i'r ymchwiliad gael ei gwblhau ac y byddai S4C yn derbyn sicrwydd o'i chyllid am y pedair blynedd nesaf – er y byddai'r cyllid hwnnw rhyw 20–25% yn llai nag y mae'n derbyn eleni.

Roedd y ddêl yma'n ganlyniad i lobïo cryf gan rai o Aelodau Seneddol Ceidwadol Cymru ac yn llawer gwell na rhai o'r opsiynau eraill oedd dan ystyriaeth. Roedd cael gwared â'r sianel yn gyfan gwbwl yn un o'r posibiliadau hynny.

Fe newidiodd pethau ddechrau'r wythnos hon. Ni fedraf fod yn gwbwl sicr o hyn ond mae sawl ffynhonnell wedi awgrymu taw'r penderfyniad i ddelio â lefel y drwydded deledu eleni yn hytrach nag aros am flwyddyn arall ynghyd â rhwystredigaeth ynghylch agwedd Awdurdod S4C oedd yn gyfrifol am y newid. Mae'r rhwystredigaeth honno yn amlwg yn y gwahaniaeth yn nhôn a manylder y llythyrau a ddanfonwyd i'r BBC ac S4C.

Yr ail beth sy'n amlwg yw mai o'r DCMS ac nid y BBC y daeth yr awgrym y gallai'r Gorfforaeth ysgwyddo'r baich o ariannu'r Sianel. Mae'n ddigon teg i ddweud, rwy'n meddwl, fod S4C a'r BBC wedi chwarae ambell i gêm wleidyddol ar hyd y blynyddoedd. Dyw hi ddim yn ymddangos i mi fod hynny'n wir yn yr achos yma.

RYMBL YN Y RHONDDA
13:50, Dydd Mercher, 3 Tachwedd 2010

Fe fydd y rheiny ohonoch chi sy'n ymddiddori mewn hanes yn ymwybodol bod canmlwyddiant terfysgoedd Tonypandy yn cael ei goffáu'r wythnos hon gyda sawl digwyddiad a rhaglen wedi eu trefnu i nodi trobwynt pwysig yn hanes gwleidyddol Cymru.

Mae'r hyn ddigwyddodd yn Nhonypandy yn rhan o chwedloniaeth y mudiad Llafur ac fel pob chwedl mae'n cyfuno elfennau o wirionedd ynghyd â ffrwyth dychymyg y rheiny sydd wedi ailadrodd y stori ar hyd y blynyddoedd.

Mae hi'n wir, er enghraifft, fod Winston Churchill, yr Ysgrifennydd Cartref ar y pryd, wedi caniatáu danfon milwyr i geisio dofi'r glowyr. Ond mae hi hefyd yn wir fod y milwyr wedi ymddwyn yn llawer mwy pwyllog a gwaraidd nag y gwnaeth y plismyn lleol a'r rheiny oedd wedi eu galw mewn o Fryste.

Ta beth am hynny, fe barodd y drwgdeimlad yn erbyn Churchill am ddegawdau yn y maes glo ac fe gafodd hynny effaith andwyol ar obeithion dwy blaid – effaith sy'n para hyd heddiw.

Fe ddefnyddiodd Llafur benderfyniad Churchill fel arf i golbio'r Ceidwadwyr ar hyd y degawdau. Er nad oedd Churchill yn Dori yn 1910 roedd yr arf yn un effeithiol.

Yn ystod y ganrif ers y terfysgoedd mae ymgeiswyr Ceidwadol wedi bod yn greaduriaid prin yn y cymoedd. Yn y Rhondda ei hun dim ond un Ceidwadwr sydd wedi llwyddo i ennill sedd cyngor. Peter Leyshon oedd hwnnw. Fe enillodd e yng Nghymer yn 1988 ond does neb wedi efelychu ei gamp ers hynny.

Mae'n ddigon posib wrth gwrs mai'r un fyddai hanes y Ceidwadwyr yn y cymoedd pe na bai bwgan Tonypandy yn bodoli. Mae 'na sail gadarn dros ddweud, ar y llaw arall, mai'r terfysgoedd oedd dechrau'r diwedd i'r blaid Ryddfrydol yn y maes glo, gan sicrhau mai Llafur nid y Rhyddfrydwyr fyddai'n rhoi llais gwleidyddol i drigolion y pentrefi glofaol o hynny ymlaen.

Ar ddechrau 1910 roedd William Abraham (Mabon) wedi ei ailethol i gynrychioli'r Rhondda yn y Senedd. Fel ym mhob etholiad ers 1885 roedd Mabon wedi sefyll ar docyn Lib-Lab, ond y tro hwn dewisodd ymuno â'r Blaid Lafur seneddol yn hytrach nag eistedd ar y meinciau Rhyddfrydol. Roedd hynny'n golygu bod gan yr egin blaid sosialaidd 29 aelod yn San Steffan.

Ar lawr gwlad yn y cymoedd roedd y sefyllfa wleidyddol o hyd yn hyblyg.

Cymerwch un teulu bach yng Nghlydach Vale fel enghraifft. Roedd y Rodericks (fy hen hen daid a'i frodyr) wedi cael llond bol o grafu bywoliaeth ar diroedd Prices Gogerddan ac wedi symud i'r Rhondda yn y gobaith o fywyd gwell. Yng nglofa'r Cambrian yr oedd dynion a bechgyn y teulu yn gweithio a phan ddechreuodd anghydfod Tachwedd 1910 roedden nhw ymhlith y streicwyr.

Nid teulu milwriaethus oedd hwn. Pobol capel, Ryddfrydol oedd y rhain. Yn wir roedd un ohonyn nhw yn gynghorydd Rhyddfrydol. Yn sicr fuasai'r un ohonyn nhw wedi ymuno â'r rheiny wnaeth greu terfysg yn Nhonypandy. Rwy'n ddigon bodlon mentro y bydden nhw wedi eu harswydo gan y fath ymddygiad, gan roi'r bai ar annuwioldeb, y ddiod gadarn, neu'r ddau!

Ar ôl dweud hynny roedd penderfyniad Churchill – oedd yn Rhyddfrydwr ar y pryd – yn ormod i'r teulu hwn a miloedd o deuluoedd tebyg. Dros gyfnod o amser fe drodd aelodau'r teulu, eu cymdogion a'u cyfeillion, eu cefnau ar y Rhyddfrydwyr a chofleidio Llafur. Sefydlwyd Plaid Lafur y Rhondda fel plaid annibynnol o'r Rhyddfrydwyr ar Hydref 31, 1911.

Cyn Tachwedd 1910 rwy'n weddol sicr y byddai bron pob aelod o fy nheulu yn ystyried eu hunain yn Rhyddfrydwyr. Ar ôl hynny prin yw'r rhai fyddai'n gwneud.

226

Mae 'na hen ddigon o bobol Llafur a Phlaid Cymru a'r Ceidwadwyr ymhlith fy mherthnasau a'm cyndeidiau ond prin yw'r Rhyddfrydwyr ar ôl 1910. Terfysg Tonypandy sy'n gyfrifol am hynny.

Galwodd ASau Ceidwadol Cymru ar bob aelod o Awdurdod S4C i ymddiswyddo – ac eithrio'r cadeirydd, John Walter Jones. Roedden nhw'n anhapus â'r modd roedd yr Awdurdod yn gweithredu yn ystod y drafodaeth ynghylch setliad ariannol y sianel.

COLLI AWDURDOD
15:47, Dydd Mercher, 24 Tachwedd 2010

Wel, fe ddywedais fy mod yn disgwyl datblygiadau ynghylch S4C yn weddol fuan!

Mae'n anodd credu nad ydym yn cyrraedd rhyw fath o drobwynt pwysig yn y stori.

I'r rheiny sy'n diystyru ymyrraeth ddiweddaraf Aelodau Seneddol Ceidwadol Cymru mae'n werth nodi bod pump o'r deuddeg aelod o'r Pwyllgor Dethol ar Faterion Cymreig yn Dorïaid. Gall eu datganiad fod yn rhagflas o'r casgliadau y bydd y Pwyllgor yn eu cyrraedd[138] ac mae'n ddiddorol mai aelodau Awdurdod S4C ac nid ci gadeirydd sydd dan y lach.

Neithiwr cynhaliwyd cyfarfod o'r Awdurdod pan gafodd yr aelodau wybod bod John Walter Jones wedi cytuno gyda'r Adran Ddiwylliant beth amser yn ôl y byddai'n ymddeol fel Cadeirydd ar ei ben-blwydd yn 65 ym mis Mawrth flwyddyn nesaf. Mae John Walter ei hun wedi cadarnhau hynny wrth Betsan [Powys].

Mae ffynonellau (dienw) gwahanol wedi awgrymu wrthyf fod y cyfarfod yn un stormus a bod John Walter wedi cael cymaint o lond bol nes iddo gyhoeddi ei fod am ymddiswyddo yn y fan a'r lle. Roedd y Cadeirydd yn y gogledd a thorrodd

---

138   Roedd y pwyllgor yn cynnal ymchwiliad i ddyfodol S4C.

y cysylltiad fideo rhyngddo a'r cyfarfod er mwyn cyfleu'r penderfyniad hwnnw i'r DCMS.

Yn ddiweddarach deellir bod John Walter wedi newid ei feddwl. Does wybod beth yw'r rheswm am hynny ond mae'n bosib ei fod wedi derbyn y neges o Lundain mai ei gyd-aelodau oedd y broblem, nid fe.

Beth sy'n digwydd nesaf? Dwn i ddim – ond mae'n amlwg fod yr Awdurdod yn brin o ddewisiadau. Mae'r aelodau wedi eu hollti rhwng y rhai sydd am gyrraedd y ddêl orau bosib yn yr amgylchiadau a'r rheiny sydd yn dymuno gwneud safiad ac edrych ar opsiynau cyfreithiol.

Dyw'r naill ddewis na'r llall yn ddeniadol iawn. Fe fyddai'r cyntaf yn golygu colli o leiaf tywfaint o annibyniaeth a thua chwarter incwm blynyddol y sianel ond gallai mynd i'r baracêds adael yr Awdurdod mewn sefyllfa lle byddai'n rhaid ceisio cynnal y sianel ar incwm o £7 miliwn y flwyddyn a dogn o raglenni gan y BBC.

Beth bynnag sy'n digwydd, mae'n amlwg erbyn hyn fod Awdurdod S4C mewn peryg o syrthio'n ddarnau. O dan yr amgylchiadau hynny mae'n anodd gweld sut y gall yr Awdurdod fwrw ymlaen â'r broses o ddewis prif weithredwr newydd.[139]

COLLI AWDURDOD 2
17:48, Dydd Mercher, 24 Tachwedd 2010

Darllenwch y post diwethaf cyn hwn!

Mae Awdurdod S4C wedi bod yn cwrdd eto'r prynhawn yma. Doedd John Walter Jones ddim yn bresennol a phenodwyd Rheon Tomos yn is-gadeirydd dros dro.

Yn ôl S4C dyw John Walter Jones ddim wedi gadael i'r Awdurdod wybod ei fod wedi penderfynu aros ymlaen fel Cadeirydd, ond mae'r gadeiryddiaeth yn fater rhyngddo fe a'r DCMS.

---

139 Arwel Ellis Owen oedd Prif Weithredwr S4C ar y pryd – fe'i penodwyd i'r swydd dros dro wedi i'r prif weithredwr blaenorol, Iona Jones, adael yn ddisymwth ddiwedd Gorffennaf 2010.

Mae pethau'n mynd o ddrwg i waeth.

Rwy newydd fod yn siarad ag Alun Ffred Jones. Mae'r Gweinidog o'r farn ei bod hi'n anodd iawn i unrhyw benderfyniadau gael eu cymryd ynghylch S4C gyda'r Awdurdod wedi ei wanhau yn y fath fodd.

Mae S4C yn addo cyhoeddi datganiad heno ac fe fydd Rheon Tomos yn ymddangos ar *Newyddion* am 7.30.

SBEC AR DDEC
10:13, Dydd Gwener, 26 Tachwedd 2010

Efallai eich bod wedi sylwi fy mod wedi bod braidd yn brysur dros y ddyddiau diwethaf! Os ydych chi wedi bod yn gwylio'r bocs neu'n gwrando ar y radio gallaf faddau i chi am feddwl eich bod yn gwylio *Attack of the Clones* – a phob un o'r diawled yn edrych ac yn swnio'n union fel fi!

Ble mae pethau'n sefyll o safbwynt S4C felly? 'Stand off' yw'r disgrifiad gorau rwy'n meddwl.

Os nad yw John Walter yn dewis ymddiswyddo fel Cadeirydd yr Awdurdod – a hynny trwy lythyr i'r DCMS – fe yw Cadeirydd S4C. Does dim ots beth ddywedodd e wrth yr Awdurdod nos Fawrth na beth mae aelodau eraill yr Awdurdod wedi gwneud neu ddweud ers hynny. Y cyfan sy'n cyfri yw'r llythyr i'r Ysgrifennydd Gwladol. Yn yr ystyr hynny, yn nwylo John Walter mae'r cardiau – neu'r sgrifbin!

Mae statws Rheon Tomos, yr 'is-gadeirydd', yn llai sicr. Mae'n ymddangos ei fod wedi cael ei ethol mewn cyfarfod (neu gyfarfod ffôn) nad oedd John Walter – y Cadeirydd – yn gwybod amdano. Os felly, go brin fod y penodiad yn ddilys. Dyw'r ffaith fod aelodau'r Awdurdod yn credu bod John Walter wedi ymddiswyddo yn gwneud dim byd i newid statws y cyfarfod ac mae 'na ddigon o gyfreithwyr a gwleidyddion ar yr Awdurdod a ddylai fod wedi sylweddoli hynny.

Un peth sy'n rhyfeddol yn hyn oll yw nad oedd aelodau'r Awdurdod yn gwybod eu bod mewn picl nes i un o swyddogion y sianel ddarllen cynnwys y blog hwn iddyn nhw echddoe.

Trwy'r dydd, ddydd Mercher, wnaeth neb o'r sianel gysylltu â John Walter i ofyn beth yn union oedd y sefyllfa. Doedd y Cadeirydd ddim yn cuddio. Roedd e yn ei gartref ac yn ateb ei ffôn. Mae'n rhyfeddod i mi na wnaeth neb siarad ag ef.

Mae hynny'n codi cwestiwn diddorol. Rwy'n cael ar ddeall nad hwn oedd y tro cyntaf i John Walter fygwth ymddiswyddo mewn cyfarfod o'r Awdurdod. Oedd aelodau eraill yr Awdurdod yn credu mewn gwirionedd ei fod wedi ymddiswyddo y tro hwn? Dyna maen nhw'n ei ddweud. Os felly, pam peidio gofyn am gadarnhad o hynny o wybod bod gan John Walter drac record yn hyn o beth?

Ta beth, mae'r digwyddiadau dros y dyddiau diwethaf wedi rhoi terfyn ar fudandod aelodau'r Awdurdod a swyddogion y sianel o safbwynt sgwrsio â newyddiadurwyr.

Dyma i chi flas o'r hyn mae rhai ohonyn nhw'n dweud:

'Does 'na ddim rhaniad o fewn yr awdurdod – dim ond rhwng yr Awdurdod a'r Cadeirydd. Mae John wedi tanseilio ei Awdurdod ei hun.'

'Mae'n gwbwl eglur i bawb bod John WEDI ymddiswyddo. Mae'n fater iddo fe wneud hynny'n swyddogol.'

'Mae'r sefyllfa'n gwbwl amhosib. Dydw i erioed wedi bod mor isel.'

Ac yn olaf,

'Mae'n flin gen i – mi ydach chi wedi deialu'r rhif anghywir,' medd llais digon cyfarwydd.

CLYMU EI HUN I'R MAST
09:27, Dydd Mawrth, 30 Tachwedd 2010

Mae ceisio dilyn helyntion a throeon trwstan S4C yn hala cur pen ar ddyn weithiau.

Ddeuddydd yn ôl roedd hi'n ymddangos bod 'na dri opsiwn posib o safbwynt y cam nesaf yn y saga.

Yr opsiwn cyntaf oedd awgrym Alun Davies ac eraill yn y

Cynulliad y dylai'r Awdurdod cyfan, gan gynnwys y Cadeirydd, ymddiswyddo. Yr ail opsiwn oedd yr awgrym gan Geidwadwyr Cymreig San Steffan y dylai John Walter Jones barhau yn ei swydd tra bod gweddill aelodau'r Awdurdod allan trwy'r drws. Drychddelwedd o'r cynllun hwnnw oedd awgrym Geraint Talfan Davies y dylai'r Cadeirydd fynd a gweddill yr Awdurdod aros.

Efallai na ddylwn i synnu at unrhyw beth bellach ond doeddwn i byth bythoedd wedi rhagweld datblygiadau ddoe. O am fod yn bry ar wal yng nghyfarfod nesaf yr Awdurdod ar ôl popeth sydd wedi cael ei ddweud yn gyhoeddus ac yn breifat yn ystod yr wythnos ddiwethaf!

Ta beth, mae datganiad John Walter Jones yn cynnig prawf o un stori yr oeddwn wedi ei chlywed ond yn methu ei chadarnhau wythnos ddiwethaf.

Yn ei ddatganiad dywed John Walter hyn:

'Mi fydda i yn 65 ddiwedd Mawrth flwyddyn nesa a fy mwriad oedd cael ymddeol o fod yn Gadeirydd S4C bryd hynny. Fe ges i a'r Ysgrifennydd Gwladol sgwrs ac roedd o'n deall fy mhenderfyniad. Wnaeth o a fi ddim cytuno pryd y byddwn yn gwneud fy mhenderfyniad yn gyhoeddus. Yn sicr, doeddwn i ddim am i'm penderfyniad ddod yn bwnc trafod, na dylanwadu ar y broses oedd ar waith o ran penodi Prif Weithredwr, felly ddydd Gwener diwethaf, wedi amser cau ceisiadau, oedd yr amser ro'n i wedi bod yn meddwl amdano. Ond ches i ddim cyfle. Fe gamddehonglwyd cynnwys llythyr personol i mi gan Jeremy Hunt, ac fe drawyd S4C unwaith eto gan swnami.'

Nid camddehongliad o gynnwys llythyr Jeremy Hunt y mae John Walter yn cyfeirio ato yn fan hyn ond camddehongliad o bwy oedd i fod i dderbyn y llythyr. Trwy gamgymeriad, hap a damwain, neu am ryw reswm arall fe gafodd y 'llythyr personol' ei gylchredeg i aelodau eraill yr Awdurdod. Oni bai am hynny ni fyddai dyfodol y Cadeirydd wedi codi yn y cyfarfod lle wnaeth John Walter 'ymddiswyddo'.

Mae Dewi a Gwylan yn y sylwadau yn cwyno nad ydym eto

yn gwybod y stori gyflawn am S4C. Mae 'na bethau na ellir eu dweud am resymau cyfreithiol yn ymwneud â thribiwnlys Iona Jones[140] ond yn y bôn rwy'n meddwl bod stori fewnol S4C yn weddol eglur erbyn hyn.

Y broblem yw bod darnau'r jig-so wedi eu gwasgaru ar draws nifer o bostiau a rhaglenni.

Fe wnaf i geisio crynhoi'r hyn rydyn ni'n gwybod felly.

Mae'n ymddangos mai'r drwg yn y caws oedd y gyfundrefn o 'arwahanrwydd' a fabwysiadwyd gan S4C yn 2006. Cyfundrefn wedi ei modelu ar system lywodraethu newydd y BBC oedd hon. Fe fyddai'r sianel yn cael ei rhedeg gan fwrdd o reolwyr proffesiynol gyda hyd braich rhyngddu a'i Awdurdod. Ni fyddai'r Awdurdod yn ymyrryd ym mhenderfyniadau dydd i ddydd y rheolwyr. Yn hytrach, llunio canllawiau, gosod targedau a mesur perfformiad fyddai rôl yr Awdurdod.

Dros gyfnod o amser fe ddechreuodd rhai aelodau o'r Awdurdod deimlo bod y rheolwyr yn defnyddio'r gyfundrefn i gau allan yr Awdurdod a mynd tu ôl i gefnau'r aelodau.

Comisiynwyd adolygiad gan gwmni Pricewaterhouse Coopers oedd yn nodi bod 'na wendidau sylfaenol yn perthyn i 'arwahanrwydd'. Doedd pethau ddim wedi mynd o le eto ond mewn cyfres o feysydd roedd 'na beryg y gallen nhw.

Yn sgil ail adolygiad, y tro hwn gan Emyr Byron Hughes, cytunwyd y dylai'r gyfundrefn ddod i ben. Fe wnaeth Iona Jones awgrymu bod hynny ar fin digwydd wrth ohebydd cyfryngau'r *Guardian* ar drothwy ei hymadawiad.

Am ryw reswm doedd cydsyniad Iona Jones i'r newid ddim yn ddigon i rai o aelodau'r Awdurdod a mynnwyd ei hymadawiad. Roedd John Walter Jones yn gwrthwynebu'r penderfyniad hwnnw a gwrthododd gyflawni'r weithred ei hun.

---

140 Cyn-Brif Weithredwr S4C a oedd wedi gadael y sianel ddiwedd
    Gorffennaf 2010. Cafwyd setliad rhyngddi ac S4C, ac felly ni pharhaodd
    yr achos tribiwnlys.

Fyth ers hynny mae'r berthynas rhwng John Walter a gweddill yr Awdurdod wedi bod yn anodd ac mae'n debyg ei fod yn ystyried digwyddiadau wythnos ddiwethaf fel ymdrech i 'fownsio'r' Cadeirydd yn yr un modd a ddigwyddodd i'r Prif Weithredwr.

Dyna yw'r stori fewnol yn S4C cyn belled ag rwy'n ei deall. Mae stori wahanol gyfochrog wedi bod yn digwydd yn San Steffan a'r Bae.

Wrth benderfynu p'un ai i glymu ei hun i'r mast ai peidio, fe dybiwn i mai'r cwestiwn yma oedd ym mlaen meddwl John Walter: ydy ymddygiad mwyafrif yr Awdurdod yn achos Iona Jones ac ers hynny wedi gwanhau neu gryfhau S4C yn y trafodaethau gyda'r DCMS a'r BBC?

Os oedd John o'r farn fod y mwyafrif wedi ymddwyn yn fyrbwyll ac yn ddifeddwl ac wedi gwanhau llaw S4C, mae'n bosib deall pam nad oedd yn fodlon gadael dyfodol y sianel yn eu dwylo.

CADW TŶ MEWN CWMWL TYSTION
09:52, Dydd Gwener, 3 Rhagfyr 2010

Rwy wedi bod yn teimlo'n isel yr wythnos hon. Does a wnelo hynny ddim byd â'r tywydd, gwaith na gwleidyddiaeth. Yn hytrach, mae tasg fach ddigon di-nod wedi bod yn chwarae ar fy meddwl.

Mae'r capel[141] lle'r oedd fy nhad-cu yn weinidog am ddeugain mlynedd yn y broses o gael ei gau a'i werthu ac roeddwn i eisiau sicrhau nad oedd ei garreg goffa yn glanio mewn sgip neu ar domen rwbel. Roedd yr hen foi wedi marw ymhell cyn fy nyddiau i ond rwy'n digwydd teimlo bod gan rywun ddyled a dyletswydd i aelodau'r teulu – hyd yn oed y rhai sydd wedi ein gadael.

Doedd gen i fawr o gysylltiad â'r capel chwaith. Lond dwrn o weithiau yr oeddwn wedi bod yna. Y tro diwethaf oedd

---

141 Capel Tabernacl, Cwm-gors.

gwasanaeth y canmlwyddiant rhyw ddwy neu dair blynedd yn ôl. Roedd hi'n amlwg bryd hynny fod y diwedd y dod, gyda chyflwr y nenfwd yn beryglus a'r rhan helaeth o'r gynulleidfa fechan yn wragedd oedrannus oedd wedi gweld eu dynion yn cael eu haberthu ar allor o lo caled.

Eto i gyd, roeddwn i'n teimlo fy mod yn nabod y lle. Mae straeon teuluol yn treiddio i gof dyn. Gallaf ddychmygu'n hawdd y ffraeo pan lwyfannodd y Gymdeithas Ddrama ddrama Saesneg, y ffordd yr oedd perchennog y bragdy yn derbyn rhybudd caredig os oedd 'na bregeth ddirwest i fod a phregeth heddwch fy nhad-cu wrth i'r Almaenwyr groesi ffin Gwlad Pwyl yn yr oedfa olaf i'r BBC ei darlledu cyn dechrau'r rhyfel.

Dydw i ddim yn ddyn capel a dylai cau un ohonyn nhw ddim effeithio arnaf – ond mae cau hwn wedi gwneud hynny ac rwy'n meddwl fy mod yn deall pam.

Fe gefais i fy ngeni a'm magu yng Nghaerdydd. Yr unig brofiad neu gysylltiad â'r broydd Cymraeg oedd gen i fel crwt oedd yr ymweliadau cyson â Chwm-gors – y pentref bach gwyrthiol lle'r oedd pawb yn siarad yr un iaith â fi ac yn gwybod pwy o'n i er nad oeddwn i'n byw yno.

Trwy gydol fy mywyd rwy wedi bod yn optimist ynghylch dyfodol y Gymraeg. Wedi'r cyfan, yn y ddinas hon rwy wedi bod yn dyst i ddadeni Cymreictod gyda thwf aruthrol yn addysg a bywyd Cymraeg. Mae'r Capel Cymraeg lleol newydd godi estyniad er mwyn y nefoedd!

Rwy wedi bod yn ymwybodol wrth reswm o'r ystadegau a'r straeon o'r ardaloedd Cymraeg – ond dydw i erioed wedi teimlo ing y sefyllfa o'r blaen.

Am y tro cyntaf efallai rwy'n deall teimladau pobol sy'n gwylio'r goleuadau'n cael eu diffodd un wrth un.

TELEDU CYMRU
10:28, Dydd Iau, 16 Rhagfyr 2010

Wel, fe roddodd Mr Cairns dipyn o slamad i S4C yn y pwyllgor dethol, yn do?

Mae'n debyg eich bod wedi dal lan â digwyddiadau diweddar yn y Pwyllgor Dethol Cymreig ddydd Mawrth erbyn hyn.[142] Fe ddof i at y rheiny yn y man – ond pwyllgor arall, a Mr Cairns arall, sy'n denu fy sylw yn gyntaf.

Ddoe roedd y Pwyllgor Dethol Diwylliant yn holi cadeirydd ymddiriedolaeth y BBC, Syr Michael Lyons, ynghylch y drwydded darlledu. David Cairns yw'r 'Mr Cairns arall'.

Mae'n aelod Llafur o'r pwyllgor ac yn gyn-weinidog yn Swyddfa'r Alban ac fe ofynnodd y cwestiwn yma:

'... to an outsider, S4C appears to be a complete basket case with everybody resigning or being sacked, or industrial tribunals. Does this not strike you as another hospital pass from the Secretary of State, punting this basket case, particularly in light of how well BBC Wales is doing?'

Mae'n werth gweld pethau trwy lygaid estron weithiau ac o ben arall yr M4 mae'n bosib fod cynlluniau'r DCMS yn ymddangos yn fwy o faich i'r BBC nag o fygythiad i'r sianel...

Wrth i 2011 wawrio roedd meddyliau'n troi at y refferendwm ar bwerau ychwanegol i'r Cynulliad Cenedlaethol a fyddai'n cael ei chynnal ar 3 Mawrth.

---

142 Roedd Alun Cairns yn anhapus gyda'r hyn ddywedodd Prif Weithredwr dros dro S4C, Arwel Ellis Owen, wrth aelodau'r pwyllgor dethol ar faterion Cymreig.

2011
Y GWIR YN ERBYN Y BYD
15:18, Dydd Mercher, 19 Ionawr 2011

Heno fe fydd Gwir Gymru yn lansio ei hymgyrch refferendwm. Rwy'n dewis fy ngeiriau'n ofalus. Gwir Gymru ddywedais i, nid yr 'Ymgyrch Na'. Am resymau rwy wedi nodi o'r blaen does 'na ddim sicrwydd y bydd y Comisiwn Etholiadol yn clustnodi Gwir Gymru fel ymgyrch swyddogol.

Fe gawn ni wybod y naill ffordd neu'r llall cyn Chwefror 2, ond o'n safbwynt ni yn y BBC dyw'r penderfyniad ddim yn gwneud rhyw lawer o wahaniaeth. Mae rheolau'r gorfforaeth yn gwarantu cydbwysedd rhwng y ddwy ochor i'r ddadl os oes 'na ymgyrchoedd swyddogol neu beidio. O safbwynt yr ochor negyddol does 'na ddim ystod eang o siaradwyr ac ymgyrchwyr y tu hwnt i Gwir Gymru. Gallwch ddisgwyl clywed Syr Eric Howells a Bill Hughes yn fynych iawn yn ystod yr wythnosau nesaf!

Yng nghyd-destun Gwir Gymru mae Syr Eric a Bill yn eithriadau, gan eu bod o gefndir asgell dde – pobol o gefndir Llafur yw'r rhan fwyaf o gefnogwyr Gwir Gymru. Nid achos o'r Blaid Geidwadol yn cuddio tu ôl i ambell i ffigwr Llafur yw hyn chwaith. Nid sefyllfa fel 1997 yw hon. Mae absenoldeb pobol y dde – a'u harian – yn drawiadol.

Efallai bod yr awydd i ymddangos yn unedig wedi darbwyllo ambell i Geidwadwr i gadw ei ben i lawr ond sut mae esbonio absenoldeb UKIP o faes y gad? Mae'r blaid yn cefnogi pleidlais Na. Mae ganddi ryw fath o drefniadaeth yng Nghymru ond does dim arwydd o gwbwl fod y drefniadaeth honno'n cael ei defnyddio yn y refferendwm.

Sut mae esbonio hynny? Wedi'r cyfan, gallai cysylltu ei hun â'r ymgyrch Na gynyddu proffil y blaid ar drothwy etholiad y Cynulliad.

Yr unig esboniad fedra i ei gynnig am dawelwch cymharol y dde unoliaethol yw'r drindod o arolygon barn a gyhoeddwyd cyn y Nadolig, gyda phob un yn awgrymu crasfa i wrthwynebwyr y pwerau ychwanegol. Mae sawl rhiant i bob llwyddiant medden nhw, ond mae methiant yn blentyn amddifad.

Diweddariad. Wel, dydw i ddim yn mynd i ddarganfod beth fyddai dyfarniad y Comisiwn Etholiadol ynghylch cais Gwir Gymru am gydnabyddiaeth fel yr ymgyrch Na swyddogol. Mae'r grŵp wedi penderfynu peidio gwneud cais am y statws hwnnw – er y bydd yn rhaid cofrestru er mwyn cael ymgyrchu o gwbwl.

Deallaf fod penderfyniad Gwir Gymru wedi ei gymryd ar y funud olaf. Gallwch chi farnu ai arbed arian cyhoeddus yntau ofni'r embaras o fethu'r trothwy neu ryw ffactor arall oedd yn gyfrifol.

Er y bydd y grŵp yn colli mas yn ariannol ac o safbwynt rhadbost a darllediadau mae'r sefyllfa hefyd yn ergyd i Ie dros Gymru sy'n wynebu uchafswm gwariant llawer mwy llym o'r herwydd.

Dywed Ie dros Gymru eu bod yn bwriadu trafod y sefyllfa gyda'r Comisiwn Etholiadol ond deallaf fod y grŵp wedi paratoi cynlluniau wrth gefn ar gyfer sefyllfa lle nad oedd Gwir Gymru yn llwyddo i gyrraedd y trothwy angenrheidiol am gydnabyddiaeth swyddogol. Gyda Llafur, Plaid Cymru, y Democratiaid Rhyddfrydol a phob Aelod Cynulliad Ceidwadol yn cefnogi pleidlais Ie, mae'n debyg y bydd yn rhaid i'r ymgyrch ddibynnu'n llawer mwy ar weithwyr y pleidiau i ymgyrchu ar lawr gwlad.

BANG BANG BANGOR
09:43, Dydd Gwener, 28 Ionawr 2011

Mae gen i stori i'w dweud wrthoch chi – un sy'n ymwneud â Rheon Thomas, Leighton Andrews a finnau. Nid stori ynghylch Cadeirydd Gweithredol S4C, y Gweinidog Addysg a Golygydd Materion Cymreig y BBC yw hon ond un ynghylch tri myfyriwr ifanc yng ngholeg Bangor 'nôl yn y saithdegau.

Doedd gan benaethiaid y Coleg fawr o amser nac amynedd

i'r Gymraeg ar y pryd ac o ganlyniad penderfynodd Cymdeithas yr Iaith gychwyn ymgyrch yn eu herbyn. Doedd e'n fawr o beth, mewn gwirionedd. Peintiwyd ambell i slogan ar furiau'r hen goleg a chynhyrchwyd ambell i daflen a phoster.

Fe ddangosodd y penaethiaid ddyfnder eu cydymdeimlad â'r Gymraeg a'u deallusrwydd o fywyd Cymraeg y Coleg trwy ddiarddel pedwar myfyriwr. Roedd Rheon yn un ohonyn nhw.

Nid fod Rheon yn rhyw benboethyn eithafol. Gan ddangos dyfnder eu gwybodaeth roedd y coleg wedi anwybyddu swyddogion Cymdeithas yr Iaith gan ddiarddel yn eu lle swyddogion Cymdeithas y Cymric – cymdeithas oedd yn fwy enwog am drefnu disgos a helfeydd trysor nag am brotestiadau.

Os oedd y Cymric yn anwleidyddol cyn hynny fe newidiodd pethau'n ddigon sydyn ac fe feddiannodd y gymdeithas adeiladau'r hen goleg. Mewn protest gyfochrog meddiannodd Leighton a chriw o fyfyrwyr di-Gymraeg a thramor y tŵr Maths. Fi oedd y swyddog cyswllt rhwng y ddwy brotest. Os mynnwch chi, fy nyletswydd i oedd 'pontio' rhwng y ddwy garfan.

Mae hynny'n dod â ni'n ddigon taclus at Pontio – y cynllun gwerth £37 miliwn i godi canolfan gelfyddydau newydd fydd yn cymryd lle Theatr Gwynedd ac Undeb y Myfyrwyr.

Wrth i Carwyn Jones gychwyn y gwaith ar y prosiect y wythnos hon roedd criw o aelodau Cymdeithas yr Iaith wrth law i brotestio yn erbyn agwedd y ganolfan a'r coleg tuag at y Gymraeg. Dyw rhai pethau ddim yn newid!

Penodi ymgeiswyr di-Gymraeg i fod yn bennaeth ac yn swyddog cymunedol Pontio oedd wedi sbarduno'r brotest ond mae'r peth yn mynd yn ddyfnach na hynny. Mae 'na deimladau cryf ymhlith rhai o staff a myfyrwyr Cymraeg y Coleg fod y sefydliad wedi dad-Gymreigio'n ddifrifol yn ystod y blynyddoedd diwethaf gyda thîm rheoli sydd bron yn gyfan gwbwl ddi-Gymraeg a phenodiadau pwysig wedi eu gwneud ar sail argymhellion cwmnïau recriwtio o Loegr.

Mae'n ymddangos bod y Prifathro newydd, John Hughes,

sy'n Wyddel, yn ymwybodol o'r teimladau hyn ac fe benodwyd y cerddor Wyn Thomas yn is-brifathro (gofal y Gymraeg). Yn ôl ffynonellau o fewn y Coleg mae ganddo dipyn o dasg o'i flaen.

Y cwestiwn sy'n cael ei ofyn gan rai yw hwn: os ydy'r honiadau ynghylch dad-Gymreigio yn gywir pam na wnaeth y Prifathro ar y pryd, Merfyn Jones, rywbeth ynghylch y peth?

Yn eironig ddigon mae Merfyn newydd ei benodi'n bennaeth ar y Coleg Cymraeg Cenedlaethol... gan Leighton!

Diawl, mae Cymru'n wlad fach!

NA DROS GYMRU
10:57, Dydd Gwener, 11 Chwefror 2011

Rwy wedi bod dan y doctor yn ystod y dyddiau diwethaf gan boeni mwy am fy mhŷls fy hun na phŷls y genedl!

Dyma fi'n ôl yn y gwaith ar gyfer *Dau o'r Bae* a beth sy'n fy nisgwyl? Gwahoddiad bach i barti 'Diolch am ddweud Ie' ym Medwas. Mae'n addo bod yn noson dda hefyd, gydag ymddangosiad olaf Meic Stevens a'r band. Fel ffan o Meic byswn yn cael fy nhemtio – oni bai fy mod yn gweithio ar raglen ganlyniadau S4C ar y pryd.

O leiaf mae ymgyrchwyr Ie Caerffili'n teimlo'n hyderus. Nid felly ym mhob man. Rwyf wedi clywed gan sawl gwleidydd rwy'n parchu eu bod yn canfod talcen caled wrth ymgyrchu. Clywaf sôn am 'genedlaetholwyr pybyr sy'n llugoer', 'ffermwyr sy'n grac am glastir' a bod 'pobol y Gogledd yn colli amynedd'.

Nawr rwy wedi clywed pethau fel hyn o'r blaen. Y tro diwethaf oedd yn ystod y ras i ddewis arweinydd newydd Llafur Cymru. I mi roedd hi'n amlwg o'r cychwyn y byddai Carwyn Jones yn ei cherdded hi ac nad oedd gobaith caneri gan Edwina Hart neu Huw Lewis.

Dyna oedd pob darn o dystiolaeth yn ei ddweud ond ar sawl achlusur clywais gan wleidyddion a chyd-newyddiadurwyr eu bod nhw'n amau y byddai 'pethau'n agos' neu eu bod nhw'n 'teimlo yn eu dŵr' fod cyfle gan un o'r ymgeiswyr eraill i gipio coron Carwyn.

Nid dyna ddigwyddodd wrth gwrs, ac mae'n brawf nad yw bod yn geffyl blaen yn safle cysurus.

Oes lle i'r ochor Ie boeni felly?

Wel, mae'n wir i ddweud nad yw pethau wedi mynd yn arbennig o dda i'r ymgyrch yn y dyddiau cynnar. Fe achosodd Peter Hain embaras gyda'i sylwadau mewn cyfweliad â BBC Cymru ac mae 'na amheuon cynyddol am allu Roger Lewis fel prif ladmerydd yr ymgyrch – yn enwedig wrth fynd benben â seren ymgyrch ceiniog a dime Gwir Gymru, Rachel Banner.

Pethau bach yw'r rheiny mewn gwirionedd, ac mae'r llugoerni y mae ymgyrchwyr yn canfod yn debycach o arwain at bleidlais isel nag at bleidlais Na.

Nes i'r arolygon barn awgrymu'n wahanol does 'na ddim rheswm i'r ochor Ie fynd i banig.

Efallai.

OINC
15:13, Dydd Mercher, 16 Chwefror 2011

Dwn i ddim os ydy Gwir Gymru wedi dewis enw i'w mochyn eto. Porci oedd awgrym un ymgyrchydd Ie, gan fod yr ymgyrchwyr Na, yn ei dyb ef, yn hoff iawn o ddweud 'porky pies'.

Ta beth am hynny, syniad wedi ei fachu o ymgyrch Na gogledd-ddwyrain Lloegr yw'r mochyn. Yn y refferendwm hwnnw yn 2004 fe brynodd yr ochor Na falŵn enfawr ar ffurf eliffant gwyn ac roedd mynd â hwnnw o un digwyddiad Ie i'r nesaf yn rhan fawr o'u hymdrech.

Yn yr ymgyrch honno roedd symbolaeth y *white elephant* yn gwbwl amlwg, ond dyw hynny ddim yn wir am y mochyn. Mae arweinwyr yr ymgyrch Na yn gwadu mai gwneud ensyniadau ynghylch Aelodau'r Cynulliad yw'r bwriad. Yn hytrach, ceir rhyw fwmian annelwig ynghylch *Animal Farm*.

Beth bynnag oedd y bwriad yn ôl y rheiny sydd wedi

gwylio'r mochyn wrth ei bethau, mae'r stynt yn denu pobol draw i siarad â'r ymgyrchwyr. Yn hynny o beth mae'n gweithio.

Serch hynny mae'n anodd credu y bydd y mochyn yn *game-changer*.

Mae'n werth nodi bod un bwci amlwg newydd gyhoeddi prisiau ar y refferendwm. 1/10 yw pris Ie. 5/1 yw pris Na. Os ydy'r bwcis yn gywir mae angen mwy na mochyn ar Gwir Gymru.

AC WEDI ELWCH
14:49, Dydd Iau, 24 Chwefror 2011

Ocê, mae'n hanner tymor yn y Cynulliad ond mae 'na refferendwm wythnos nesaf ac etholiad ar y gorwel. Pam felly y mae pethau mor rhyfeddol o dawel o safbwynt gweithgaredd a straeon – cymaint felly nes i un arweinydd plaid ddiflannu o'r wlad am hoe fach?

Efallai mai diffyg ymgyrchoedd swyddogol sy'n gyfrifol am y diffyg cyffro ynghylch y refferendwm. Mae'r BBC wedi darlledu digonedd o eitemau yn ei chylch ond eitemau esboniadol a chefndir yw'r rhan fwyaf o'r rheiny. Ychydig iawn sydd wedi digwydd oedd yn haeddu sylw fel eitem newyddion.

Yr ail ffactor, dybiwn i, yw bod y rhan fwyaf o bobol ym mybl Bae Caerdydd yn credu y bydd yr ochor Ie yn sicrhau buddugoliaeth gymharol hawdd wythnos nesaf. Roedd hyd yn oed Syr Eric Howells a Bill Hughes yn darogan hynny ar *Pawb a'i Farn* neithiwr.

Mae dadl y rheiny sy'n credu hynny'n weddol syml. O gymryd mai oddeutu 500,000 o bobol fydd yn bwrw eu pleidlais, rhyw 250,000 o bleidleisiau sydd angen ar yr ochor Ie i gario'r dydd. O gofio bod Plaid Cymru wedi ennill 219,000 o bleidleisiau yn etholiad 2007 ac mae ei chefnogwyr hi yw'r mwyaf tebygol i droi allan mae'n anodd gweld unrhyw ffordd na fydd y trothwy'n cael ei gyrraedd.

Does 'na ddim arwydd chwaith fod unrhyw beth wedi digwydd yn ystod yr ymgyrch i newid y patrwm cyson sydd wedi bod yn amlwg ym mhob un arolwg barn ers tro byd. Yn y saith arolwg i'w cynnal ers Medi llynedd (a'r rheiny gan dri chwmni gwahanol) mae mwyafrif yr Ie wedi amrywio rhwng 19% a 33%. Mae hynny'n gythraul o fynydd ac ychydig iawn o amser sydd ar ôl i'r ymgyrch Na ei ddringo.

Ydy'r gêm ar ben felly? Fe gawn ni wybod hyd sicrwydd wythnos nesaf[143] ond efallai nad yw'n syndod fod llygaid y pleidiau'n troi at etholiad mis Mai.

---

143 Pan gyhoeddwyd y canlyniad, roedd 517,132 wedi pleidleisio Ie, a 297,380 wedi pleidleisio Na. 63.5% i 36.5% o blaid y newid.

PENNOD 7

Mili a'i fand, Leanne Wood, a Rhun yw'r Dyn, 2011–2013

Doedd yna ddim llawer o hoe i Vaughan na'r gwleidyddion wedi'r referendwm, gyda Mai y 5ed – dyddiad pedwerydd etholiad y Cynulliad a'r refferendwm ar newid y system bleidleisio – yn prysur agosáu.

BRODYR BACH!
12:37, Dydd Mawrth, 8 Mawrth 2011

Roedd pawb yn disgwyl i'r cadoediad rhyngbleidiol ddod i ben yn fuan wedi'r refferendwm ond go brin fod unrhyw un wedi rhagweld y byddai'r cwffio cyntaf yn digwydd o fewn un o'r pleidiau. Llafur yw'r blaid honno ac mae'r ffrwgwd yn deillio o gyfres o ddatganiadau diweddar gan Peter Hain.

Yn eu plith roedd honiad fod y Dirprwy Brif Weinidog, Ieuan Wyn Jones, yn 'aneffeithiol' ac nad oedd ei blaid yn 'cynnig unrhyw beth i Gymru'. Ar ben hynny cyhuddodd Dafydd Elis-Thomas o ymddwyn yn 'uwch na'i gyflog' wrth alw am ddiddymu Swyddfa Cymru.

Nawr, mae'r sylw olaf yn ddealladwy. Pe na bai gan Gymru Ysgrifennydd Gwladol, ni fyddai angen unrhyw un i'w gysgodi. Fe fyddai gyrfa Peter yn diflannu i'r... wel, i'r cysgodion!

O safbwynt y sylwadau eraill roedd hi'n ymddangos eu bod yn rhan o dacteg fwriadol. Hynny yw, gan nad oedd hi'n bosib i wleidyddion Llafur y Cynulliad ymosod ar Blaid Cymru

243

oherwydd y cytundeb clymblaid, roedd Peter wedi ei benodi fel rhyw fath o *attack dog*.

Roedd cynhadledd newyddion ar y cyd rhwng Carwyn a'i ddirprwy yn gyfle da i geisio corddi'r dyfroedd. Bant â ni, felly.

Oedd y Prif Weinidog yn cytuno bod Ieuan yn aneffeithiol?

'Does dim gweinidogion aneffeithiol yn fy Llywodraeth i,' medd Carwyn.

Beth am y sylwadau ynghylch Dafydd Elis-Thomas?

'Sylwadau Peter yw'r rheiny,' atebodd Carwyn gan ychwanegu yn ddiweddarach, 'Fi yw arweinydd y Blaid Lafur Gymreig a fy rôl i yw siarad ar ei rhan.'

Digon teg. Ond os nad yw Peter yn siarad ar ran y Blaid Lafur Gymreig, pam mae swyddfa'r wasg yn dosbarthu rhai o'i ddatganiadau o dan y teitl 'News from Welsh Labour'?

TRAFFERTHION I'R TORÏAID
10:00, Dydd Iau, 31 Mawrth 2011

Mater i'r pleidiau yw sut mae lansio eu hymgyrchoedd, ond gair bach i gall.

Dyw cynnal lansiad yn ystod *Wales Tonight* a *Wales Today*, heb sicrhau bod eich arweinydd ar gael i wneud cyfweliadau byw, ddim yn syniad arbennig o dda.

Efallai eich bod wedi yn ceisio dyfalu pam mai Darren Millar ac nid Nick Bourne oedd yn ymddangos ar rifyn neithiwr o *Wales Today* – y ffenest siop bwysicaf i wleidyddion Cymreig. Wel, dyma'r esboniad i chi.

Roedd Nick yn annerch llond dwrn o gefnogwyr mewn ystafell ddi-nod tra oedd Darren yn cael dweud ei ddweud o flaen 276,000 o wylwyr teledu.

Roedd Darren wrth ei fodd, wrth reswm! Andrew RT [Davies] yn llai felly, efallai!

Roedd ambell i Dori yn rhyfeddu wrth weld y fath gawl amaturaidd gan blaid sydd gan amlaf yn cael ei nodweddu gan ei phroffesiynoldeb, ond mae 'na broblem arall gan Geidwadwyr Cymru.

Deallaf fod dyddiad lansio maniffesto'r blaid wedi ei ohirio tra bod trafodaethau munud olaf yn cael eu cynnal â'r blaid yn Llundain.

Does gen i ddim clem beth yw'r union broblem ond gallaf ddychmygu. Mae'n bosib fod y maniffesto yn cynnwys addewidion sy'n effeithio ar y berthynas â Llundain a bod angen eu sgwario gydag adrannau Whitehall. Rhywbeth ynghylch ariannu, efallai...

MWY O AFU
14:30, Dydd Mawrth, 12 Ebrill 2011

Er mor anweledig yw'r ymgyrch etholiadol – y tu allan i Geredigion o leiaf! – mae'n fwrlwm o gyffro o gymharu â'r ymgyrchu ar gyfer pleidlais arall Mai'r 5ed, y refferendwm ynghylch y bleidlais amgen.

Mae 'na ambell i boster o gwmpas – yn swyddfeydd y Democratiaid Rhyddfrydol yn bennaf – ond ar wahân i'r rheiny, bach iawn o ymgyrchu sy'n digwydd hyd y gwelaf i.

Dyw hynny ddim yn syndod. Roedd hi'n anorfod y byddai gweithwyr y pleidiau yn blaenoriaethu'r etholiad, ond yn ôl un o hen bennau ymgyrch Ie refferendwm mis Mawrth mae'r ymgyrch Ie wedi ychwanegu at y broblem.

Mae'r ymgyrch Ie swyddogol wedi mabwysiadu polisi o beidio defnyddio gwleidyddion fel llefarwyr. Defnyddio 'pobl gyffredin' yw'r polisi er bod defnyddio'r gair 'cyffredin' i ddisgrifio Eddie Izzard yn dipyn o *stretch*!

Yr un oedd bwriad ymgyrch Ie mis Mawrth ond, o fewn byr o dro, newidiwyd y polisi ar ôl i'r trefnwyr sylweddoli bod nifer sylweddol o etholwyr yn awchu i gael arweiniad gwleidyddol gan eu pleidiau.

A fydd yr Ymgyrch Ie i Afu yn gorfod gwneud yr un peth? Fe gawn weld, ond does dim llawer o amser ar ôl.

Wedi'r cyfan mae'n rhaid i'r ymgyrch Ie ennill y ddadl feddyliol os am ennill y bleidlais. Hau hadau ansicrwydd yw tasg llawer haws yr ymgyrch Na.

Yn etholiad y Cynulliad, enillodd y Blaid Lafur 30 sedd, union hanner y cyfanswm. Roedd y Ceidwadwyr yn ail, ac felly'n brif wrthblaid gydag 14. Syrthiodd cyfanswm seddi Plaid Cymru i 11 a chyfanswm y Democratiaid Rhyddfrydol i 5. Yn achos y ddwy blaid dyma oedd eu cyfanswm gwaethaf ers sefydlu'r Cynulliad.

Oherwydd fod ei blaid wedi gwneud cystal yn yr etholaethau, collodd arweinydd y Ceidwadwyr Nick Bourne ei sedd yntau ar restr ranbarthol y Canolbarth a'r Gorllewin.

O fewn wythnos i'r etholiad roedd arweinydd Plaid Cymru, Ieuan Wyn Jones, wedi dweud y byddai'n rhoi'r gorau i'r swydd yn ystod hanner cyntaf tymor y Cynulliad.

Yn y refferendwm ar newid y system bleidleisio, gwrthodwyd AV yn gwbl bendant. Gydag 19.1m o bobl yn bwrw pleidlais ar draws y DU, roedd 67.9% yn erbyn y newid, a 32.1% o blaid.

YN ÔL YN Y BAE
13:34, Dydd Mawrth, 10 Mai 2011

Dyma fi yn ôl yn y Cynulliad ar ôl hoe fach. Nid fod yr awyrgylch o newydd-deb wedi disbyddu. Gyda bron i chwarter yr Aelodau yn newydd-ddyfodiaid mae'n teimlo braidd fel diwrnod cyntaf blwyddyn ysgol newydd, gydag Aelodau'n crafu eu pennau wrth geisio cofio'r ffordd i'w swyddfeydd.

... Rosemary Butler a William Graham[144] yw'r cyfuniad tebygol newydd yn swyddfa'r Llywydd. Yn ôl Tomos Livingstone,[145] hwn fydd y tro cyntaf i William gael y profiad o weithio i Fwtler – yn hytrach na chyflogi un! Jôc yw hynny – efallai!

---

144 Rosemary Butler, y Fonesig Butler bellach, oedd AC Gorllewin Casnewydd 1999–2016. Fe gafodd hi ei phenodi'n Llywydd y pedwerydd Cynulliad, gyda'r AC Ceidwadol dros Ddwyrain De Cymru, William Graham yn ddiprwy iddi.

145 Roedd Tomos Livingstone bellach wedi gadael y *Western Mail* ac roedd yn ohebydd gwleidyddol gyda BBC Cymru.

Ta beth, mae Carwyn[146] yn llygad ei le i oedi ychydig cyn ceisio cyrraedd cytundeb gydag un neu fwy o'r pleidiau ynghylch llywodraethu Cymru dros y pum mlynedd nesaf. Tra bod rhai yn rhengoedd y Democratiaid Rhyddfrydol yn awchu am glymblaid er mwyn dianc rhag stigma 'Con-Demiaeth' fe fydd angen peth amser ar Blaid Cymru i ystyried ei hopsiynau. Fe fydd Carwyn yn ymwybodol y caiff e well bargen os oes modd chwarae'r ddau bartner posib yn erbyn ei gilydd. Mae aros a disgwyl yn gwneud synnwyr perffaith felly...

GORNEST Y GLEISION
13:25, Dydd Mawrth, 28 Mehefin 2011

Mae'n hawdd anghofio weithiau fod y ras i arwain Ceidwadwyr y Cynulliad yn digwydd o gwbwl. Mae Andrew RT Davies a Nick Ramsay wedi bod yn ddigon parod i ymddangos gyda'i gilydd ac i ddadlau ar raglenni teledu ond go brin y gellir honni bod yr ornest wedi tanio dychymyg y genedl.

Mae'n bosib nad yw hi hyd yn oed wedi tanio dychymyg aelodau'r blaid. Yn ôl un ffynhonnell, dim ond pymtheg o bobol oedd yn yr 'hustings' rhanbarthol yn Aberystwyth. Cofiwch, gallai'r ffynhonnell fod yn anghywir. Deuddeg oedd yno yn ôl ffynhonnell arall ac mae Tomos Livingstone wedi clywed mai naw sy'n gywir – gan gynnwys un sbci o blaid arall.

Rhan o'r broblem yw bod y ddau ymgeisydd yn tueddu defnyddio cod wrth ddadlau. Yn arwynebol felly, mae'n ymddangos weithiau mai'r unig beth sy'n gwahaniaethu'r ddau yw eu statws priodasol!

Mewn gwirionedd mae pwyslais cyson Andrew RT Davies ar y ffaith ei fod yn 'ddyn teulu' yn ddadlennol. Wedi'r cyfan, yn yr oes hon, pwy ar y ddaear sy'n credu bod bodolaeth gwraig a phlant yn gymhwyster angenrheidiol ar gyfer swydd?

Nifer o aelodau'r Blaid Geidwadol yw'r ateb i'r cwestiwn

---

146 Roedd Carwyn Jones wedi dweud y byddai'n trafod gyda'r pleidiau eraill, gan rybuddio bod amser i gael pethau'n gywir yn bwysicach na therfynau amser artiffisial.

yna. Yr hyn mae Andrew yn gwneud trwy bwysleisio ei deulu ar bob cyfle posib yw danfon neges ei fod yn berson – ac yn Dori – traddodiadol. Os ydych chi'n credu bod y blaid yn San Steffan yn rhyddfrydol braidd, a'r blaid yn y Bae yn giwed o genedlaetholwyr, Andrew yw'r dyn i chi.

Ble mae hynny'n gadael Nick Ramsay felly? Wel, fel ymgeisydd y rheiny sy'n credu bod yn rhaid i'r broses o foderneiddio a Chymreigio'r blaid barhau ac na fyddai hynny'n digwydd pe bai Andrew yn eu harwain. Portreadir Nick Ramsay fel olynydd naturiol i Nick Bourne yn absenoldeb Jonathan Morgan.[147] Gallai'r dacteg honno weithio er ei bod hi'n werth nodi wrth fynd heibio mai colli oedd hanes y moderneiddwyr yn yr unig etholiad blaenorol ar gyfer y swydd, sef hwnnw rhwng Nick Bourne a Rod Richards.

Pwy sy'n debyg o ennill felly? Gyda'i gefndir amaethyddol ac ar ôl treulio misoedd yn ymgyrchu ar lawr gwlad, Andrew, heb os, oedd y ffefryn clir ar ddechrau'r ras. Ond yn ôl y sôn mae Nick wedi profi ei hun yn wleidydd llawer mwy abl a seriws nag oedd rhai'n credu yn ystod yr wythnosau diwethaf.

Yn ôl rhai, gallai Nick hyd yn oed ennill pleidleisiau'r mwyafrif o'r rheiny sydd wedi mynychu'r dadleuon a'r sesiynau llai ffurfiol. Ond a fyddai hynny'n ddigon? Go brin, a barnu o 'hustings' Aberystwyth.[148]

CARL A'R CYNGHORAU[149]
10:08, Dydd Iau, 1 Medi 2011

Dyma i chi gyffro! Mae ad-drefnu llywodraeth leol yn ôl yn y newyddion, a'r pendil yng Nghymru yn symud tuag at ganoli ar

---

147 Roedd Jonathan Morgan wedi colli ei sedd yng Ngogledd Caerdydd i Julie Morgan o'r Blaid Lafur yn etholiad cynulliad Mai 2011.
148 Dewisodd y Ceidwadwyr Andrew RT Davies i arwain y blaid yn y Cynulliad. Curodd e Nick Ramsay gyda 53.1% o bleidleisiau aelodau'r blaid.
149 Cyfeirir yma at Carl Sargeant, y Gweinidog Llywodraeth Leol a Chymunedau.

248

yr union adeg y mae'r pendil yn Lloegr yn symud i'r cyfeiriad arall. Beth sy 'na i'w ddweud na ddywedwyd eisoes a ble mae dechrau?

Wel, beth am ddechrau yn y darn bach o swbwrbia Caerdydd lle ces i fy magu a mynd yn ôl i'r flwyddyn 1081 – ymhell cyn i Gymdeithas y Pentrefi Gardd, Barratt Homes a Wimpey gael gafael ar diroedd yr Eglwys Newydd a Rhiwbeina?

1081 oedd y flwyddyn pan godod y Normaniaid eu castell newydd yng nghanol Caerdydd, ond bychan oedd y drefedigaeth newydd a chyfyng ei hawdurdod hyd yn oed ar ôl lladd Tywysog olaf Morgannwg yn 1093. Os ydy'r chwedloniaeth yn gywir, yn ystod brwydr yn Rhiwbeina mewn cae wrth ymyl fy nghartref teuluol y digwyddodd tranc Iestyn ap Gwrgant. Coeliwch neu beidio, pan oeddwn i'n grwt roedd y Ceidwadwyr lleol yn trefnu digwyddiad blynyddol i ddathlu'r digwyddiad hwnnw!

Nid bod marwolaeth Iestyn wedi gwneud llawer o wahaniaeth i bobol y cylch. Fe barodd yr ardal i fod yn rhan o Arglwyddiaeth Senghennydd, gan gael ei gweinyddu trwy ddeddfwriaeth Gymreig am ganrifoedd ar ôl hynny. Yn 1316, ddeng mlynedd ar hugain ar ôl cwymp Tywysogion Gwynedd, arweiniodd Llywelyn Bren o Felin Gruffydd wrthryfel gwŷr Morgannwg i amddiffyn y breintiau hynny.

Beth sydd a wnelo hyn oll ag ad-drefnu llywodraeth leol? Wel, fe barodd yr hollt rhwng gweddill Caerdydd a'i phlwyf mwyaf gogleddol am gyfnod maith iawn – hyd fy nyddiau i mewn gwirionedd. I Neuadd y Dref Caerdydd y byddai Dad yn mynd i dalu'r trethi lleol nid i Neuadd y Ddinas, a Chyngor Dosbarth Gwledig Caerdydd a Chyngor Sir Morgannwg nid Cyngor Dinas Caerdydd oedd ein cynghorau ni.

Doedd dim synnwyr o gwbwl yn perthyn i'r peth a doedd dim synnwyr wedi perthyn iddo am ganrifoedd, ond i genedlaethau o wleidyddion roedd potsio gyda threfniadau llywodraeth leol o fwy o ddrwg nag o werth.

Ceisiwyd dod o hyd i bob math o ffyrdd i wneud i'r hen drefn weithio cyn i Ysgrifennydd Cymru, Peter Thomas, benderfynu mai digon oedd digon a bod yn rhaid i bethau gwallgof fel Sir Fflint wasgaredig ddiflannu.

Ar y cyfan roedd y drefn a gyflwynwyd yn 1973 yn ddigon synhwyrol. Roedd ambell i Gyngor Dosbarth yn rhy fach ond roedd y drefn o wyth Cyngor Sir a thri deg saith Cyngor Dosbarth yn gymharol effeithlon.

Y siroedd oedd yn gyfrifol am y gwasanaethau mawrion ac, i bob pwrpas, yr un fyddai rôl y grwpiau rhanbarthol y mae Carl Sargeant[150] yn dymuno'u gweld yn cael eu creu. Fe fyddai rôl y cynghorau unigol yn ddigon tebyg i rôl yr hen gynghorau dosbarth.

Y broblem amlwg 'da'r cynllun yw'r peryg o ddiffyg tryloywder ac atebolrwydd. Fe fydd yn rhaid i'r llywodraeth roi llawer mwy o gig ar esgyrn y cynllun hwn cyn i gynghorwyr nac etholwyr ei lyncu.

Yn y cyfamser mae'n ymddangos bod mwy a mwy o gynghorwyr yn dod i'r un casgliad ag arweinydd Gwynedd, Dyfed Edwards[151] – os ydych chi eisiau ad-drefnu, er mwyn y nefoedd, ad-drefnwch!

YR HEN OGLEDD
13:55, Dydd Mercher, 7 Medi 2011

Yfory fe fydd aelodau Plaid Cymru yn cychwyn am Landudno ar gyfer ei chynhadledd flynyddol. Yn ôl yr arfer, heddiw cafodd aelodau'r wasg y cyfle i gwrdd am sgwrs rhag blaen gyda'i harweinydd. Roedd yn rhyfedd sylweddoli mai hwn oedd y tro olaf i ni gyflawni'r ddefod fechan hon – gyda'r deiliad presennol o leiaf. Beth bynnag yw'r beirniadaethau o Ieuan Wyn Jones all neb amau ei ddycnwch na'i allu i ddal ei afael ar awenau ei blaid.

Fel y gellid disgwyl, ar drothwy ei gynhadledd olaf fel arweinydd, roedd Ieuan mewn hwyliau meddylgar gan edrych

---

150 Y Gweinidog Llywodraeth Leol a Chymunedau ar y pryd.
151 Roedd arweinydd Cyngor Gwynedd, Dyfed Edwards, wedi dweud bod cael 22 awdurdod lleol yn anghynaladwy a bod angen ad-drefnu.

yn ôl dros gyfnod ei arweinyddiaeth ac yn gwneud ambell i awgrym ynghylch y ffordd ymlaen i'w blaid a'i wlad.

Yr hyn oedd yn synnu fi ynghylch sylwadau Ieuan am ddatblygiadau cyfansoddiadol yng Nghymru oedd ei fod fel pe bai'n cymryd yn ganiataol na fyddai 'na bleidlais Ie yn y refferendwm annibyniaeth sydd i'w chynnal yn yr Alban. Pan ofynnais iddo a oedd e wedi meddwl pa ffurf fyddai ar wladwriaeth newydd Cymru, Lloegr a Gogledd Iwerddon pe bai'r Alban yn torri ei chwys ei hun, 'Nac ydw, mewn gwirionedd' oedd yr ateb.

Dyw Ieuan ddim yn unigryw yn hynny o beth. Mae 'na ryw fath o deimlad cyffredinol ymhlith gwleidyddion Cymru na fydd yr Albanwyr ar ddiwedd y dydd yn dewis annibyniaeth. Wel, fel roedd Rhodri Morgan mor hoff o ddweud, 'Denial isn't just a river in Egypt'. Wedi'r cyfan, mae Alex Salmond wedi cyflawni'r 'amhosib' mewn dau etholiad Albanaidd o'r bron ac am y tro cyntaf ers rhai blynyddoedd, yn ôl un arolwg barn mae'r ochr Ie a'i thrwyn ar y blaen.

Nawr, efallai ei bod hi'n bosib deall amharodrwydd unoliaethwyr i gyfaddef iddyn nhw eu hunain ei bod hi'n bosib fod dyddiau'r undeb y maen nhw mor hoff ohono yn dirwyn i ben. Mae'n anodd deall pam nad yw cenedlaetholwyr Cymreig yn cofleidio'r posibilrwydd a'r cyfleoedd allai gael eu creu.

Efallai bod 'na elfen o eiddigedd ynghylch y peth, neu deimlad o gywilydd efallai o sylweddoli bod datgan eich safbwynt yn glir a dadlau drosto yn fwy effeithiol na chuddio'ch prif amcan yng nghrombil y maniffesto.

CILYBEBYLL
11:36, Dydd Gwener, 16 Medi 2011[152]

Fel bron pawb arall yng Nghymru mae'n meddyliau ni yma yn y Bae gyda'r rheiny yng Nghilybebyll, gan ryfeddu efallai ein

---

152 Blogiad a ysgrifennwyd yn dilyn damwain yng Nglofa'r Gleision ger Cilybebyll pan laddwyd pedwar glowr.

bod yn gorfod blasu o'r cwpan chwerw hwn yn yr unfed ganrif ar hugain.

Efallai bod rhai wedi synnu i ddarganfod bod gan Gymru ddiwydiant glo o gwbwl gan gofio'r sylw a roddwyd i gau'r Tŵr, y pwll dwfn olaf. Fe ddaeth oes y pyllau i ben ar rostir Hirwaun ond mae 'na bedair glofa'n dal i weithio – yn Nhorfaen ac Aberpergwm, ac Unity a Gleision yng Nghastell-nedd Port Talbot. Rhyngddyn nhw maen nhw'n cyflogi ychydig dros 400 o ddynion.

Cyn y Streic Fawr roedd 'na ryw 22,000 o lowyr yn gweithio ym maes glo'r de. Pan oedd y diwydiant ar ei anterth yn 1913 roedd 230,000 yn cael eu cyflogi. Mae'r ffigyrau noeth hynny'n dweud y cyfan ynghylch y rheswm am dlodi cymharol Cymru

Rai dyddiau cyn damwain Cilybebyll roedd David Melding ar *Good Morning Wales* yn dadlau dros annibyniaeth i'r Blaid Geidwadol Gymreig a newid ei henw. Un o ddadleuon David oedd y byddai plaid o'r fath, pe bai'n bodoli ar y pryd, wedi gallu dadlau yn erbyn y dinistr a ddaeth i'r diwydiant glo ar ôl y streic a dros broses hir o ddadgomisiynu pyllau dros gyfnod o ddegawdau fel y digwyddodd yng Ngorllewin yr Almaen.

Roedd rhai yn dadlau'r achos hwnnw ar y pryd. Barn Cyfarwyddwr y Maes Glo – ac yn ddiweddarach cadeirydd cwmni Tower, Phillip Weekes – oedd bod angen cau oddeutu hanner y ddwy ar hugain o lofeydd oedd yn bodoli ar ddechrau'r streic er mwyn creu diwydiant cynaladwy. Does dim dwywaith fod pyllau llawer mwy addawol ac effeithlon na'r Tŵr wedi eu cau, mewn modd oedd yn ymddangos ar adegau yn faleisus bron.

Mae dwy enghraifft o'r malais hwnnw'n aros yn y cof. Yn achos pwll y Marine yng Nglyn Ebwy cafwyd seremoni fawr i ddathlu cychwyn system gloddio newydd oedd wedi ei chomisiynu ar gost o filiynau o bunnau. O fewn byr o dro cyhoeddwyd fod y pwll i gau. Seliwyd y siafft gan adael yr holl offer drudfawr i rydu dan ddaear.

Pan gaewyd Aberpergwm dymchwelwyd pob un adeilad ar wyneb y gwaith – yr ystafelloedd newid, y swyddfeydd, yr olchfa, popeth – a hynny am ddim rheswm o gwbwl. Pan ailagorwyd y gwaith gan lowyr lleol rai blynyddoedd yn ddiweddarach roedd yn rhaid gweithio o gytiau pren a chabanau dros dro.

Beth bynnag ddigwyddodd i'r diwydiant yn yr wythdegau a beth bynnag yw ei gyflwr yn awr, un peth sy'n ddigyfnewid. Mae torri glo o grombil y ddaear wastad wedi bod yn fusnes caled a pheryglus. Mae Cilybebyll yn ein hatgoffa o hynny, gan awgrymu efallai na ddylem alaru gormod am dranc y diwydiant glo na hiraethu gormod am yr hen ffordd Gymreig o fyw.

MILI A'I FAND
17:54, Dydd Mercher, 28 Medi 2011

Gwylio'r Gynhadledd Lafur o bell ydw i, neu, yn achos araith yr arweinydd, gwrando o bell. Dwn i ddim beth aeth o le ar y ffîd teledu ond mae'n enghraifft efallai o'r fath o anlwc sy'n gallu taro gwrthblaid o bryd i'w gilydd. Yr un anlwc mae'n debyg oedd yn gyfrifol am ddewis cân gan Florence and the Machine i'w chwarae ar ddiwedd yr araith. Pwy oedd yn credu ei bod hi'n gymwys i'r geiriau yma daranu ar draws y neuadd wrth i'r arweinydd dderbyn cymeradwyaeth?

> 'Sometimes it seems that the going is just too rough
> And things go wrong no matter what I do.'

Mae hen ddigon o bobol eraill wedi dweud eu dweud am berfformiad Ed Miliband yn ei flwyddyn gyntaf fel arweinydd. Dydw i ddim am ychwanegu at y dadansoddiadau ac eithrio trwy ddweud un peth. Mae Llafur rywsut wedi llwyddo i osgoi'r fath o ymgecru mewnol a ddaeth i'w rhan ar ôl colli grym yn 1951 ac eto yn 1979. I raddau y mae'r arweinydd yn gyfrifol am hynny a gall y blaid fod yn ddiolchgar iddo. P'un ai fe yw'r gŵr i'w harwain yn ôl i rym yn San Steffan ai peidio – 'Pwy a ŵyr?' yw'r unig ateb synhwyrol ar hyn o bryd.

257, 221 A RADIO CEREDIGION[153]
09:49, Dydd Iau, 29 Medi 2011

Ar wahân i gael eich gwahodd i fod yn aelod o'r Orsedd, go brin fod 'na fwy o anrhydedd yn y Gymru Gymraeg na bod yn westai ar *Beti a'i Phobol*. Mae codi'n fore ar gyfer y *Post Cyntaf* yn fwrn, a chyfrannu i'r *Post Prynhawn* yn ddyletswydd. Mae bod mewn stiwdio gyda La Betisima, ar y llaw arall, yn fraint.

Ces i'r anrhydedd honno'n ddiweddar a chewch glywed y sgwrs yn y dyfodol agos. Fel sy'n tueddu i ddigwydd fe esgorodd y sgwrs ar ambell i atgof, gan gynnwys un sy'n berthnasol i rywbeth sy'n dipyn o bwnc llosg ar hyn o bryd.

Sôn oeddwn am weithio i orsaf radio Darlledu Caerdydd – gorsaf a oedd yn fagwrfa i giwed o ddarlledwyr Cymraeg gan gynnwys Siân Lloyd y tywydd, Eifion Jones, Gareth Charles ac Ian Gwyn Hughes. Draw yn y gorllewin roedd Sain Abertawe yn cynhyrchu pobol fel Glynog Davies, Garry Owen a Siân Thomas.

Fe ofynnodd Beti gwestiwn syml – y rheiny sy'n cael yr atebion gorau weithiau. 'Pam oedd y ddwy orsaf yn cynhyrchu gymaint o raglenni Cymraeg?' oedd y cwestiwn. Roedd yr ateb yr un mor syml. 'Roedd hi'n amod o'r drwydded,' meddwn i heb feddwl ymhellach am y peth.

Ond arhoswch eiliad. Ar hyn o bryd mae'r Bwrdd Iaith ac Ofcom yn cyflwyno tystiolaeth i Leighton Andrews ynghylch dadl rhyngddynt am ddyletswyddau'r rheoleiddiwr darlledu tuag at y Gymraeg. Mae'r Bwrdd yn mynnu nad yw cynllun iaith Ofcom yn ddigonol gan nad yw'n gorfodi i'r corff osod amodau ieithyddol wrth hysbysebu trwyddedi ddarlledu. Mae Ofcom yn mynnu nad oes gan y corff hawl gyfreithiol i wneud hynny.

Mae'n anodd credu bod gan y Gymraeg statws is ym myd darlledu heddiw nag oedd ganddi ddeng mlynedd ar hugain yn

---

153   257 a 221m oedd tonfeddi darlledu gwreiddiol gorsafoedd radio
      Swansea Sound a CBC (Cardiff Broadcasting Company, rhagflaenydd
      Red Dragon Radio ac wedyn Capital South Wales).

ôl – o ystyried faint o fesurau a deddfau iaith a darlledu sydd wedi eu cyflwyno yn y cyfamser...

PROBLEMAU PRIFYSGOL
10:18, Dydd Mawrth, 4 Hydref 2011

Mae'n bosib nad oes 'na gysylltiad rhwng ymchwiliadau Ciaran Jenkins[154] a rhaglen *Week In Week Out* i Brifysgol Cymru a phenderfyniad y corff hwnnw i roi'r gorau i oruchwylio a dilysu graddau colegau eraill. Mae'n bosib hefyd mai cyd-ddigwyddiad llwyr oedd bod y cyhoeddiad wedi dod ddeuddydd cyn darlledu rhaglen ddiweddaraf Ciaran. Posib ond annhebyg.

Dyma ddisgrifiad gwefan BBC Cymru o'r rhaglen fydd yn cael ei darlledu nos yfory:

> 'Foreign students are taught how to lie and cheat their way to a UK visa.'

Cofiwch wylio, fel maen nhw'n dweud.

Mae datganiad y Brifysgol yn ceisio rhoi sglein ar bethau trwy ddweud hyn:

> 'Ymateb i bolisi Llywodraeth Cymru i ailffurfio addysg uwch yw'r uno,[155] a bydd yn creu un sefydliad integredig gyda'r gallu strategol i helpu Cymru i gyflawni potensial llawn ei buddsoddiad mewn dysgu, ymchwil ac arloesi a chefnogi strategaethau Economaidd Llywodraeth Cymru.'

I bob pwrpas, prifysgol reit fach yn ne-orllewin Cymru fydd 'Prifysgol Cymru' o hyn ymlaen. Mae hynny'n codi llwyth o gwestiynau. Dyma rai ohonyn nhw:

Beth fydd yn digwydd i enwau UWIC a Phrifysgol Cymru,

---

154 Erbyn hyn roedd Ciaran Jenkins yn ohebydd addysg BBC Cymru.

155 Roedd Prifysgol Cymru wedi dweud y byddai'n uno gyda Phrifysgol y Drindod Dewi Sant yng Nghaerfyrddin a Llambed, a gyda Phrifysgol Fetropolitan Abertawe.

Casnewydd – y ddau goleg sy'n defnyddio enw Prifysgol Cymru ond nad ydynt yn rhan o'r brifysgol 'newydd'? Ac wrth gyfeirio at UWIC, beth fydd yn digwydd i'r cyrsiau y mae'r coleg hwnnw yn goruchwylio mewn canolfannau eraill yn enw 'Prifysgol Cymru'?

Beth yw dyfodol Gwasg y Brifysgol? Pwy fydd yn ei chynnal a beth fydd ei pherthynas â phrifysgolion eraill Cymru?

Pa gamau fydd yn cael eu cymryd i ddiogelu enw da'r graddau y mae pobol yn astudio ar eu cyfer ar hyn o bryd?

Pa hawl foesol sydd gan y brifysgol newydd i asedau fel Gregynog ac arian ac eiddo a ewyllysiwyd i'r corff ar hyd y blynyddoedd?

Sawl cwestiwn felly, ond fe fydd gan y brifysgol gwestiynau hyd yn oed anoddach i'w hateb yn ystod y dyddiau nesaf.

GWLAD! GWLAD!
10:27, Dydd Mawrth, 11 Hydref 2011

Dyw e ddim yn orfodol i bob newyddiadurwr Cymreig ysgrifennu rhywbeth ynghylch Cwpan Rygbi'r Byd. Mae hi jyst yn ymddangos felly.

Peidiwch â becso, dydw i ddim am wneud rhyw sylwadau anwybodus ynghylch safon y chwarae. Pwynt bach arall sy gen i!

Pan eisteddodd James James i lawr i ysgrifennu'r dôn a alwodd yn 'Glan Rhondda', go brin y byddai wedi rhagweld y byddai'n cael ei harafu ac yna ei dyrchafu i fod yn anthem oedd yn cael ei chanu cyn gornestau chwaraeon rhyngwladol.

Fel mae'n digwydd, 'Hen Wlad fy Nhadau' oedd yr anthem gyntaf i gael ei defnyddio yn y fath fodd. Fe'i canwyd fel ymateb i haka y Crysau Duon ar gychwyn gornest enwog 1905.

Dim ond yn 1990 y dechreuodd 'Flower of Scotland' gael ei chanu'n swyddogol yn lle 'God Save The Queen' cyn gêmau'r Alban ac mae'r cwestiwn o ba anthem neu anthemau sy'n cael eu chwarae cyn gêmau Iwerddon o hyd yn bwnc dadleuol – yn enwedig pan mae gêmau'n cael eu chwarae yn Ravenhill.

Hap, damwain a'r angen i gael timau i chwarae yn eu herbyn nhw sy'n gyfrifol am y sefyllfa unigryw lle mae cenhedloedd yr ynysoedd hyn yn chwarae fel timau unigol yn hytrach na seilio'r drefn ar ffiniau'r wladwriaeth, neu ar ôl 1922, y gwladwriaethau.

Go brin fod sylfaenwyr Undeb Rygbi neu Gymdeithas Bêldroed Cymru yn credu bod 'na unrhyw oblygiadau neu elfennau gwleidyddol yn y ffordd y strwythurwyd eu campau, ond y gwir amdani yw y gellid dadlau y byddai Cymru 2011 yn wlad wahanol iawn – os yn wlad o gwbwl – pe bai penderfyniadau i'r gwrthwyneb wedi eu cymryd.

Yr hanesydd Norman Davies sy'n gwneud y pwynt orau yn ei gampwaith *The Isles*:

> 'Sport being intimately tied up with national pride, contains a stronger political dimension than most paricipants realize. It can easily be turned into an instrument of state policy... The widespread failure to create teams representing the whole United Kingdom must be seen as a symptom of the wider failure to construct a British nation.'

Mae pwynt Norman Davies yn un cyffredinol ynghylch yr Alban, Iwerddon a Chymru, ond yn achos Cymru roedd y drefn chwaraeon yn rhan o newid arwyddocaol arall.

Cyn y chwyldro diwydiannol roedd y diffiniad o bwy oedd yn Gymro a phwy oedd yn Sais yn weddol amlwg. Os oeddech chi'n siarad Cymraeg roeddech yn Gymro.

Roedd sefydlu'r cyrff chwaraeon cenedlaethol yn rhan o esblygiad y syniad o Gymru fel cenedl diriogaethol lle nad oedd siarad iaith yn hanfodol er mwyn dilyn ei thîm chwaraeon, chwifio ei baner neu ganu ei hanthem.

Dyna pam bod Cymru heddiw yn genedl o dair miliwn o bobol yn siarad pob math o ieithoedd ac o bob math o gefndiroedd yn hytrach nag yn genedl o hanner miliwn o siaradwyr Gymraeg. Fel dywed Norman Davies, ymwybyddiaeth genedlaethol yw'r sment sy'n gludo cymunedau at ei gilydd. Yn achos Cymru, mae hynny'n cynnwys o leiaf ddwy gymuned ieithyddol.

Mae pobol mewn cenhedloedd lleiafrifol eraill Ewrop yn deall hynny'n iawn ac yn eiddigeddus o statws timau'r ynysoedd hyn. Os oes angen prawf o hynny arnoch chi gwyliwch y fideo o gefnogwyr Stade Rennais yn morio canu 'Glan Rhondda' yn y Stade de France ar drothwy gêm gwpan.

CAERWYN
14:14, Dydd Mercher, 19 Hydref 2011

Roeddwn i'n bell o'r blog, Twitter a'r we ddoe. Efallai nad ydych yn credu bod hynny'n bosib. Y cyfan ddywedaf i yw hyn: os ydych chi'n gweld sgarmes o newyddiadurwyr, boi'r BBC yw'r un yn y cefn yn gweiddi mewn i Nokia hynafol!

Ta beth, pe bawn i wedi bod yn agos at gyfrifiadur ddoe byswn wedi ysgrifennu ychydig eiriau ynghylch Caerwyn Roderick a fu farw rai dyddiau yn ôl. Gwell hwyr na hwyrach.

Digon cwta oedd gyrfa seneddol Caerwyn. Fe'i hetholwyd yn Aelod Seneddol Brycheiniog a Maesyfed i olynu Tudor Watkins yn 1970. Cadwodd y sedd yn etholiadau 1974 a'i cholli yn 1979 ar ôl i'r comisiwn ffiniau dorri Bryn-mawr a Chefn-coed-y-cymer allan o'r etholaeth. Roedd Ystradgynlais yn dal i fod yn rhan o'r etholaeth, ond doedd hynny ddim yn ddigon ar ei phen ei hun i gadw'r sedd yn y golofn Lafur.

Dydw i ddim yn meddwl bod Caerwyn yn colli San Steffan llawer. Wedi'r cyfan, roedd gweithio i'r NUT yng Nghaerdydd yn caniatáu iddo wylio Morgannwg llawer yn amlach.

Fedra i ddim meddwl am unrhyw beth gwael i'w ddweud am Caerwyn. Roedd e'n ddyn oedd yn gadarn ei ddaliadau heb fod yn gul ei feddwl, ac roedd ei gwmni bob tro yn bleser.

Pob cydymdeimlad â'i deulu.

Ddiwedd Hydref cafwyd pleidlais yn Nhŷ'r Cyffredin ar gynnig i gynnal refferendwm ar aelodaeth y Deyrnas Unedig o'r Undeb Ewropeaidd. Trechwyd y cynnig wedi i 483 o ASau bleidleisio yn ei erbyn a 111 o'i blaid. Roedd aelodau'r Blaid Geidwadol, y Blaid Lafur a'r Democratiaid Rhyddfrydol wedi cael cyfarwyddyd i'w wrthwynebu. Ond gwrthryfelodd 81 o Geidwadwyr yn erbyn arweinyddiaeth eu plaid ac ataliodd eraill eu pleidlais.

PRIS Y FARCHNAD
10:15, Dydd Mawrth, 25 Hydref 2011

Gallwch ddychmygu cymaint o bleser oedd hi i rywun fel fi i gael bwrw fy mhleidlais am y tro cyntaf ar fy mhen-blwydd yn ddeunaw. Y 5ed o Fehefin 1975 oedd y dyddiad, a'r refferendwm ynghylch ymuno â'r Farchnad Gyffredin oedd y bleidlais.

Pe bawn i'n llunio cwis tafarn fe fyddai hwn yn gwestiwn clyfar. Fe enillodd yr ochor Ie y bleidlais ym mhob un o siroedd Cymru a Lloegr – ond ym mha sir yr oedd y ganran uchaf o bleidleisiau Na?

Mae'n debyg os oeddech yn seilio'ch ateb ar wleidyddiaeth heddiw y byddech yn cynnig rhywle fel Surrey, Norfolk neu Ddyfnaint fel ateb. Morgannwg Ganol yw'r ateb cywir.

Y rheswm am hynny yw bod bron pob plaid a charfan wleidyddol wedi newid ei safbwynt ynghylch Ewrop ers 1975. Yr unig eithriad yw'r Democratiaid Rhyddfrydol a'u rhagflaenwyr oedd yn rhyfeddol o gyson – cyn eu tro pedol ynghylch refferendwm 'mewn a mas' yn Nhŷ'r Cyffredin ddoe.

Yn ôl yn nyddiau fy llencyndod, asgell chwith y Blaid Lafur o dan arweinyddiaeth Michael Foot, y rhan fwyaf o'r undebau a Phlaid Cymru oedd yn taranu yn erbyn aelodaeth Prydain. Roedd asgell dde Llafur a bron y cyfan o'r Ceidwadwyr dan ei harweinydd newydd Margaret Thatcher yn frwd o blaid aros mewn. Os cofiaf yn iawn, Enoch Powell oedd yr unig ffigwr o bwys ar y dde i ymgyrchu dros bleidlais Na ac roedd yntau erbyn hynny wedi ei alltudio i Ogledd Iwerddon.

Pam y newid felly?

Mae 'na sylwedd i ddadl y sgeptigiaid fod yr Undeb Ewropeaidd heddiw yn greadur gwahanol iawn i'r Farchnad

Gyffredin y pleidleisiwyd drosti yn 1975 ond roedd y bwriad i'r Gymuned ddatblygu, felly, yna o'r cychwyn.

Dyma union eiriau'r cytundeb a arwyddwyd gan Edward Heath ac a gadarnhawyd gan Harold Wilson ar ôl y refferendwm:

> '... determined to lay the foundations of an ever closer union among the peoples of Europe, resolved to ensure the economic and social progress of their countries by common action to eliminate the barriers which divide Europe, affirming as the essential objective of their efforts the constant improvements of the living and working conditions of their peoples.'

Mae hynny'n llawer mwy na 'marchnad gyffredin'.

Mae 'na reswm pwysicach am y newid yn fy marn i. Ar y cyfan roedd gwleidyddion 1975 yn bobol oedd wedi eu saernïo gan y profiad o ryfel. Dim ond deng mlynedd ar hugain oedd wedi mynd heibio ers darganfod erchyllterau Auschwitz a Belsen. Roedd ildio ychydig o sofraniaeth yn bris isel iawn i dalu er mwyn osgoi ailadrodd cyflafanau'r gorffennol.

Symudwch ymlaen wedyn i'r 1980au – y cyfnod pan oedd Margaret Thatcher yn dechrau colli ei brwdfrydedd ynghylch Ewrop. Erbyn hynny roedd cyfreithiau a rheolau Ewrop yn rhwystro rhai o'r newidiadau a pholisïau yr oedd hi'n dymuno eu cyflwyno.

Wrth reswm, roedd y Prif Weinidog yn gandryll, a Llafur a'r Undebau yn ddiolchgar. O fewn byr o dro roedd Jacques Delors yn dipyn o arwr i'r union bobl a fu'n ymgyrchu yn erbyn Ewrop yn 1975 – ac yn dipyn o fwgan i'r Ceidwadwyr.

Mae hynny dod â ni at bleidlais ddoe. Mae'n drawiadol bod 49 o'r 79 o Aelodau Seneddol Ceidwadol wnaeth wrthryfela yn aelodau a etholwyd am y tro cyntaf yn 2010. Nid plant yr Ail Ryfel Byd yw'r rhain ond plant Thatcher – ac nid Margaret Thatcher 1975!

ARIAN YN Y BANC
11:08, Dydd Gwener, 4 Tachwedd 2011

Go brin fod yr enw Syr Julian Hodge yn golygu rhyw lawer i unrhyw un o dan hanner cant heddiw. Efallai eich bod yn cofio iddo ariannu'r ymgyrch Na yn refferendwm 1997 neu eich bod wedi sylwi ar ei enw ar bencadlys banc bychan yng nghanol Caerdydd ac ambell i ddarlithfa.

I'r rheiny ohonom gafodd ein magu yn y pumdegau neu'r chwedegau ar y llaw arall mae enw Syr Julian yn gyfarwydd iawn. O'i swyddfa ar ben adeilad uchaf Cymru (Gwesty Holland House erbyn hyn) roedd Syr Julian yn gallu syllu allan ar deyrnas o fusnesau amrywiol na welwyd ei thebyg yng Nghymru ers hynny. Ymhlith y gwahanol fusnesau yr oedd Syr Julian wedi eu casglu ar hyd y blynyddoedd roedd siop James Howells, casgliad o fodurdai, cwmni cacennau Avana, dwsin o sinemâu a'r Hodge Card – y cerdyn credyd cyntaf ym Mhrydain.

Yn wir, benthyg arian oedd sylfaen y cyfan. Nid fan hyn yw'r lle i ailadrodd yr holl gyhuddiadau ynghylch y graddfeydd llog yr oedd cwmnïau Hodge yn eu codi, ond teg yw dweud efallai nad oedd yn dangos yr un fath o haelioni i'w gwsmeriaid ag yr oedd yn dangos tuag at elusennau ac achosion da.

Fel sawl Ozymandias arall roedd Syr Julian yn dymuno gadael marc ar ei ôl a'r ddwy gofeb fawr yr oedd yn deisyfu eu gweld oedd cadeirlan newydd i Gatholigion Caerdydd a banc i hybu busnesau Cymreig.

Ddaeth fawr ddim o'r cynllun am gadeirlan. Dadorchuddiwyd carreg sylfaen yn ôl yn yr wythdegau. Duw – neu'r Archesgob – a ŵyr lle mae hi nawr. Doedd Archesgobaeth Caerdydd ddim yn orawyddus i fwrw ymlaen â'r cynllun. Fe fyddai'r adeilad yn llawer rhy fawr i anghenion yr Eglwys, ac wrth gwrs roedd 'na gwestiynau anodd ynghylch tarddiad yr arian oedd yn cael ei gynnig.

Cafodd Syr Julian fwy o lwyddiant gyda'r banc. Fe'i sefydlwyd yn 1971 er, yn ôl pob sôn, roedd yn rhaid iddo odro pob owns o'i gyfeillgarwch â Jim Callaghan er mwyn cael gwneud.

Banc Masnachol Cymru oedd enw'r peth i ddechrau ac roedd ganddo bencadlys ysblennydd gyferbyn â Chastell Caerdydd. Plas Glyndŵr yw enw'r adeilad erbyn hyn ac yn eironig ddigon mae'n gartref i weision sifil yr adran datblygu economaidd.

Byr oedd oes y Banc. Methodd ddatblygu'r rhwydwaith o ganghennau yr oedd Syr Julian wedi ei ragweld, er iddo lwyddo i gael gwared â'r 'masnachol' o'r enw. Fe'i prynwyd yn y diwedd gan y Bank of Scotland a rhoddodd hwnnw'r gorau i ddefnyddio'r enw yn gynnar yn y ganrif hon.

Ym mol HBOS y mae Banc Cymru heddiw felly, ac ym mol banc Lloyds y mae hwnnw. I bob pwrpas, eiddo Llywodraeth y Deyrnas Unedig yw'r cyfan.

Yn 2009 ysgrifennodd Geraint Talfan Davies erthygl ddifyr yn galw am drosglwyddo perchnogaeth 'Banc Cymru' i Lywodraeth Cymru. Does dim eiddo gan y banc erbyn hyn ond dadl Geraint oedd bod 'na werth i'r enw ac awgrymodd sawl ffordd y gellid ei ddefnyddio.

Efallai bod a wnelo'r ffaith fod ei ewythr, Alun Talfan Davies, yn Gadeirydd ar y banc rywbeth â brwdfrydedd Geraint ond mae'n anodd iawn anghytuno â'i sylwadau. Mae popeth sydd wedi digwydd ers 2009 – yn enwedig methiant y banciau i fenthyg i fusnesau bychan – wedi cryfhau ei ddadleuon.

Fe fyddai Banc Cymru wedi dathlu ei ben-blwydd yn ddeugain eleni. Onid yw hi'n bryd edrych eto i lenwi'r twll yn yr economi Gymreig?

2012
PAN DDOF I GYMRU'N ÔL
10:27, Dydd Mawrth, 17 Ionawr 2012

Dyw gwybod pryd i fynd ar wyliau yn y busnes yma ddim yn hawdd bob tro. Fe ddylai Nadolig a blwyddyn newydd heb etholiad cenedlaethol ar y gorwel fod yn gyfnod digon saff – neu felly roeddwn i'n meddwl.

Och, gwae fi! Dyna fi'n crwydro strydoedd Melbourne ac Adelaide, ac Alex Salmond yn fy stelcio o dudalennau blaen papurau newydd a sgriniau teledu![156] Yn wir cefais fy llusgo i stiwdios yr ABC i drafod y sefyllfa. Cyn i chi ofyn, does 'na ddim dolen i chi gael mesur maint fy nhristwch na gwneuthuriad fy anorac! Ni allaf ddianc rhag hwn.

Yn rhannol, y cyfan sydd wedi digwydd yw bod trigolion swigen San Steffan wedi deffro i sefyllfa a stori sy'n ddigon cyfarwydd i'r rheiny sy'n dilyn gwleidyddiaeth Cymru a'r Alban. O ddarllen ambell i stori a sylw yn y cyfryngau Prydeinig, roedd hi'n anodd osgoi rhyw deimlad o *déjà vu* drosodd a thro!

MAEN NHW'N BOBOL DDIGON NEIS...
13:48, Dydd Iau, 26 Ionawr 2012

Mae'n debyg eich bod wedi sylwi bod cyfran helaeth o Uned Wleidyddol BBC Cymru wedi mudo i'r Alban yr wythnos hon – ac nid er mwyn dathlu Burns Night trwy dagu ar haggis a chwisgi drudfawr!

Heb os, roedd ddoe yn ddiwrnod pwysig nid yn unig yn hanes yr Alban ond hefyd yn hanes y deyrnas gyfan.[157] Ar ôl dweud fy nweud ar lwyth o raglenni ddoc dydw i ddim am fynd dros yr un tir yn fan hyn, ond mae un peth wedi fy nharo a allai brofi'n ddiddorol wrth i'r dadleuon cyfansoddiadol ddatblygu.

Rwy wedi ysgrifennu droeon, hyd syrffed efallai, ynghylch y ffordd y mae rhaniadau a dadleuon mewnol y Blaid Lafur yng Nghymru wedi bod yn allweddol yn y broses ddatganoli.

---

156 Yn Ionawr 2012, galwodd Prif Weinidog yr Alban, Alex Salmond, am gynnal refferendwm ar annibyniaeth yr Alban yn nhymor yr hydref 2014.

157 Ar 25 Ionawr 2012, cyhoeddodd Alex Salmond y cwestiwn y dymunai ei ofyn i bleidleiswyr mewn refferendwm ar annibyniaeth i'r Alban. Wrth gyhoeddi ymgynghoriad, gofynnodd a ddylid cael ail gwestiwn ar bwerau pellach i Senedd yr Alban.

Roedd Mesur Cymru a'r Alban a Deddf Cymru yn ôl yn y saithdegau a Deddfau Llywodraeth Cymru yn 1998 a 2006 i gyd yn ymdrechion i bontio rhwng safbwyntiau datganolwyr ac unoliaethwyr y blaid. Y tensiynau hynny sydd wedi gyrru'r broses ymlaen ac sydd wedi arwain at rai o broblemau a gwendidau y setliad presennol.

Mae'r tensiynau'n debyg o bara yn y blynyddoedd i ddod, er y byddai rhywun yn disgwyl i ddylanwad y rheiny o anian unoliaethol ddirywio o ganlyniad i'r profiad o fod mewn grym yng Nghaerdydd tra'n ddi-rym yn San Steffan.

Mae'n ddigon posib y bydd y tensiynau o fewn plaid arall ac mewn gwlad arall yn fwy pwysig yn y broses o hyn ymlaen. Y Blaid Geidwadol yw'r blaid, a Lloegr yw'r wlad.

Er bod enw llawn y blaid yn cynnwys y gair 'Unoliaethol' mae sylwadau rhai o'u haelodau ar adegau'n swnio'n debygach i genedlaetholdeb Seisnig. Nid chwalu'r undeb yw bwriad yr aelodau hynny sy'n clochdar yn gyson am lefelau gwariant cyhoeddus yr Alban ac yn codi cwestiwn Gorllewin Lothian ar bob achlysur posib. Nid dyna yw ei bwriad ond efallai mai dyna fydd y canlyniad.

Nid gwleidyddion yn unig sydd mewn peryg o gerdded i'r trap. Cymerwch erthygl o'r *Daily Mail* o dan y pennawd 'If Mr Cameron fails to stand up to the devious, slippery Alex Salmond, the end of the Union will be his wretched legacy'. Ynddi mae'r sylwebydd Stephen Glover yn dadlau'n gryf dros barhad yr Undeb ond yn gwneud hynny mewn modd sy'n debyg o wylltio sawl Albanwr a bwydo dicter sawl Sais...

Un o gwynion cyson y Celtiaid ar hyd y canrifoedd yw methiant honedig y Saeson i wahaniaethu rhwng Lloegr a Phrydain a rhwng Seisnigrwydd a Phrydeindod. Yn ôl arolwg diweddar yr IPPR a Phrifysgol Caerdydd mae hynny'n newid. Serch hynny ymddengys nad yw pob Sais yn gallu gwahaniaethu rhwng 'amddiffyn yr Undeb' a thynnu blew o drwyn!

Does dim dwywaith fod David Cameron yn unoliaethwr wrth reddf – un a fyddai'n casáu cael ei gofio fel Prif Weinidog olaf y Deyrnas Unedig. Mae'n eironig y gallai rhai o aelodau ei blaid a newyddiadurwyr unoliaethol gyfrannu at sicrhau'r gofeb honno iddo.

Oes angen ychwanegu beth allai ton o genedlaetholdeb Seisnig yn rhengoedd Ceidwadwyr Lloegr ei olygu i Dorïaid Cymru?

PEN-BLWYDD HAPUS, ANNWYL SAUNDERS
10:11, Dydd Gwener, 27 Ionawr 2012

Fe fydd selogion *Dau o'r Bae* wedi sylwi bod 'na newid personél wedi bod yn ddiweddar. Gyda Bethan Lewis bant yn cael babi mae Elliw Gwawr wedi camu i'r adwy. Dydw i ddim yn golygu unrhyw amarch i Bethan trwy ddweud bod 'na fanteision o gael awdures blog 'Paned a Chacen' fel cyd-gyflwynydd. Os ydw i'n magu bol dros y misoedd nesaf, chi'n gwybod pam!

Mae'n sicr fod ambell i gacen wedi ei phobi i ddathlu pen-blwydd yr Urdd yn 90 yr wythnos hon. Dydw i ddim yn argyhoeddedig fod pen-blwydd yn 90 yn haeddu cymaint o jiwbilî ond fe fyddai'n rhaid bod yn ddyn surbwch iawn i wadu hawl Mistar Urdd i gynnal parti bach.

Dydw i ddim yn sicr p'un ai ydy hanner canmlwyddiant darlledu 'Tynged yr Iaith' yn haeddu cacen chwaith. Rywsut mae gen i'r teimlad fod Saunders Lewis yn fwy o ddyn bara brith na Victoria Sponge! Ta beth am hynny, mae Radio Cymru yn paratoi nifer o raglenni ar gyfer yr achlysur gan gynnwys un gen i ynghylch y dyn a chyd-destun ei ddarlith.

Megis cychwyn ar ymchwil ydw i ond mae sawl peth yn fy nharo'n barod. Y peth cyntaf yw bod y ddarlith yn amlwg wedi ei hanelu at Blaid Cymru ac yn deillio o'r anghytundeb rhwng Saunders a Gwynfor Evans ynghylch cyfeiriad y blaid. Mae'n ymddangos mai galw ar Blaid Cymru i fabwysiadu 'dulliau chwyldro' mae'r ddarlith mewn gwirionedd. Os felly, methiant oedd hi.

Mae hi hefyd yn amlwg fod yr amcanion a'r dulliau a fabwysiadwyd gan Gymdeithas yr Iaith yn ei dyddiau cynnar yn wahanol i'r rhai yr oedd Saunders yn galw amdanynt. Rhyw fath o 'foicot' o'r Saesneg fel iaith swyddogol yn yr ardaloedd Cymraeg oedd syniad Saunders. Torcyfraith bwriadol oedd prif dacteg y Gymdeithas ac roedd ei hamcanion yn rhai Cymru gyfan.

Mae hynny'n codi cwestiwn amlwg. Ydy hi'n gywir i ddweud bod 'Tynged yr Iaith' wedi arwain at sefydlu'r Gymdeithas ac mai'r ddarlith honno oedd ei hefengyl yn y dyddiau cynnar? Mae'n bosib dadlau bod pethau'n llawer fwy cymhleth na hynny.

Fel y dywedais i, mae lot fwy o ddarllen ac ymchwil o 'mlaen i ond rwy'n synhwyro y gallai 'na fod drafodaeth ddifyr a bywiog i'w chael.

MAE'R GWANWYN WEDI DOD
11:18, Dydd Gwener, 17 Chwefror 2012

Mae tymor y cynadleddau Cymreig wedi cyrraedd – o'r diwedd!

Roedd e i fod i gychwyn wythnosau yn ôl gyda chynhadledd Ceidwadwyr Cymru, wrth gwrs.[158] Efallai na ddylwn i darfu ar alar preifat trwy drafod honno!

Y cyfan ddywedaf i yw hyn: mae sawl Aelod Cynulliad o hyd yn gynddeiriog am yr hyn ddigwyddodd, a llai na blwyddyn ar ôl ei ethol mae arweinyddiaeth Andrew RT Davies yn edrych braidd yn simsan.

'A fydd 'na bleidlais o ddiffyg hyder?' oedd y cwestiwn cellweirus y gwnes i ofyn i un AC. 'O dan y rheolau dyw hynny ddim yn bosib tan yr haf' oedd yr ateb. Dydw i ddim yn disgwyl i'r fath bleidlais ddigwydd ond mae'n adrodd cyfrolau fod gan rywun fanylion cyfansoddiad y blaid ar flaen ei fysedd!

Heb os, fe fydd 'na lawer o dynnu coes am y gynhadledd na

---

158 Roedd cynhadledd flynyddol y Ceiwadwyr Cymreig yn Llandudno wedi ei chanslo bythefnos cyn y dyddiad oedd wedi ei glustnodi. Y gynhadledd hon fyddai wedi bod y gyntaf i Andrew RT Davies ers cael ei ethol yn arweinydd y blaid yn y Cynulliad ym mis Gorffennaf 2011. Y bwriad oedd cynnal rali undydd yn ddiweddarach yn y flwyddyn yn ei lle.

fu yn sesiynau'r Blaid Lafur yn Stadiwm SWALEC dros y Sul. Fe ddylai hon fod yn llawer mwy hwyliog na chynadleddau diweddar y blaid. Mae hi ar y blaen yn y polau – gan amlaf – ac yn sgil crasfa 2008 fe fyddai'n rhyfeddod pe na bai'n cipio llwyth o seddi ac o leiaf llond dwrn o gynghorau ym mis Mai.

Eto i gyd rwy'n synhwyro bod 'na rywfaint o nerfusrwydd ymhlith mawrion y blaid ac nad ffug bryder er mwyn rheoli disgwyliadau sy'n cael ei arddangos.

Mae 'na ddau reswm am y pryder hwnnw, dybiwn i.

Yn gyntaf mae 'na deimlad y dylai'r blaid fod yn bellach ar y blaen yn yr amgylchiadau gwleidyddol ac economaidd presennol. Yn gysylltiedig â hwnnw mae amheuon rhai ynghylch arweinyddiaeth Ed Miliband.

Mae'r ail reswm yn dipyn o hen bregeth ar y blog hwn sef y cysylltiad rhwng cynghorwyr a threfniadaeth leol pleidiau gwleidyddol. Y gwir amdani'r dyddiau hyn yw ei bod hi'n anodd iawn i unrhyw blaid gynnal trefniadaeth leol ar unrhyw lefel is nag etholaeth heb gnewyllyn o gynghorwyr a'u rhwydweithiau teuluol a chymdeithasol. Mewn sawl ardal a ward felly, fe fydd yn rhaid i Lafur ddibynnu ar ogwydd cenedlaethol i fynd â'r maen i'r mur.

Ar hyn o bryd dyw hi ddim yn sicr y bydd Llafur yn elwa o hyd yn oed seithfed don[159] – heb sôn am y fath o swnami fu yn ei herbyn bedair blynedd yn ôl.

EMLYN
13:18, Dydd Mercher, 22 Chwefror 2012

Mae un arall o ffigyrau gwleidyddol amlwg ail hanner yr ugeinfed ganrif wedi ein gadael.

Bu farw Emlyn Hooson ar ôl bywyd llawn a gweithgar fel aelod o'r llynges, bargyfreithiwr, ffarmwr, Aelod Seneddol ac Arglwydd.

---

159 Mae traddodiad Cymreig mai'r seithfed don yw'r don fwyaf – uchafbwynt y storm. Ychwanega Vaughan mai'r nawfed don yw hi yn Lloegr.

Etholwyd Emlyn Hooson yn aelod Maldwyn yn 1962 yn yr isetholiad a ddilynodd marwolaeth Clem Davies.

Rwy wedi dadlau o'r blaen fod Clem yn ffigwr pwysig ond anghofiedig braidd yn hanes gwleidyddol Prydain. Oni bai am ei wrthwynebiad, penstiff braidd, i glymbleidio â'r Ceidwadwyr, mae'n debyg y byddai'r Blaid Ryddfrydol wedi colli ei hannibyniaeth ymhell cyn ei dadeni yng nghyfnod Grimond a Thorpe.

Ond os oedd Clem wedi achub y blaid Brydeinig, tasg ei olynydd oedd achub Rhyddfrydiaeth Gymreig.

Er bod y blaid yn Lloegr wedi cychwyn ar y broses hir o fagu grym yn 1962 gyda buddugoliaeth Eric Lubbock yn Orpington, roedd cyflwr y blaid Gymreig ar ddechrau'r chwedegau yn drychinebus. Dwy sedd oedd yn weddill gan y blaid ac fe gollwyd un o'r rheiny, Ceredigion/Sir Aberteifi, yn 1966.

Am wyth mlynedd hir, Emlyn Hooson oedd arweinydd ac 'un dyn bach ar ôl' Rhyddfrydwyr Cymru. Doedd nemor ddim arian a nemor ddim trefniadaeth ac roedd yn well gan yr hynny o aelodau oedd ar ôl rannu atgofion am Lloyd George na mynd allan i ymgyrchu!

Ymateb Emlyn i'r bygythiad o Lafur ac, ar ôl isetholiad Caerfyrddin, Plaid Cymru oedd lansio 'Plaid Ryddfrydol Cymru' fel plaid annibynnol o fewn y blaid Brydeinig. Roedd ganddi ei strwythurau, ei henw a hyd yn oed ei logo ei hun. Oni bai am y penderfyniad hwnnw mae'n bosib na fyddai'r blaid wedi goroesi'r degawd.

Hyd heddiw mae statws Democratiaid Rhyddfrydol Cymru yn wahanol iawn i statws canghennau Cymreig y Blaid Lafur a'r Ceidwadwyr. Emlyn sy'n gyfrifol am hynny.

Fe gollodd Emlyn ei sedd mewn amgylchiadau braidd yn rhyfedd yn 1979. Yn ôl chwedloniaeth wleidyddol Maldwyn roedd y Rhyddfrydwyr yn poeni mwy am drefnu dathliadau i nodi'r ffaith eu bod wedi dal y sedd am ganrif gyfan nag am ymgyrchu yn y flwyddyn honno.

Beth bynnag oedd y rheswm, ar y meinciau cochion y treuliodd Emlyn bron i ddeng mlynedd ar hugain gan chwarae rhan amlwg yng ngweithgaredd y 'blaid Gymreig' answyddogol sy'n un o nodweddion y siambr uchaf.

Trwy hyn oll roedd Emlyn yn ddyn anodd iawn ei ddrwglicio. Roedd e'n fonheddwr yn ystyr gorau'r gair, yn ddyn galluog a chwrtais gydag ymroddiad dwfn i wasanaeth cyhoeddus.

Gor-ddweud fyddai honni bod Emlyn yn un o gewri gwleidyddol Cymru ond roedd ei rôl yn hanes ei blaid yn allweddol. Fe gyflawnodd lawer dros bobol Maldwyn a Chymru dros gyfnod o ddegawdau.

Efallai mai fel gwas da a ffyddlon i'w blaid, ei ddaliadau a'i gydwybod y mae gweld Emlyn. Dyw hynny ddim yn ddrwg o beth i fod.

I'R PANT...
13:57, Dydd Mercher, 14 Mawrth 2012

Mae ffigyrau GDP Eurostat yn fêl ar fysedd newyddiadurwyr Cymru, gan roi cyfle blynyddol i gymharu cyflwr economi Cymru â gweddill yr Undeb Ewropeaidd. Pwy allai wrthsefyll y temtasiwn i ysgrifennu pennawd fel un y *Western Mail* bore 'ma: 'Two Thirds of Wales poorer than Romania reveal new GDP figures'?

Fel y *Western Mail*, ar y cymariaethau â rhannau o ddwyrain Ewrop a dirywiad cyson y mesur yma o'r economi Gymreig y gwnes i ganolbwyntio wrth ohebu ynghylch yr ystadegau ddoe.

Nid dyna oedd yr unig ongl bosib. Dyma i chi un arall. Beth am weld beth sydd gan yr ystadegau i'w ddweud ynghylch anghyfartaledd rhwng gwahanol rannau'r Deyrnas Unedig?

Yn ôl Eurostat roedd GDP Cymru yn 2009 yn 79.8% o gyfartaledd yr Undeb Ewropeaidd. Mae'r ffigwr yna'n gostwng i 68.4% yn y Gorllewin a'r Cymoedd – y parth economaidd, artiffisial braidd, sy'n derbyn cymorth arbennig gan yr Undeb Ewropeaidd.

Mae'r sefyllfa'n wahanol iawn mewn rhannau eraill o Brydain. Yn wir, mae tri rhanbarth o Brydain ymhlith yr ugain mwyaf cyfoethog o fewn yr Undeb. O ganlyniad i'r diwydiant olew a nwy, gogledd-ddwyrain yr Alban yw un o'r rheiny. Bydd neb yn synnu bod y rhanbarth sy'n cynnwys Swydd Rhydychen, Berkahire a Buckinghamshire yn un arall.

Y cyfoethocaf ohonyn nhw i gyd yw canol Llundain – y rhanbarth cyfoethocaf yn yr Undeb gyfan, lle'r oedd y GDP y pen yn 332% o'r cyfartaledd. I roi'r peth yn y ffordd fwyaf syml posib, mae gwerth economaidd unigolion yng nghanol Llundain bedair gwaith yn fwy nag unigolion yng Nghymru.

Y ffaith syml ac ysgytwol yw hon: mae'r gwahaniaeth mewn cyfoeth rhwng rhanbarth tlotaf Prydain, sef Gorllewin Cymru a'r Cymoedd, a'r cyfoethocaf, sef Canol Llundain, yn fwy o beth wmbreth na'r ffigyrau cyffelyb mewn unrhyw wlad arall yn yr Undeb Ewropeaidd.

Ar 15 Mawrth, etholwyd Leanne Wood yn arweinydd Plaid Cymru. Cystadleuaeth rhyngddi hi, AC Ceredigion Elin Jones, a'r Arglwydd Dafydd Elis-Thomas oedd hi yn y diwedd. Daeth yr Arglwydd yn olaf yn y rownd gyntaf o bleidleisio felly fe ddosbarthwyd ail ddewis ei gefnogwyr rhwng y ddau ymgeisydd arall. O ganlyniad, enillodd Ms Wood gyda 3,326 o bleidleisiau o'i gymharu â 2,494 Ms Jones.

AR LEANNE *AMOURE*
10:43, Dydd Gwener, 16 Mawrth 2012

Un o raglenni newydd S4C sydd heb gael rhyw lawer o sylw yw cyfres Rhydian Bowen Phillips *fi di duw*. Efallai bod pobol yn rhy brysur yn rhacsio ambell i raglen newydd arall i dalu sylw i gyfres fach ddifyr a dymunol!

Yn bersonol, does gen i ddim uchelgais i fod yn ben ar y nefol gôr ond rwy am chwarae fersiwn fach arall o gêm Rhydian – un sy'n ymwneud â chorff sydd ychydig yn is na'r angylion, ond dim ond ychydig, cofiwch!

'Fi 'di Pwyllgor Gwaith Plaid Cymru' yw'r gêm, a'r bwriad yw ceisio dyfalu pa strategaeth y dylai'r blaid fabwysiadu yn sgil ethol Leanne Wood fel ei harweinydd.

Does dim angen bod yn athrylith i wybod sut bydd y pleidiau eraill yn ymateb i ddewis aelodau Plaid Cymru. Fe fyddant yn ceisio ei diffinio ym meddyliau'r cyhoedd cyn iddi hi ei hun allu gwneud hynny. Mae hynny'n bolitics 101.

Fe fydd ymchwilwyr y pleidiau eraill yn chwilio trwy ei holl gyfraniadau yn y siambr a'i cholofnau yn y *Morning Star* a chyfnodolion eraill. Eu bwriad fydd canfod deunydd i geisio dylunio arweinydd newydd Plaid Cymru fel gwleidydd sydd allan o brif lif gwleidyddiaeth Cymru ac sydd allan o'i dyfnder.

Sut ddylai Plaid Cymru ymateb i hynny?

Mae rhan o'r ateb, dybiwn i, i'w ganfod ar wefan Leanne Wood ei hun. Roedd rhyddhau dogfennau polisi manwl fel ei chynllun i'r Cymoedd yn fodd i gyfleu'r syniad ei bod yn wleidydd o sylwedd i aelodau Plaid Cymru. Pwy a ŵyr faint o ddarllen oedd arnyn nhw, ond mewn sawl ystyr roedd eu bodolaeth yn bwysicach na'u cynnwys.

Fe fyddai'n gwneud synnwyr i ddilyn yr un trywydd yn ystod y misoedd nesaf ond mewn meysydd nad ydynt yn gysylltiedig â'r arweinydd newydd – rhywbeth fel maniffesto i fusnesau bach, er enghraifft.

Mae'n rhaid i'r blaid dderbyn hefyd fod Leanne yn gallu bod yn wan mewn cyfweliadau. Gwyliwch *Dragon's Eye* neithiwr os am brawf o hynny. Dyw rhoi cyfeiriad gwefan ddim yn ateb i gwestiwn. Fe fydd yn rhaid iddi ddysgu'n gyflym sut mae delio â phobol fel fi!

Fe fydd angen paratoi trylwyr ar gyfer siambr y Cynulliad hefyd. Does ond angen edrych ar berfformiad arweinydd y Ceidwadwyr yn ystod sesiynau cwestiynau'r Prif Weinidog i sylweddoli nad yw siarad o'r frest neu ar fympwy bob tro yn syniad da.

Dyna ddigon am wendidau. Mae gan Leanne Wood gryfderau mawrion hefyd. Dyna'r rheswm y gwnaeth hi ennill y ras ac fe ddylai Plaid Cymru geisio manteisio arnyn nhw.

Does ond angen gwylio'r arweinydd newydd yn ymgyrchu i wybod ei bod yn dda iawn iawn wrth ddelio â phobol wyneb yn wyneb. Mae ei phersonoliaeth wresog a siarad diflewyn ar dafod yn rhoi apêl naturiol iddi.

Trwy ymgyrchu ar y ffyrdd a'r caeau y mae gobaith gorau Leanne Wood o lwyddo i gynyddu apêl y blaid, dybiwn i. Gellid gadael peth o'r gwaith yn y Cynulliad i eraill er mwyn cael yr amser i wneud hynny. Mae 'na fwy o bleidleisiau i'w hennill ar y stryd fawr nag yn y Senedd!

'High risk, high reward' oedd y disgrifiad o Leanne Wood gan rai yn ystod yr ymgyrch. Rwy'n meddwl bod hynny'n gywir. Amser a ddengys p'un ai y bydd gambl aelodau Plaid Cymru yn talu ai peidio, ond i'r arweinydd newydd a'i thîm, nawr mae'r gwaith caled yn cychwyn.

Ar 15 Mai 2012, penododd Ed Miliband Owen Smith i Gabinet yr Wrthblaid fel llefarydd ar Gymru.

MISTAR SMITH
14:03, Dydd Mercher, 16 Mai 2012

Doeddwn i ddim o gwmpas y bore 'ma pan gyrhaeddodd Owen Smith y Senedd am y tro cyntaf fel y Llefarydd Llafur ar Gymru. Roedd pethau eraill gen i i'w gwneud ond, yn ôl pob sôn, roedd Owen ar ben ei ddigon. Dyw hynny ddim yn syndod. Mae'n ddyn uchelgeisiol ac mae cyrraedd Cabinet yr Wrthblaid ddwy flynedd ar ôl ei ethol i Dŷ'r Cyffredin yn dipyn o gamp.

Rwy am drafod yr hyn gallwn ddisgwyl gan y llefarydd newydd ond cyn mynd ymhellach mae gen i gyfaddefiad i'w wneud. Fe fu Owen a minnau'n cydweithio ar *Good Morning Wales* am rai blynyddoedd. Roeddwn i'n westai yn ei briodas ac rwy'n ei ystyried yn gyfaill. Dydw i ddim yn meddwl bod hynny'n lliwio fy marn ohono, mwy nag oedd ei gefndir Llafur yn lliwio ei newyddiaduraeth e wrth iddo frathu coesau sawl gwleidydd o'i blaid ei hun, ond gwell yw dweud.

Ta beth am hynny, clywais Owen yn disgrifio'i hun mewn cyfweliad fel 'passionate Welshman'. Rwy'n sicr fod hynny'n wir ond efallai bod y geiriau hynny'n golygu rhywbeth ychydig yn wahanol iddo fe nag y maen nhw'n golygu i chi a fi.

Mae Owen yn fab i'r hanesydd Dai Smith. Roedd yntau, fel y diweddar Gwyn Alf Williams, yn un o'r haneswyr hynny wnaeth herio'r naratif traddodiadol o hanes y Cymry fel cenedl oedd wedi goroesi trwy'r canrifoedd gyda rhyw linyn arian yn ein cysylltu â Macsen, Arthur a Llywelyn Fawr. Yn hytrach, pwysleisio trychinebau a chwyldroadau'r canrifoedd wnaeth yr haneswyr hyn gan ddadlau bod y genedl heddiw yn ffrwyth y chwyldro diwydiannol a dad-ddiwydiannu'r ganrif ddiwethaf yn hytrach na'i hen hanes.

Mewn un ystyr, fersiwn yr haneswyr yw hyn o fodel gwleidyddol y tri rhanbarth.[160] Mae'r fath o Gymru oedd yn cael ei disgrifio yn seiliedig ar Gymreictod 'Welsh Wales' y model hwnnw – Cymreictod nad yw'n ddibynnol nac yn llwyr ddeillio o ddiwylliant Cymraeg.

Rwy'n sicr mai cyfeirio at y math yna o Gymreictod y mae Owen wrth alw ei hun yn 'passionate Welshman', er iddo fe'i hun gael ei fagu yn y Barri, rhan o'r 'Gymru Brydeinig' yn y Gymru dri rhanbarth. Nid bod hynny'n golygu ei fod yn wrthwynebus i'r iaith Gymraeg, dim ond mai yn y cymunedau dosbarth gwaith pennaf Saesneg eu hiaith y mae ei galon.

Mae hynny'n dod â fi at rywbeth arall ddywedodd Owen yn ei gyfweliad sef bod datganoli yn rhan o DNA'r Blaid Lafur Gymreig. Ond pam felly? Os nad yw Owen yn cyfranogi o ryw fath o genedlaetholdeb rhamantaidd, pam y brwdfrydedd ynghylch y Cynulliad?

Mae'r ateb yn un digon syml, dybiwn i. I Owen, mae'r Cynulliad yn darian i'w bobol yn erbyn llywodraeth Geidwadol yn San Steffan ac yn arf i'w codi o dlodi. Os felly, gellir disgwyl i'r llefarydd newydd ar Gymru fod yn ddiamynedd iawn os ydy e'n credu bod y llywodraeth Lafur yn y Bae yn llaesu ei dwylo neu yn llusgo'i thraed.

---

160 Model Denis Balsom a rannai Gymru'n Welsh Wales, British Wales a'r Fro Gymraeg, mewn ymgais i ragweld ac esbonio patrymau pleidleisio.

Roedd Carwyn yn wên i gyd wrth groesawu Owen heddiw. Tybed a fydd hynny'n wir ymhen blwyddyn?

Un peth bach arall cyn cloi. Owen yw'r Aelod Seneddol cyntaf o Gymru ers Neil Kinnock y gallaf ddychmygu yn arwain y Blaid Lafur ar lefel Brydeinig. Mae croeso i chi chwerthin ar ben yr honiad hwnnw, ond fe wna i'ch atgoffa o'i fodolaeth hyd syrffed os ydy Aelod Pontypridd yn cyrraedd brig ei blaid!

PLANT Y FFLAM
09:25, Dydd Gwener, 25 Mai 2012

Yfory fe fydd fy nai yn cario'r ffagl Olympaidd yn Nhreherbert ac mae dyletswydd deuluol yn golygu y bydd yn rhaid i mi fod yna i gefnogi'r gwalch...

Mae ambell un ar Twitter wedi tynnu sylw at yr hyn ddigwyddodd yn ystod ymweliad y ffagl â Chernyw, yn enwedig y ffaith fod yr heddlu wedi rhwystro un o'r rhedwyr rhag arddangos baner Cernyw. Fel mae'n digwydd, mae'r rheolau'n gwahardd rhedwyr rhag cario unrhyw beth ac eithrio'r ffagl ei hun. Does wybod a fyddai Jac yr Undeb neu groes San Siôr wedi cael ei thrin yn yr un modd ond dyna mae'r rheol yn ei ddweud.

Mae rheol arall yn gwahardd baneri 'gwledydd nad ydynt yn cymryd rhan yn y gêmau' rhag cael eu chwifio gan bobol sy'n gwylio'r cystadlu. Ydy hynny'n golygu y bydd y Ddraig Goch wedi ei gwahardd, nid yn unig o barc y gêmau yn Llundain ond o Stadiwm y Mileniwm?

Mae'r rheol yn aneglur. Fe'i defnyddiwyd i wahardd y Ddraig Goch yn Beijing. Poeni am faneri Tibet a Taiwan oedd y Tsieinïaid. Beth fydd agwedd stiwardiaid Llundain, tybed?

O wybod shwd le yw Prydain a pha mor hoff yw ei chenhedloedd o'u baneri, mae'n rhyfedd nad yw pwyllgor gêmau Llundain, LOCOG, wedi gwneud y sefyllfa'n eglur. Roedd gan faner Catalonia le amlwg yng ngêmau Barcelona. Ai dilyn rheolau Beijing yntau rhai Barcelona fydd gêmau Llundain?

ET TU?
15:31, Dydd Mercher, 4 Gorffennaf 2012

Dyma i chi gwestiwn diddorol: ydy'r grŵp Ceidwadol yn y Cynulliad hwn yn llai effeithiol nag oedden nhw yn y Cynulliad diwethaf? Mae 'na rai, gan gynnwys rhai o fewn y blaid a'r grŵp, yn argyhoeddedig eu bod nhw.

Nodwedd fwyaf annisgwyl y pedwerydd Cynulliad yw pa mor hawdd y mae Llafur wedi ei chael hi i lywodraethu, o gofio nad oes ganddi fwyafrif yn y siambr. Efallai bod arafwch y Llywodraeth wrth baratoi deddfwriaeth yn rhannol gyfrifol am hynny. Serch hynny, fe fyddai gwrthblaid effeithiol wedi gorfodi i'r Llywodraeth ddioddef ambell i ddydd anghysurus a phleidlais anodd erbyn hyn. Ond y gwir amdani yw bod Carwyn Jones yn rhydd i fod yn weddol ddi-hid ynghylch yr hyn sy'n ei wynebu yn y Senedd.

Mae'r gwrthgyferbyniad rhwng y ffordd yr oedd y gwrthbleidiau yn cydweithio er mwyn arteithio Llywodraeth Alun Michael yn y Cynulliad cyntaf a'r amser hawdd y mae Carwyn Jones yn ei gael yn drawiadol iawn. Hyd y gwelaf i does 'na fawr ddim ymdrech wedi bod i ddod o hyd i dir cyffredin rhwng y Ceidwadwyr a'r ddwy wrthblaid arall er mwyn rhoi pwysau ar y Llywodraeth mewn meysydd penodol, a does 'na ddim arwydd chwaith o unrhyw fath o strategaeth yn y ffordd y mae'r grŵp yn gweithredu.

Cymerwch ddoe fel enghraifft. Os ydych chi'n defnyddio Twitter mae'n debyg eich bod wedi sylwi ar newyddiadurwyr y Bae yn trydar yn hapus ynghylch stori o'r enw #Bindergate. Stori fach oedd hi ynghylch y cannoedd o bunnau yr oedd y Llywodraeth wedi eu gwario ar ffeiliau crand i ddal papurau gweinidogion wrth iddyn nhw fynychu'r siambr.

Mae newyddiadurwyr yn dwlu ar straeon felly. Mewn un ystyr maen nhw'n gymharol ddibwys ond maen nhw'n saff o gael eu darllen ac o ddenu ymateb gan ddarllenwyr a gwylwyr.

Gan amlaf, os ydy plaid yn dod o hyd i stori o'r fath, mae'n ein cyrraedd fel e-bost gan ymchwilydd neu swyddog y wasg. Nid felly yn achos #Bindergate. Pris ffeiliau'r Llywodraeth oedd testun cynhadledd newyddion wythnosol arweinydd yr wrthblaid – yr unig destun. Yn ôl ambell i Dori digalon nid fel 'na mae rhedeg gwrthblaid effeithiol.

Gyda Phlaid Cymru wedi treulio blwyddyn yn syllu ar ei bogail ei hun, ar adegau mae hi wedi ymddangos mai'r Democratiaid Rhyddfrydol, gyda'u pump aelod, yw'r fwyaf effeithiol o'r tair gwrthblaid. Mae ambell i Geidwadwr o'r farn na ellir gadael i hynny barhau.

Hirddydd haf yw'r cyfnod cynllwynio traddodiadol mewn gwleidyddiaeth. Er gwaetha'r tywydd gaeafol dyw pethau ddim yn wahanol eleni. Cynyddu mae'r sibrydion yn y Bae a San Steffan ynghylch dyfodol Andrew RT Davies. Does dim symudiadau pendant i'w gweld eto, dim ond rhyw deimlad bod rhywbeth yn y gwynt. Fe gawn weld.

Wrth i David Cameron ad-drefnu ei Gabinet, dychwelodd Cheryl Gillan i'r meinciau cefn. Roedd hi wedi bod yn Ysgrifennydd Cymru ers 2010. Penodwyd AS Gorllewin Clwyd, David Jones, yn Ysgrifennydd Cymru yn ei lle.

TENANT NEWYDD TŶ GWYDYR
13:42, Dydd Mawrth, 4 Medi 2012

Daeth tro ar fyd felly, ac am y tro cyntaf ers 1987 mae gennym Ysgrifennydd Gwladol Ceidwadol sy'n cynrychioli etholaeth Gymreig yn Nhŷ'r Cyffredin.

Er iddo gael ei eni yn Llundain, yn Rhosllannerchrugog y cafodd David Jones ei fagu – dyna mae'n debyg sy'n gyfrifol am yr hynny o Gymraeg sydd ganddo, er go brin mai Rhos sy'n gyfrifol am ei acen Saesneg!

Mae gen i ysbiwyr ym mhobman ac yn ôl un o gyfoedion David yn Rhos, roedd ei dad, y fferyllydd lleol, yn ddyn hynod boblogaidd yn y pentref. Llai felly ei fab.

Rwy wedi ysgrifennu o'r blaen am y tensiynau rhwng David a rhai o aelodau Ceidwadol y Cynulliad. Mewn sgwrs breifat ddoe dywedodd un o'r rheiny y byddai penodi aelod Gorllewin Clwyd yn Ysgrifennydd Cymru yn 'drychineb i'r blaid'. Mae eraill yn fwy diplomyddol ond teg yw credu nad yw'r *champagne* yn llifo ar drydydd llawr Tŷ Hywel y prynhawn yma.

Pam mae'r tensiynau hynny'n bodoli? Wel, mae David yn gallu bod yn gymeriad pigog ond mae 'na fwy i'r peth na hynny. Mae rhai o'i gyd-Geidwadwyr o'r farn nad yw'r Ysgrifennydd Gwladol newydd wedi llwyr gofleidio datganoli. Yn sicr, yn ystod ei gyfnod byr fel Aelod Cynulliad rhwng 2002 a 2003 doedd hi ddim yn ymddangos ei fod yn hoff iawn o fywyd gwleidyddol y Bae, na bod ganddo lawer o barch at yr egin Gynulliad.

Yn ei ddatganiad yn ymateb i'r penodiad, tynnodd Llafur sylw at y ffaith fod David yn gyn-aelod o grŵp o Aelodau Seneddol o'r enw Cornerstone. Disgrifiad y grŵp hwnnw o'r Cynulliad a Senedd yr Alban oedd 'disgracefully wasteful talking-shops' a galwodd am refferendwm Prydain gyfan i ddiddymu'r sefydliadau datganoledig.

Dyw bod yn aelod o grŵp ddim yn golygu eich bod yn cefnogi pob un o'i safbwyntiau wrth reswm, ond mae 'na ddigon yng nghefndir yr Ysgrifennydd Gwladol newydd i godi amheuon ymhlith y rheiny sydd eisoes yn amheus.

Ond mae 'na rywbeth dyfnach yn mynd ymlaen rwy'n meddwl. Teg yw nodi bod nifer o'r Ceidwadwyr sy'n amheus ynghylch penodiad David Jones hefyd yn grwgnach ynghylch arweinyddiaeth Andrew RT Davies yn y Cynulliad.

Yn y bôn, mae'r aelodau hyn yn ofni bod Ceidwadwyr Cymru yn dawnsio wrth ymyl y dibyn a bod angen gwleidydd o sylwedd, boed hwnnw yng Nghaerdydd neu yn San Steffan, i osod cyfeiriad pendant ac adeiladol i'r blaid. Eu hofn mwyaf yw y gallai Ceidwadwyr Cymru ddioddef trychineb fel un 1997 yn yr etholiad cyffredinol nesaf a chyda dwy ran o dair o'r aelodau wedi diflannu ers hynny na fyddai modd brwydro yn ôl yr eildro.

GWAED AR EU DWYLO
09:50, Dydd Iau, 6 Medi 2012

Roedd ddoe yn ddiwrnod rhwystredig yn Uned Wleidyddol BBC Cymru. Roedden ni'n clywed gan ffynonellau dibynadwy iawn fod Stephen Crabb i'w benodi'n weinidog yn Swyddfa Cymru. Roedd ffynonellau eraill, a'r rheiny'r un mor ddibynadwy, yn mynnu mai'r Farwnes Randerson fyddai'n ddirprwy i David Jones. Pwy i'w gredu felly?

Wnaeth neb feddwl am eiliad y gallai'r ddwy stori fod yn wir.[161] Wedi'r cyfan, Ysgrifennydd Gwladol rhan amser ac un dirprwy yn Swyddfa Cymru fu'r patrwm am y rhan fwyaf o'r cyfnod ers sefydlu'r Cynulliad. A dydw i ddim yn cofio Don Touhig[162] yn cwyno am y pwysau gwaith.

Y cwestiwn amlwg yw beth ar y ddaear y mae tri gweinidog am wneud â'u hamser? Roedd tri yn ddigon i redeg y cyfan o'r hen Swyddfa Gymreig – go brin fod angen yr un nifer i ofalu am ei gweddillion.

Y peryg mawr yw i'r triawd newydd botsio ym mhriod waith y Cynulliad er mwyn llenwi'r oriau hesb. Gallai hynny achosi pob math o broblemau a gwrthdaro. Fe fydd Llywodraeth Cymru yn gobeithio bod 'na ddigon o gardiau chwarae a setiau Monopoly yn Nhŷ Gwydyr!

Mae'n debyg mai Mike German fu'n ymgyrchu dros gael Democrat Rhyddfrydol yn Swyddfa Cymru ac i fod yn deg roedd y ffaith fod yr adran yn un o lond dwrn lle nad oedd gan

---

161 Roedd Stephen Crabb wedi ei benodi'n Weinidog yn Swyddfa Cymru a Jenny Randerson yn Is-Ysgrifennydd Seneddol yno. Doedd dim tâl ar gyfer y swyddi hyn.
162 Don Touhig oedd AS Islwyn rhwng 1995 a 2010. Bu'n Is-weinidog yn Swyddfa Cymru rhwng 2001 a 2010.

y blaid gynrychiolaeth yn ymddangos braidd yn rhyfedd o'r cychwyn.

Yr adran ddiwylliant oedd un o'r adrannau eraill lle'r oedd gan y Torïaid fonopoli o'r swyddi. Am y rheswm hynny roedd y blaid Gymreig yn teimlo'n rhydd i ymosod ar y ffordd y gwnaeth Jeremy Hunt ddelio ag S4C. Byddai wedi bod yn anodd iddynt wneud hynny pe bai 'na Ddemocrat Rhyddfrydol yn weinidog yn yr adran.

Mae 'na fanteision amlwg i'r Democratiaid Rhyddfrydol o gael llais a chlust yn Swyddfa Cymru. Ar y llaw arall mae'n ei gwneud hi'n anoddach i'r grŵp yn y Cynulliad esgus bod a wnelo penderfyniadau Swyddfa Cymru a'r glymblaid yn San Steffan ddim byd â nhw.

Fe fydd gallu cyhuddo Kirsty Williams o fod â gwaed ar ei dwylo yn fêl ar fysedd Carwyn Jones.

Y LLENNI'N DISGYN
13:23, Dydd Mawrth, 9 Hydref 2012

Lle bach digon di-nod yw Nant-y-moel. Saif y pentref ym mlaen Cwm Ogwr lle mae'r ffordd yn dechrau dringo dros Fwlch y Clawdd i Dreorci. Mae 'na ddwsinau o bentrefi ôl-lofaol tebyg ym maes glo'r de ac mae'r rheiny sydd, fel Nant-y-moel, yn sefyll ym mlaen y cwm yn hytrach na'i gcg yn tueddu i fod yn llefydd digon tlawd eu golwg.

Collodd Nant-y-moel ei rheilffordd hanner canrif yn ôl ac fe gaeodd y pwll olaf, Wyndham Western, ychydig flynyddoedd cyn y streic fawr. Fe wnes i eitem ynghylch y pwll ar y pryd gan ganolbwyntio ar Huw Jones oedd wedi symud o Sir Fôn i geisio gwaith yn y pwll yn gynnar yn y ganrif ddiwethaf a'i fab John, oedd yn ysgrifennydd y gyfrinfa. Doedd y naill na'r llall yn gweld llawer o obaith i'r pentref yn sgil cau'r gwaith.

Yn ganolbwynt i fywyd y pentref mae hen Neuadd y Glowyr. Achubwyd honno yn ôl yn saithdegau gan Gyngor Ogwr a chriw o actorion proffesiynol a'u gwreiddiau yn y cwm o'r enw'r Cambrian Theatre Company. Fe ailenwyd y Neuadd yn Ganolfan Berwyn i anrhydeddu'r athro oedd wedi ysbrydoli'r actorion i fentro i fyd y theatr cyn marw'n ifanc. Berwyn Roderick oedd ei enw llawn ac roedd e'n ewythr i mi.

Byr oedd oes y cwmni theatr ond mae'r ganolfan wedi bod yn galon i'r gymuned ar hyd y degawdau. Pan gaeodd y Cyngor lyfrgell y pentref, cychwynnodd gwirfoddolwr lyfrgell newydd yn y ganolfan ac mae'n gartref hefyd i nifer o gymdeithasau a chorau.

Bu Berwyn Roderick farw cyn fy ngeni i, ond roedd yn anodd peidio teimlo ychydig o ing wrth ddarllen y datganiad yma ar wefan Cyngor Pen-y-bont:

'Fe fydd Canolfan Berwyn yn cau cyn diwedd eleni ar ôl i adroddiad ddatgelu y byddai'n costio bron i filiwn o bunnau i ddiogelu'r adeilad. Fe fyddai angen gwerth £400,000 o waith yn y tymor byr i sicrhau diogelwch y cyhoedd a swm cyffelyb ychwanegol er mwyn cwrdd â gofynion y gyfraith. Dyw hynny ddim yn cynnwys unrhyw welliannau i gyfleusterau'r adeilad.

Gyda'r tristwch mwyaf mae'r Cabinet wedi cytuno i gau'r ganolfan a dymchwel yr adeilad gan glustnodi £200,000 ar gyfer canolfan gymunedol newydd.'

Dydw i ddim yn gwybod faint o ganolfan y mae'n bosib ei chodi am £200,000. Dyw hi ddim yn debyg o fod yn un sylweddol a does dim arwydd pryd y bydd hi'n agor – os agorith hi o gwbwl.

Dydw i ddim am feirniadu Cyngor Pen-y-bont yn fan hyn. Rwy'n sicr fod y penderfyniad wedi tristáu'r cynghorwyr ac mae'r datganiad yn ddiflewyn ar dafod ynghylch eu rhesymeg:

'Ni fydd yr adeilad yn goroesi gaeaf arall heb fuddsoddiad a dyw'r arian angenrheidiol ddim ar gael yn yr hinsawdd economaidd bresennol.'

Er bod clymblaid San Steffan wedi bod mewn grym ers dwy flynedd a hanner bellach, dyw'r rhan fwyaf o'r toriadau gwariant sydd wedi eu cynllunio ddim wedi dechrau brathu eto. Yn y flwyddyn ariannol nesaf y bydd yr esgid fach yn dechrau gwasgu. Canolfan Berwyn, o bosib, yw'r esiampl gyntaf yng Nghymru o effaith y toriadau hynny ar lawr gwlad.[163]

Pwy nawr all ysbrydoli'r genhedlaeth nesaf o blant Nant-y-moel – a ble mae gwneud hynny?

A DYMA'R NEWYDDION...
09:50, Dydd Mercher, 31 Hydref 2012

Ddeng mlynedd ar hugain yn ôl croesawodd Owen Edwards wylwyr Cymru i'w gwasanaeth teledu newydd, S4C, gwasanaeth oedd wedi ei sefydlu ar ôl hir ymdrech ac aberth.

Yn syth ar ôl y rhaglen gyfarch darlledwyd rhaglen newyddion gyntaf y sianel. Gwyn Llewelyn a Beti George oedd yn cyflwyno, a fi oedd y gohebydd cyntaf i ymddangos, gan adrodd stori ynghylch damwain bws yng Ngwent lle'r oedd dwy ferch ysgol wedi eu lladd.

Menna Richards, Alun Lenny, Marian Wyn Jones, Dewi Llwyd a minnau oedd y tîm gohebu gwreiddiol. Roedd y tîm hwnnw wedi ei roi at ei gilydd ar dipyn o fyr rybudd. Tan yn gymharol hwyr yn y dydd, y gred gyffredinol oedd mai HTV fyddai'n darparu newyddion S4C. Os cofiaf yn iawn anghytundeb ynghylch hawl HTV i ddefnyddio lluniau ITN wnaeth ddryllio cynlluniau'r cwmni.

Nid fy lle i yw beirniadu safon y gwasanaeth ar hyd y blynyddoedd. Gwell yw gadael hynny i eraill. Y cyfan ddywedaf i yw hyn. Ar hyd y blynyddoedd mae newyddiadurwyr BBC Cymru wedi gweithio'n galed ar y ffas lo i geisio cynhyrchu rhaglen oedd yn adlewyrchu ein cenedl.

Bu sawl camgymeriad ar hyd y blynyddoedd gyda rhai straeon yn cael eu colli ac eraill yn cael eu dyrchafu yn uwch

---

163 Cafodd y ganolfan ei dymchwel yn 2013. Mae Cyngor Pen-y-bont yn gobeithio y bydd cynllun grwpiau cymunedol yr ardal ar gyfer cyfleusterau newydd yn cael ei ddatblygu yn ystod y flwyddyn ariannol 2017–18.

na'u gwerth. Camgymeriadau gonest oedd y rheiny – doedd 'na, a does 'na, ddim 'agenda'.

Gyda Dewi yn symud i'r *Post Prynhawn* yn y flwyddyn newydd, fi fydd yr olaf o'r tîm gwreiddiol. Dydw i ddim yn mynd i unlle ond hoffwn achub ar y cyfle hwn i ddiolch i 'nghyd-weithwyr ar hyd y degawdau ac i ddiolch am y fraint o allu bod yn rhan o sgwennu 'drafft cyntaf' hanes y genedl fach hon dros y deng mlynedd ar hugain ddiwethaf.

NEWID PETHAU
11:44, Dydd Gwener, 9 Tachwedd 2012

Dim ond 9% wnaeth droi allan i bleidleisio y tro diwethaf i bobol Cymru gael y cyfle i bleidleisio o blaid neu yn erbyn agor tafarnau ar y Sul. Fe ddylai'r ffigwr fod yn uwch yn etholiadau'r Comisiynwyr Heddlu wythnos nesaf[164] ond rwy'n synhwyro na fydd hi'n llawer gwell.

Mae 'na ffactorau penodol ynghylch yr etholiad hwn sy'n achosi peth o'r difaterwch. Mae dryswch ynghylch union natur y swydd, diffyg ymgeiswyr gan rai o'r pleidiau ac amser y flwyddyn yn rhai o'r rheiny. Serch hynny fe fydd pleidlais isel wythnos nesaf yn tanseilio hygrededd y Comisiynwyr i ryw raddau ac yn ychwanegu at y pryderon ynghylch y difaterwch cynyddol sy'n effeithio ar etholiadau ar bob lefel erbyn hyn.

Mae gweld pa mor wag yw orielau cyhoeddus y Cynulliad yn arwydd pellach o'r difaterwch hwnnw. Dyw'r gwylio ar y we ddim llawer gwell. 13,810 o bobol wnaeth ddefnyddio gwasanaeth Senedd.tv rhwng Mai 2011 a Mai 2012. Mae eraill yn dewis gwylio ar wasanaeth Democratiaeth Fyw'r BBC wrth gwrs ond go brin fod y niferoedd yn enfawr.

Rhan o'r rheswm am hynny yw bod trafodaethau'r Cynulliad yn gallu bod yn bethau diflas ar y naw. Dyw hyd yn oed sesiwn gwestiynau Carwyn Jones ddim yn cymharu mewn gwirionedd

---

164 Ar 15 Tachwedd y cynhaliwyd yr etholiadau i ddewis y Comisiynwyr Heddlu cyntaf.

â sesiynau cyffelyb San Steffan neu hyd yn oed Holyrood.

Yr wythnos hon fe ysgrifennodd arweinydd y Ceidwadwyr, Andrew RT Davies, at Lywydd y Cynulliad i alw am adolygiad o reolau a threfniadau'r Cynulliad. Mae'r blaid am weld newidiadau i'r rheolau i fywiogi a gwella effeithlonrwydd y Cynulliad.

2002 oedd y tro diwethaf i adolygiad o'r fath gael ei gynnal a dyw cynnal un arall ddim yn beth afresymol i'w wneud. Onid oes dyletswydd ar y pleidiau hefyd i geisio gwella ansawdd rhai o'r ymgeiswyr y maen nhw'n dewis ar gyfer y lle yma? Mewn siambr o drigain aelod does 'na unlle i guddio eich dyffars!

TRI PHETH[165]
16:24, Dydd Gwener, 16 Tachwedd 2012

1. Roedd pawb yn disgwyl i'r niferoedd oedd yn pleidleisio yn etholiadau'r heddlu fod yn isel. Roeddwn i'n meddwl y byddai pleidleisiau post yn ddigon i sicrhau bod y ganran yn uwch nag 20%. Roeddwn i'n anghywir. Dydw i ddim yn cofio achos mewn unrhyw etholiad lle cafodd blychau pleidleisio cwbl wag eu dychwelyd i'r ganolfan gyfri. Anhygoel.

2. Roedd y ras dau geffyl yn Nyfed-Powys yn anhygoel o agos. Yng Ngheredigion, lle'r oedd 11% o'r papurau wedi eu sbwylio, fe enillodd y Ceidwadwr o ryw 600 pleidlais – cyfran sylweddol iawn o gyfanswm ei fwyafrif. Ai pleidleisio o blaid y Ceidwadwyr oedd y Cardis, yntau yn erbyn Christine Gwyther? A fyddai ymgeisydd gwahanol i Lafur, rhywun fel Hag Harris,[166] wedi ennill yng Ngheredigion – ac felly drwyddi draw?

---

165 Yng Ngwent, enillodd yr ymgeisydd annibynnol Ian Johnston; etholwyd Alun Michael yn Gomisiynydd Heddlu'r De; yn y gogledd, yr ymgeisydd Winston Roddick aeth â hi, ac yn Nyfed-Powys, llwyddodd y Ceidwadwr Christopher Salmon i guro'r cyn AC Llafur, Christine Gwyther. Ar draws Cymru a Lloegr roedd llai na 15% o'r etholwyr wedi troi allan.

166 Un o hoelion wyth llywodraeth leol yng Ngheredigion.

3. Er nad oedd y naill blaid na'r llall wedi enwebu ymgeiswyr, chwaraeodd Plaid Cymru a'r Democratiaid Rhyddfrydol eu rhan yn yr etholiadau – fel 'unigolion' wrth gwrs. Bu aelodau Plaid Cymru yn gweithio'n galed dros Ian Johnston, yr ymgeisydd annibynnol buddugol yng Ngwent ac roedd y Democratiaid Rhyddfrydol a rhai o aelodau Plaid Cymru yn weithgar yn ymgyrch Winston Roddick. O am fod yn bry ar wal y tro nesaf y mae Dafydd Elis-Thomas a Dafydd Wigley yn cael clonc!

HEN BETHAU ANGHOFIEDIG
11:27, Dydd Mawrth, 4 Rhagfyr 2012

Roeddwn i lan yn Wrecsam ddoe yn gwneud un neu ddau o bethau. Un o'r rheiny oedd gweld arddangosfa Celfyddyd a Diwydiant ym Mhrifysgol Glyndŵr. Gweithiau celf o gasgliad preifat yr actor, Lindsay Evans, sy'n cael eu harddangos – lluniau o safleoedd a bywyd diwydiannol Cymru gan rai o'n hartistiaid amlycaf.

Mae'r lluniau'n werth eu gweld o safbwynt eu celf ond maen nhw hefyd yn dwyn i gof maint a grym diwydiannau trymion yr oes a fu. Trwy ddelwedd yn unig y mae gwerthfawrogi mawredd gweithfeydd fel Cyfarthfa a'r Tŷ Du heddiw. Dyna yw'r unig ffordd hefyd i ddwyn i gof dirwedd wenwynig gwaelod Cwm Tawe – ardal lle mae 'na elyrch ar yr afon ac mewn stadiwm y dyddiau hyn.

Gorchest fawr Awdurdod Datblygu Cymru oedd clirio ac adfer hen safleoedd diwydiannol. Fe wnaeth hynny lawer mwy i newid Cymru na rhai o'r buddsoddiadau tramor byrhoedlog yr oedd yr awdurdod yn gweithio mor galed i'w denu. Heddiw, lle bu'r gweithiau haearn a chopr, y pyllau glo a'r mwynfeydd mae 'na dai, ffatrïoedd archfarchnadoedd a pharciau gwledig.

Eto i gyd mae cwestiwn yn fy nharo weithiau sef hwn – a gliriwyd gormod? Ai dileu'r cyfan oedd y peth iawn i'w wneud?

Os ydych chi'n gyrru ar hyd Cwm Taf Bargod heddiw gallwch ddychmygu eich bod yng nghanol Sir Faesyfed. Does dim byd ar ôl i awgrymu bod hwn wedi bod yn un o gymoedd mwyaf hagr Cymru ar un adeg.

Mae'n hynod o bert, ond yn golygu llai rywsut na Chwm Ystwyth gyda'i adfeilion yn dystion mud i greulondeb y pyllau plwm, na'r tomenni gwastraff sy'n gofeb i ddiwydrwydd a dioddefaint y chwarelwyr llechi ym Mro Ffestiniog.

Teimladau felly sy'n gyfrifol, dybiwn i, am y galwadau am Amgueddfa Hanes y Bobol yn y Cymoedd a chofeb genedlaethol i lowyr Cymru. Ond sut fyddai Amgueddfa'r Bobol yn rhagori ar Bwll Mawr Blaenafon? A beth yw'r gwahaniaeth rhwng 'pobol' yr amgueddfa newydd a 'gwerin' Sain Ffagan? O safbwynt cofeb, a allai unrhyw beth fod hanner mor drawiadol â'r cawr sy'n tystio yn Six Bells?

Ond efallai ein bod yn ceisio gwneud yn iawn yn fan hyn am fethiant mewn maes arall – methiant rhieni ac athrawon i gyflwyno stori ein gwlad i'n plant.

Ryw fis yn ôl cyhoeddodd Leighton Andrews[167] ei fod am gynnal adolygiad o'r ffordd y mae hanes Cymru yn cael ei ddysgu yn yr ysgolion. Gofynnwyd i Dr Elin Jones gadeirio grŵp gorchwyl a gorffen i astudio sut mae sicrhau bod disgyblion yn dod 'yn gyfarwydd â'u syniad eu hunain o "Gymreictod" ac i fagu mwy o deimlad o berthyn i'w cymuned leol a'u gwlad.'[168]

Mae cael hynny'n iawn yn bwysicach nag unrhyw gofeb neu amgueddfa dybiwn i, a dysgu plant am hen bethau anghofiedig eu broydd eu hunain yw'r ffordd orau i ddechrau.

Ar 11 Rhagfyr 2012, cyhoeddwyd canlyniadau cyntaf cyfrifiad 2011. Roedd hwnnw'n dangos cwymp yn nifer y siaradwyr Cymraeg yng Nghymru o 582,000 yn 2001 i 562,000 yn 2011. Dim ond yng Ngwynedd ac Ynys Môn roedd dros hanner y boblogaeth yn siarad yr iaith.

---

167 Y Gweinidog Addysg ar y pryd.
168 Cyhoeddwyd adroddiad grŵp Dr Elin Jones yn 2013 – roedd yn cynnwys nifer o argymhellion i gryfhau'r modd mae hanes Cymru'n cael ei ddysgu mewn ysgolion.

CYFRI PENNAU
09:59, Dydd Gwener, 14 Rhagfyr 2012

Mae hi wedi bod yn wythnos brysur rhwng y cyfrifiad a phopeth arall. Rwy'n cymryd eich bod wedi clywed neu weld hen ddigon o fy nadansoddi i ynghylch y cyfrifiad dros y dyddiau diwethaf ond mae gen i ambell i bwynt ychwanegol i'w wneud.

Nodwedd fwyaf amlwg y cyfrifiad eleni oedd nad oedd y cynnydd bychan yn nifer siaradwyr ifanc y Gymraeg yn y dwyrain yn ddigon i wneud iawn am golledion y broydd Cymraeg traddodiadol.

Dyw hynny ddim yn golygu bod twf addysg Gymraeg mewn ardaloedd di-Gymraeg wedi arafu neu wedi methu mewn unrhyw ffordd. Mae'r ysgolion yn dal i dyfu a rhai newydd yn agor bob blwyddyn. Gellir disgwyl i'r broses honno gyflymu wrth i ddyletswydd statudol gael ei gosod ar ysgwyddau cynghorau i fesur y galw o flaen llaw a darparu'n ddigonol.

Yr hyn wnaeth ddigwydd yn y dwyrain, mae'n ymddangos, oedd bod rhieni plant y sector addysg Saesneg yn fwy realistig am sgiliau ieithyddol eu plant.

Mae hynny'n codi cwestiwn difrifol wrth gwrs ynghylch safon dysgu'r Gymraeg yn y sector Saesneg. Oni ddylai pob plentyn 16 oed fod â'r gallu i gynnal sgwrs syml yn y Gymraeg erbyn hyn? Beth ar y ddaear sy'n mynd ymlaen yn y gwersi 'Cymraeg' os mai'r ateb mwyaf tebygol i gyfarchiad Cymraeg yw 'Is that Welsh?'.

Mae 'na broblemau yn yr ysgolion Cymraeg hefyd, problemau ynglŷn â'r defnydd o'r Gymraeg y tu allan i'r dosbarth ac ar ôl gadael ysgol. Pe bai'r Gymraeg yn gadarn yn y Gorllewin fe fyddai'n bosib byw gyda'r problemau hynny, gan gymryd y rheiny oedd yn defnyddio'r iaith ar ôl gadael ysgol fel bonws i'r iaith. Yn ffodus neu'n anffodus fedrwn ni ddim fforddio gwneud hynny.

Mae hynny'n dod â fi at sefyllfa yn y broydd Cymraeg traddodiadol.

Y peth cyntaf i'w ddweud am y rhain yw bod y sefyllfa hyd

yn oed yn waeth nag y mae'n ymddangos ar yr wyneb. Mae cyfundrefnau addysg yr ardaloedd hyn, yn enwedig rhai'r gogledd, yn llwyddo i sicrhau bod nifer sylweddol o blant mewnfudwyr yn gadael yr ysgol yn ddwyieithog. Canlyniad hynny yw bod y ganran o siaradwyr Cymraeg sy'n ei siarad fel ail iaith yn cynyddu'n gyson. Mae'n bosib y gallai hynny arwain at newid ym mha iaith a ddefnyddir o ddydd i ddydd yn yr ardaloedd hyn os nad yw hi wedi gwneud hynny'n barod.

Yr ail bwynt sy gen i yw bod cynghorau yn gallu gwneud gwahaniaeth. Ydy hi'n syndod mai mewn sir oedd yn fodlon ystyried benthyg dros chwarter miliwn o bunnau i eglwys Saesneg godi canolfan fowlio tra'n torri cyllidebau ei Mentrau Iaith y gwelwyd y cwymp mwyaf?[169] Cewch chi farnu.

Beth i'w wneud felly? Wel, dyw hwn ddim yn gyfnod i anobeithio na llaesu dwylo. Fe fyddai'r sefyllfa heddiw lawer iawn yn waeth pe bai pobol wedi gwneud hynny dros yr hanner canrif ddiwethaf.

Erbyn hyn mae gennym yng Nghymru'r grymoedd a'r pwerau i sicrhau dyfodol yr iaith. Mae sefyllfa'r Gymraeg llawer yn gryfach na'r ieithoedd Celtaidd eraill. Dyw eu caredigion nhw ddim am roi'r gorau i'w brwydrau. Pam ddylen ni?

Mae'r tŵls yn y bocs. Oes gan ein gwleidyddion yr ewyllys i'w defnyddio?

RWY'N GRAC...
09:29, Dydd Gwener, 21 Rhagfyr 2012

'Tinsel ar y goeden, seren yn y nen...'

Fe ddylwn i fod mewn hwyliau da, Nadoligaidd, yn edrych ymlaen at frêc bach o'r gwaith ac ychydig o loddesta.

Dydw i ddim. Rwy'n flin. Rwy'n grac. Rwy'n wynad.

---

169 Roedd Sir Gaerfyrddin wedi rhoi cefnogaeth ariannol i Eglwys Gymunedol Tywi i agor canolfan Excel, oedd yn cynnwys 12 lôn fowlio. Roedd Mentrau Iaith y sir wedi colli 10% o'u cyllid yn 2012–13. Dangosodd cyfrifiad 2011 fod 43.9% o bobl Sir Gaerfyrddin yn gallu siarad Cymraeg (50.3% oedd y ffigwr cyfatebol yn 2001).

Yr Office for National Statistics sy'n gyfrifol am fy nhymer. Wna i ddim boddran cyfieithu'r teitl. Wedi'r cyfan, dyw *nhw* ddim yn trafferthu gwneud.

Ryw chwe mis yn ôl cefais lythyr gan yr asiantaeth yn gofyn i mi gymryd rhan yn y Labour Force Survey. Esboniwyd fod yr astudiaeth hon yn ail yn unig i'r Cyfrifiad o safbwynt pwysigrwydd y gwaith, ac oherwydd hynny bod yn rhaid cael cyfweliad wyneb yn wyneb. Doedd llenwi ffurflen ddim yn ddigon da.

Roedd y llythyr yn uniaith Saesneg. Atebais yn ddigon cwrtais gan ddweud fy mod yn ddigon parod i gymryd rhan yn yr ymchwil ond fy mod yn dymuno gwneud hynny yn Gymraeg. Ches i ddim ateb.

Rai wythnosau'n ddiweddarach ymddangosodd rywun ar stepen drws fy nghartref gan ddweud ei fod yn cynrychioli'r asiantaeth a'i fod yn dymuno fy holi ar gyfer yr astudiaeth.

Roedd y gweithiwr yn ddi-Gymraeg. Brathais fy nhafod ac esbonio'n gwrtais yn Saesneg fy mod yn dymuno cael fy holi yn Gymraeg. Dywedodd y byddai'n gweld a oedd hynny'n bosib.

Rai wythnosau'n ddiweddarach cefais alwad ffôn gan un o weithwyr yr asiantaeth oedd yn medru'r Gymraeg. Ymddengys fod yr angen i gael fy holi wyneb yn wyneb wedi diflannu. Fe fyddai ymateb dros y ffôn yn ddigonol.

Dyna ddigwyddodd. Roedd y swyddog yn ddyn dymunol, a'i Gymraeg yn ddigon pert, ond roedd hi'n gwbwl amlwg ei fod yn cyfieithu'r holiadur o dop ei ben ac yn ei lenwi yn Saesneg. Doeddwn i ddim yn hapus, ond fel'na mae bywyd weithiau.

Tan ddoe. Ddoe derbyniais lythyr arall gan yr asiantaeth yn gofyn i mi gymryd rhan mewn 'follow-up survey'. Unwaith yn rhagor roedd y llythyr yn uniaith Saesneg.

Digon yw digon. Rwy wedi cael llond bol. Rwy wedi alaru ar eich deddfau iaith, eich byrddau, eich cynlluniau iaith, eich comisiynwyr a'ch safonau!

Y cyfan rwy'n dymuno ei gael yw tipyn o gwrteisi a thipyn o

barch. Oes rhaid mynd trwy hyn bob tro?[170]

Ydy hi'n anodd?

Nadolig Llawen.

2013
GWAED AR EU DWYLO ETO
11:04, Dydd Iau, 3 Ionawr 2013

Mae'n anodd credu ei bod hi'n ddeng mlynedd ar hugain ers i'r Archentwyr oresgyn Ynysoedd y Falkland. Go brin fod unrhyw un iau na deugain oed yn cofio'r peth. Eto, o bryd i'w gilydd, mae'r grachen yn cael ei chodi. Mae Arlywydd yr Ariannin wedi dewis gwneud hynny unwaith yn rhagor yr wythnos hon.[171]

Roeddwn i'n gweithio mewn gorsaf radio fasnachol adeg y goresgyniad ac rwy'n cofio'n dda'r sioc achosodd y peth. Roedd 'na ryw stori ynghylch dynion sgrap ar ynys South Georgia wedi bod yn ffrwtian am rai wythnosau ond doedd neb, gan gynnwys llywodraeth Margaret Thatcher, mae'n debyg, wedi talu llawer o sylw iddi.

Yr hyn sy'n ddiddorol yw mai gan bobol asgell chwith y cafwyd yr ymateb mwyaf chwyrn i'r digwyddiad yn y dyddiau canlynol.

Doedd 'na ddim camerâu teledu yn Nhŷ'r Cyffredin ar y pryd ond rwy'n cofio gwrando ar y ddadl arbennig a gynhaliwyd yn San Steffan ar y dydd Sadwrn ar ôl y goresgyniad.

Yn groes i'r fytholeg sydd wedi datblygu ynghylch y rhyfel, arweinydd yr wrthblaid, Michael Foot, nid Margaret Thatcher oedd y mwyaf ffyrnig ac unplyg ynghylch ymddygiad yr Ariannin a'r ffordd y dylai'r Deyrnas Unedig ymateb i'r sefyllfa...

Roedd 'na ambell un ar y chwith, gan gynnwys nifer o

---

170 Fe gafodd Vaughan wasanaeth Cymraeg yn y pen draw, wedi i Gomisiynydd y Gymraeg ymyrryd.

171 Roedd Arlywydd yr Ariannin, Cristina Fernández de Kirchner, wedi galw ar David Cameron i gydymffurfio â phenderfyniad y Cenhedloedd Unedig yn 1965 i 'negodi datrysiad' i'r anghydfod dros yr ynysoedd.

genedlaetholwyr Cymreig, yn anghytuno â Foot – ond prin oedden nhw. Pam hynny, a pham yr oedd gwleidydd oedd wedi treulio'i fywyd yn brwydro yn erbyn militariaeth a dros ddiarfogi mor gadarn ei farn? Mae'r ateb yn ei araith:

> 'We can hardly forget that thousands of innocent people fighting for their political rights in Argentine are in prison and have been tortured and debased. We cannot forget that fact when our friends and fellow citizens in the Falkland Islands are suffering as they are at this moment.'

Does dim amheuaeth fod y rhan fwyaf o lywodraethau De America yn rhai hynod o filoinig a didostur yn y saithdegau a'r wythdegau. Roedd parodrwydd yr Unol Daleithiau, ac i raddau'r Deyrnas Unedig, i'w cynnal ac, yn achos Chile, ei chreu wedi bod yn dân ar groen y chwith ers blynyddoedd.

Roedd eu casineb tuag at lywodraethau fel un Pinochet yn Chile a jwnta'r Ariannin yn hen ddigon i drechu eu greddfau arferol ynghylch ymyrraeth filwrol a jingoistiaeth.

Dyna yw'r eironi mawr ynghylch Ynysoedd y Falkland. Cyn y goresgyniad roedd llywodraethau'r Deyrnas Unedig wedi bod yn anwybyddu'r lle ers degawdau. Roedd yn dipyn o gur pen ac yn gostus i bwrs y wlad. Deirgwaith fe gynigiodd y Deyrnas Unedig adael i'r Llys Cyfiawnder Rhyngwladol benderfynu dyfodol yr ynysoedd. Fe wrthododd yr Ariannin y cynnig bob tro.

Y gwir amdani, mae'n debyg, yw y byddai'r Deyrnas Unedig wedi bod yn fodlon dod i ryw fath o drefniant gyda'r Ariannin pe bai gan y wlad honno lywodraeth ddemocrataidd sefydlog a fyddai'n parchu hawliau'r trigolion.

Ar y llaw arall, roedd y syniad o adael miloedd o ddinasyddion Prydeinig ar drugaredd llywodraeth waedlyd Buenos Aires yn gwbwl wrthun.

Pe na bai'r Archentwyr wedi lansio eu cyrch, mae'n debyg y byddai'r cysylltiadau agos oedd yn bodoli rhwng yr ynysoedd a'r Ariannin wedi datblygu'n bellach erbyn hyn a hynny er budd yr ynyswyr a'u cymdogion. Fe fyddai cannoedd o fywydau ifanc wedi eu sbario ac mae'n ddigon posib y byddai 'na gytundeb ynghylch dyfodol cyfansoddiadol yr ynysoedd.

Mae'n anodd gweld hynny'n digwydd nawr nac yn y dyfodol agos. Mae digwyddiadau 1982 yn taflu cysgod hir iawn.

DYRCHAFAF FY LLYGAID
13:58, Dydd Mercher, 30 Ionawr 2013

Wrth bori trwy ganlyniadau ward wrth ward y cyfrifiad des i ar draws ffaith fach ddiddorol. O'r deuddeg ward yng Nghymru a Lloegr lle dywedodd y mwyafrif o'r trigolion eu bod heb unrhyw grefydd o gwbwl, roedd pump yn Rhondda Cynon Taf.

Efallai nad yw'n syndod fod Maerdy ym mlaen Rhondda Fach yn un ohonyn nhw. Wedi'r cyfan, adwaenid y lle hwnnw fel Little Moscow ers talwm. Dydw i ddim yn gwybod faint o fynd sydd ar ddarllen Marx a Lenin yn y lle erbyn hyn ond ymddengys nad oes llawer o fynd ar ddarllen yr Ysgrythur!

Un o'r wardiau eraill sydd â mwyafrif o anffyddwyr yw Cwm Clydach. Mae hynny o ddiddordeb personol i mi. Roedd fy nhad-cu yn löwr yng ngwaith y Cambrian yn y pentref hwnnw ac mae gen i berthnasau yno o hyd.

Roedd y Cambrian yn un o byllau glo mwya'r de. Cafwyd un o'r damweiniau gwaethaf yn hanes y diwydiant glo yno yn y 1960au, a hanner canrif yn gynt yn y pwll hwnnw y dechreuodd yr anghydfod wnaeth arwain at derfysgoedd Tonypandy.

Roedd fy nhad-cu wedi hen adael cyn y naill ddigwyddiad na'r llall. Yn ystod diwygiad 1904–05 fe gasglodd glowyr y Cambrian ddigon o arian i'w ddanfon i Goleg yr Annibynwyr yn Aberhonddu i astudio i fod yn weinidog. Mae'n amlwg nad anffyddiaeth oedd yn nodweddu Cwm Clydach ar y pryd!

Beth ddigwyddodd felly, i droi un o beiriau'r diwygiad yn un o'r llefydd mwyaf digrefydd yng Nghymru a Lloegr?

Mae cyfrolau cyfan wedi eu hysgrifennu i geisio ateb y

cwestiwn hwnnw ond go brin fod modd datgysylltu'r hyn ddigwyddodd i Anghydffurfiaeth yn y Rhondda a llefydd tebyg, a'r hyn a ddigwyddodd i'r Gymraeg yn yr ardaloedd hynny...

A OES HEDDWCH?
09:48, Dydd Iau, 28 Chwefror 2013

Mae rhai o sefydliadau Cymru wedi addasu i ddatganoli yn well na'i gilydd. Nid beirniadaeth yw dweud hynny. Doedd dygymod â bod yn genedl gyda llywodraeth, ar ôl saith canrif o straffaglu ymlaen heb un, byth yn mynd i fod yn hawdd! Wedi'r cyfan, mae'r hyn sy'n ymddangos fel atebolrwydd i wleidydd yn gallu ymddangos fel ymyrraeth wleidyddol yr un sy'n atebol.

Gan edrych o'r tu fas ymddengys i mi fod ambell i sefydliad cenedlaethol wedi dygymod â'r newid yn ddigon hawdd. Rwy'n meddwl am gyrff megis Amgueddfa Cymru, y Llyfrgell Genedlaethol a'r Cyngor Chwaraeon. Gallwn fod yn gwbwl anghywir. Mae'n bosib bod 'na rycsiyns y tu ôl i'r llenni. Os felly, chlywais i ddim byd amdanynt.

Mae ambell sefydliad wedi methu'r prawf yn llwyr. Prifysgol Cymru yw'r enghraifft amlwg ond dim ond nawr y mae ambell i Gyngor a Choleg yn sylweddoli bod 'na feistr newydd ar y tŷ.

Mae hynny'n dod â ni at benderfyniad y Llywodraeth i gomisiynu adolygiad o'r Eisteddfod Genedlaethol.

O safbwynt y Llywodraeth does 'na ddim elfen o fygythiad yn gysylltiedig â'r peth. Mae'r Eisteddfod yn annibynnol. Os ydy hi'n dewis anwybyddu argymhellion yr adolygiad mae perffaith hawl ganddi i wneud hynny heb unrhyw gosb ariannol. Os ydy'r ŵyl, ar y llaw arall, yn derbyn y cyfan neu rai o'r argymhellion, yna fe fyddai'r Llywodraeth yn fodlon cynyddu ei chymhorthdal. Pa le sy 'na i boeni? Wedi'r cyfan mae'r rheiny sy'n cynnal yr adolygiad yn garedigion y Gymraeg.

Nawr edrychwch ar y sefyllfa o safbwynt eisteddfodwr

pybyr – un sy'n ystyried y Brifwyl yn 'gaer fechan olaf' i'r Gymraeg mewn môr o Saesneg. Gellir synhwyro ei ofnau.

'Pa mor ddidwyll yw'r Llywodraeth mewn gwirionedd? Oes 'na agenda gudd? Onid yw gwneud yr Eisteddfod yn fwy croesawgar i'r di-Gymraeg yn gyfystyr â glastwreiddio ei Chymreictod?'

'Wedi'r cyfan,' medd ein heisteddfodwr dychmygol, 'mae'r Eisteddfod wedi profi ei bod yn fodlon newid gyda'r amseroedd. Bob blwyddyn cynhelir adolygiad o lwyddiannau a methiannau'r ŵyl gydag argymhellion ar gyfer y dyfodol. Mae'r broses yn dryloyw, gyda'r cyfan yn cael ei gyhoeddi ar wefan yr Eisteddfod. Pam fod angen adolygiad allanol yn ogystal?'

Ond beth am benaethiaid yr Eisteddfod? Mae ei thystiolaeth i'r ymchwiliad yn ddarn cytbwys iawn o waith sy'n awgrymu bod yr Eisteddfod wedi ymateb yn bositif i'r ymchwiliad – ar gychwyn y broses o leiaf.

Mae'n ymddangos bod pethau wedi suro rhywfaint ers hynny, yn bennaf oherwydd pryder tîm rheoli'r Eisteddfod y gallai'r ymchwiliad argymell canoli'r Eisteddfod ar ddau safle parhaol. Yn ôl y Prif Weithredwr, Elfed Roberts, fe fyddai hynny'n drychineb, a galwodd ar garedigion yr Eisteddfod i ysgrifennu at yr ymchwiliad i ddatgan eu gwrthwynebiad i'r syniad.

Nawr dydw i ddim yn bry ar wal yng nghyfarfodydd y grŵp gorchwyl a gorffen. Dydw i ddim yn gwybod felly faint o sail sy 'na i ofnau Elfed a'i dîm rheoli.

Gwn hyn. Mae sylwadau Elfed, a rhai'r trefnydd, Hywel Wyn Edwards, ar *Pawb a'i Farn* rai wythnosau yn ôl wedi peri siom a syndod i ambell un yn agos at yr adolygiad. Yr ofn yw bod Elfed a Hywel wedi mynd o flaen gofid a'u bod trwy hynny mewn peryg o droi eisteddfodwyr yn erbyn proses oedd i fod er lles y Brifwyl.

Nid fy lle i yw barnu pwy sy'n iawn ond fe fyddai'n drueni i bawb pe bai rhywbeth oedd fod yn gyfle yn cael ei weld fel bygythiad.

Bu farw'r Farwnes Thatcher ar 8 Ebrill 2013. Dywedodd y Prif Weinidog David Cameron ei bod hi wedi cymryd gwlad oedd ar ei gliniau a gwneud iddi sefyll yn benuchel eto. Ond roedd yna feirniadaeth gan rai o'i pholisïau economaidd ac arddull wleidyddol hefyd.

HYHI
13:52, Dydd Mawrth, 9 Ebrill 2013

Mae'n ymddangos bod pob copa walltog yn y byd gwleidyddol wedi cael cyfle i ddweud ei ddweud ynghylch y Farwnes Thatcher yn ystod y bedair awr ar hugain ddiwethaf. Oes yna unrhyw beth ar ôl i'w ddweud, dwedwch?

Gormod o bwdin dagiff gi ac efallai eich bod wedi cael hen ddigon erbyn hyn ond rwyf am fentro i'r fei unwaith yn rhagor.

Oscar Wilde piau'r geiriau 'all men kill the things they love', a'r cwestiwn sy gen i yw hyn: a wnaeth Margaret Thatcher, yn ddiarwybod iddi hi ei hun, blannu hadau dinistr y wladwriaeth yr oedd hi'n llywodraethu drosti ac oedd yn destun ei gwladgarwch amlwg?

Yr wythnos hon cyhoeddodd gwefan Wikileaks lwyth o ohebiaeth rhwng llysgenhadaeth yr Unol Daleithiau yn Llundain a'r awdurdodau yn Washington.

Yn eu plith mae adroddiad o 1976 sy'n dwyn y teitl 'The Tories and Devolution' ac yn mynegi pryder ynghylch agwedd Margaret Thatcher, oedd yn arweinydd yr wrthblaid ar y pryd, tuag at ddatganoli grym i Gymru a'r Alban. Dyma mae'n ei ddweud:

'The present difficulty also confirms criticisms of Mrs Thatcher's leadership which were made at the time of her latest shadow Cabinet reshuffle, that she was moving the party perceptibly to the right and narrowing the base of the party's appeal... The Tories now appear to be the voice of the English backlash on devolution, increasingly rigid in opposing devolution.'

Mae'n anodd credu hyn nawr, ond cyn ethol Margaret Thatcher yn arweinydd doedd y Torïaid ddim yn gwbwl benstiff yn erbyn datganoli. Yn wir, pe na bai Margaret Thatcher wedi trechu Edward Heath mae'n ddigon posib y byddai Llafur a'r Ceidwadwyr wedi gallu cyrraedd consensws ynghylch datganoli yn y 70au ac y byddai Cynulliadau wedi cael eu sefydlu yn yr Alban a Chymru heb hyd yn oed ofyn i'r cyhoedd i leisio eu barn mewn refferendwm.

Pe bai hynny wedi digwydd ni fyddai cefnogi datganoli wedi troi'n gyfystyr bron â gwrthwynebu Thatcheriaeth yn ystod blynyddoedd ei theyrnasiad. Yn sicr roedd 'diogelu Cymru rhag Thatcher arall' yn un o brif ddadleuon ymgyrchwyr dros ddatganoli yn refferendwm 1997.

Yn yr Alban roedd effaith arweinyddiaeth Margaret Thatcher hyd yn oed yn fwy dramatig. Yn etholiad cyffredinol 1955 fe enillodd y Blaid Geidwadol dros hanner y pleidleisiau a fwriwyd yn yr Alban. Erbyn hyn mae hi bron â bod yn blaid ymylol yno – ac yn ystod cyfnod Margaret Thatcher y gwnaed y difrod.

O streic y glowyr i dreth y pen roedd hi fel pe bai Margaret Thatcher yn ceisio cythruddo'r Albanwyr yn fwriadol. Nid dyna oedd ei bwriad ond roedd yn ymddangos felly i lawer. Roedd hyd yn oed yr acen a'r llais yn dân ar groen i rai.

Os ydy'r Alban yn pleidleisio dros annibyniaeth y flwyddyn nesaf dyna ddiwedd ar y Deyrnas Unedig ar ei ffurf bresennol. Mae hynny'n 'os' go fawr ond mae'n anodd osgoi'r casgliad na fyddai'r 'os' hyd yn oed yn codi oni bai am Margaret Thatcher.

Oni fyddai'n eironig pe bai'r Farwnes Thatcher yn cael ei chofio yn y diwedd nid oherwydd y Falkands na threth y pen na streic y glowyr ond fel bydwraig annibyniaeth yr Alban ac awdur dinistr y deyrnas?

Newidiodd y dull o gynhyrchu postiau Vaughan eto yn 2013. Tawelodd y blog am rai wythnosau wrth i'r gwaith fynd rhagddo.

TÂN AR YR AELWYD
3 Mai 2013

Peidiwch â meddwl fy mod wedi bod yn gwneud dim yn y cyfnod bach hesb diweddar pan oeddwn yn ceisio cael technoleg y safle newydd i weithio. Roedd gen i hen ddigon i'w wneud ar gyfer radio a theledu wrth reswm, ac os oedd 'na ambell i awr sbâr, wel fe lwyddodd y Llyfrgell Genedlaethol i lenwi'r rheiny trwy lansio ei harchif ddigidol o bapurau a chylchgronau.

Achubais ar y cyfle i bori trwy golofnau'r 'Llwynog o'r Graig' yn *Nharian y Gweithiwr* – colofn sy'n rhoi darlun byw a doniol o gybydd-dod y meistri a thrahaustra'r fformyn yn y diwydiant glo yng Nghwm Cynon yn oes Fictoria.

Tad y diweddar S. O. Davies, Aelod Seneddol hirhoedlog Merthyr, oedd y Llwynog dienw.

Roeddwn i wedi dod ar ei draws ym mywgraffiad Robert Griffiths o S. O.[172] a nawr dyma fi'n cael darllen ei waith a hynny heb symud o fy nesg. Diolch, Llyfrgell Gen, a diolch Llywodraeth Cymru am ariannu'r gwaith.

Rai wythnosau yn ôl des i ar draws dwy gyfrol fechan o farddoniaeth yn llawysgrifen Gwilym Eilian – bardd cymharol ddi-nod o ganol y bedwaredd ganrif ar bymtheg. Roedd y cerddi'n gymysgedd o englynion, cerddi coffa a baledi ynghylch damweiniau ym mhyllau glo dwyrain Morgannwg a Mynwy.

Doedden nhw ddim i gyd yn gerddi arbennig o dda ond roedd 'na ryw bleser o wybod mai fi oedd y person cyntaf mewn tri chwarter canrif neu fwy i'w darllen nhw.

Roeddwn yn teimlo teimlad o ddyletswydd hefyd – dyletswydd i sicrhau eu bod ar gael i eraill ymhen canrif arall. Bant â nhw i Aberystwyth felly. Diolch, Llyfrgell Gen.

Mae'n anodd disgrifio'r teimlad pan gerddais allan o'r stiwdio ar ôl cyflwyno *O'r Bae* wythnos ddiwethaf a gweld y geiriau 'Tân yn y Llyfrgell Genedlaethol' yn fflachio ar sgrin y

---

172 S.O. Davies: A Socialist Faith gan Robert Griffiths, Gwasg Gomer 1983.

cyfrifiadur...[173] Teimlais ryw gymysgedd o sioc, anghredinedd ac arswyd. Rwy'n sicr nad fi oedd yr unig un oedd yn teimlo felly.

Yn ôl yn nyddiau cynnar newyddiaduraeth deledu Cymraeg, yn nyddiau Teledu Cymru a TWW, enillodd *Y Dydd* ei phlwy gyda chyfres o eitemau ynghylch bwriad yr Eglwys Bresbyteraidd i werthu a gwasgaru llyfrgell Coleg y Bala. Dwn i ddim a lwyddodd *Y Dydd* i wel... achub y dydd, na beth ddigwyddodd ychwaith i lyfrgelloedd Coleg Coffa Aberhonddu, Bala-Bangor, Abertawe a'r gweddill.

Yn sicr erbyn heddiw, y Llyfrgell Genedlaethol yw prif drysorfa'r hyn oedd yn cael ei disgrifio fel y 'Genedl Anghydffurfiol Gymreig'. Mae hynny'n addas. Y genedl honno oedd yn gyfrifol am fodolaeth y lle.

Mae 'na drysorau eraill ar Allt Penglais – gormod i'w rhestru yn fan hyn. Fe fyddai diwylliant Cymru'n dlawd iawn hebddynt.

Mae hynny'n dod â fi yn ôl at y prosiect digideiddio. Diolch byth diffoddwyd y tân wythnos ddiwethaf ac rwy'n sicr fod gan y Llyfrgell y systemau gorau posib i ddiogelu ei chasgliad. Ond dyw hi ddim yn bosib diogelu unrhyw beth yn llwyr – neu yn hytrach doedd hi ddim yn bosib gwneud hynny tan yn ddiweddar iawn. Y dyddiau hyn gallai casgliad cyfan ddiflannu mewn cymylau o fwg ond gan barhau i fodoli mewn cwmwl o ddigidau. Mae 'na resymau da eraill dros ddigideiddio casgliad ein Llyfrgell Gendlaethol ond roedd y tân yn tanlinellu'r rheswm pwysicaf.

---

173 Roedd rhan o do'r Llyfrgell Genedlaethol wedi mynd ar dân wedi damwain gyda lamp losgi a ddefnyddiwyd yn ystod gwaith cynnal a chadw yno. Cafodd deunydd yn ymwneud â'r Blaid Werdd, pêl-droed yng Nghymru a chapel y Tabernacl yng Nghaerfyrddin ei ddinistrio'n llwyr gan fwg neu ddŵr.

GÊMAU HEB FFINIAU – Y CEIDWADWYR AC EWROP
14 Mai 2013

Ble mae dechrau, dwedwch?

Dwn i ddim pa chwilen feddyliol sy'n peri i Aelodau Seneddol Ceidwadol ymddwyn fel maen nhw dros Ewrop. Hon yw'r grachen sy'n rhaid ei chodi, a'r ploryn sy'n mynnu cael ei wasgu, er bod bron pawb yn gwybod na ddaw dim byd da o'r weithred.

Rwy'n tybio bod Aelodau Seneddol Ceidwadol yn ymwybodol o'r peryglon ond pwy a ŵyr mewn gwirionedd? Dyw rhesymeg, synnwyr ac Ewrop ddim bob tro yn cydorwedd yn gysurus ar y meinciau Ceidwadol.

Gadewch i ni oedi am eiliad a myfyrio ynghylch pa mor rhyfedd yw'r digwyddiadau yn San Steffan.[174]

Yn gyntaf, mae'n debyg taw dim ond y Democratiaid Rhyddfrydol a'r gwrthbleidiau fydd yn pleidleisio yn erbyn cynnig sy'n gresynu ynghylch cynnwys araith y Frenhines. Ie, dyna chi, fe fydd Aelodau Seneddol Ceidwadol naill ai'n ymatal neu'n pleidleisio o blaid cynnig sy'n beirniadu rhaglen eu llywodraeth eu hunain. Doedd hyd yn oed caniatáu hynny ddim yn ddigon i ddofi'r bwystfil Ewrosgeptig. Mae David Cameron yn awr wedi gorfod addo mesur drafft a fyddai'n ymgorffori refferendwm yn 2017 mewn deddfwriaeth.

Nawr anghofiwch am eiliad pa mor annhebyg yw'r mesur drafft o gyrraedd y llyfr statud, o gofio mai aelod meinciau cefn fyddai'n gorfod ei gyflwyno. Y cwestiwn diddorol i mi yw hwn: pam fod awch ar y meinciau cefn i sicrhau deddf o'r fath o gwbwl?

Go brin fod y rhan fwyaf o'r aelodau Ceidwadol yn credu y byddai David Cameron yn torri ei air ynghylch refferendwm

---

174 Doedd dim sôn am refferendwm ar aelodaeth y DU o'r UE yn araith y Frenhines a draddodwyd gan Ei Mawrhydi ar 8 Mai 2013. Roedd hyn wedi pechu nifer o ASau Ceidwadol a oedd felly am gefnogi gwelliant i'r cynnig seneddol am yr araith yn gresynu'r ffaith honno.

pe bai'r blaid yn ennill mwyafrif yn 2015. Fe fyddai gwneud hynny'n hunanladdiad gwleidyddol.

Yn hytrach, ymgais i glymu dwylo David Cameron mewn trafodaethau clymblaid yw'r mesur, gyda'r bonws o roi pwysau ar Lafur i wneud addewid tebyg i un Cameron.

Mae hynny'n ein gadael ni â chwestiwn arall. Ydy Aelodau Seneddol y Ceidwadwyr yn dechrau amau bod mwyafrif yn 2015 y tu hwnt i'w cyrraedd?

Mae hi'n ymddangos felly. Pa gasgliad arall sy 'na?

DERFYDD SIDAN
16 Gorffennaf 2013

Derfydd aur a derfydd arian
Derfydd melfed, derfydd sidan.

Efallai'n wir, ond mae'n ymddangos weithiau bod gwaith Comisiwn Silk[175] yn ddiderfyn, a bod y dasg o lunio ymateb iddi yn drech na Llywodraeth y Deyrnas Unedig.

Chwi gofiwch fod y Llywodraeth wedi addo ymateb i ran gyntaf yr ymchwiliad, y rhan yn ymwneud â threthi, yn y gwanwyn. Hyd yn oed o dderbyn y diffiniad mwyaf llac posib o'r gair hwnnw mae'r tymor wedi hen ddiweddu. Mae'r coed wedi gwisgo eu dail, cafwyd mwyniant mwyn yr haul ac erbyn hyn mae'r ŵyn ar y dolydd yn tyfu wisgyrs!

Beth aeth o'i le felly? Wel, does dim rhaid crwydro'n bell iawn i ddod o hyd i bobol sy'n rhoi'r bai yn blwmp ac yn blaen ar ysgwyddau'r Ysgrifennydd Gwladol. Honnir mai amharodrwydd David Jones i weld rhagor o bwerau'n cael eu trosglwyddo i Fae Caerdydd oedd y maen tramgwydd a bod pethau ond wedi dechrau symud ar ôl i bobol uwch o fewn

---

175 Y Comisiwn ar Ddatganoli yng Nghymru a gadeiriwyd gan gyn-Glerc y Cynulliad Cenedlaethol, Paul Silk. Cyhoeddwyd ei adroddiad (Rhan 1) ar bwerau cyllidol ar 19 Tachwedd 2012. Roedd yn argymell y dylai Llywodraeth Cymru gael y pwerau i amrywio treth incwm erbyn 2020 ac y dylid cynnal refferendwm ar y mater. Roedd hefyd yn argymell datganoli nifer o drethi llai.

y Llywodraeth nag Ysgrifennydd Cymru ddechrau cymryd diddordeb.

Mae ffynonellau o fewn Swyddfa Cymru wedi gwadu hynny.

Beth bynnag yw'r gwir erbyn hyn, mae'n debyg bod ymateb y Llywodraeth fwy neu lai'n barod. Yn wir, mae'n debyg y byddai'n bosib ei gyhoeddi'r wythnos hon cyn dechrau'r gwyliau seneddol.

Pam nad yw hynny am ddigwydd? Mae'r ymateb, mae'n ymddangos, yn deillio o benderfyniad gan y Llywodraeth i glymu'r cyhoeddiad Cymreig â chyhoeddi Adroddiad Comisiwn McKay sydd wedi bod yn ymchwilio i hawliau Lloegr yn sgil y setliad datganoli.

Yn ôl adroddiadau papur newydd fe fydd Comisiwn McKay yn argymell rhyw fath o bedwerydd darlleniad yn Nhŷ'r Cyffredin lle fydd aelodau Lloegr yn unig yn pleidleisio ar ddeddfwriaeth Seisnig. Mae'n debyg y byddai hynny'n cael ei bortreadu fel buddugoliaeth i ochor Geidwadol y Glymblaid – y pwrs sidan yw gwobr y Democratiaid Rhyddfrydol. Ymddengys fod cydbwysedd y Glymblaid yn bwysicach nag ymateb amserol!

Beth bynnag yw'r rhesymau am yr oedi – ac mae 'na ambell i theori arall o gwmpas y lle – mae'n debyg y bydd Llywodraeth Cymru yn derbyn bron y cyfan o'r hyn y gofynnwyd amdano. Efallai ei bod hi'n werth aros weithiau!

Ar 18 Mehefin, cyhoeddodd cyn-arweinydd Plaid Cymru, Ieuan Wyn Jones, y byddai'n rhoi'r gorau i fod yn AC er mwyn arwain Parc Gwyddoniaeth Menai. Cynhelid isetholiad ar 1 Awst.

TOESEN I'R TYWYLLWCH
26 Gorffennaf 2013

Reit, mae'n bryd pacio bag a'i heglu hi am Ynys Môn! Ydy, mae'n adeg isetholiad – digwyddiad sydd i'r uned wleidyddol yr hyn ydy'r cyp ffeinal i fois a merched yr adran chwaraeon.

Fel popeth arall wrth gwrs, dyw isetholiadau ddim fel y

buon nhw, hynny yn bennaf oherwydd penderfyniad y pleidiau i roi'r gorau i'r arfer o gynnal cynadleddau newyddion dyddiol. Roedd y rheiny'n gyfle i'r wasg groesholi a chroeshoelio'r ymgeiswyr a'r mawrion oedd yn ymgyrchu ar eu rhan. Sbort i ni, artaith iddyn nhw!

Dydw i ddim yn gwybod faint o isetholiadau rwy wedi gohebu arnyn nhw ar hyd y blynyddoedd – Newbury, Mynwy, Christchurch, Castell-nedd, Walton, Govan – mae un yn llifo i'r nesaf rywsut.

Eto i gyd mae ambell un yn aros yn y cof a phe bawn i'n gorfod dewis fy hoff isetholiad erioed rwy'n meddwl taw un Bro Morgannwg yn 1989 fyddai hwnnw. Mae 'na sawl rheswm dros hynny. Mae unrhyw etholiad lle gall Rod Richards arddangos ei ochr rotweilar-aidd yn mynd i fod yn ddifyr ond megis cychwyn ar sbort isetholiad y Fro oedd taranu'r Tori.

Dyna i chi ymgeiswyr y mân bleidiau – Lindi St Clair (Miss Whiplash) o'r Corrective Party, a David Black o'r Christian Alliance. Teg yw dweud nad oedd y ddau yna yn gweld lygad yn llygad ynghylch popeth! Yn y diwedd roedd temtasiynau Miss Whiplash yn drech nag efengyl Mr Black – o leiaf o safbwynt denu pleidleisiau!

Bro Morgannwg oedd y tro olaf i blaid newydd y Democratiaid Rhyddfrydol a Chymdeithasol neu'r 'Salads' wynebu gweddillion yr SDP dan arweiniad David Owen. Fe geisiodd y ddwy blaid ein hudo gyda'r 'Salads' yn cynnig *croissants* i'r wasg yn eu cynadleddau dyddiol, a'r SDP â llond plât o *doughnuts* ar ein cyfer.

Wythnos cyn isetholiad y Fro cynhaliwyd isetholiad arall ar lannau Merswy ac yn hwnnw fe gurwyd ymgeisydd yr SDP gan Screaming Lord Sutch. Embaras. Duw a'n gwaredo! Beth i'w wneud?

Doedd 'na ddim awgrym ar y noson bod yr SDP am roi'r ffidil yn y to yn sgil ei ddarostyngiad ond pan gyrhaeddodd criw'r wasg ei swyddfa yn y Barri ar y bore wedyn roedd swyddog yn sefyll y tu fas yn ei ddagrau: 'I'm sorry, guys, there's no more doughnuts,' meddai. Dyna i chi feddargraff ar blaid!

Rwy'n amau y bydd ambell i blaid yn wynebu canlyniad siomedig ym Môn ond beth bynnag sy'n digwydd rwy'n gobeithio y bydd y *doughnuts* yn dal i ddod!

Mae 'na un wers fach arall i'w dysgu o Fro Morgannwg. Fe enillodd Llafur yr isetholiad yn gymharol hawdd. Ar sail y canlyniad hwnnw fe ddechreuodd ambell i Lafurwr gredu bod yr etholiad cyffredinol nesaf 'yn y bag'. Pan ddaeth yr etholiad hwnnw yn 1992 collwyd Bro Morgannwg a chollwyd yr etholiad.

Mae isetholiadau'n sbort – ond dydyn nhw ddim wastad mor ddadlennol â hynny.

Etholwyd ymgeisydd Plaid Cymru, y cyn-gyflwynydd newyddion Rhun ap Iorwerth, yn AC dros Ynys Môn wedi iddo sicrhau dros 58% o'r bleidlais. Roedd Tal Michael, yr ymgeisydd Llafur yn ail, Nathan Gill o UKIP yn drydydd, a'r Blaid Lafur Sosialaidd wedi gwthio'r Democrat Rhyddfrydol i'r chweched safle.

RHUN YW Y DYN...
2 Awst 2013

Roeddwn i wedi gobeithio bod 'Things can only get better' wedi rhoi terfyn ar ganeuon etholiad. Ymddengys yn wahanol. Gallwn ychwanegu 'Rhun yw y dyn i Sir Fôn' at 'Wigli, Wigli' a 'Who'll put the Phil in Caerphilly' yng nghaniedydd y cenedlaetholwyr.

A phwy sydd i ddweud nad yw'r caneuon yma'n gweithio? Anodd yw dadlau â'r ffigyrau.

Mae Rhun ap Iorwerth yn ymuno â Cledwyn Hughes (1966) ac Ieuan Wyn Jones (1999) i ffurfio triawd o wleidyddion sydd wedi ennill dros hanner y pleidleisiau ar y fam ynys. Oedd, roedd y ganran wnaeth bleidleisio yn gymharol isel ond nid Plaid Cymru sydd ar fai am hynny. Os methodd eraill i gael eu pleidleiswyr mas, rhyngddyn nhw a'u pethau.

Mae'n arwyddocaol efallai fod gan UKIP a'r Blaid Lafur

Sosialaidd fwy i'w ddathlu yn Llangefni nag oedd gan dair o'n prif bleidiau.

Yr hyn oedd yn ddiddorol i mi ar Ynys Môn oedd gweld Plaid Cymru yn ceisio arddel rhai o dactegau ymgyrchu'r SNP gyda phwyslais di-ildio ar fod yn bositif ac optimistaidd.

Mae hynny'n groes i'r graen i ddelwedd draddodiadol y pleidiau cenedlaethol. P'un ai ydyn nhw'n haeddu hynny ai peidio, fel pobol â tsip ar eu hysgwyddau y mae cenedlaetholwyr yn draddodiadol yn cael eu gweld.

Mae cwyno yn fodd i ennill pleidleisiau ond dyw e ddim gan amlaf yn ddigon i ennill mwyafrif. Fe sylweddolodd Alex Salmond hynny flynyddoedd yn ôl. Dysgodd Plaid Cymru hynny hefyd yn isetholiadau'r chwedegau ond anghofiwyd y wers. Efallai taw 'Rhun yw y dyn i Sir Fôn' yw'r pris sy'n rhaid ei dalu am ei hailddysgu!

Ble mae'r canlyniad yn gadael Plaid Cymru ac, yn fwy penodol, Leanne Wood, felly?

Y peth cyntaf i'w ddweud, wrth reswm, yw bod llwyddiant etholiadol yn cryfhau unrhyw arweinydd ac fe gymerodd arweinydd Plaid Cymru ran flaenllaw yn yr ymgyrch. Gall hi hawlio peth o'r clod am y canlyniad felly.

Serch hynny, mae'n anodd credu na fydd rhai o fewn Plaid Cymru yn gweld Rhun ap Iorwerth fel arweinydd posib i'r dyfodol.

Am ddegawd bron, Adam Price oedd 'mab darogan' Plaid Cymru. Tybed a yw e'n fwy o Ioan Fedyddiwr?

Fe gawn weld!

Y GOFEB GOLL
9 Awst 2013

Yn ôl y sôn, un o'r cyfarfodydd mwyaf fflat yn yr Eisteddfod eleni oedd hwnnw a drefnwyd gan y tasglu sy'n ystyried dyfodol y brifwyl. Doeddwn i ddim yno ond hawdd yw dychmygu bod 'na deimlad bod yr holl beth yn weddol ddiystyr yn sgil ymadawiad Leighton Andrews o'r Cabinet a datganiad Carwyn

Jones y dylai'r Eisteddfod barhau i deithio i wahanol rannau o Gymru.

Ymlaen â ni felly i Sir Gâr, Maldwyn, Mynwy a mwy – a chyfle ym mhob lle i goffáu a thrafod mawrion y cylch.

Yn Llanelli y mae maes Eisteddfod Genedlaethol y flwyddyn nesaf, er taw eisteddfod y sir gyfan yw hi i fod. Pwy fydd yn cael ei drafod yn honna, dwedwch?

Un y dylid ei goffáu, ond sydd wedi mynd yn angof rywsut, yw Jim Griffiths,[176] un o ffigyrau gwleidyddol pwysicaf Cymru'r ugeinfed ganrif.

Rwy'n fodlon dadlau taw Jim Griffiths yw'r ffigwr pwysicaf yn hanes y Blaid Lafur yng Nghymru. Oedd, roedd eraill yn bwysig ar lefel Brydeinig, Bevan a Kinnock yn eu plith, ond Griffiths oedd y gŵr wnaeth lwyddo i blethu at ei gilydd y glymblaid o etholwyr a alluogodd Lafur i ddominyddu gwleidyddiaeth Cymru am ddegawdau.

Hwn oedd y gŵr oedd yn gwybod sut oedd apelio at y Cymry Cymraeg a'r di-Gymraeg, y gwladgarwyr a'r unoliaethwyr, y capelwyr a'r sosialwyr, a'u huno y tu cefn i Lafur. Hwn hefyd oedd y dyn wnaeth ddelifro datganoli gan sicrhau bod gan yr egin Swyddfa Gymreig ystod eang o gyfrifoldebau.

Doedd e ddim yn ffigwr dibwys ar lefel Brydeinig chwaith. Roedd yn ddirprwy arweinydd ei blaid ac ef hefyd oedd yn gyfrifol am gyflwyno mesurau lwfans teulu ac yswiriant cenedlaethol llywodraeth Attlee.

Nid fod ei record yn ddifrycheuyn. Fel Ysgrifennydd y Trefedigaethau yn nechrau'r pumdegau roedd ôl ei law ar nifer o'r rhyfeloedd bach brwnt yr oedd Prydain yn ymladd ar y pryd.

All neb ddadlau nad yw Jim Griffiths yn ffigwr hanesyddol o bwys, eto beth sydd 'na i'w goffáu o fewn ei etholaeth? Yr ateb syml yw dim byd – dim cerflun na chofeb nac, hyd y gwn i, enw ar stryd, adeilad nac ysgol. Mae rhyw gof gen i fod yna ryw fath o gofeb yn Rhydaman ond, o fewn yr etholaeth, dim byd.

Pam felly? Mae a wnelo'r peth lawer ag amseriad marwolaeth

---

176 Ysgrifennydd Gwladol cyntaf Cymru, ac AS Lanelli 1936–1970.

Jim Griffiths yn 1975, dybiwn i. Roedd y blaid newydd golli Caernarfon, Meirionnydd, Ceredigion a Chaerfyrddin ac roedd Neil Kinnock yn taranu yn erbyn cynlluniau datganoli ei blaid ei hun.

Hynny yw, bu farw Jim Griffiths yn ystod yr union gyfnod yr oedd y glymblaid a adeiladwyd ganddo yn dechrau datgymalu. I fawrion y Blaid Lafur Kinnockaidd roedd Jim Griffiths yn rhy Gymreig, yn rhy Gymraeg ac yn euog o gyfaddawdu â'r cenedlaetholwyr.

Erbyn i ddatganolwyr Llafur adennill tir o fewn y blaid ddau ddegawd yn ddiweddarach, roedd y cof am Jim Griffiths eisoes wedi dechrau pylu. Roedd y cyfnod a'r cyfle i sefydlu darlith goffa neu godi cofeb wedi hen fynd.

Efallai oherwydd hynny, ymhlith y Cymry Cymraeg, rwy'n tybio bod hanes brwydr y Beasleys yn erbyn Cyngor Llafur Llanelli yn llawer mwy byw na'r cof am Jim Griffiths.

Mae gwendid y Blaid Lafur i'r gorllewin o afonydd Llwchwr a Chonwy mewn etholiadau Cynulliad wedi bod yn bryder cyson i Carwyn Jones ac i Rhodri Morgan o'i flaen. Mewn gwirionedd doedd 'na ddim dirgelwch mawr ynghylch y peth. Mewn sawl ardal, yn haeddiannol neu beidio, mae Llafur yn cael ei gweld fel plaid wrth-Gymraeg neu o leiaf fel plaid sy'n fodlon goddef pobol felly.

Fe fyddai defnyddio Eisteddfod 2014 fel man cychwyn i ymdrech i goffáu Jim Griffiths yn fodd i Lafur atgoffa pobol bod 'na fwy nag un traddodiad o fewn y blaid. Ond hyd yn oed os nad oedd 'na gymhelliad gwleidyddol, onid yw Jim yn haeddu gwell gan ei blaid?

PENNOD 8

Silk, Salmond a sioc, 2013–2015

MAE'M GOLWG ACW TUA'R WLAD
6 Medi 2013

Y penwythnos hwn fe fydd cylchgrawn *Golwg* yn dathlu ei chwarter canrif gyda gŵyl arbennig yn Llambed...

I'r rheiny sy'n meddwl bod y cylchgrawn yn morio ar fôr o grantiau, mae'n werth cofio bod *Golwg* yn derbyn tua'r un cymhorthdal â *Barn* a phe na bai'r cyfan yn cael ei redeg fel busnes digon trwyn-galed fe fyddai'r hwch wedi mynd drwy'r siop flynyddoedd yn ôl.

Mae'n werth nodi hefyd fod y cylchgrawn wedi cynnal ei gylchrediad ar draws y blynyddoedd.

Dyw'r niferoedd ddim yn enfawr ond dydyn nhw ddim wedi gostwng chwaith.

O gofio cymaint o'r 'hen Gymry llengar' sydd wedi ein gadael ers 1988, mae hynny'n dipyn o gamp. Cofiwch, mae pobol wedi bod yn cwyno am ddiflaniad y Cymry llengar ers dyddiau Glanffrwd ac o bosib cyn hynny!

Ond sut mae modd meithrin darllenwyr y dyfodol? Dyma un awgrym o'r gorffennol i chi.

Pan oeddwn i yn yr ysgol uwchradd roedd hi'n ofynnol i ddisgyblion iau ddarllen o leiaf un wythnosolyn Cymraeg bob wythnos, naill ai trwy brynu un neu yn y llyfrgell. Fe fyddai eu cynnwys yn cael eu trafod yn un o'r gwersi Cymraeg.

Fy niléit personol i oedd chwilio am y papurau mwyaf

obsciwar i'w trafod. *Y Llan*, *Y Dydd*, *Y Tyst*, *Y Cyfnod*, *Y Goleuad*, *Herald Môn* – es i drwyddyn nhw i gyd! Nid bod ots gan yr athrawes. Yr un oedd y canlyniad – gwella sgiliau darllen, cyfathrebu a dinasyddiaeth. Efallai'n wir taw dyna'r rheswm rwy'n ennill fy nghrwstyn trwy newyddiadura!

Oes 'na le i rywbeth felly yn y cwricwlwm y dyddiau hyn? Dyw e ddim yn syniad mor wael â hynny.

RIWL BRITANIA!
10 Medi 2013

Mae'n flwyddyn fwy neu lai cyn i'r Albanwyr benderfynu o blaid neu yn erbyn annibyniaeth. Nid fy lle i yw darogan i ba gyfeiriad y bydd pethau'n mynd. Dyw hi ddim yn argoeli'n dda i gefnogwyr annibyniaeth yn ôl arolygon barn ond gallasai llawer newid dros y deuddeg mis nesaf. Fe gawn weld.

Yr hyn sy'n ddiddorol ar hyn o bryd yw'r ymdeimlad cyffredin na fyddai hyd yn oed buddugoliaeth sylweddol i'r unoliaethwyr yn ddigon i arafu'r broses ddatganoli nac i ddarbwyllo'r cenedlaetholwyr i beidio gofyn y cwestiwn yr eildro. Yn wir, mae nifer o bobol niwtral rwy'n eu parchu'n fawr yn amau mai mater o 'pryd', nid 'os', yw'r cwestiwn o annibyniaeth i'r Alban.

Mae hynny'n cymryd yn ganiataol y bydd Senedd y Deyrnas Unedig yn parhau i ganiatáu i'r cwestiwn gael ei ofyn wrth gwrs.

CRAIDD Y MATER
25 Medi 2013

Mae'n ystrydeb bron i ddweud bod etholiadau cyffredinol ym Mhrydain yn cael eu hennill ar y tir canol. Mae angen tanio brwdfrydedd y cefnogwyr a sicrhau eu bod yn pleidleisio, wrth reswm, ond hudo'r rheiny sydd yn y canol yw prif nod pob ymgyrch.

Gwerir miliynau ar geisio argyhoeddi'r 'Worcester women'

neu'r 'Mondeo men' sy'n mynd i benderfynu'r etholiad. Dyna yw'r myth o leiaf.

Ond mae 'na fathau eraill o etholiad – y rheiny y mae'r Americanwyr yn galw yn *base elections* lle nad yw'r pleidiau yn ceisio newid meddyliau o gwbwl. Yn hytrach mae'r cyfan o'r ymgyrchu wedi ei ganolbwyntio ar droi allan eich cefnogwyr eich hun.

Anodd yw llwyddo gyda thactegau felly mewn gwledydd lle mae canran uchel yn pleidleisio a lle mae 'na gyfundrefn bleidiol gadarn. Roedd 'na gyfundrefn felly ym Mhrydain am ddegawdau ond mae hi wedi bod yn gwegian ers peth amser.

O wrando ar araith Ed Miliband ddoe roedd hi'n anodd peidio dod i'r casgliad fod strategwyr Llafur yn credu y gellir ennill yr etholiad nesaf heb newid llawer o feddyliau.

Gadewch i ni edrych ar y fathemateg.

Yn 2010 enillodd Llafur 29.6% o'r bleidlais. Roedd hynny'n ddigon i sicrhau 258 o seddi a senedd grog. Yn etholiad 'trychinebus' 1983 sicrhaodd Llafur 27.6% o'r bleidlais ond dim ond 209 o seddi.

Mae 'na sawl ffactor yn gyfrifol am y ffaith fod y bensaernïaeth etholiadol wedi ei thrawsnewid er lles Llafur ers 1983. Nid y rhesymau sy'n bwysig ond y ffaith. Fe fyddai ennill rhywle rhwng 34% a 35% o'r bleidlais yn ddigon i sicrhau lle Llafur fel y blaid fwyaf yn San Steffan, hyd yn oed os oedd ei phleidlais yn llai na chyfanswm y Ceidwadwyr. Byddai curo'r Ceidwadwyr yn y bleidlais boblogaidd yn ddigon i sicrhau mwyafrif dros bawb.

Nawr, fe fyddai'n anghywir i ddweud bod aelodau Llafur yn dawel hyderus ynghylch 2015. Dydyn nhw ddim. Ond pan ddaw'r pryderon i'w poeni mae 'na fantra i'w cysuro. Dyma hi: 'Fe fydd pawb wnaeth bleidleisio dros Gordon Brown yn pleidleisio dros Ed Miliband. Mae cefnogwyr asgell chwith y Democratiaid Rhyddfrydol yn dod atom ac mae UKIP yn saff o wneud mwy o niwed i Cameron na'r tro diwethaf. Mae modd ennill etholiad heb ennill calonnau.'

Anodd yw anghytuno â'r rhesymeg.

Nawr meddyliwch am rai o'r polisïau mae Llafur wedi eu cyhoeddi'n ddiweddar. Nid trafod rhinweddau neu ffaeleddau'r polisïau ydw i yn fan hyn ond gofyn at bwy y maen nhw wedi eu hanelu – at bwy maen nhw'n debyg o apelio?

Cymerwch yr addewid i ddileu'r 'dreth ystafell wely'.[177] Mae'n amlwg y bydd hwnnw'n apelio'n fwyaf at y rheiny sy'n talu'r dreth neu yn hytrach wedi gweld cwtogiad yn eu taliadau budd-dal tai. Teg yw credu y byddai'r mwyafrif o'r rheiny yn bobol a fyddai'n pleidleisio i Lafur os oeddent yn pleidleisio o gwbwl. Cael nhw mas yw'r tric – ac mae'r addewid yn ffordd o wneud hynny.

Gellir dweud rhywbeth tebyg ynghylch yr addewid i godi'r isafswm cyflog ac i rewi prisiau ynni. Wrth reswm, gallai'r rheiny apelio at bobol y tu hwnt i'r etholaeth graidd ond at y craidd maen nhw wedi eu hanelu.

Beth fydd David Cameron yn ei wneud i ymateb i'r dacteg hon?

Wel, rydym wedi gweld peth o'r ymateb yn barod. Mae polisïau fel toriadau mewn budd-daliadau ac addo refferendwm ar Ewrop wedi eu cynllunio i anelu at ei bleidlais graidd ei hun.

Ond mae 'na broblem. Er mwyn sicrhau mwyafrif mae angen i David Cameron estyn allan i grwpiau newydd o bleidleiswyr yn ogystal â'r craidd. Ymdrech i wneud hynny oedd cyfreithloni priodasau hoyw ond fe wnaeth y mesur hwnnw elyniaethu nifer ar y dde.

Rydym mewn sefyllfa felly lle gall yr arweinydd Llafur ganolbwyntio ar ei bleidlais graidd gan ddisgwyl i'w wrthwynebydd faglu. Mae Cameron, ar y llaw arall, yn gorfod troedio'r wifren uchel ac osgoi cwympo.

Onid dyna oedd yr union sefyllfa pan drechodd Ed ei frawd?

---

177 Roedd y system budd-dal tai wedi newid – roedd pobl oedd yn byw mewn tai cymdeithasol gydag ystafell wely sbâr yn colli peth o'u budd-dal. Roedd gwrthwynebwyr y newid yn cyfeirio ato fel 'y dreth ystafell wely'.

CYFRI'R CEINIOGAU
8 Hydref 2013

Dyna ni felly. Mae cyllideb ddrafft Llywodraeth Cymru wedi ei chyhoeddi ac am y tro cyntaf yn y Cynulliad hwn fydd 'na ddim drama ynghylch ei chymeradwyo.

Gyda Phlaid Cymru a'r Democratiaid Rhyddfrydol wedi cytuno i ymatal yn y bleidlais allweddol, gall adrannau'r Llywodraeth a chyrff cyhoeddus ddechrau cynllunio ar gyfer y flwyddyn ariannol nesaf gan wybod yn fras beth yw eu tynged.

Mae 'na ragor o fanylion i ddod ond rydym yn gwybod digon yn barod i allu barnu pwy yw'r buddugwyr a phwy fydd ar eu colled ar ddiwedd gêm gyllidebol 2013.

Heb os, yr enillydd mawr yn y gyllideb yw'r Gwasanaeth Iechyd. Fe fydd y gwasanaeth yn derbyn £570 miliwn ychwanegol dros gyfnod o dair blynedd. Ydy hynny'n ddigon i gwrdd â'r galw? Nac ydy. Does 'na byth ddigon o arian i gwrdd â'r galw – ond ar ôl blynyddoedd o doriadau yn nhermau real fe fydd 'na ambell ochenaid o ryddhad yn ystafelloedd bwrdd y Byrddau Iechyd.

Hefyd ar ei ennill – neu o leiaf ar lai o golled na'r disgwyl – mae cynllun Cefnogi Pobol. Cynllun yw hwn sy'n rhoi cymorth i bobol ddigartref neu sydd mewn perygl o fynd yn ddigartref. Roedd 'na ddarogan y byddai'r cynllun yn wynebu toriadau o oddeutu 5%. Ar ôl lobïo grymus fel rhan o'r cytundeb rhwng Llafur, Plaid Cymru a'r Democratiaid Rhyddfrydol daethpwyd o hyd i £35.5 miliwn i leddfu ar y toriad.

Dau enillydd arall yw Leanne Wood a Kirsty Williams. Profodd eu penderfyniad i gydweithio er mwyn rhwystro'r llywodraeth rhag chwarae'r naill blaid yn erbyn y llall yn dacteg effeithiol, gyda'r ddwy blaid ar eu hennill.

Does dim dwywaith taw llywodraeth leol sy'n mynd i deimlo'r boen fwyaf dros y blynyddoedd nesaf. Mae'r cynghorau yn wynebu toriadau o 9% dros y ddwy flynedd nesaf ar ôl cymryd chwyddiant i ystyriaeth.

Gan fod llawer o'r arian y mae cynghorau'n derbyn eisoes wedi ei glustnodi ar gyfer pethau fel gwasanaethau gofal ac ysgolion, fydd dim dewis ond colbio pethau fel y gwasanaethau hamdden, llyfrgelloedd a'r celfyddydau.

SENGHENNYDD
11 Hydref 2013

A fu enw llai addas ar gapel na Noddfa, Senghennydd? Yn sicr doedd 'na ddim noddfa i fod i'r 439 o ddynion a bechgyn a laddwyd gan danchwa yng ngwaith yr Universal yn Senghennydd yn Hydref 1913 yn y ddamwain ddiwydiannol waethaf yn hanes Prydain.

Roedd fy hen daid, Tawelfryn, yn weinidog ar y Groes-wen, capel uwchlaw Senghennydd, ar y pryd. Roedd e wedi bod yn weinidog ar Noddfa, Senghennydd hefyd, yn ogystal ag Adulam, Abertridwr – capel arall wnaeth golli degau o'i aelodau yn y trychineb.

Yn ôl y chwedloniaeth deuluol cymerodd Tawelfryn ran mewn dros gant o angladdau yn y dyddiau a'r wythnosau ar ôl y ddamwain, gan gynnwys yr angladd mwyaf dirdynnol yn hanes Cymru – hwnnw i'r 'rheiny nis gellir eu hadnabod' ym mynwent Eglwysilan.

Dydd Llun cynhelir seremoni yn Senghennydd i nodi'r canmlwyddiant, a thrwy gyd-ddigwyddiad, yr wythnos hon fe aeth gwaith Unity ger Castell-nedd, glofa ddofn olaf Cymru, i ddwylo'r derbynwyr.

Dyw stori'r diwydiant ddim cweit ar ben. Mae gweithfeydd glo brig yn dal i weithio, a gallai Unity neu o ran hynny Aberpergwm ailagor, ond nifer fach sy'n gweithio yn niwydiant glo'r de erbyn hyn.

Ym mlwyddyn ei anterth cynhyrchodd y maes glo 56 miliwn tunnell o lo a chyflogwyd 232,800 o ddynion. Yn eironig ddigon, 1913 oedd y flwyddyn honno.

A dyma ni, ganrif yn ddiweddarach. Mae Noddfa ac Adulam wedi diflannu. 0.1% o boblogaeth Senghennydd ac

Abertridwr sy'n gweithio mewn mwynfeydd a chwareli yn ôl cyfrifiad 2011 a rhan o ardal cymudo Caerdydd yw'r ddau bentref bellach. Dydyn nhw ddim yn arbennig o dlawd nac yn arbennig o gyfoethog o gymharu â gweddill Cymru.

Eto i gyd mae'r gymuned hon rywsut yn crisialu holl deimladau cymysg pobol y maes glo tuag at y diwydiant. Does neb eisiau'r pyllau yn ôl ond erys rhyw hiraeth am yr hen frawdgarwch ac edmygedd o'r rheiny wnaeth aberthu eu hiechyd a'u bywydau er mwyn rhoi bwyd ar fordydd eu teuluoedd.

Wrth i Carwyn Jones ddadorchuddio cofeb genedlaethol y glowyr yn Senghennydd ddydd Llun, mae'n briodol i ni oedi am eiliad i gofio'r diwydiant a wnaeth gymaint i greu'r Gymru fodern – ac i ddiolch i'r nefoedd ei fod yn dirwyn i ben.

A OES HEDDWCH?
24 Hydref 2013

Dydw i ddim yn sicr pa bennawd yn y Gymraeg fyddai'n cyfateb i 'Small Earthquake in Chile, Not many dead' – y pennawd sy'n cael ei ystyried fel yr un mwyaf anniddorol erioed yn hanes newyddiaduraeth. Efallai y byddai 'Tasglu Eisteddfod yn Cyhoeddi Fawr o Ddim' yn gwneud y tro.

Mae'n werth cofio bod sefydlu tasglu Roy Noble wedi rhoi llond bola o ofn i nifer o selogion yr Eisteddfod. Leighton Andrews oedd wedi ei sefydlu ac roedd hi'n amlwg ei fod e'n frwd dros newidiadau sylfaenol i'r ŵyl, gan gynnwys ystyried y posibilrwydd o un neu fwy o safleoedd parhaol.

Efallai pe bai Leighton wedi parhau yn y swydd[178] y byddai'r argymhellion yn fwy radicalaidd. Mae gan weinidogion ffyrdd

---

178 Roedd Leighton Andrews wedi ymddiswyddo fel Gweinidog Addysg ym mis Mehefin wedi ffrae dros ei ran mewn ymgyrch i rwystro ysgol yn ei etholaeth rhag cau. Huw Lewis a benodwyd i'r swydd yn ei le, gyda'r cyfrifoldeb dros y Gymraeg, a arferai fod yn rhan o bortffolio Mr Andrews, yn trosglwyddo i'r Prif Weinidog Carwyn Jones.

o gael effaith ar gasgliadau tasgluoedd hyd yn oed os ydy'r rheiny yn 'annibynnol'.

Gydag ymddiswyddiad Leighton, a Carwyn Jones yn cymryd cyfrifoldeb am y Gymraeg, fe ddiflannodd y pwysau. Yr hyn a gafwyd gan y tasglu heddiw felly oedd adroddiad yn gwneud ambell i awgrym digon adeiladol ond sydd yn y bôn yn dweud y dylai'r brifwyl barhau yn ei ffurf bresennol.

Dyw hynny ddim yn golygu bod y broses yn ddiwerth. Weithiau mae gwerth mewn edrych ar syniadau er mwyn eu gwrthod.

Yn bersonol, rwy'n edrych ymlaen at fynd i Barc Cathays, y Fenni neu ble bynnag y mae'r Eisteddfod yn dewis mynd â ni. Ond mae'n werth nodi bod Eisteddfodau 2013, 2014 a 2015 i gyd wedi, neu yn mynd i, gael eu cynnal ar safleoedd a ddefnyddiwyd gan yr Eisteddfod yn gymharol ddiweddar.

Mae maint y brifwyl, ynghyd â hawl ddwyfol y carafanwyr i gampio reit wrth ymyl y Maes, yn golygu bod y nifer o safleoedd posib yn gyfyngedig. Anodd iawn yw dod o hyd i safleoedd addas yng nghymoedd y de, er enghraifft.

Dyna pam mae gwyliau fel Eisteddfod y Cymoedd[179] a Ffiliffest yn bwysig. Oni ddylid edrych ar beth ellir ei wneud i ddatblygu'r rheiny nesaf?

HEDD, PERFFAITH HEDD
1 Tachwedd 2013

Hwrê! O'r diwedd daeth ymateb i argymhellion rhan gyntaf ymchwiliad Comisiwn Silk. Derfydd melfed, derfydd sidan, ond ar adegau roedd hi'n ymddangos na fyddai 'na ddiwedd ar saga silc! O'r diwedd cafwyd cymod a chytundeb.

Pam yr oedi a pham nawr? Gofynnes i'r cwestiwn yna i David Cameron y bore yma. Roedd hi'n cymryd amser i gael pethau'n iawn oedd yr esboniad cwbwl anorfod.

Os ydych chi'n gwrando ar fersiwn Llywodraeth Cymru

---

179 Eisteddfod a gŵyl a gynhelir yn flynyddol yn ardal Caerffili.

o'r stori roedd yr argymhellion yn boddi yng nghors anobaith nes i Carwyn Jones roi cic ym mhen ôl David Cameron mewn cynhadledd rynglywodraethol ddiweddar.

Beth bynnag yw'r gwir, mae'n ymddangos bod David Cameron yn y diwedd yn ddigon hapus i ildio'r pwerau trethi i Gymru a bod Carwyn Jones yn ddigon hapus i'w derbyn.

Beth yw'r amserlen o hyn ymlaen felly?

Wel, fe fydd rhai o'r pwerau benthyg yn gallu cael eu trosglwyddo'n syth – hen bwerau benthyg Awdurdod Datblygu Cymru yw'r rheiny. Fe fydd angen deddfwriaeth i gyflawni gweddill yr argymhellion ac fe ddylai'r ddeddfwriaeth honno gyrraedd y llyfr statud rywbryd cyn etholiad cyffredinol 2015.

Ô fod yn realistig, mae'n annhebyg y bydd yr argymhellion yn cael fawr o effaith cyn etholiad Cynulliad 2016 – er y bydd y pleidiau i gyd yn cynnwys cynlluniau i'w defnyddio yn eu maniffestos.

Y cwestiwn nesaf yw pryd y mae refferendwm ar drosglwyddo pwerau dros dreth incwm yn debyg o gael ei gynnal?

Mae Carwyn Jones yn mynnu na ddylai hynny ddigwydd cyn diwygio fformiwla Barnett. Serch hynny, mae'n werth cofio bod Llafur yn llugoer ynghylch y refferendwm ar bwerau deddfu. Canlyniad y trafodaethau clymblaid rhwng Llafur a Phlaid Cymru oedd refferendwm 2011.

Gallasai amseriad y refferendwm nesaf yn hawdd ddibynnu ar ganlyniad yr etholiad Cynulliad nesaf, ac os bydd Plaid Cymru a'r Democratiaid Rhyddfrydol yn gosod cynnal pleidlais fel amod mewn trafodaethau clymblaid.

WYLIT, WYLIT, LYWELYN
26 Tachwedd 2013

Bob dydd ar y ffordd mewn i'r gwaith rwy'n pasio un o barciau lleiaf ond mwyaf prysur Caerdydd. Despenser Gardens yn ardal Glanyrafon yw hwnnw ac fel y rhan fwyaf o bethau Caerdydd o oes Fictoria, mae wedi ei enwi ar ôl un o ddeiliaid Stad y Castell.

Mae sawl cnaf wedi byw yn y lle hwnnw ar hyd y canrifoedd ond go brin fod un ohonyn nhw mor ddychrynllyd â Hugh Despenser – y gŵr wnaeth roi ei enw i'r parc.

Un o ffefrynnau Edward II oedd Hugh. Mae'n ddigon posib fod y ddau'n gariadon. Dyna, o leiaf, oedd cyhuddiad eu gelynion. Beth bynnag yw'r gwir am hynny doedd 'na ddim llawer o gariad rhwng Hugh a'r Cymry lleol.

Ymddygiad Despenser, ynghyd â Payn de Turberville, arglwydd Coety, oedd yn bennaf gyfrifol am ysgogi gwrthryfel Llywelyn Bren – y gwrthryfel mwyaf o bell ffordd yn y degawdau ar ôl lladd Llywelyn II. Despenser hefyd oedd yn gyfrifol am ddienyddio Llywelyn Bren yn groes i orchymyn y brenin ac am feddiannu tiroedd gwŷr Senghennydd a dileu eu breiniau.

Mae'n adrodd cyfrolau taw'r gormeswr yn hytrach na'r arweinydd brodorol sy'n cael ei goffáu yn Despenser Gardens ac hyd y gwn does 'na ddim math ar gofeb i Llywelyn Bren yn unman. Efallai gallai hynny newid cyn saith can mlwyddiant y gwrthryfel yn 2016.

Pam codi'r peth heddiw? Wel, mae'n debyg na fyddai'r gwrthryfel wedi digwydd o gwbwl oni bai am fuddugoliaeth yr Albanwyr ym mrwydr Bannockburn – y frwydr wnaeth sicrhau annibyniaeth y wlad. Marwolaeth Gilbert de Clare, arglwydd Morgannwg yn y frwydr honno wnaeth agor y drws i ddrygioni de Turberville a Despenser.

Dyna i chi brawf fod digwyddiadau yn yr Alban yn gallu cael effaith bellgyrhaeddol ar wleidyddiaeth Cymu – hyd yn oed yn y bedwaredd ganrif ar ddeg!

Mae hynny'n dod â fi at gyhoeddi Papur Gwyn Llywodraeth yr Alban ynghylch Annibyniaeth. Yr hyn sy'n drawiadol i mi am y ddadl hyd yma yw pa mor absennol o'r trafod yw unrhyw elfen o wladgarwch neu hyd yn oed ymwybyddiaeth Brydeinig.

Cymerwch fel enghraifft dudalen agoriadol yr ymgyrch Na swyddogol, 'Better Together'. 'We Love Our Country' yw'r pennawd ac mae'n amlwg o'r hyn sy'n dilyn mai'r Alban nid y Deyrnas Unedig yw'r wlad y cyfeirir ati. Yn wir, dyw'r gair 'British' ddim yn ymddangos tan y seithfed paragraff a hyd yn oed wedyn mae ei ddefnydd yn ddigon amwys:

> 'We all feel proudly Scottish but most of us also feel at least a bit British. We don't have to choose between the two.'

Ai dyna'r cyfan sydd ar ôl? Mewn gwirionedd? Ar ôl canrifoedd o gyd-fyw, cydryfela, cydbleidleisio a chydchwarae? 'A bit British' – ai dyna'r cyfan sy 'na?

Rwy'n gofyn y cwestiwn am fy mod yn ddigon hen i gofio pan oedd Prydeindod a'i symbolau yn golygu rhywbeth i'r mwyafrif llethol o drigolion Prydain Fawr – y dyddiau pan oedd Jac yr Undeb yn fwy cyffredin na'r Ddraig Goch a 'God Save The Queen' yn cael ei chanu ar ddiwedd sioe sinema.

Ydyn ni wedi mynd o gymdeithas felly i un lle mae ymgyrch unoliaethol yn osgoi defnyddio gwladgarwch Prydeinig fel dadl mewn un genhedlaeth? Mae'n ymddangos felly.

Yn ôl ar ddechrau'r wythdegau fe ysgrifennodd Gwynfor Evans lyfr o'r enw *Diwedd Prydeindod*. Doeddwn i erioed yn disgwyl byw i weld gwireddu'r broffwydoliaeth honno.

Y cwestiwn nesaf yw, oes modd i wladwriaeth oroesi ar sail cyfleustra yn hytrach na gwladgarwch? Efallai y cawn ni'r ateb i'r cwestiwn yna fis Medi nesaf.

MAWR FYDD DY WOBR
12 Rhagfyr 2013

Ar y cyfan rwy'n tueddu i feddwl bod 'na ormod o seremonïau gwobrwyo yn y byd yma. Pam ar y ddaear bod angen y *Sun Military Awards*, er enghraifft? Onid yw medal yn ddigon? Mae'n debyg bod 'na hyd yn oed seremoni wobrwyo ar gyfer trefnwyr seremonïau gwobrwyo. Pob lwc i chi wrth i chi geisio dod o hyd i honna ar y we!

Yng Nghymru'n arbennig, rwy'n teimlo ein bod ni'n wlad rhy fach i'r pethau yma a bod 'na elfen o 'wobr i bawb' yn perthyn iddyn nhw. Yn enwedig mewn cyfnod o gyni mae 'na rywbeth Marie Antoinette-aidd braidd mewn gweld gwleidyddion, neu bobol y cyfryngau o ran hynny, yn ymgasglu mewn ystafell er mwyn curo cefnau ei gilydd.

Ond pwy wyf i i wrthsefyll ysbryd yr oes? Pan mae pob Shan a Siencyn â'u gwobrwyon sut fedra i wrthsefyll y demtasiwn?

Dyma nhw fel Gwobrwyon Gwleidyddol 2013 neu fel mae pobol yn y busnes yn eu galw nhw, y Vaughans:

Ymgyrchydd y Flwyddyn: Pwy ond Leighton Andrews? Roedd ei barodrwydd i sefyll dros ei ddaliadau yn ysbrydoliaeth i brotestwyr ym mhobman. Ydy hi'n ormodedd i ddweud taw Leighton yw Brian Haw[180] Bae Caerdydd? Ydy.

Rhaglen Wleidyddol y Flwyddyn heb os oedd *Pobol y Cwm*. A lwyddodd unrhyw raglen arall i fynd dan groen Carwyn Jones i'r un graddau?[181]Anodd yw peidio dyfarnu mai Cadno yw Sylwebydd Gwleidyddol y Flwyddyn am ei ddadansoddiad treiddgar o'r cynllun difa moch daear.

Ymlaen â ni i fyd Llywodraeth Leol ac mae gwobr **Lasarus y Flwyddyn** wedi ei dyfarnu i Grŵp Annibynnol Cyngor Ynys Môn.[182] Roedd Llywodraeth Cymru wedi bwrw hoelen bren trwy galon annibynwyr Môn ac wedi eu claddu mewn arch lawn garlleg dan ddwy dunnell o goncrit. Ond ar y trydydd dydd...

Fe wnawn ni aros ar Ynys Môn ar gyfer gwobr **Ymgeisydd**

---

180 Roedd Brian Haw yn ymgyrchydd heddwch a wersyllodd yn sgwâr y senedd yn Llundain am ddegawd i brotestio yn erbyn polisi tramor UDA a'r DU, gan gynnwys y gweithredu milwrol yn Irac ac Affganistan.

181 Gwnaeth Carwyn Jones gŵyn swyddogol i S4C ynghylch golygfa mewn un bennod o *Pobol y Cwm* pan drafodwyd hela â chŵn. Sail y gŵyn oedd y byddai'r darllediad yn amharu ar isetholiad lleol yn ardal Pen-y-bont ar Ogwr. Barnodd S4C nad oedd sail iddi.

182 Roedd ymgeiswyr annibynnol wedi ennill 14 o'r 30 sedd ar gyngor Ynys Môn wedi etholiad yno ym Mai 2013 – roedd yr etholiad ar yr ynys wedi ei ohirio am flwyddyn tra bod y Cyngor yn cael ei redeg gan Gomisiynwyr a benodwyd gan Lywodraeth Cymru i geisio rhoi terfyn ar y cecru parhaus ynddo. Ffurfiodd y grŵp annibynnol glymblaid gyda Llafur i redeg y Cyngor.

y Flwyddyn sydd wedi ei dyfarnu i Tal Michael am ennill y goron driphlyg, trwy ymgeisio i fod yn Gomisiynydd Heddlu'r Gogledd, Aelod Cynulliad Môn ac ymgeisydd seneddol Llafur Arfon. Y cymryd rhan sy'n bwysig wedi'r cyfan.

Mae **Gwobr Rhodri Morgan** yn cael ei dyfarnu'n flynyddol i wobrwyo pobol sydd yn ymdrin â gramadeg a chystrawen mewn modd *avant garde* a gwreiddiol. Andrew RT Davies yw'r enillydd eleni. 'Such as it is then then.'

Noddir y **Wobr Ffasiwn** gan Gymdeithas y Gwneuthurwyr Teis. Roedd hi'n gystadleuaeth eleni rhwng Peter Black a'i ystod eang o deis lliwgar, ac Alun Cairns a'i gyfuniadau o grysau a theis diddorol, blaengar a heriol. Am y ddeuddegfed flwyddyn yn olynol, Peter Black sy'n mynd â hi.

Dyna ddiwedd y gwobrwyon ond mae gen i broblem. Mae'n rheol euraidd mewn seremoni wobrwyo wleidyddol fod yn rhaid gwobrwyo o leiaf un aelod o bob plaid, a hyd yma does neb o Blaid Cymru wedi cael gafael ar un o'r Vaughans!

Dyma ni felly. Dyfarnir y **Wobr** i rywun o **Blaid Cymru** oherwydd bod yn rhaid i rywun o **Blaid Cymru** gael gwobr i Lindsay Whittle. Pam Lindsay Whittle? Wel, mae'n hen gyfaill i mi ac onid gwobrwyo eich mêts yw holl bwynt seremoni wobrwyo?

A dyna ni am 2013. Fe siaradwn ni eto yn y flwyddyn newydd.

2014
PAN GYNTA'M PIN MEWN LLAW CYMMERAIS
14 Ionawr 2014

Nid yn aml y mae Llywodraethau Prydain yn newid eu lliw. Mae hynny wedi digwydd saith o weithiau ers 1945 ac roedd pedwar o'r etholiadau hynny yn y pymtheg mlynedd o gythrwfl economaidd rhwng 1964 ac 1979.

Honnir weithiau mai'r gyfundrefn bleidleisio 'cyntaf i'r felin' sy'n gyfrifol am hynny ond gwelir patrwm digon tebyg mewn gwladwriaethau aeddfed eraill sydd â chyfundrefnau pleidleisio gwahanol.

Yn Awstralia, gwlad sy'n defnyddio'r bleidlais amgen, cafwyd union yr un nifer o newidiadau â Phrydain ers 1945.

Dim ond pedair o lywodraethau'r Almaen sydd wedi colli grym mewn etholiad ers sefydlu'r wladwriaeth ffederal yn 1949 – er bod y wlad o'r cychwyn wedi defnyddio cyfundrefn bleidleisio gyfrannol.

Os nad y gyfundrefn bleidleisio sy'n gyfrifol, sut mae esbonio'r ffenomen, yn enwedig o gofio bod y rhan fwyaf o lywodraethau yn amhoblogaidd y rhan fwyaf o'r amser?

Mae'n ystrydeb braidd i ddweud bod pob etholiad yn ddewis rhwng 'cadw at y llwybr cul' ac 'amser am newid'. Dyw'r ffaith fod rhywbeth yn ystrydeb ddim yn golygu nad yw'n wir wrth gwrs. Yr hyn sy'n rhyfedd yw fod yr etholwyr, yn amlach na pheidio, yn dewis y llwybr cul yn hytrach na chael eu temtio gan ffair gwagedd. Fe fyddai John Bunyan yn bles!

Gellir crynhoi dadl y 'llwybr cul' mewn un slogan etholiadol. Defnyddiwyd 'Life's better with the Conservatives – Don't let Labour ruin it' neu amrywiaeth ohoni gan bob llywodraeth Geidwadol ers dyddiau Harold Macmillan a does dim dwywaith mai dyna fydd hanfod neges David Cameron yn yr etholiad cyffredinol nesaf.

A fydd hynny'n ddigon? Wel, wrth i feddyliau gwleidyddion a newyddiadurwyr droi at 2015 dyma ambell i ystadegyn i chi.

Er mwyn ennill mwyafrif seneddol fe fyddai angen gogwydd o ryw 2% ar y Ceidwadwyr yn 2015. Fe fyddai gogwydd tebyg tuag at Lafur yn sicrhau mai hi fyddai'r blaid fwyaf mewn senedd grog. Fe fyddai angen gogwydd o 5% ar Lafur er mwyn ffurfio llywodraeth ar ei phen ei hun.

Cafwyd gogwydd o 2% neu fwy mewn un ar ddeg o'r etholiadau ers 1945. Dim ond teirgwaith y cafwyd gogwydd o 5% neu fwy. Ar sail y record hanesyddol felly, mae llywodraeth Geidwadol yn fwy tebygol nag un Lafur.

Ar ôl dweud hynny mae 'na hen ddigon o dystiolaeth fod etholwyr yn llawer llai llwythol nag y buon nhw. Mewn cyfnod o gyni economaidd mae'n ddigon posib felly y gwelwn ni newidiadau cyson yn nhenantiaeth 10 Downing Street, fel y digwyddodd yn ôl yn y chwedegau a'r saithdegau.

Hyd y gwn i, does dim un newyddiadurwr na seffolegydd yn fodlon rhoi ei ben ar y bloc ynghylch canlyniad 2015 hyd yma. Am y rhesymau uchod, a chyda refferendwm yr Alban i ddod, dydw i ddim am fod yn eithriad yn hynny o beth. Serch hynny, rwy'n fodlon mentro un sylw. Gyda'r etholiad ar y gorwel mae sefyllfa'r Blaid Lafur llawer yn gryfach nag y byddai unrhyw un wedi proffwydo ar ôl ei hunllef yn 2010.

Game on, fel maen nhw'n dweud. Mae 'na gyfnod difyr iawn o'n blaenau!

ENW DA
22 Ionawr 2014

Dydw i ddim yn un am frolio gan amlaf, ond roeddwn i'n weddol o agos ati gyda fy mhroffwydoliaeth ynghylch argymhellion Comisiwn Williams.[183] Bant â ni felly gyda chynghorau Cymru am gael eu had-drefnu am y trydydd tro mewn deugain mlynedd.

Mae pryd y bydd hynny'n digwydd yn fater arall. Mae Carwyn Jones yn cyfaddef na fydd fawr ddim yn digwydd cyn etholiad 2016 oni cheir cytundeb gydag o leiaf un o'r gwrthbleidiau.

Gallwn ddiystyru'r Ceidwadwyr bron cyn dechrau. Dim ond person naïf iawn fyddai'n credu y byddai Paul Davies, Angela Burns a Nick Ramsay yn fodlon amddiffyn diddymu Penfro a Mynwy i'w hetholwyr. Dyw'r peth ddim am ddigwydd.

Mae 'na fwy o obaith gan Carwyn wrth geisio argyhoeddi Plaid Cymru a'r Democratiaid Rhyddfrydol – ond dim llawer. Mae'n weddol amlwg i mi y byddai cefnogaeth y naill blaid a'r llall yn ddibynnol ar gyflwyno cynrychiolaeth gyfrannol

---

183 Sefydlwyd Comisiwn Williams gan Lywodraeth Cymru yn 2013 i weld sut gellid gwella'r ffordd y câi gwasanaethau cyhoeddus eu darparu yng Nghymru. Ei brif argymhelliad oedd y dylid lleihau nifer yr awdurdodau lleol o 22 i rhwng 10 a 12.

mewn etholiadau lleol, a does dim gobaith mul gan Carwyn o argyhoeddi ei blaid ei hun fod y pris hwnnw'n werth ei dalu.

Fe gawn weld beth ddigwyddith ond rwy'n amau mai ar ôl etholiad 2016 y bydd pethau'n dechrau symud go iawn – er y gallai rhai cynghorau ddechrau symud tuag at uno'n wirfoddol cyn hynny.

Wrth i ad-drefnu godi ei ben unwaith yn rhagor mae 'na gwestiwn sy'n codi'n anorfod, fel nos yn dilyn dydd, sef, beth ar y ddaear ydyn ni'n mynd i alw'r llefydd yma?

... Pe bawn i'n cael fy ffordd fe fyddai Gwent Uwch Coed a Gwent Is Coed yn ailymddangos ar fap Cymru, ynghyd â Blaenau Morgannwg a Dyfed. Mae enwau posib i siroedd newydd y gogledd yn anoddach, gyda diflaniad afon Conwy fel ffin hanesyddol.

Gwynedd, am wn i, fyddai'r sir orllewinol ac fe fyddai Sir y Fflint yn gwneud y tro yn y dwyrain. Mae uno Conwy a Sir Ddinbych yn fwy o broblem. Does dim enw amlwg yn fy nharo i. Efallai mai dilyn esiampl Islwyn fyddai orau ac anrhydeddu llenor lleol. Fe fyddai honna'n wobr dda y tro nesaf mae'r Eisteddfod yn y cylch!

MAE'R LIFFT YN STYC
29 Ionawr 2014

Ers rhyw bythefnos bellach dyw un o'r ddwy lifft sy'n cysylltu swyddfeydd y Cabinet yn Nhŷ Hywel a'r Senedd ddim wedi bod yn gweithio. 'Disgwyl am y darn' yw'r esgus, mae'n debyg, ond roedd sylw un aelod o'r gwrthbleidiau, nad oedd Llywodraeth Cymru hyd yn oed yn gallu cael y lifft i weithio, yn anorfod efallai!

Mae'n debyg fod y Gweinidog Addysg presennol, Huw Lewis, a Leighton Andrews yn teimlo'r un fath o rwystredigaeth. Cyflwynwyd pob math o gynlluniau a newidiadau i geisio gwella'n hysgolion. Yn ôl pobol a ddylai wybod, arolygwyr ysgol, prifathrawon a'u tebyg, fe ddylai'r cynlluniau hynny ddwyn ffrwyth. Dydyn nhw ddim wedi gwneud hynny eto.[184] Mae'r lifft yn styc.

Yr hyn sy'n gwneud y sefyllfa'n anoddach i'r Llywodraeth yw'r ffaith nad oes 'na neb arall i'w feio am gyflwr addysg yng Nghymru. Mae gweinidogion Llafur wedi bod yn gyfrifol am addysg yng Nghymru ers 1997 ac roedd Carwyn Jones yn un ohonyn nhw.

Beth wnawn ni felly o sylw'r Prif Weinidog fod Llywodraeth Cymru wedi 'cymryd ei llygad oddi ar y bêl' ym maes addysg? At beth mae'n cyfeirio, tybed? Nid ei gyfnod ei hun fel Gweinidog Addysg, siawns?

O dwrio ymhellach mae'n ymddangos bod Llywodraeth Cymru yn credu ei bod wedi canolbwyntio gormod ar y Cyfnod Sylfaen a'r Fagloriaeth Gymreig yn ystod ei blynyddoedd cynnar. Nid bod y rheiny'n bethau gwael ynddyn nhw eu hunain ond fe esgeuluswyd rhannau eraill o'r gyfundrefn – yn fwyaf arbennig, addysg ym Mlynyddoedd 7, 8 a 9.

Nawr does neb yn enwi enwau, wrth reswm, ond mae'n ymddangos bod y bys yn cael ei bwyntio at Jane Davidson oedd yn Weinidog Addysg rhwng 2000 a 2007. Mae hi bellach wedi gadael y byd gwleidyddol ac felly yn fwch dihangol digon cyfleus.

Mae'r sefyllfa yn amlygu un nodwedd fach gas ym mywyd gwleidyddol Cymru. Mewn gwledydd lle mae un blaid mewn grym flwyddyn ar ôl blwyddyn, ddegawd ar ôl degawd, mae'r angen i feio llywodraethau'r gorffennol am wendidau heddiw yn drech na theyrngarwch pleidiol a chyfeillgarwch personol. Mae hynny'n wir yn fan hyn, mae gen i ofn.

Yn y cyfamser mae'r lifft yn styc.

---

184 Roedd canlyniadau Pisa (cymhariaeth ryngwladol o berfformiad disgyblion 15 oed mewn mathemateg, darllen a gwyddoniaeth) a gyhoeddwyd yn Rhagfyr 2013 wedi dangos mai perfformiad Cymru oedd y gwaethaf o blith gwledydd y DU.

Y CYLLYLL HIRION
13 Chwefror 2014

Sut mae dechrau hwn, dwedwch? Efallai mai ymateb Jeremy Thorpe i benderfyniad Harold Macmillan i ddiswyddo traean o'i Gabinet yw'r lle gorau!

'Greater love hath no man than this – that he lay down his friends for his life,' ebe Thorpe wrth i Macmillan gyflawni cyflafan wleidyddol.

Nawr mae Andrew RT Davies wedi cyflawni cyflafan debyg, gyda phedwar o Aelodau Cynulliad y Ceidwadwyr wedi eu darostwng i'r meinciau cefn. Ar ddiwrnod pan oedd hanner Cymru yn cael ei siglo gan stormydd Beiblaidd cafodd cyhoeddiad yr arweinydd Ceidwadol lai o sylw na'i haeddiant efallai. Mae hynny'n ddealladwy ond gadewch i ni fod yn gwbwl eglur beth sy'n mynd ymlaen yn fan hyn.

Hon yw'r hollt waethaf yn rhengoedd unrhyw blaid yn hanes y Cynulliad. Mae'n rhan o ryfel cymharol agored rhwng Andrew RT Davies yn y Cynulliad a David Jones yn Swyddfa Cymru. Hynny yw, mae'r ddeuddyn sydd ar frig Ceidwadwyr Cymru wrth yddfau ei gilydd, ac mae traean o'r grŵp yn y Cynulliad wedi dewis ochri gyda'r Ysgrifennydd Gwladol.

Union fanylion y cynlluniau i ddatganoli pwerau trethi i'r Cynulliad yw asgwrn y gynnen. Yn benodol mae David Jones yn cefnogi amod (neu glo) y Trysorlys na fyddai'r Cynulliad yn cael amrywio'r gagendor rhwng gwahanol fandiau treth incwm. Dyw Andrew RT Davies ddim yn cytuno.

Wythnos yn ôl fe ddywedodd Andrew hynny wrth y Pwyllgor Dethol ar Faterion Cymreig.

Rai oriau'n ddiweddarach mynnodd yr Ysgrifennydd Gwladol fod 'arweinydd y grŵp yn y Cynulliad' (disgrifiad David o swydd Andrew) yn mynegi barn bersonol.

Mewn datganiad mynnodd 'arweinydd Ceidwadwyr Cymru' (disgrifiad Andrew, ac o ran hynny David Cameron, o'i swydd) ei fod yn mynegi barn unfrydol y grŵp.

323

Ddeuddydd yn ôl fe wnaeth pedwar AC anwybyddu'r chwip ac ymatal ar bleidlais yn beirniadu'r clo. Y pedwar yna sydd wedi cael y sac...

Mae'r grŵp Ceidwadol wedi ei hollti ynghylch un agwedd o fesur drafft yn ymwneud â phwerau na fyddai'n cael eu trosglwyddo heb refferendwm – refferendwm sy'n annhebyg o gael ei gynnal am flynyddoedd maith, os o gwbwl.

Beth ar y ddaear sy'n mynd ymlaen?

Os ydych chi'n gwrando ar sbin-feddygon y Torïaid yn y Bae mae'r penderfyniad yn rhan o frwydr gan Andrew i foderneiddio'r blaid a'i galluogi i gynnig cyfres o doriadau treth yn etholiad 2016.

Efallai. Ond efallai bod a wnelo personoliaethau lawer â'r hyn sy'n mynd ymlaen hefyd. Does dim llawer o Gymraeg rhwng Nick Ramsay ac Andrew RT Davies ers i'r ddau ymgiprys am yr arweinyddiaeth yn ôl yn 2011. Dyw Andrew a David ddim yn cyd-dynnu'n hawdd chwaith a gallwn ond dyfalu beth oedd ymateb Andrew i sylwadau David Jones gerbron y pwyllgor dethol.

Beth sy'n debyg o ddigwydd nesaf? Y gwir plaen yw dydw i ddim yn gwybod, ond dydw i ddim yn credu chwaith y gall pethau barhau fel hyn. A fydd rhywun, Downing Street efallai, yn ceisio cnocio pennau at ei gilydd?

Fe wnes i gychwyn gyda dyfyniad Saesneg. Dyma un arall i chi: 'Things fall apart; the centre cannot hold.'

Cyhoeddwyd ail ran gwaith Comisiwn Silk ar bwerau'r Cynulliad Cenedlaethol ar 3 Mawrth 2014. Roedd yr adroddiad hwn yn argymell datganoli materion cyfiawnder yn ymwneud â phobl ifanc a chynlluniau ynni mawrion. Dywedai y dylid cynyddu nifer yr ACau hefyd.

DERFYDD MELFED, DERFYDD SIDAN
4 Mawrth 2014

Mae dweud bod hanes datganoli yn bennaf ymwneud â thensiynau o fewn y Blaid Lafur yn dipyn o dôn gron ar y blog yma. Dyw'r tensiynau yna ddim wedi diflannu ac erbyn hyn maen nhw'n bodoli o fewn y Blaid Geidwadol hefyd.

Fe fydd 'na lawer o drafod mewnol felly cyn i'r ddwy blaid fawr Brydeinig benderfynu beth yn union i gynnwys yn eu maniffestos ynghylch argymhellion diweddaraf Comisiwn Silk.

Yn wahanol i argymhellion Silk rhan un, does 'na ddim gobaith caneri y bydd casgliadau Silk rhan dau yn cael eu gwireddu cyn etholiad 2015. Mae p'un ai ydynt yn cael eu gwireddu o gwbwl yn dibynnu i raddau helaeth iawn ar ganlyniadau'r etholiad hwnnw ac un y Cynulliad ddeuddeg mis yn ddiweddarach.

Mae un peth yn weddol amlwg yn barod. Ac eithrio ambell i lais, does 'na ddim llawer o awydd yn rhengoedd y Ceidwadwyr i wireddu'r argymhellion. Pan mae Andrew RT Davies yn gallu dweud gyda wyneb syth, 'It's not often I say this, but I agree entirely with the Secretary of State', mae'n amlwg taw anian unoliaethol David Jones sydd â'r llaw uchaf o fewn y blaid.

Derfydd sidan felly os oes 'na fwyafrif Ceidwadol ar ôl 2015. Rwy'n amau a fyddai llywodraeth Lafur fwyafrifol yn rhuthro i ddeddfu. Mae 'na gytundeb gweddol eang o fewn y blaid ynghylch yr angen i symud at fodel o ddatganoli sy'n diffinio pwerau San Steffan yn hytrach na rhai'r Cynulliad – y *reserved powers model* bondigrybwyll. Mae cwestiynau eraill megis datganoli'r heddlu a'r system gyfiawnder troseddol yn fwy dadleuol.

Ym mha amgylchiadau felly y gallasai Silk rhan dau gael ei wireddu? Mae 'na dri phosibilrwydd yn fy marn i.

Y cyntaf yw bod 'na becyn llawer mwy eang o newidiadau cyfansoddiadol yn cael ei gyflwyno yn sgil refferendwm yr Alban – beth bynnag yw canlyniad hwnnw. Hynny yw, mae'n hawdd dychmygu argymhellion Silk yn cael eu bwydo i mewn i broses o'r fath.

Yr ail bosibilrwydd yw bod y newidiadau'n cael eu cyflwyno o ganlyniad i drafodaethau clymblaid yn San Steffan. Gallwch fentro swllt y bydd gwireddu argymhellion Silk ymhlith addewidion maniffesto'r Democratiaid Rhyddfrydol ac yn ôl Kirsty Williams mae'r 'sgyrsiau angenrheidiol' eisoes yn digwydd o fewn y blaid ynghylch pwysigrwydd yr addewid hwnnw mewn senedd grog.

Mae'r drydedd ffordd y gallai'r maen gyrraedd y mur hefyd yn ymwneud â thrafodaethau clymblaid – ond y tro hwn yn y Cynulliad. Rydym wedi gweld o'r blaen bod sicrhau deddfwriaeth yn San Steffan yn gallu bod yn rhan o bris pŵer ym Mae Caerdydd.

Mae'n ddiddorol nodi bod y rhan fwyaf o ddatblygiadau yn y setliad datganoli ers 1999 wedi deillio o drafodaethau clymblaid.

Y Democratiaid Rhyddfrydol wnaeth orfodi sefydlu Comisiwn Richard a Chomisiwn Silk, a Phlaid Cymru oedd yn gyfrifol am amseriad refferendwm 2011.

Cofiwch, doedd Llafur yn y Bae ddim yn wrthwynebus i un o'r datblygiadau uchod. Mae'r angen i ffurfio clymblaid yn gallu bod yn ffordd handi o gael eich ffordd yn erbyn eich cyd-bleidwyr yn San Steffan weithiau!

Mae'n ddigon posib y gwelwn ni'r un peth yn digwydd eto.

Ym Mawrth 2013 roedd David Cameron wedi gofyn i Ann Clwyd adolygu'r modd yr oedd y Gwasanaeth Iechyd yn Lloegr yn ymdrin â chwynion. Daeth hyn wedi iddi sôn am brofiad ei gŵr Owen Roberts yn ystod ei ddyddiau olaf yn Ysbyty Athrofaol Cymru yn Hydref 2012. Yn ystod ei hymchwiliad, derbyniodd Ms Clwyd gannoedd o lythyrau ac e-byst yn sôn am ddiffygion mewn gofal, gan gynnwys nifer gan bobl yng Nghymru. O ganlyniad i hyn, roedd Pwyllgor Iechyd y Cynulliad wedi ei gwahodd i roi tystiolaeth.

CAU CLWYD
26 Mawrth 2014

O am fod yn bry ar wal yn y cyfarfod lle'r oedd aelodau Llafur y Cynulliad yn penderfynu p'un ai i ganiatáu i Ann Clwyd ymddangos gerbron y Pwyllgor Iechyd ai peidio.

Gallaf ddychmygu'r dadleuon. Fe fyddai gwrthod cais y gwrthbleidiau i glywed gan AS Cwm Cynon yn ymddangos yn Stalinaidd – yn enwedig o gofio ei bod hi'n aelod o'r un blaid â nhw. Ar y llaw arall fe fyddai newyddiadurwyr yn ciwio am y popcorn pe bai Ms Clwyd yn ymddangos gerbron y pwyllgor.

Yn y diwedd penderfynodd y blaid ddioddef anfri heddiw er mwyn osgoi'r syrcas i ddod, gan ddefnyddio ei mwyafrif i flocio ymddangosiad gan ei merch afradlon. Serch hynny, mae'r penderfyniad yn un rhyfeddol.

Dyma i chi fenyw sydd yng nghanol storom wleidyddol ynghylch safon y Gwasanaeth Iechyd yng Nghymru – menyw sy'n destun trafod cyson yn y Cynulliad.

Roedd hi'n aelod o Fwrdd Ysbytai Cymru ac o'r unig Gomisiwn Brenhinol i ymchwilio i'r Gwasanaeth Iechyd. Fe'i penodwyd gan David Cameron i ymchwilio i system gwynion y Gwasanaeth Iechyd yn Lloegr ac mae'n honni bod ganddi dystiolaeth o wendidau sylfaenol yn ein hysbytai.

Sut ar y ddaear mae cyfiawnhau peidio ei galw i ymddangos gerbron y pwyllgor sydd i fod i graffu ar gyflwr y Gwasanaeth Iechyd yng Nghymru? Os nad Ann, pwy?

Yn y cyd-destun hwn, mae'n werth cofio'r hyn ddywedodd Carwyn Jones yn ei sesiwn gwestiynau wythnos ddiwethaf:

'Nid yw Ann Clwyd wedi cyflwyno unrhyw dystiolaeth nac unrhyw ffeithiau. Rwyf wedi gofyn iddi, ac mae'r Gweinidog Iechyd wedi gofyn iddi. Nid yw hi wedi cyflwyno unrhyw beth heblaw am sylwadau dienw na ellir eu priodoli – nid ydym yn gwybod o ble maen nhw'n dod, pa un a ydynt yn gywir ai peidio, ac ni ellir eu hymchwilio. Rwy'n ofni ein bod wedi gofyn iddi ar fwy nag un achlysur i gyflwyno'r dystiolaeth i gefnogi ei honiadau. Rwyf i wedi gwneud hynny. Mae'r Gweinidog Iechyd wedi gwneud hynny.

Rwyf i wedi gofyn iddi'n bersonol ac yn ysgrifenedig. Nid yw wedi gwneud hynny.'

Onid pwyso a mesur tystiolaeth yw holl bwrpas pwyllgor craffu? Os ydy'r llywodraeth mor hyderus nad oes tystiolaeth gan Ann Clwyd, pam peidio caniatáu i'r pwyllgor gadarnhau hynny?

DIWEDDARIAD:
Ar ôl cyhoeddi'r post hwn derbyniais ddatganiad gan Leighton Andrews sy'n aelod o'r pwyllgor. Dyma ran ohono:

'Mae aelodau'r gwrthbleidiau yn ymwybodol y byddai'n gyfansoddiadol amhriodol i'r Pwyllgor Iechyd gyfweld ag Aelod Seneddol meinciau cefn ynghylch ei safbwyntiau ynghylch pwnc datganoledig – fyddai neb yn disgwyl i Aelodau Cynulliad meinciau cefn ymddangos gerbron pwyllgor seneddol.'[185]

GENAU'R GLYN
1 Mai 2014

Rhyw ddeng mlynedd yn ôl penderfynais ei bod hi'n bryd enwi fy nhŷ. 'Dirgelfan' yw'r enw ond does 'na ddim llechen yn cyhoeddi hynny. Pam? Wel, oherwydd ei fod e'n ddirgel, wrth reswm!

Rwy'n rhannu'r gyfrinach â chi nawr oherwydd bod fy nghyfaill Glyn Mathias yn datgelu'r stori y tu ôl i'r enw yn ei hunangofiant.[186]

Mae'r enw'n deillio o'r dyddiau yn sgil giamocs Ron Davies ar Clapham Common a'i benderfyniad i ymddiswyddo o Gabinet Tony Blair am resymau oedd yn gwbwl aneglur – os oedd fersiwn Ron o'r hyn ddigwyddodd yn gywir.

---

185 Yn y pen draw, ymddangosodd Ann Clwyd gerbron Pwyllgor Iechyd y Cynulliad ym mis Gorffennaf 2014. Galwodd am adolygiad o'r Gwasanaeth Iechyd yng Nghymru.
186 Glyn Mathias oedd Golygydd Gwleidyddol BBC Cymru o 1994 tan 1999. Cyhoeddwyd ei hunangofiant *Raising an Echo* gan Y Lolfa yn 2014.

Gyda hanner deiliaid Fleet Street yn hela'r sgwarnog daeth neges gan Ron yn dweud ei fod yn fodlon cael ei holi gan y cyfryngau Cymreig – ond dim ond mewn man lle na fyddai modd i'r helfa ddod o hyd iddo.

Ystafell ffrynt fy nhŷ amdani felly, ac felly hefyd yr enw 'Dirgelfan'!

OS GOFYNNWCH PAM RWY'N HAPUS
6 Mai 2014

Pythefnos i fynd, felly. Mae'r werddon ar y gorwel a gobaith cael dracht o ddŵr etholiadol ar ôl crwydro'r anialdir cyhyd.

Iawn, dim ond etholiadau Ewrop yw'r rhain ac mae'n anodd cyffroi gormod yn eu cylch, ond ar ôl cyfnod mor hesb mae unrhyw bleidlais yn falm i enaid newyddiadurwr gwleidyddol. Ac unwaith mae bws Brwsel wedi ei lenwi mae gornestau eraill yn dod fel bysus Cowbridge Road East, un ar ôl y llall, rhwng nawr ac etholiad Cynulliad 2016.

Refferendwm yr Alban ym mis Medi yw'r bwysicaf yn hanes y deyrnas hon, o bosib, ac mae'r etholiad cyffredinol fydd yn dilyn yn 2015 yn un sy'n hynod o anodd darogan yn ei gylch. Fe ddaw etholiad y Cynulliad nesaf ac wedyn, o bosib, refferendwm arall – y tro hwn un 'mewn neu mas' ynghylch Ewrop.

Fe fysech yn disgwyl felly fod y pleidiau i gyd â thân yn eu boliau ac yn barod am y frwydr.

Nid felly mae pethau.

Rwy wedi sôn o'r blaen am y problemau anorfod sy'n wynebu'r Democratiaid Rhyddfrydol yn sgil eu penderfyniad i glymbleidio gyda'r Ceidwadwyr ond mae 'na blaid arall sy'n ei chael hi'n anodd iawn i ddenu darpar ymgeiswyr ar hyn o bryd. Y Blaid Geidwadol yw'r blaid honno.

Mae deryn bach wedi sibrwd yn fy nghlust fod y blaid wedi methu dod o hyd i ymgeiswyr ar gyfer 2015 a 2016 mewn nifer sylweddol o seddi. Nid sôn am Flaenau Gwents a Rhonddas y byd yma ydw i yn fan hyn ond seddi pur addawol – llefydd fe

De Caerdydd a Phenarth ar lefel seneddol a Bro Morgannwg yn etholiad y Cynulliad.

Erbyn mis Medi'r llynedd roedd aelodaeth y blaid wedi gostwng i 134,000, ychydig dros hanner y nifer oedd yn aelodau pan etholwyd David Cameron yn arweinydd yn ôl yn 2005. Fe ymunodd rhai â'r nefol gôr, eraill ag UKIP, ond nid y gostyngiad yn nifer yr aelodau sy'n bennaf gyfrifol am y prinder ymgeiswyr.

Yn sgil sgandalau gwleidyddol yr ugain mlynedd diwethaf cyflwynodd y blaid system newydd i ddewis ymgeiswyr. Mae hynny'n golygu bod cymdeithasau dim ond yn cael dewis ymgeisydd sydd ar restr o bobol gymwys a lunnir gan y swyddfa ganolog yn Llundain.

Mae cyrraedd y rhestr honno yn gallu bod yn broses hirfaith, anodd a drud. Rhaid yw sicrhau llythyrau geirda gan Geidwadwyr eraill, llenwi holiaduron manwl, wynebu paneli dewis a mynychu penwythnosau 'cwrdd i ffwrdd' mewn gwestai drud.

Nawr, os oeddech chi'n awchu i ennill enwebiad Mynwy, efallai y byddai'n werth wynebu'r holl gythrwfl. Ond os oeddech chi'n berson oedd yn fodlon sefyll fel ffafr i'r blaid yn y Rhondda neu hyd yn oed De Caerdydd a Phenarth mae'n ddigon posib y byddai'r rhwystrau yn ddigon i wneud i chi ailfeddwl.

Nid yng Nghymru yn unig mae'r broblem yn bodoli. Yn ôl ymchwil gan yr *Independent* dyw'r Torïaid ddim ond wedi dewis ymgeiswyr ar gyfer 41 allan o'r 75 sedd fwyaf ymylol sydd yn nwylo eu gwrthwynebwyr.

Mae hynny'n sefyllfa ryfeddol flwyddyn cyn etholiad – ac yn un a allai gosti'n ddrud i'r blaid.

MEWN UNDEB...
1 Gorffennaf 2014

Ar y cyfan rwy wedi cadw draw o refferendwm yr Alban ar y blog hwn. Mae 'na hen ddigon o bethau diddorol wedi bod yn digwydd yno ond anodd yw synhwyro o bell i ba gyfeiriad y mae'r gwynt yn chwythu.

Mae'n wir i ddweud bod pob un o'r cannoedd o arolygon barn a gynhaliwyd hyd yma wedi darogan mai Na fydd yr ateb ar Fedi'r 18fed. Mae hi hefyd yn wir fod bron pawb yn yr Alban rwy i wedi siarad â nhw yn credu y bydd canlyniad y refferendwm llawer yn agosach nag sy'n cael ei awgrymu gan y polau.

Dros y penwythnos ces i gyfle i flasu tipyn ar y ras yn yr Alban trwy ymweld â Drumchapel – stad gyngor enfawr ar gyrion Glasgow – yr union fath o le, medd seffolegwyr, fydd yn penderfynu canlyniad y refferendwm.

Ar ei hanterth, yn chwarter olaf y ganrif ddiwethaf, roedd dros 40,000 o bobol yn byw ar y stad – tua'r un nifer ag sy'n byw yn nhref Wrecsam heddiw. Erbyn hyn mae'r boblogaeth wedi gostwng i ryw 15,000. Mae'r blociau o fflatiau wedi'u hen ddymchwel a chartrefi mwy traddodiadol wedi cymryd eu lle ond erys problemau cymdeithasol ac economaidd difrifol.

Bues i'n siarad â nifer o'r rheiny sy'n byw ar y stad ond dwy sgwrs sy'n sefyll yn y cof. Dyn yn ei dridegau sy'n rhedeg clwb ieuenctid yn yr ardal oedd y gyntaf. Roedd wedi penderfynu, fwy na heb, y byddai'n pleidleisio o blaid annibyniaeth ym mis Medi. Roedd e'n ddyn oedd yn amlwg yn dilyn y newyddion a gwleidyddiaeth, a rhyfeddais braidd o ddysgu nad oedd erioed wedi bwrw pleidlais o'r blaen.

Roedd ei esboniad yn ddadlennol. 'Dyw San Steffan byth yn mynd i newid pethau – a dyw Caeredin ddim yn gallu gwneud,' meddai. Doedd e ddim yn sicr iawn beth fyddai oblygiadau annibyniaeth ond o leiaf, yn ei farn ef, fe fyddai'n cynnig y posibilrwydd o wlad fyddai'n fwy cyfartal.

Roedd yr ail sgwrs ddadlennol yn un â chrwt un ar bymtheg oed oedd yn bwriadu pleidleisio o blaid yr undeb, neu yn hytrach yn erbyn annibyniaeth. Gofynnais pam a dyma'r ateb ges i. 'I'm just so scared,' meddai.

A dyna i chi ornest wleidyddol glasurol – gobaith yn erbyn ofn – a'r ddau mor annelwig â'i gilydd.

P'un sy'n debyg o ennill?
Dwn i ddim, yw'r ateb syml a gonest.

ALUN DAVIES MWY NID YW
9 Gorffennaf 2014

Dydw i ddim yn credu fy mod i erioed wedi gweld Carwyn Jones mor grac ag oedd e wrth i fi ei holi heddiw. Nid crac yn yr ystyr cynddeiriog, yn hytrach roedd yn arddangos y dicter oeraidd hwnnw sy'n awgrymu dirmyg llwyr.[187]

Bedair awr ar hugain yn ôl roedd testun ei lid yn weinidog yn ei Gabinet. O, pa fodd y cwymp y cedyrn!

Roedd Carwyn wedi rhybuddio Alun Davies ei fod yn 'sefyll wrth ymyl y dibyn'. Os felly, fe neidiodd Alun dros yr ochor. Doedd 'dim dewis' ond cael gwared ohono, medd Carwyn, ac mae'n 'anodd gweld unrhyw ffordd yn ôl' i'r cyn-weinidog.

Mae naws a natur ymadawiad Alun yn gwbwl wahanol i'r hyn ddigwyddodd yn achos Leighton Andrews. Fe gafodd hwnnw'r cyfle i ymddiswyddo cyn i Carwyn ei saco, ac mewn llythyr cwrtais a charedig talodd y Prif Weinidog deyrnged i waith ei Weinidog Addysg gan fynegi'r gobaith y byddai'n gallu gwasanaethu Llywodraeth Cymru rywbryd yn y dyfodol.

Doedd dim cysur felly i Alun. Roedd Aelod Blaenau Gwent mas ar ei glust, fel maen nhw'n dweud. Ble mae hynny'n ei adael? Wel, mewn lle pur unig. Does dim llawer o ffrindiau ganddo yn y grŵp Llafur ac mae gallu aelodau Llafur Blaenau Gwent i gecru a chweryla yn ddiarhebol. Dywedodd Alun ddoe y byddai'n canolbwyntio ar fuddiannau ei etholaeth o hyn ymlaen. Mae angen iddo wneud.

O safbwynt unrhyw niwed mwy eang i Lafur, fe fydd

---

187 Roedd Alun Davies wedi rhoi pwysau ar weision sifil i rannu gwybodaeth breifat gydag e am gymorthdaliadau amaethyddol a dalwyd i 5 AC o bleidiau gwahanol. Yr wythnos cyn iddo gael ei ddiswyddo roedd Mr Davies wedi ymddiheuro wrth ACau am dorri'r cod gweinidogol wrth lobïo dros ddatblygiad trac rasio yn ei etholaeth.

digwyddiadau'r dyddiau diwethaf yn cymryd rhagor o'r sglein oddi ar y Llywodraeth.

Am gyfnod maith roedd Carwyn fel pe bai e'n gwisgo cot o Teflon wleidyddol. Pa bynnag drafferthion a sgandalau roedd y Llywodraeth yn dioddef, doedd fawr ddim yn sticio, gyda'r arolygon yn awgrymu bod Llafur yn bell ar y blaen i bawb arall wrth i etholiadau 2015 a 2016 agosáu.

Dros y flwyddyn ddiwethaf mae pethau wedi dechrau newid. Mae'r gefnogaeth i Lafur yng Nghymru wedi bod yn gostwng. Mae pethau'n bell o fod yn drychinebus ond dydyn nhw ddim yn gysurus chwaith. Mae ymosodiadau ar record Llywodraeth Cymru, yn enwedig efallai'r rheiny gan Ann Clwyd, wedi gadael ambell i farc.

Roedd 'na ambell i smotyn o rwd ar y sosban cyn i Alun roi cythraul o dolc ynddi!

Does dim rhyfedd bod Carwyn yn grac.

OEDD YN GYFAN HYD YN AWR
3 Medi 2014

'Denial isn't just a river in Egypt' oedd un o hoff jôcs Rhodri Morgan. Cymaint felly nes bod ei hailadrodd yn tueddu i arwain at fwy o ysgyrnygu dannedd na chwerthin erbyn y diwedd. Eto i gyd, efallai fod gan yr hen Rhodri bwynt. Mae gallu gwleidyddion i anwybyddu'r eliffant ar stepen y drws yn rhyfeddol weithiau.

Cymerwch enghraifft. Pe baech chi'n dewis gwrando ar rai o drigolion swigen San Steffan, yn wleidyddion, sylwebwyr a newyddiadurwyr fel ei gilydd, fe fyddai'n ddigon hawdd credu mai'r bleidlais bwysicaf sydd ar y gorwel yw honno yn Clacton.

Oes, mae 'na rywbeth yn digwydd lan yn yr Alban ond, twt lol, Na fydd honna ar ddiwedd y dydd. Wedi'r cyfan, craig safadwy mewn tymhestloedd yw'r wladwriaeth Brydeinig. Go brin y gallai hi ddatgymalu.

Dydw i ddim yn credu bod unrhyw un yn yr Alban, na Chymru o ran hynny, erioed wedi teimlo felly. Mae 'brodyr bach' yr undeb hon wastad wedi deall y tensiynau sy'n bodoli y tu mewn iddi. Y brawd mawr sydd wedi bod yn gibddall.

Dros y bedair awr ar hugain ddiwethaf mae rhai o drigolion y swigen wedi dechrau deffro i'r peryg. 'Wake up, Unionists. You really could lose this' medd y *Times*. 'What will it take to persuade Scots to say No?' yw'r cwestiwn yn y *Telegraph*.

O'r diwedd fe sylweddolwyd nad yw Ie yn debygol – ond mae'n bosib. Mae hynny'n gadael David Cameron ac Ed Miliband mewn tipyn o dwll.

Yn y fath amgylchiadau fe fyddai rhywun yn disgwyl i'r Prif Weinidog ac Arweinydd yr Wrthblaid neidio ar yr awyren gyntaf a hedfan i'r Alban i ddadlau dros eu gwladwriaeth; i addo, i rybuddio, i fwlio, i wneud popeth posib er mwyn diogelu eu teyrnas.

Nid felly mae pethau. Mae'r ddau'n debyg o deithio i'r Alban rhyw ben ond mae'n ymddangos eu bod wedi penderfynu mai cadw eu pennau lawr yw'r dacteg orau.

Meddyliwch am hynny am eiliad. Ymddengys fod arweinwyr gwleidyddol y Deyrnas Unedig yn credu eu bod yn anghymwys i ddadlau dros barhad eu gwladwriaeth.

Mae hynny'n dipyn o beth.

DAN GADARN GONCRIT
10 Medi 2014

'Beth sy'n debyg o ddigwydd yn yr Alban 'te?'

Pe bawn i wedi cael swllt am bob tro rwy wedi clywed y cwestiwn yna dros y dyddiau diwethaf fe fyddai digon gen i i ymddeol i dyddyn rywle yn Ynysoedd Heledd. Mae'n lle braf, yn ôl pob sôn, er efallai y byddai ynys Canna'n fwy addas i grwt o Gaerdydd!

Sori, beth oedd y cwestiwn eto?

Drychwch, does gen i ddim clem beth sy'n debyg o ddigwydd ar y deunawfed. Chewch chi ddim proffwydoliaeth yn fan hyn. Bydd yn rhaid i chi gadw cwmni i Dewi Llwyd, Bethan Rhys Roberts a minnau ar noson fawr y cyfri.

Mewn un ystyr, efallai nad yw canlyniad yr Alban mor bwysig â hynny o safbwynt Cymru.

Does 'na ddim cymaint â hynny o wahaniaeth rhwng y fath o annibyniaeth llaeth enwyn sy'n cael ei chynnig gan Alex Salmond a'r fath o anrhegion cyfansoddiadol sy'n cael eu haddo gan San Steffan wrth i'w gwleidyddion synhwyro bod yr Undeb yn llithro trwy eu dwylo.

Y newid agwedd yn San Steffan yw'r hyn sy'n bwysig o safbwynt Cymru. Does dim modd gor-ddweud ynghylch maint yr ysgytwad y mae dosbarth gwleidyddol San Steffan wedi ei ddioddef yn ystod y dyddiau diwethaf. Cafwyd 'daeargrynfeydd dan gadarn goncrit Philistia'. Gwasgarwyd hwy oddi yno dros wyneb yr holl ddaear – neu cyn belled â'r Alban o leiaf!

Fe fydd canlyniadau'r ysgytwad yna'n parhau am flynyddoedd i ddod, beth bynnag yw'r canlyniad wythnos nesaf.

Mae'n ddigon posib ein bod ar drothwy cyfnod o newid cyfansoddiadol na welwyd ei fath o'r blaen yn hanes y wladwriaeth – cyfnod lle mae pob dim yn bosib a phob peth ar y bwrdd.

Y cwestiwn sydd angen ei ofyn nawr yw ydy arweinwyr gwleidyddol Cymru yn ddigon medrus i fanteisio ar y cyfleoedd sydd i ddod? Fe gawn weld.

GWERSI GWYDDELIG
23 Medi 2014

Roedd hi'n dipyn o farathon nos Iau. Os lwyddoch chi i aros gyda Dewi, Bethan a minnau trwy'r nos, llongyfarchiadau. Gobeithio gwnaethoch chi fwynhau![188]

I'r rheiny nad oedd ar ddi-hun yn oriau mân y bore,

---

[188] Nos Iau oedd y noson y cyfrifwyd pleidleisiau refferendwm yr Alban. Wedi i 85% o'r etholwyr fwrw pleidlais, roedd 55% ohonyn nhw wedi dweud na ddylai'r wlad fod yn un annibynnol. Ymddiswyddodd Alex Salmond fel arweinydd yr SNP.

wnaethoch chi golli ffaith fach ddiddorol na chafodd ryw lawer o sylw yn ystod saga refferendwm yr Alban.

Cynhaliwyd y bleidlais honno ar union ganmlwyddiant y diwrnod y gwnaeth dau fesur cyfansoddiadol o bwys dderbyn cydsyniad Brenhinol. Ar 18 Medi 1914 fe gyrhaeddodd Mesur yr Eglwys yng Nghymru a Mesur Llywodraethu Iwerddon y llyfrau statud.

O fewn oriau pasiwyd deddfwriaeth frys er mwyn gohirio gweithredu'r mesurau tan ddiwedd y rhyfel. Ar y pryd roedd hynny'n ymddangos yn ddigon rhesymol. Wedi'r cyfan fe fyddai'r gyflafan drosodd erbyn y Nadolig.

Mae'n debyg na chafodd ychydig o oedi cyn datgysylltu'r Eglwys yng Nghymru fawr o effaith ar ein bywydau ni heddiw. Fe brofodd gohirio gwireddu Deddf Llywodraethu Iwerddon ar y llaw arall yn farwol i'r Deyrnas Unedig fel oedd hi'n bodoli ar y pryd.

Fe arweiniodd y methiant i wireddu ymreolaeth, 'devomax' os mynnwch chi, i Iwerddon Gyfan at sefydlu gwladwriaeth annibynnol ar o leiaf rhan o diriogaeth yr ynys lai na degawd yn ddiweddarach.

Gwrthryfel y Pasg yn 1916 ac adwaith ffyrnig yr awdurdodau iddo sy'n cael ei feio neu ei glodfori am newid y farn gyhoeddus gan amlaf – ond mae'n bosib y byddai torri'r addewid wedi bod yn ddigon ar ben ei hun. I ddyfynnu geiriau enwog Yeats: 'All changed, changed utterly: A terrible beauty is born.'

Mae'r newid yn y farn gyhoeddus yn y cyfnod hwnnw yn rhyfeddol, er bod system bleidleisio 'cyntaf i'r felin' San Steffan yn gwneud iddo ymddangos hyd yn oed yn fwy dramatig nag oedd e.

Yn ail etholiad 1910 roedd pleidiau'r ymreolwyr wedi ennill 93 o'r 105 o seddi Gwyddelig. Dim ond hanner dwsin oedd ar ôl yn sgil etholiad 1918, gyda gweriniaethwyr Sinn Féin yn cipio 75 sedd.

Ydy hi'n bosib y gallasai'r un fath o beth ddigwydd yn yr Alban – y newid barn, hynny yw, nid y gwrthryfel?

Mae arolwg barn a gynhaliwyd ar ôl y refferendwm yn awgrymu nid yn unig y byddai'r SNP yn ennill etholiad Senedd yr Alban yn ddigon cysurus pe bai un yn cael ei gynnal nawr, ond hefyd y byddai'r cenedlaetholwyr yn bygwth goruchafiaeth y Blaid Lafur mewn etholiad cyffredinol Prydeinig.

Mae'r niferoedd syfrdanol sydd wedi ymuno â'r pleidiau Ie dros y dyddiau diwethaf hefyd yn arwydd o'r hyn allai ddod.

Does dim byd yn anorfod mewn gwleidyddiaeth wrth gwrs, ond fe fydd Llafur yn bryderus y gallasai methiant yr ochr Ie yn y refferendwm esgor ar lwyddiant yn yr etholiad cyffredinol i'r SNP, yn enwedig yn Glasgow lle'r oedd 'na fwyafrif Ie ym mhob un etholaeth.

Ar ein rhaglen nos Iau fe gafwyd sylw diddorol iawn gan Richard Wyn Jones, sef ei fod wedi canfod 'ysbryd diwygiad' gwleidyddol ar strydoedd Glasgow. Efallai'n wir. Fe fydd Llafur yn gobeithio ei fod e'n dân siafins fel diwygiad 04–05. Gallai unrhyw beth arall fod yn beryg bywyd i'r blaid.

DAN Y DŴR
30 Medi 2014

Nid Capel Celyn yw'r unig bentref i ddiflannu o dan y dŵr yng Nghymru. Nid hwnnw yw'r mwyaf hyd yn oed. Hen bentref Llanwddyn sydd â'r anrhydedd arbennig yna, gydag Ynysyfelin yn ail agos.

Cyn i'r lle ddiflannu roedd gan Ynysyfelin felin wlân ynghyd â chapel Bethel, ysgol, dwy dafarn – y Llew Coch a'r Farmer's Arms – bythynnod, tyddynnod a ffermydd.

Mae adfeilion Ynysyfelin ar waelod y mwyaf deheuol o'r cronfeydd dŵr wrth ochor yr A470 rhwng Merthyr ac Aberhonddu. Rhaid i mi gyfaddef nad oeddwn yn ymwybodol o'r lle nes i Gareth Hughes grybwyll y ffaith ei fod wedi bod yn pregethu yng nghapel Bethel yn ddiweddar.

Nawr, mae Gareth yn ddyn amryddawn, yn newyddiadurwr, yn sylwebydd craff ac yn dipster dibynadwy i'r rheiny sydd am fentro swllt ar y ceffylau. Serch hynny, hyd y gwn i, dyw e ddim yn nofiwr tanddwr nac yn gallu cyhoeddi'r newyddion da tra'n gwisgo Aqualung!

Ceir yr ateb i'r dirgelwch mewn adeilad bach wrth ymyl yr A470 wedi ei adeiladu o'r un graig â'r argae a'r gorsafoedd pwmpio gyferbyn. Ond nid gwaith dŵr yw hwn ond y Bethel newydd a godwyd yn 1914 i goffáu'r pentref coll.

Mae'r lle o hyd ar agor ac, yn fwy rhyfeddol efallai, Cymraeg yw iaith yr addoliad hyd heddiw. Mae'n addas efallai mai un o gapeli'r Bedyddwyr yw Bethel. Does dim rhaid chwilio ymhell am y drochfa!

Rwy'n sicr fod 'na sawl Bethel arall o gwmpas y lle – addoldai ac iddynt hanes diddorol neu werth pensaernïol – ond yn aml iawn dyw'r ymwybyddiaeth ohonyn nhw ddim yn ymledu ymhellach na'r gymdogaeth leol.

Gallai hynny ddechrau newid yr wythnos hon gyda lansiad gwefan newydd gan yr Ymddiriedolaeth Addoldai a Chomisiwn Brenhinol Henebion Cymru. Dydw i ddim wedi gweld y wefan eto ond mae'n ffrwyth blynyddoedd o ymchwil i addoldai'r Anghydffurfwyr yng Nghymru – y rheiny sydd, a'r rheiny a fu.

Mae lansio'r wefan yn gam pwysig yn y broses o ddiogelu'r hyn sy'n weddill o'n 'pensaernïaeth gynhenid genedlaethol' a dyrchafu'n capeli i'r un pwysigrwydd â'n heglwysi a'n plastai.

Serch hynny, mae 'na eironi yn y ffaith fod hynny'n digwydd yn yr union wythnos pan gyhoeddir rhagor o doriadau i gyllid llywodraeth leol a chyllideb yr adran ddiwylliant – yr union gyrff a allasai weithredu yn y maes.

Efallai'n wir y bydd rhai o'n cynghorau o dan y dŵr yn y flwyddyn ariannol nesaf!

MIL O ALWADAU
7 Hydref 2014

Dydw i ddim yn gwybod pwy sy'n cyfri'r pethau yma ond fe fydd y Cynulliad yn cyrraedd tipyn o garreg filltir yr wythnos hon.

Cyfarfod yfory fydd y milfed tro i'n haelodau etholedig eistedd mewn sesiwn lawn. Hyd y gwn i does 'na ddim dathliadau arbennig wedi eu trefnu, ond beth am atgoffa'n gilydd o rai o'r uchafbwyntiau?

Pwy all anghofio y tro hwnnw y gwnaeth Mick Bates, Aelod Cynulliad Maldwyn, gyrraedd, wedi ei wisgo fel Siôn Corn? Mynd i ysbryd yr ŵyl roedd Mick yn hytrach na gwneud pwynt gwleidyddol, ond efallai y dylai fod wedi dysgu gwers ynghylch dathlu'n anaddas!

Neu dyna i chi'r tro y derbyniodd David Davies ganmoliaeth annisgwyl gan yr Aelod Cynulliad Llafur, Alison Halford. Does dim rhyfedd i David wrido wrth iddo glywed y geiriau hyn:

> 'In my many waking and sleeping moments, I have considerable thoughts about the attractiveness of David Davies. Could I let you into a secret, Mr Presiding Officer? He has one of the nicest bottoms I have seen for some considerable time.'

Oedd a wnelo prydferthwch pen-ôl David unrhyw beth â phenderfyniad Alison i droi o Lafur at y Ceidwadwyr? Dan din fyddai awgrymu hynny.

Uchafbwynt arall oedd y cynnig wnaeth dderbyn y nifer fwyaf o welliannau yn hanes y Cynulliad – hwnnw oedd yn clustnodi pwy oedd yn cael eistedd yn ble yn yr hen siambr.

Mae addasiad Brian Hancock o freuddwyd Martin Luther King wrth alw am ailagor y gamlas i Drecelyn hefyd yn aros yn y cof.

Ond heb os, i fi, y digwyddiad mwyaf cyffrous yn hanes y Cynulliad oedd y tro hwnnw y treuliwyd awr gyfan yn trafod hawl aelodau Eglwys y Tabernacl, Caerdydd, i barcio eu ceir ar feddrodau eu cyndeidiau ar yr Ais. Pa ddeddfwrfa arall yn y byd fyddai'n trafod rhywbeth felly? Cynulliad talaith Chubut, efallai?

Mae'n drawiadol efallai fod y digwyddiadau uchod i gyd wedi digwydd yn nyddiau cynnar y Cynulliad. Efallai bod yr

aelodau wedi aeddfedu neu wedi callio. Piti, mewn gwirionedd
– o leiaf o safbwynt ni'r newyddiadurwyr!

MYND I'R FAN A'R FAN
14 Hydref 2014

Gyda rhyw chwe mis i fynd tan yr etholiad cyffredinol, un o'r
tasgau sy'n wynebu darlledwyr yw ceisio penderfynu ym mha
ganolfannau cyfri i leoli camerâu a gohebwyr. Mewn geiriau
eraill, rhaid yw gweithio mas lle mae'r straeon mwyaf yn debyg
o ddigwydd.

Ar y cyfan rydym yn broffwydi gweddol lwyddiannus,
er bod ambell 1 gamgymeriad wedi digwydd ar hyd y
blynyddoedd. Doedd dim camera yng Ngheredigion pan
gurodd Cynog Dafis Geraint Howells, er enghraifft, ac nid
lluniau o'r cyhoeddiad yw'r rheiny o ddathliadau Plaid
Cymru yn Rhondda ac Islwyn yn 1999.

Wrth baratoi ar gyfer etholiad 2015 mae'r dewisiadau'n
haws mewn un ffordd. Mae datblygiadau technolegol yn golygu
bod modd bod yn bresennol mewn llawer mwy o ganolfannau
nag yn y gorffennol. Ar y llaw arall mae'r rhestr o etholaethau a
allasai fod yn ddiddorol yn un ryfeddol o faith ac mae'r dyddiau
pan oedd modd proffwydo'r enillwyr yn nhri chwarter y seddi
Cymreig wedi darfod.

Rwy wedi crybwyll Merthyr a Rhymni fel sedd i'w gwylio
o'r blaen. Rhwng 1997 a 2010 fe wnaeth y mwyafrif Llafur
ostwng o 27,086 i 4,056. Yn gynharach eleni yn ardal Cyngor
Merthyr, sydd â ffiniau ychydig yn wahanol i'r etholaeth,
sicrhaodd Llafur 39% o'r bleidlais. Roedd UKIP wrth ei
sodlau gyda 34%.

Nid Merthyr a Rhymni yw'r unig sedd annisgwyl i haeddu
sylw chwaith. Beth fyddai effaith pleidlais UKIP gref yn Llanelli,
er enghraifft? Prin 5,000 o bleidleisiau oedd yn gwahanu Llafur
a Phlaid Cymru y tro diwethaf ac mae canlyniad Ewropeaidd
Sir Gâr yn awgrymu bod pleidlais y cenedlaetholwyr yn fwy
cadarn nag un y sosialwyr.

Yn etholiad Ewrop, UKIP oedd ar y blaen ym mhob un o ardaloedd cyngor y gogledd ac eithrio Gwynedd a Môn. Mae'n anodd dychmygu'r blaid borffor yn cipio sedd yn y gogledd, ond amhosib yw proffwydo ei heffaith mewn etholaethau a ddylai fod yn gadarn yn y golofn Llafur heb sôn am yr etholaethau ymylol traddodiadol.

Os ydy hyn oll yn achosi trafferthion i ni ddarlledwyr, mae'n waeth fyth i'r pleidiau sy'n gorfod penderfynu lle mae buddsoddi arian ac adnoddau. A fydd ffyddloniaid Llafur y cymoedd ar strydoedd Gogledd Caerdydd a Bro Morgannwg yn 2015 neu'n agosach at adre?

Mae'r ffaith fy mod hyd yn oed yn gofyn y cwestiwn hwnnw yn arwydd o ba mor ansicr yw'r hinsawdd wleidyddol wrth i ni dynnu at ddiwedd y senedd bresennol.

O GYMRU, FY NGHYMRU
23 Hydref 2014

Mae 'na beth amryfusedd ynghylch pryd yn union y cafodd Plaid Cymru ei sefydlu. 1925 yw'r man cychwyn swyddogol ond mae rhai'n dadlau mai mewn cyfarfod yng Nghaernarfon yn Rhagfyr 1924 y ganwyd y blaid.

Pwy bynnag sy'n iawn, does dim cymaint â hynny i fynd cyn i'r blaid gyrraedd ei nawdegau. Mae'n bryd felly, yn ôl rhai, i'r blaid aeddfedu a thyfu'n blaid lywodraethol go iawn.

Problem Plaid Cymru am y rhan fwyaf o'i hanes oedd ei bod hi'n llythrennol amhosib iddi sicrhau grym cenedlaethol, gan nad oedd strwythur seneddol a llywodraethol cenedlaethol yn bodoli yng Nghymru.

Fe newidiodd hynny yn 1999 ond hyd heddiw erys rhai o'r hen arferion a'r hen agweddau o'r degawdau hir pan nad oedd unrhyw ddewis gan Blaid Cymru ond ymddwyn fel gwrthblaid fach yn hofran ar gyrion y wladwriaeth Brydeinig.

Doedd hynny ddim yn lle cwbl anghysurus i fod. Gall plaid o'r fath fod yn aneglur ynghylch ei hunion weledigaeth a does dim angen rhaglen lywodraethol resymegol. Fe wnaiff llond bwced o addewidion cymysg y tro o'u gwisgo mewn mantell maniffesto – yr union fath o ddogfen a gyflwynwyd gan Blaid Cymru i etholwyr Cymru yn etholiad 2011.

Mae crybwyll maniffesto 2011 yn ddigon i wneud i ambell aelod o Blaid Cymru wrido hyd heddiw, a go brin y bydd y blaid yn gwneud yr un math o smonach o bethau tro nesaf. Ar y llaw arall, faint ohonoch chi sy'n gallu rhestru hanner dwsin o bolisïau sy'n unigryw i Blaid Cymru? Na finnau chwaith.

O edrych ar gyflwr Plaid Cymru heddiw mae'n ymddangos i mi ei bod hi wedi gwneud llawer o waith i sicrhau bod ganddi dîm cryf o ymgeiswyr a dulliau negesu modern ac effeithiol. Ond beth yw'r neges? Sut mae Plaid Cymru'n gobeithio cystadlu â Llafur, nawr bod asgell genedlaethol y blaid honno â'u dwylo ar yr awenau?

Efallai cawn ni ateb o Langollen y penwythnos hwn. Deunaw mis sy 'na i fynd tan etholiad y Cynulliad a does dim llawer o gig ar yr esgyrn hyd yma.

2015

Ar 7 Ionawr 2015, saethwyd 12 o bobl yn farw yn swyddfa'r cylchgrawn dychanol Charlie Hebdo *ym Mharis. Islamyddion eithafol oedd yn gyfrifol. Yn y diwrnodau a ddilynodd yr ymosodiad, daeth 'Je suis Charlie' yn slogan cyfarwydd gyda'r neges herfeiddiol am bwysigrwydd rhyddid mynegiant yn cael ei ddefnyddio filiynau o weithiau ar y cyfryngau cymdeithasol ac mewn ralïau ar draws y byd.*

JE SUIS JAC
8 Ionawr 2015

Dydw i ddim yn sicr ydy'r haeriad nad oes gan Gymru ddiwylliant gweledol yn cyfri fel ystrydeb neu enllib. Yn sicr mae hanes cartwnau yng Nghymru yn hwy ac yn fwy anrhydeddus nag y byddai rhai'n ei gredu.

Ymddangosodd y cartŵn Cymraeg cyntaf y gwyddir amdano yn 1798 fel clawr 'Cwyn yn erbyn Gorthrymder', un o'r pamffledi mwyaf radicalaidd a chwyldroadol i'w gyhoeddi yn y Gymraeg erioed. Thomas Robert, Llwynrhudol, oedd awdur y pamffled ond eiddo Jac Glan-y-gors oedd y cartŵn.

Ymddiddan rhwng offeiriad boliog, bochgoch a bodlon yn casglu'r degwm a hen wraig dlawd yw'r cartŵn. O gefn ei geffyl mae'r offeiriad yn datgan, 'Nid Ne ydyw lle dyn llwm, Oni ddwg i mi ddegwm' gan ennyn ymateb cellweirus gan y wraig, 'Eich bygad yw, debygwn, Byd da, yn y bywyd hwn.'

Ocê, wnes i ddim chwerthin chwaith – ond nid dyna'r pwynt. Fy mhwynt yw bod hanes cartwnau yn y Gymraeg ac ieithoedd eraill yn rhan annatod o'n hanes gwleidyddol. Nid pethau ymylol ydyn nhw ac nid pobol ymylol yw'r rheiny sy'n arddel y grefft o'u llunio.

Mae gen i deimlad y byddai Jac Glan-y-gors a chartwnwyr *Charlie Hebdo* wedi dod ymlaen yn dda 'da'i gilydd. Fel Jac, roedd artistiaid *Charlie* yn mwynhau tynnu blew o drwynau sefydliadau crefyddol ond bwyell ddeufin yw'r cartŵn. Gellir ei ddefnyddio i amddiffyn y sefydliad yn ogystal â'i herio.

Os am brawf o hynny mae'n werth cymryd cipolwg ar waith Joseph Morewood Staniforth (JMS), y cartwnydd Cymreig mwyaf llwyddiannus erioed, oedd yn cyhoeddi ei waith yn y *Western Mail* a'r *News of the World*. Mae'r rhan fwyaf o gartwnau JMS o gyfnod y Rhyfel Byd Cyntaf wedi eu digideiddio gan Brifysgol Caerdydd. Does dim angen edrych ar lawer ohonyn nhw i synhwyro bod yr artist wedi llwyr ymroi i ledaenu neges y cynghreiriaid.

Nid fod hynny'n golygu mai propagandydd oedd JMS. Fel trwch y boblogaeth, mae'n debyg ei fod yn wirioneddol gredu bod y Rhyfel Mawr yn fater o ddu a gwyn, da a drwg. I ni heddiw, mae ei waith yn agor ffenest i feddylfryd y cyfnod.

Tybed beth fydd barn cenedlaethau'r dyfodol am feddylfryd y rheiny oedd yn credu bod cynnwys ambell i gartŵn yn haeddu dedfryd o farwolaeth? Mae'n anodd i ni ddeall eu cymhellion nhw heddiw. Gydag unrhyw lwc fe fydd eu gweithredodd yn gwbwl annealladwy i'r rheiny sy'n dod ar ein holau.

NID AUR YW POPETH MELYN
20 Ionawr 2015

Mae'n ystrydeb bron i ddweud mai gornest rhwng y gwan fydd etholiad 2015. O gymryd bod yr arolygon barn yn weddol o agos ati gallwn ddisgwyl etholiad lle bydd y gefnogaeth i'r tair plaid fawr Brydeinig yn hanesyddol o isel.

Mae'r polau wedi bod yn awgrymu hynny ers tro byd. Serch hynny, ces i dipyn o sioc o weld canlyniad arolwg diweddaraf Ashcroft.[189] Mae hwnnw'n awgrymu bod y gefnogaeth i'r Ceidwadwyr a Llafur fel ei gilydd yn llai na 30% tra bod y Democratiaid Rhyddfrydol yn y pumed safle gyda llai o gefnogaeth nag UKIP a'r Gwyrddion.

I raddau, wrth gwrs, fe fydd ein system etholiadol cyntaf i'r felin yn amddiffyn y ddwy blaid fwyaf. Hyd yn oed os ydy eu perfformiad yn anemig o safbwynt pleidleisiau, gallwch fentro y bydd y Toriaid a Llafur yn parhau i ddominyddu ar y meinciau gwyrddion. Ond beth am y drydedd blaid 'fawr' – y Democratiaid Rhyddfrydol? Faint o'r rheiny fydd ar ôl ymhen deunaw mis tybed?

Y peth cyntaf i'w nodi yw fod y blaid yn gweithio'n galed i reoli disgwyliadau trwy fynnu wrth unrhyw un sy'n fodlon gwrando y byddai dal 30 o'r 56 sedd bresennol yn rhyw fath o fuddugoliaeth. Mae 'na beth gwirionedd yn hynny ond mae hyd yn oed y targed hwnnw'n uchelgeisiol. Er mwyn ei gyrraedd mae'r blaid yn canolbwyntio bron y cyfan o'u hymdrechion ar y seddi hynny gan aberthu'r gweddill i gyd, gan gynnwys nifer o'r rhai sy'n eiddo i'r blaid ar hyn o bryd.

Yma yng Nghymru mae hynny'n golygu arllwys popeth mewn i bedair sedd – y tair sydd yn eu meddiant yn barod,

---

189 Cyn-aelod o Dŷ'r Arglwyddi a chyn-drysorydd y Blaid Geidwadol, a gyfrannodd yn helaeth i'w choffrau. O 2010 ymlaen, cyhoeddodd ganlyniadau arolygon barn manwl a chostus ar ei wefan.

ynghyd â Maldwyn. Fe fydd seddi lle daeth y blaid yn agos at ennill tro diwethaf – llefydd fel Gorllewin Abertawe a Dwyrain Casnewydd – yn cael eu haberthu yng ngoleuni'r realiti gwleidyddol.

Gallasai gwneud hynny greu problem arall i'r blaid. O esgeuluso'r etholaethau hynny, o ble daw'r pleidleisiau rhestr angenrheidiol yn etholiad y Cynulliad? Mewn geiriau eraill gallai'r tactegau cywir ar gyfer yr etholiad cyffredinol arwain at drychineb yn etholiad y Cynulliad.

Gadewch i ni felly ystyried dwy senario bosib – y gorau a'r gwaethaf y gallaf ddychmygu i'r blaid dros y deunaw mis nesaf.

Cyn yr etholiad diwethaf cefais bryd o dafod gan Lembit Öpik am feiddio awgrymu y gallai fod mewn trafferth ym Maldwyn. Fi oedd yn gywir. Rwy'n fodlon rhoi fy mhen ar y bloc eto a dweud mai gwag yw gobeithion y blaid ym Maldwyn y tro hwn.

Fe fyddai hi'n dipyn o wyrth hefyd pe bai'r blaid yn cadw ei gafael ar Ganol Caerdydd. Mae Ceredigion a Brycheiniog a Maesyfed yn edrych yn fwy addawol – ond dyw'r naill na'r llall yn ddiogel.

O safbwynt etholiad y Cynulliad fe ddylai Brycheiniog a Maesyfed fod yn ddiogel ac mae'n bosib y gallai'r blaid oroesi yng Nghanol De Cymru. Y tu hwnt i hynny, os nad oes newid sylfaenol yn yr hinsawdd wleidyddol, UKIP yn cwympo'n ddarnau, dyweder, mae'n anodd gweld o ble y daw buddugoliaethau. Dyw dwy sedd ddim yn ddigon i sicrhau statws grŵp yn y Cynulliad.

Nawr, fel chwilod duon, mae gallu'r Rhyddfrydwyr i oroesi yn ddiarhebol, ond ar ôl colli cymaint o dir mewn llywodraeth leol mae'r blaid yn wynebu sefyllfa lle gallasai ffrwyth degawdau o waith ar lawr gwlad gael ei ddisbyddu bron yn llwyr.

Mae'r blaid wedi bod mewn tyllau felly o'r blaen ac wedi goroesi bob tro. Mae'n debyg y bydd hi'n goroesi eto ond fe fydd hyd y broses o ailadeiladu ac atgyfodi yn dibynnu'n llwyr ar gyfres o ganlyniadau trwch blewyn dros y deunaw mis nesaf.

GWNEWCH Y PETHAU PITW
24 Chwefror 2015

Fe fydd Cymru yn cyrraedd carreg filltir gyfansoddiadol ymhen rhai dyddiau wrth i ganlyniad trafodaethau trawsbleidiol ynghylch cryfhau'r Cynulliad gael ei gyhoeddi. Dyma i chi benllanw proses a lansiwyd gan David Cameron drannoeth refferendwm yr Alban ar garreg ei ddrws yn Downing Street. Addawyd cwblhau'r gwaith cyn diwrnod ein nawddsant.

Go brin y bydd bryncyn yn codi o dan draed Cameron, Stephen Crabb[190] neu bwy bynnag sy'n rhannu cynnwys Datganiad Gŵyl Dewi â'r genedl. Rwy'n fodlon mentro hefyd na fydd colomen yn disgyn ar ysgwydd y negesydd i arwyddo cyfnod o heddwch a sefydlogrwydd cyfansoddiadol.

Ond dyna oedd yr addewid. Gadewch i ni gofio geiriau Stephen Crabb mewn araith yn ôl ym mis Tachwedd llynedd:

'... the story of Welsh devolution has long been one of fixes, fudges and political expediency. Of falling short, and thinking short-term. We need to end the process of constantly tinkering with the devolution settlement. Let's get devolution right. For the longer-term.'

Beth fedrwn ni ddisgwyl felly? Wel, yn barod mae'r sibrydion yn dechrau. 'Ddylai neb ddisgwyl gormod,' medd rhai. 'Does 'na fawr ddim o unrhyw werth,' myn eraill.

Yn wir, o ddarllen rhwng y llinellau, yr hyn a gawn ni yw 'fix, fudge and political expediency'!

Fe fydd y Cynulliad yn derbyn mwy o bwerau dros ynni, yn cael yr hawl i redeg ei system etholiadol ei hun, a'r hawl i newid ei enw o 'gynulliad' i 'senedd' os ydy'r lle yma'n

---

190   Roedd Stephen Crabb wedi cael ei ddyrchafu'n Ysgrifennydd Cymru pan gafodd David Jones y sac ym mis Gorffennaf 2014.

dymuno gwneud hynny. Mewn cyfres o feysydd eraill lle'r oedd Llywodraeth Cymru wedi chwennych pwerau ychwanegol fydd 'na ddim byd yn newid.

Yr hen air 'consensws' yna sy'n gyfrifol. Mae mynnu cael consensws llwyr o reidrwydd yn golygu bod gan bawb bŵer feto. Yn ôl fy ffynonellau i, ac maen nhw'n rhai da, roedd Ceidwadwyr a Llafur San Steffan yn ddigon parod i ddefnyddio'r pwerau hynny.

Yn ôl y chwedl, 'Gwnewch y pethau bychain mewn bywyd' oedd neges olaf Dewi Sant i ni'r Cymry. Mae'n ymddangos bod ein gwleidyddion wedi ymateb trwy wneud rhywbeth pitw iawn.

OUI OUI, SI SI, JA JA
4 Mawrth 2015

Mae'n debyg eich bod chi wedi sylwi bod BBC Cymru wedi cyhoeddi canlyniadau arolwg barn heddiw. Hwn yw'r diweddaraf yn y gyfres fwyaf hirhoedlog o arolygon barn yng Nghymru. Lansiwyd arolwg barn Gŵyl Ddewi'r BBC yn ôl yn yr 1980au ac am gyfnod, hwnnw oedd yr unig arolwg barn penodol Gymreig.

Lobsgows o arolwg yw hwn mewn gwirionedd. Mae 'na un neu ddau o gwestiynau'n cael cu gofyn yn flynyddol, sef y rheiny ynghylch datganoli. Am y gweddill, wel, y gwir amdani yw ein bod yn gofyn beth bynnag sy'n ein taro fel cwestiynau difyr a diddorol ar y pryd.

A ninnau ar drothwy etholiad cyffredinol does dim syndod taw'r casgliadau ynghylch poblogrwydd cymharol David Cameron ac Ed Miliband sydd wedi hawlio'r penawdau heddiw ond mae 'na un canlyniad arall sy'n drawiadol iawn i mi, sef hwnnw ynghylch Ewrop.

Roedd 63% o'r rheiny a holwyd yn credu bod y Deyrnas Unedig yn elwa o fod yn aelod o'r Undeb Ewropeaidd. Dim ond 33% oedd o'r farn y byddai'r DU yn elwa o fod y tu allan i'r Undeb.

Mae'r ffigyrau yna'n wahanol iawn i arolygon eraill sydd wedi gofyn ynghylch bwriadau pleidleisio mewn refferendwm Ewropeaidd. Mae'r rhan fwyaf o'r rheiny wedi awgrymu bod 'na fwyafrif bychan yng Nghymru o blaid aros yn yr Undeb. Fis Ionawr, er enghraifft, awgrymodd YouGov y byddai pobol Cymru yn pleidleisio o 44% i 36% o blaid parhau'n aelod o'r Undeb.

Yn fy marn i mae a wnelo'r gwahaniaeth rhwng yr arolwg diweddaraf a'i ragflaenwyr lawer â'r union gwestiwn a ofynnwyd.

Fe ddefnyddiodd yr arolygon blaenorol gwestiwn safonol sef hwn: 'If there was a referendum on Britain's membership of the European Union, how would you vote?'

Yn ein harolwg ni eleni fe ofynnwyd y cwestiwn mewn ffordd ychydig bach yn wahanol er mwyn ceisio adlewyrchu'r sefyllfa a fyddai'n bodoli pe bai refferendwm yn cael ei gynnal. Hwn oedd y cwestiwn a ofynnwyd gan ICM ynghyd â'r canlyniadau:

> The UK government has announced plans to renegotiate the terms of the UK's membership of the EU. Which one of these statements comes closest to your view?
>
> On balance I believe the UK would be better off remaining in the EU – 63%
>
> On balance I believe the UK would be better off outside the EU – 33%
>
> Don't know – 4%

Mae 'na ddau beth i'w ddweud yn fan hyn.

Yn gyntaf mae'r ganran o'r rheiny oedd yn ansicr llawer iawn yn is nag mewn arolygon eraill ac mae'n amlwg fod cynnwys yr addewid o ailnegodi yn y cwestiwn wedi cael effaith sylweddol ar y canlyniad.

A dyma i chi ffaith fach ddifyr arall. Ar 5 Mehefin 1975, ar ôl proses o ailnegodi, cynhaliwyd refferendwm ynghylch aelodaeth Prydain o'r Farchnad Gyffredin. Dyma oedd y canlyniad yng Nghymru:

O blaid – 64.85%; Yn erbyn – 35.2%

Mae 'na rywbeth cyfarwydd iawn ynghylch y ffigyrau yna!

TARO'R POST
16 Ebrill 2015

Tair wythnos i fynd felly cyn i ni fwrw ein pleidleisiau – os nad ydych chi wedi bwrw eich pleidlais yn barod wrth gwrs!

Un o'r newidiadau mwyaf yn ein cyfundrefn etholiadol yn ystod y blynyddoedd diwethaf yw'r cynnydd enfawr yn y nifer sy'n dewis bwrw pleidlais bost. Yn ôl yn 1997 dim ond 2.3% o'r pleidleisiau oedd wedi eu postio i mewn. Erbyn 2010 roedd y ganran wedi cyrraedd 18.8%.

Nid ar hap a damwain y digwyddodd hynny. Cyn 2001 doedd sicrhau pleidlais bost ddim yn beth hawdd. Roedd rhaid rhoi rheswm dilys am ofyn ac os nad oeddech chi'n oedrannus, yn anabl neu'n gweithio bant, 'Na chewch' fyddai'r ateb yn amlach na pheidio.

Ymdrech i gynyddu'r ganran oedd yn pleidleisio oedd y penderfyniad i roi'r opsiwn o bleidleisio trwy'r post i bawb, ac yn ôl y mesur mwyaf amlwg mae hynny wedi llwyddo. Yn 2010 dychwelwyd 80% o'r papurau a ddanfonwyd allan mewn etholiad lle bleidleisiodd 65.1% o'r etholwyr.

Ond dyw pethau ddim yn fêl i gyd. Mae'r gyfundrefn bost wedi arwain at gynnydd mewn achosion o dwyll etholiadol ac mae hwnnw yn ei dro wedi arwain at newid yn y ffordd mae'r gofrestr etholiadol yn cael ei llunio. Mae'r cyfrifoldeb am gofrestru bellach ar ysgwyddau pob unigolyn yn hytrach na'r penteulu.

Mae hynny'n ein gadael mewn sefyllfa eleni lle mae'n debyg y bydd llawer llai o bobol ar y gofrestr na ddylsai fod, ond lle bydd canran uwch o'r rheiny sydd wedi eu cofrestru yn bwrw eu pleidlais.

Oes angen dweud mai'r rheiny sydd newydd gael eu pen-blwydd yn ddeunaw a'r rheiny sy'n byw bywydau symudol yw'r mwyaf tebygol o syrthio trwy'r rhwyd?

Mae'r cynnydd yn y bleidlais bost wedi newid yr holl rythm etholiadol, gyda'r pleidiau i gyd yn gorfod ceisio cyrraedd dau uchafbwynt yn ystod yr ymgyrch – y cyntaf wrth i'r pleidleisiau post gael eu danfon allan, a'r ail ar y diwrnod ei hun. Dyna'r rheswm y mae'r rhan fwyaf o'r pleidiau wedi dewis lansio eu maniffestos yr wythnos hon.

Mae'r cyfnod bach yma'n arbennig o bwysig i Lafur. Mae'r blaid honno, yn fwy na'r lleill, wedi ymdrechu'n galed i ddarbwyllo ei chefnogwyr i fwrw pleidlais gynnar. Os ydych chi'n un o'r rheiny sydd wedi derbyn gohebiaeth etholiadol rhadbost swyddogol gan Lafur yn barod ac yn dal i ddisgwyl gohebiaeth y pleidiau eraill, dyna i chi'r rheswm.

Mae hi hefyd yn un o'r rhesymau, dybiwn i, fod Llafur wedi cytuno i gymryd rhan yn nadl y gwrthbleidiau heno. Ed ar y bocs a'r papur pleidleisio ar eich côl yw'r gobaith, am wn i!

Fe gawn gyfle i drafod sut aeth hi yfory!

Y noson honno cynhaliwyd dadl deledu rhwng 5 arweinydd plaid: Ed Miliband, Nigel Farage, Nicola Sturgeon, Leanne Wood a Natalie Bennett. Wnaeth David Cameron a Nick Clegg ddim cymryd rhan. Yn ystod y ddadl, dywedodd Ms Sturgeon y byddai ei phlaid hi ond yn fodlon cydweithio gyda Llafur pe bai'r blaid honno'n gwrthod 'llymder' y Ceidwadwyr. Roedd hi eisiau 'cynghrair flaengar' gyda Phlaid Cymru a'r Blaid Werdd.

PERFFAITH CHWARAE TEG
17 Ebrill 2015

Efallai mai'r olygfa fwyaf dadlennol yn nadl y gwrthbleidiau neithiwr oedd honno ar y diwedd pan gafodd y tair gwraig oedd ar y llwyfan gwtsh gyfeillgar cyn troi i ysgwyd llaw'n gwrtais ag Ed Miliband. Ar ben arall y llwyfan gadawyd Nigel Farage fel yr un dyn bach ar ôl.

Sut mae mesur llwyddiant yr arweinwyr felly? Gadewch i ni gychwyn gydag Ed Miliband. Rwy wedi bod yn llais cymharol unig o'r dechrau wrth ddadlau bod penderfyniad yr arweinydd Llafur i dderbyn y gwahoddiad i ddadl neithiwr yn un doeth.

Rwy'n meddwl fy mod wedi cael fy mhrofi'n gywir. Mae parodrwydd Mr Miliband i dderbyn pa fformat bynnag y mae'r darlledwyr yn cynnig wedi adlewyrchu'n dda arno fe, ac mae'n amlwg o'r arolygon fod canfyddiad yr etholwyr o'r arweinydd Llafur yn raddol newid o'i blaid. Mae'n ymddangos mai gorau po fwyaf yw'r dacteg orau pan ddaw hi'n fater o ymddangosiadau teledu gan Mr Miliband.

Mae'n amlwg fod Nicola Sturgeon, Leanne Wood a Natalie Bennett yn hapus â'u perfformiad hefyd. Sut arall mae esbonio'r gwtsh? Ond dyma i chi gwestiwn bach: ydy strategwyr y Blaid Lafur yn dawel falch ynghylch perfformiad arweinydd yr SNP? Cyn i chi rythu at y sylw yna, gadewch i mi esbonio.

Mae'n amlwg fod peintio'r SNP fel bwgan yng Nghymru a Lloegr yn rhan ganolog o strategaeth y Ceidwadwyr. Ond mae'n ymddangos nad yw Ms Sturgeon yn dod drosodd fel ffigwr bygythiol yn yr un modd ag y byddai Alex Salmond, dyweder. Gallai hynny fod yn benbleth i'r Torïaid.

Mae hynny'n dod â ni at yr eiliad ddadlennol arall yn y ddadl, sef honno pan wnaeth Nigel Farage droi ar y BBC am ddewis cynulleidfa asgell chwith. Nawr rwy wedi bod ynghlwm â'r pethau yma ers blynyddoedd a medraf ddweud wrthoch chi â sicrwydd perffaith y byddai aelodau'r gynulleidfa neithiwr wedi eu dewis a'u dethol yn hynod ofalus i fod yn gynrychioliadol o'r cyhoedd. Rwy hefyd yn sicr fod Mr Farage yn credu'r hyn y dywedodd e, ond rwy'n amau ei fod yn twyllo'i hun.

Un o'r camgymeriadau mwyaf cyffredin mewn gwleidyddiaeth yw credu eich bod yn cynrychioli rhyw fath o fwyafrif mud oherwydd fod pawb yn eich cylchoedd chi'ch hun yn credu'r un peth â chi. Rwy'n amau bod arweinydd UKIP a'i gefnogwyr wedi syrthio i'r trap arbennig yna.

Y diwethaf i wneud hynny oedd Michael Howard yn etholiad 2005. Roedd Mr Howard yn argyhoeddedig y byddai ymgyrch wedi ei seilio ar y slogan 'Are you thinking what we're thinking?' yn llwyddo. 'Not really' oedd ateb yr etholwyr!

Gyda llaw, dyn o'r enw Lynton Crosby oedd yn gyfrifol am yr ymgyrch yna. Beth ddigwyddodd iddo fe, tybed?[191]

Cynhaliwyd yr etholiad cyffredinol ar 7 Mai. Ar noson ddramatig, cafwyd canlyniad annisgwyl a synnodd drwch y sylwebyddion, gyda'r Ceidwadwyr yn ennill mwyafrif o 12 o seddi.

Yn yr Alban, enillodd yr SNP 56 – cynnydd o 50 o'i gymharu â 2010. Yng Nghymru, enillodd Llafur 25 (-1), y Ceidwadwyr 11 (+3), Plaid Cymru 3 (dim newid o'i gymharu â 2010), a Cheredigion oedd yr unig sedd ar ôl i'r Democratiaid Rhyddfrydol.

Ymddiswyddodd Ed Miliband fel arweinydd Llafur drannoeth y bleidlais.

---

191 Lynton Crosby oedd strategydd ymgyrch y Ceidwadwyr ar gyfer etholiad cyffredinol 2015.

Pennod 9

I'r Tir Newydd, 2015–2017

CYMERA HON, CAMERON
12 Mai 2015

Dyna ni felly. Heb os, roedd etholiad cyffredinol 2015 yn un i'r llyfrau hanes ond rwy'n meddwl fy mod wedi dweud popeth sy gen i i'w ddweud yn ei gylch mewn llefydd eraill!

Un peth sy'n sicr – mae 'na gyfnod cythryblus a chyffrous o'n blaenau ac nid yn unig oherwydd fod etholiad cyffredinol Cymru ar y gorwel.

Mae'r ffaith fod y Ceidwadwyr wedi ennill mwyafrif o gwbwl wedi ein dallu i ba mor fach a bregus yw'r mwyafrif hwnnw. Yn ôl yn 1992, mwyafrif o 21 oedd gan John Major ac roedd hwnnw wedi diflannu i bob pwrpas erbyn diwedd ei gyfnod yn Downing Street. Mae 'na lai o hen stejars ar y meinciau Ceidwadol y dyddiau hyn ond mae hi bron yn sicr y bydd salwch a sgandal yn golygu y bydd mwyafrif Cameron yn diflannu ymhell cyn yr etholiad nesaf.

Hyd yn oed cyn hynny, mae 'na amheuon sylweddol ynghylch gallu David Cameron i gyflawni pob un o'i addewidion deddfwriaethol. Oes 'na fwyafrif yn Nhŷ'r Cyffredin, heb sôn am Dŷ'r Arglwyddi, i bethau fel dileu'r Ddeddf Hawliau Dynol a chynyddu pwerau'r gwasanaethau cudd? Rwy'n amau hynny'n fawr.

Wrth gwrs, mae'n bosib na fydd David Cameron yn poeni gormod ynghylch colli ambell i bleidlais. Ar y cyfan mae'r mesurau a allai fethu yn rhai yr oedd y Ceidwadwyr yn fodlon eu haberthu mewn trafodaethau clymblaid. Fe ddylai'r mwyafrif ar gyfer polisïau craidd, y refferendwm ar Ewrop, er enghraifft, brofi'n fwy gwydn.

Y refferendwm hwnnw, mae'n debyg, fydd wrth galon y ddadl wleidyddol dros y ddwy flynedd nesaf, er bod Ewrop yn bwnc oedd yn rhyfedd o absennol o'r ymgyrch sydd newydd ddod i ben.

Mae'n ddigon posib y cynhelir y bleidlais honno rywbryd tua diwedd 2016 gan olygu y bydd blwyddyn nesaf yn loddest arall i'r rheiny sydd, fel fi, yn mwynhau'r pethau yma!

Bant â ni!

GWAELOD Y DOSBARTH
4 Mehefin 2015

Un o ddigwyddiadau mwyaf rhyfedd y calendr gwleidyddol yw Glee Club y Democratiaid Rhyddfrydol – rhyw fath ar noson lawen anffurfiol sydd wedi cael ei chynnal yng nghynadleddau'r blaid ers oes pys. Os hoffech chi wrando ar Lembit Öpik yn chwarae'r organ geg gyda Mike German yn cyfeilio ar y piano, y Glee Club yw'r lle i fynd. Peidiwch i gyd â rhuthro'r un pryd.

Uchafbwynt y noson hyd heddiw yw canu anthem answyddogol y blaid, 'The Land' – cân o ddyddiau Lloyd George sy'n croniclo'r frwydr rhwng tenantiaid a'u landlordiaid. Dyna oedd y rhaniad cymdeithasol sylfaenol ym Mhrydain am y rhan fwyaf o'r mileniwm diwethaf – y gwahaniaeth rhwng y lleiafrif oedd yn berchen ar dir a thai, a'r rheiny oedd yn byw ar ofyn eraill.

Mae system ddosbarth yn seiliedig ar natur cyflogaeth yn rhywbeth cymharol fodern ac fe adlewyrchwyd y newid yn ein cyfundrefn wleidyddol wrth i blaid y tenantiaid, y Rhyddfrydwyr, ildio arweinyddiaeth y chwith i blaid y gweithwyr, sef Llafur.

Wrth i Lafur a'r Democratiaid Rhyddfrydol lyfu eu clwyfau yn sgil etholiad pur drychinebus i'r ddwy blaid, mae 'na gwestiwn diddorol sydd angen ei ofyn, sef hwn. I ba raddau y mae'r rhaniadau dosbarth oedd yn greiddiol i wleidyddiaeth yr ugeinfed ganrif yn berthnasol i wleidyddiaeth yr unfed ganrif ar hugain?

Y Meysydd Glo

Seddi Llafur
yn etholiad 2015

Rai dyddiau ar ôl yr etholiad fe ddes i'n agos at dorri'r rhyngrwyd trwy drydar map oedd yn dangos bod seddi'r Blaid Lafur y tu fas i Lundain bellach bron i gyd yn y cyn feysydd glo neu'n gyfagos iddyn nhw. Mae'r map hwnnw bellach wedi ei aildrydar ddegau o filoedd o weithiau a hynny am ddau reswm.

Mae'n awgrymu mai dim ond yn yr ardaloedd ôl-ddiwydiannol y mae gwleidyddiaeth dosbarth gwaith traddodiadol i'w ganfod ac nad yw rhaniadau galwedigaethol mor bwysig â hynny y tu hwnt i'r meysydd glo.

Yr hyn sydd yn cyfri y tu hwnt i'r meysydd glo yw'r hen, hen raniad yna rhwng perchnogion a thenantiaid.

Ugain mlynedd yn ôl roedd bron y cyfan o'm ffrindiau a fy nghyd-weithwyr yn bobol oedd yn berchen ar eu cartrefi, neu'n fwy manwl, yn bobol oedd â thŷ ar forgais. Doeddwn i'n nabod bron neb oedd yn rhentu tŷ neu fflat neu'n berchen ar fwy nag un annedd. Heddiw rwy'n nabod sawl un sy'n perthyn i'r naill ddosbarth neu'r llall ac mae ystadegau swyddogol yn dangos bod y ganran o'r boblogaeth sy'n berchen eu cartrefi yn hanesyddol o isel.

Sonnir yn aml am anghyfartaledd fel her wleidyddol fwya'r oes. Dydw i ddim yn anghytuno â'r dadansoddiad yna, ond gan amlaf mae'r anghyfartaledd y cyfeirir ato'n anghyfartaledd incwm. Mae 'na fath arall o anghyfartaledd sef anghyfartaledd eiddo – anghyfartaledd sy'n cynyddu a gwaethygu wrth i'r cenedlaethau fynd heibio gyda rhai'n etifeddu eiddo ac eraill ddim.

Y frwydr yn erbyn y math yna o anghyfartaledd wnaeth ysbrydoli cyfansoddwr 'The Land' ac mae'n bosib mai'r ysbryd yna sydd ei angen ar bleidiau'r chwith os ydynt am adfer eu sefyllfa.

NAI, VAI AC OXI
30 Mehefin 2015

Yn ôl ar ddechrau'r saithdegau roeddwn i ar drip ysgol i wlad Groeg ac roedd posteri ym mhob man yn gweiddi 'Nai' a 'Vai' ar y cyhoedd. Roedd refferendwm i ddiddymu'r frenhiniaeth yn cael ei gynnal ar y pryd ac roeddwn i'n cymryd mai 'Ie' a 'Na' oedd ystyr y posteri.

Credais hynny tan i rywun esbonio mai'r un llythyren yw N a V yn y wyddor Roegaidd ac mai 'Ie' oedd neges y posteri i gyd. Roedd ambell i 'Oxi' i weld fan hyn, fan draw ond roedd y rheiny oedd wedi peintio'r 'Na' ar ambell i wal mewn peryg o fynd i'r carchar o gael eu dal.

Llywodraeth filwrol oedd yng ngwlad Groeg ar y pryd ac yn y dyddiau hynny pethau digon prin oedd llywodraethau democrataidd yn Ewrop. Gellir dadlau ynghylch yr union nifer, ond o'r deunaw gwlad oedd ag arfordiroedd ar Fôr y Canoldir dim ond pedair – Ffrainc, yr Eidal, Israel a Malta – oedd â chyfundrefnau a fyddai'n cael eu hystyried yn ddemocrataidd heddiw.

Yn 1970 roedd 'na fwy o wledydd totalitaraidd ar gyfandir Ewrop nag oedd yna ar drothwy'r Ail Ryfel Byd. Heddiw, un, Belarus, sydd ar ôl.

Dyna yw llwyddiant mawr y prosiect Ewropeaidd a'i strwythurau, nid dim ond yr Undeb Ewropeaidd, ond yr EEA, Cyngor Ewrop, NATO a'r gweddill hefyd.

Mae hon yn foment beryglus i'r prosiect hwnnw. Mae rhyfel mewn pob dim ond enw yn mudlosgi yn Iwcrain, a Groeg mewn peryg o syrthio allan o'r Ewro yn sgil methiant gwleidyddion i gyrraedd cytundeb. I ganol hyn oll mae David Cameron wedi camu i mewn, gan gychwyn proses allai arwain at ysgariad rhwng y Deyrnas Unedig a'r Undeb Ewropeaidd.[192]

Nid fy lle i yw dweud pwy sy'n gau a phwy sy'n gywir yn yr holl fusnes yma ond mae 'na beryg, rwy'n meddwl, ein bod ni'n tanbrisio'r peryglon.

Un o'r llyfrau hanes mwyaf trawiadol a dylanwadol i'w gyhoeddi yn y blynyddoedd diwethaf yw *Sleepwalkers* gan

---

192 Roedd Mr Cameron wedi cyhoeddi'n ffurfiol ei ymgais i ailnegodi aelodaeth y DU o'r Undeb Ewropeaidd cyn y refferendwm mewn/allan yr oedd wedi addo ei gynnal cyn 2017.

Christopher Clark, sy'n croniclo'r digwyddiadau wnaeth arwain at y Rhyfel Byd Cyntaf. Seiliwyd y gyfres ddrama *37 Days* ar yr y llyfr hwnnw.[193]

Yr hyn sy'n drawiadol yn yr hanes yw bod bron neb o arweinwyr gwleidyddol Ewrop yn dymuno mynd i ryfel ac roedd 'na ewyllys da ar bob ochr wrth iddyn nhw geisio datrys problem wleiddyddol ddigon tila mewn gwlad yr oedd bron neb yn gyfarwydd â hi.

Fe drodd y broblem yn argyfwng ac fe esgorodd hwnnw ar y rhyfel mwyaf gwaedlyd yn hanes ein cyfandir.

Dydw i ddim am gymharu argyfwng ariannol Groeg â llofruddio'r Arch-ddug Ferdinand yn ormodol ond mae 'na ryw deimlad gen i fod gwleidyddion ein hoes ni yn colli rheolaeth ar y sefyllfa a does wybod ble fydd hyn oll yn arwain.

Y cyfan ddwedaf yw hyn. Rwy'n gobeithio bod ein gwladweinwyr yn gyfarwydd â llyfr Clark.

Dros fisoedd haf 2015 aeth y frwydr am aweinyddiaeth Llafur rhagddi. Wrth i'r wythnosau fynd heibio daeth hi'n gynyddol amlwg mai ymgeisydd yr asgell chwith, Jeremy Corbyn, oedd y ceffyl blaen. Roedd hi'n ymddangos yn bosib na fyddai'r ymgeiswyr eraill – Liz Kendall, Andy Burnham ac Yvette Cooper – yn medru argyhoeddi nac ysbrydoli digon o gefnogwyr i'w drechu.

CORBYNFYDRWYDD
2 Medi 2015

Reit, mae'r haf hirfelyn tesog ar ben, a ninnau'n ôl wrth ein gwaith. Ac ydy, mae fy nhafod i'n sownd yn fy moch wrth ddisgrifio haf eleni felly. Hwyrach fod yr hinsawdd yn well yn nyddiau Dafydd ap Gwilym! Does ond gobeithio y bydd tymor y porffor perffaith yn troi mas yn well.

Un dyn, ac un yn unig, sydd wedi bod yn gwneud y

193 *Sleepwalkers* gan Christopher Clark, Allen Lane, 2012.

tywydd gwleidyddol ers y tro diwethaf i ni siarad. Jeremy Corbyn yw hwnnw, wrth gwrs, a does 'na ddim arwydd bod y don o Gorbynfydrwydd, os ydy hwnnw'n gyfieithiad teg o 'Corbynmania', ar fin gostegu.

Mae'n bosib wrth gwrs y bydd yr hen rebel yn boddi wrth ymyl y lan ond does dim arwydd eto y bydd hynny'n digwydd. Beth sy'n digwydd os ydy Corbyn yn cael ei ethol yw'r cwestiwn mawr, wrth reswm.

Mae'n flin gen i, does gen i ddim ateb – neu ddim ateb pendant o leiaf.

Mae'n bosib ein bod yn wynebu'r fersiwn wleidyddol o'r hyn mae economegwyr yn galw'n 'disruption'. Mae geiriaduron yn cynnig amhariad, hollt a rhwyg fel cyfieithiadau o'r term hwnnw ond does yr un o'r rheiny yn cyfleu'r union ystyr mewn gwirionedd. Yr hyn yw 'disruption' yw digwyddiad neu ddyfais nad oedd bron neb yn gweld yn dod, sy'n trawsnewid sefyllfa mewn ffyrdd sy'n amhosib eu proffwydo.

Y rhyngrwyd yw'r enghraifft fwyaf diweddar o 'disruption' economaidd. Os oedd ganddoch chi siars yn siopau 'Blockbuster Video' fe fyddwch chi'n deall y peth yn iawn ond mae'r effeithiau'n gallu bod yn llai uniongyrchol. Pwy fyddai wedi rhagweld y byddai hanner clybiau nos Prydain yn cau wrth i bobol chwilio am sboner trwy sweipio ffôn yn hytrach na slochian?

Mae digwyddiadau felly'n bethau anarferol iawn yn ein gwleidyddiaeth ni. Fe ddaethon ni'n agos yn 1981 gyda ffurfio'r SDP ond dros gyfnod o ddegawd fe ddisgynnodd y darnau yn ôl i'w lle.

A dweud y gwir, trwy gydol yr ugeinfed ganrif, yr unig 'disruption' go iawn oedd hwnnw yn Hydref 1922 pan wnaeth y Ceidwadwyr benderfynu torri'n rhydd o afael Dewin Dwyfor gan wthio Lloyd George a'i blaid i bwll anobaith am ddegawdau.

Gallasai ethol Jeremy Corbyn fod yn ddigwyddiad felly, gan arwain at rwygiadau ar y dde yn ogystal â'r chwith. Wedi'r cyfan, gelyniaeth tuag at y Blaid Lafur yw'r glud sy'n uno'r

Ceidwadwyr, a phe bai Llafur yn hollti mae'n ddigon posib y byddai ei gwrthwynebwyr yn dilyn yr un trywydd.

Rwy wedi bod yn y busnes yma'n ddigon hir i gredu fy mod wedi gweld popeth y gall gwleidyddiaeth Prydain daflu at ddyn, ond dyma'r eildro eleni i ni weld y platiau tectonig yn symud.

Fe ddigwyddodd hynny yn yr Alban ym mis Mai. Nawr mae'n digwydd oddi mewn i'r mudiad Llafur.

I ble mae hyn oll yn arwain?

Dewch yn ôl mewn blwyddyn. Efallai y bydd gen i ateb i chi bryd hynny!

A'I PHLYGION TANLLYD UWCH EIN PEN
11 Medi 2015

Un o bleserau cudd yr Eisteddfod Genedlaethol yw cystadlaethau'r Hen Ganiadau lle mae caneuon sy'n gwneud i Jac a Wil swnio'n fodern yn cael eu hatgyfodi a'u perfformio i gynulleidfa ddiolchgar.

Mae'r rheiny sydd yn y Pafiliwn wrth eu boddau. Rwy'n amau y byddai'r rhan fwyaf o bobol ar y Maes yn rhyfeddu bod y fath gystadlaethau'n bodoli. Hywel a Blodwen? Rili? Go iawn?

Rwy'n amau bod ambell aelod o'r Blaid Lafur wrthi ar hyn o bryd yn ailddysgu geiriau'r 'Faner Goch' wrth i'r Hen Ganiadau swyno eu cyd-aelodau.

Yn wahanol i rai, dydw i ddim wedi fy synnu'n llwyr gan lwyddiant ymddangosiadol Jeremy Corbyn yn y ras i arwain y blaid. Roedd 'na rywbeth pur arwynebol ynghylch y broses o foderneiddio yr aeth Llafur drwyddi ar ddiwedd y ganrif ddiwethaf.

Cymerwch enghraifft. Rwy'n cofio bod mewn cynhadledd Lafur yn Blackpool lle ymddangosodd y rhosyn coch fel symbol i'r blaid am y tro cyntaf a lle ganodd soprano 'Jerusalem' ar ddiwedd y gynhadledd mewn ymdrech i dewi'r anthem draddodiadol.

Digon teg, ond fe fyddai'r peth wedi bod yn fwy credadwy

pe na bawn wedi gweld Neil Kinnock yn morio canu 'Avanti Popolo' a 'Joe Hill' yn y noson Gymreig ddeuddydd yn gynt.

Nawr dydw i ddim yn honni am eiliad mai tacteg farchnata yn unig oedd Llafur Newydd. Roedd Tony Blair a'i gefnogwyr mwyaf selog wedi eu swyno gan y 'drydedd ffordd' ac yn llwyr gofleidio'r ddiwinyddiaeth newydd, ond doedd trwch aelodau'r blaid ddim hanner mor frwdfrydig.

Iddyn nhw, pris gwerth ei dalu er mwyn sicrhau grym oedd Llafur Newydd – aberth er mwyn gallu cyflwyno polisïau fel yr isafswm cyflog cenedlaethol, rhyddid gwybodaeth a'r gweddill.

Rwy'n amau y byddai nifer ohonyn nhw'n fodlon taro'r un fargen eto, ond am ryw reswm mae'n ymddangos bod llawer o aelodau'r blaid o'r farn fod etholiad 2020 eisoes wedi ei golli. Ymddengys mai 'os am golli, waeth i ni golli'n anrhydeddus' yw'r agwedd.

Boed felly. Efallai fod teimlo felly yn ddealladwy ar ôl colli'r etholiad diwethaf yn annisgwyl, ac efallai y bydd gan yr Hen Ganiadau apêl y tu hwnt i'r Pafiliwn. Efallai.

Fe gawn weld.

Ar 12 Medi cyhoeddwyd mai Jeremy Corbyn fyddai arweinydd newydd Llafur. Enillodd y bleidlais o led cae.

ET TU, HUW?
13 Hydref 2015

Mae dweud bod wythnos yn amser hir mewn gwleidyddiaeth yn dipyn o ystrydeb erbyn hyn ond mae geiriau Harold Wilson yn cael eu dyfynnu mor aml am reswm. Maen nhw'n digwydd bod yn wir.

Wythnos yn ôl ysgrifennais erthygl ynghylch pwy allai olynu Carwyn Jones fel arweinydd Llafur Cymru gan enwi Vaughan Gething a Jeremy Miles[194] ymhlith eraill fel posibiliadau.

---

194 Vaughan Gething, AC De Caerdydd a Phenarth ers 2011. Roedd Jeremy Miles newydd gael ei ddewis yn ymgeisydd Cynulliad Llafur yng Nghastell-nedd.

Bellach mae'n rhaid ychwanegu enw Huw Irranca-Davies at y rhestr. Mae penderfyniad Aelod Seneddol Ogwr i ymgeisio am sedd yn y Cynulliad yn foment o bwys yn hanes ein gwleidyddiaeth am fwy nag un rheswm.

Yn gyntaf, mae'n brawf o'r hyn yr oeddwn yn ei awgrymu wythnos yn ôl, sef bod mwy a mwy o'n gwleidyddion yn troi eu llygaid o San Steffan i gyfeiriad y Bae. Nid fi sy'n dweud hynny y tro yma. Dyma eiriau Huw ei hun:

> 'We should stop being humble about the Welsh assembly and the Welsh government and start saying that this is the place that really matters. I hope it's a sign that the Senedd is gaining in importance and credibility.'

Dylai'r newid agwedd yma olygu y bydd y Cynulliad nesaf yn un llawer mwy aeddfed a threiddgar na'r un presennol ond mae penderfyniad Huw yn bwysig am reswm arall hefyd.

Rwy'n ailadrodd hen, hen bregeth yn fan hyn. Fe fydd y rhan fwyaf ohonoch chi'n gyfarwydd â'r ddamcaniaeth taw'r ffordd i ddeall y broses o ddatganoli yng Nghymru yw trwy ei gweld yng nghyd-destun tensiynau mewnol y Blaid Lafur yng Nghymru. Hynny yw, mae datblygiad cyfansoddiadol Cymru yn cael ei lywio gan y dadleuon rhwng esgyll cenedlaethol ac unoliaethol y blaid honno. Bevan v Griffiths, Cledwyn v George, Kinnock v Morris ac yn blaen, ac yn y blaen, hyd heddiw.

Hyd heddiw. Ers datganoli mae'r rheiny sydd â'u gwreiddiau yn nhraddodiad cenedlaethol y blaid wedi magu grym yn y Bae tra bod y rheiny o awch unoliaethol wedi crynhoi yn San Steffan. Yn ystod teyrnasiad Blair a Brown, tasg yr Ysgrifennydd Gwladol oedd cymodi rhwng y ddwy garfan.

Mae penderfyniad Huw yn arwydd, yn fy marn i, fod dylanwad yr Aelodau Seneddol, ac felly'r traddodiad unoliaethol, yn brysur ddiflannu a bod yr asgell genedlaethol bellach yn rheoli'r broses gyfansoddiadol o safbwynt y Blaid Lafur...

362

O ba fodd y cwymp y cedyrn – ond mae 'na eironi bach yn hyn oll. Os ydy penderfyniad Huw yn arwydd o fuddugoliaeth derfynol y datganolwyr, tybed beth fyddai gan ei wncwl i'w ddweud am hynny? Ifor Davies, Aelod Seneddol Gŵyr, oedd hwnnw ac roedd un o'r 'giang o chwech' Aelod Seneddol Llafur wnaeth wrthwynebu datganoli yn ôl yn 1979.

Dyma oedd gan Ifor i'w ddweud bryd hynny:

'The unity of Wales with the United Kingdom has proved a strength, not a weakness, in tackling our problems. Therefore, our main concern must be to prevent any action which could undermine the relationship. That is why some of us are very worried that the proposals before us will provide a springboard for separation or a step towards the slippery slope leading towards the break-up of the United Kingdom.'

Et tu, Huw?

P'UN AI MYFI NEU ARALL, LEANNE?
28 Hydref 2015

Efallai ei bod yn arwydd o ddiogi meddyliol ar fy rhan i ond ers meitin rwyf wedi teimlo mai llywodraeth 'Cymru'n Ddwy',[195] sef ail glymblaid rhwng Llafur a Phlaid Cymru, fyddai canlyniad mwyaf tebygol etholiad Cynulliad 2016.

Wedi'r cyfan mae'r arolygon yn gyson awgrymu na fydd Llafur yn ennill mwyafrif ym mis Mai a chydag artaith Alun Michael o hyd yn fyw yng nghof llwythol y blaid mae'n annhebyg y byddai'n llywodraethu fel lleiafrif o ddewis.

Gyda Phlaid Cymru'n gwrthod y syniad o glymbleidio â'r Ceidwadwyr, a'r Democratiaid Rhyddfrydol yn cwffio i gadw eu lle ar Gyngor Cwm-sgwt, roedd 'Cymru'n Ddwy' bron yn anorfod.

Yr hyn nad oeddwn wedi ystyried yw pa mor gryf yw'r

---

195 Cyfeiriad at 'Cymru'n Un' – teitl cytundeb clymblaid Llafur a Phlaid Cymru 2007–2011.

teimladau yn erbyn y syniad yn rhengoedd Plaid Cymru. Fe ddaeth maint y gwrthwynebiad yn eglur yng nghynhadledd y blaid dros y Sul gyda mawrion y blaid a'r trŵps fel ei gilydd yn mynegi eu hanfodlonrwydd.

Dyw hi ddim yn anodd deall beth sydd wrth wraidd y gwrthwynebiad. Mae Plaid Cymru wedi dysgu gwers chwerw iawn ynghylch effaith bod mewn clymblaid ar boblogrwydd y partner llai. Fe ddysgodd y Democratiaid Rhyddfrydol yr un wers yn gynharach eleni. Dyw hynny ddim yn golygu bod Plaid Cymru yn gresynu ynghylch ei phenderfyniad i ffurfio Cymru'n Un yn ôl yn 2007. Roedd refferendwm 2011 a'r cynnydd ym mhwerau'r Cynulliad a ddaeth yn ei sgil yn ddigon o wobr i gyfiawnhau'r aberth.

Does dim gwobr gyffelyb gan Lafur i'w chynnig yn 2016. Gyda'r Ceidwadwyr yn teyrnasu yn San Steffan, mater iddyn nhw yw unrhyw gynnydd ym mhwerau'r Cynulliad. Yn y fath amgylchiadau pam ddylai Plaid Cymru gynnal plaid a Phrif Weinidog sy'n ddigon isel eu parch ganddynt? Dyna yw'r ddadl o leiaf.

Ble mae hynny'n ein gadael ni, felly? Mewn tipyn o bicl yw'r ateb.

Os nad ydy Llafur yn ennill mwyafrif yn 2016 gallwn ddisgwyl yr un fath o wyddbwyll wleidyddol ag a gafwyd yn 2007 ond heb unrhyw sicrwydd na fyddai yna fethmat ar ddiwedd y gêm.

Mae etholiad 2016 eisoes yn argoeli'n ddiddorol ond gallasai'r cyfnod sy'n ei ddilyn fod hyd yn oed yn fwy difyr. A fyddai 'na fodd i Carwyn swyno Leanne? Does ond angen gofyn y cwestiwn er mwyn synhwyro'r ateb.

ABIGAIL, BARNEY, NATHAN A NIGEL
17 Tachwedd 2015

Dydw i ddim yn ffan o'r busnes newydd yma o roi enwau ar stormydd. Efallai bod y Swyddfa Dywydd yn credu y bydd rhoi enw ar storm rhywsut yn dyfnhau ein dealltwriaeth o feteoroleg. Os felly, fe achubodd Morus y Gwynt ac Ifan y Glaw y blaen arnyn nhw genedlaethau yn ôl!

Ta beth, does dim rheswm i ni'r Cymry arddel enwau Saesneg fel Abigail a Barney a chan fod gen i, a phawb arall o ran hynny, jyst gymaint o hawl â'r Swyddfa Dywydd i enwi storm, hoffwn gyhoeddi taw Bleddyn nid Barney yw'r cythraul sy'n chwipio'n tonnau a'n tinau heddiw!

Gan fy mod wedi penodi fy hun yn ddyn tywydd, dyma ragolwg hirdymor. Fis Mai nesaf fe fydd storom yn taro Cymru naill ai o'r dwyrain neu'r gogledd-orllewin. Mae'r cyfeiriad yn dibynnu ar yr enw ac rwy'n ei chael hi'n anodd penderfynu rhwng Nigel a Nathan wrth fedyddio'r dymestl arbennig hon. Ydyn, mae UKIP ar gerdded a neb yn gwbwl sicr pa fath o effaith y bydd y blaid yn cael flwyddyn nesaf. Dyma i chi ddwy senario bosib – y naill yn gorwynt a'r llall yn gawod.

Y corwynt yn gyntaf. Mae'n bosib y bydd y cyfnod rhwng nawr ac etholiad y Cynulliad yn un lle mae'r penawdau yn parhau i gael eu dominyddu gan y llif o ffoaduriaid i mewn i Ewrop a bygythiadau ac ymosodiadau gan derfysgwyr. Fe fyddai amgylchiadau o'r fath yn creu tir ffrwythlon iawn i blaid sy'n pwysleisio'r angen i'r Deyrnas Unedig ddiogelu ei ffiniau ac sy'n galw am flaenoriaethu'r boblogaeth gynhenid wrth ddarparu gwasanaethau cyhoeddus.

Yn y fath sefyllfa, pe bai'r blaid yn gallu codi arian digonol i redeg ymgyrch effeithiol yng Nghymru, mae'n ddigon posib y gallasai hi ennill hyd at ddwy sedd rhestr ym mhob un o'r rhanbarthau etholiadol gan sicrhau presenoldeb sylweddol ym Mae Caerdydd.

Y senario arall yw fod UKIP eisoes wedi cyrraedd ei phenllanw a chyda refferendwm Ewrop ar y gorwel ei bod hi'n ymddangos braidd yn amherthnasol mewn etholiad Cymreig.

Gyda'r miliwnyddion yn gwagio'u waledi i dalu am ymgyrchoedd Leave.EU a Vote Leave gallasai diffyg adnoddau a threfniadaeth lawr gwlad yng Nghymru gosti'n ddrud i'r blaid. Mae'n annhebyg, ond yn bosib, na fyddai UKIP yn llwyddo i gyrraedd y trothwy yn yr un o'r rhanbarthau o dan y fath amgylchiadau.

Rhywle rhwng dim a deg i UKIP yw fy narogan i felly.

Does dim rhaid i Owain Wyn Evans na Derek Brockway boeni'n ormodol ynghylch eu swyddi a minnau'n cynnig rhagolwg mor annelwig! Ond fe ddywedaf hyn: nid Saunders Lewis yw'r gŵr sydd ar y gorwel y tro hwn.

PA FUDD SYDD I'R GWEITHYDD?
2 Rhagfyr 2015

Y mae amser i bob peth, ac amser i bob amcan dan y nefoedd, medd Llyfr y Pregethwr, ac yn ôl rheolau arferol ein gwleidyddiaeth, amser Bae Caerdydd ddylai hwn fod. Mae 'na etholiad Cynulliad ar y gorwel a llywodraeth fwyafrifol wedi ei ffurfio yn San Steffan. Pobol y Bae nid rhai glannau afon Tafwys ddylai fod yn cael y sylw.

Nid felly y mae pethau. Yn rhannol mae hynny oherwydd natur y drafodaeth yn San Steffan. Mae popeth arall yn ymddangos fel chwarae bach wrth i Aelodau Seneddol drafod p'un ai ydy hwn yn amser i ryfel neu'n amser i heddwch.[196] Mae'n anffodus, a dweud y lleiaf, fod y dadleuon ynghylch bomio Syria wedi mynd yn gymysg oll i gyd ac artaith fewnol y Blaid Lafur sydd yn dominyddu popeth arall yn San Steffan y dyddiau hyn.

Mae'n anodd gor-ddweud ynghylch hyn. Treuliais i rai oriau wythnos ddiwethaf yn un o fariau'r Senedd a rhyfeddu at ba mor agored yr oedd rhai o fawrion Llafur wrth fynegi eu dirmyg ynghylch arweinydd newydd eu plaid. Does dim ymdrech, hyd

---

196 Pleidleisiodd ASau o 397 i 223 i awdurdodi ymosodiadau gan y DU yn erbyn grŵp IS yn Syria. Yn ystod y ddadl, roedd David Cameron wedi dweud y byddai hynny'n 'cadw pobl Prydain yn ddiogel'. Roedd Jeremy Corbyn wedi dadlau y gallai bomio waethygu'r sefyllfa yn y wlad. Ond roedd yna gymeradwyaeth i araith llefarydd yr wrthblaid ar faterion tramor, Hilary Benn, wrth iddo yntau ddweud bod gan Brydain 'ddyletswydd foesol ac ymarferol' i wynebu IS.

y gwelaf i, i hyd yn oed ceisio esgus bod 'na unrhyw fath o undod yn bodoli o fewn y blaid seneddol, neu rhwng y blaid seneddol a'r blaid ar lawr gwlad.

Yn y fath amgylchiadau mae'n anodd credu nad yw dyfodol y blaid a'u dyfodol personol yn chwarae ar feddyliau ambell i AS heddiw, yn enwedig y rheiny lle mae llwyth o aelodau newydd y blaid yn awchu i flasu gwaed eu 'Tori Coch' lleol.

Gwaed go iawn ddylai fod ar eu meddyliau, wrth reswm, ond rwy'n amau nad felly y mae pethau.

Ble mae hyn oll yn ein gadael ni felly?

Wel, fe fydd David Cameron yn sicrhau mwyafrif heno gyda digon o aelodau Llafur yn ei gefnogi iddo allu hawlio bod y penderfyniad yn un rhyngbleidiol – o gymryd, hynny yw, ein bod o hyd yn ystyried Llafur fel plaid yn yr ystyr draddodiadol.

Yn y cyfamser, yn ôl ym Mae Caerdydd, mae aelodau Llafur yn wynebu etholiad ac yn gwneud eu gorau glas i argyhoeddi eu hunain na fydd Corbynfydrwydd San Steffan yn effeithio gormod ar eu cyfleoedd nhw ym mis Mai.

Breuddwyd gwrach yw hynny.

2016
ARMES CYMRU
5 Ionawr 2016

Un o oblygiadau cynnal dau etholiad pwysig o fewn blwyddyn i'w gilydd yw nad oes fawr o ddewis gan newyddiadurwyr gwleidyddol ond cymryd talp o wyliau dros y Nadolig a'r flwyddyn newydd. Unwaith mae'r ffenest fach yna wedi ei chau, pennau lawr amdani ac ymlaen â ni ffwl pelt tan fis Mai.

Ond cyn i ni ddechrau, beth am ychydig bach o ddarogan? O ddyrchafu fy hun i fod yn rhyw Fyrddin Emrys cyfoes, beth sydd gan Armes Cymru i'w ddweud am 2016?

Y geiriau cyntaf sy'n dod i'r meddwl yw 'och, gwae ni'! Medraf lunio rhestr faith o resymau i esbonio pam y dylai pob un o'r pleidiau, ac eithrio UKIP efallai, ddisgwyl gwneud yn wael yn etholiad 2016.

Dyw hi ddim yn bosib i Lafur Cymru ynysu ei hun yn gyfan gwbwl o'r hyn sy'n digwydd i'r blaid ar lefel Brydeinig ond dyw pethau ddim yn argoeli'n wych i'r Ceidwadwyr chwaith.

Yn draddodiadol mae etholwyr yn defnyddio etholiadau 'ail radd' i gosbi pwy bynnag sydd mewn grym yn ganolog. Mae hynny'n wir am bob gwlad sydd â system seneddol ffederal neu led ffederal. Does dim rheswm dros gredu bod Cymru a Phrydain yn wahanol.

Os nad ydy Llafur mewn sefyllfa i elwa o'r bleidlais brotest, pwy sydd mewn sefyllfa i wneud? Plaid Cymru yw'r ateb amlwg, ond does dim arwydd bod hynny'n digwydd hyd yma. O leiaf, yn wahanol i'r Democratiaid Rhyddfrydol, dyw'r bwytwr pechodau ddim eto'n cnocio ar ddrws y cenedlaetholwyr!

Y broblem, wrth gwrs, yw bod pob etholiad yn 'zero sum game'. Dyw hi ddim yn bosib i bawb golli ac mae'r system etholiadau yn cynnig rhai posibiliadau diddorol.

I fi, y rhanbarth mwyaf diddorol ym mis Mai yw'r Gogledd lle mae 'na bosibilrwydd y gallasai Llafur wynebu chwalfa go iawn. Mae modd dychmygu sefyllfa lle'r oedd Llafur yn colli dwy neu dair sedd yn y rhanbarth hwnnw heb gael ei ddigolledu gan seddi rhestr. Fe fyddai colledion felly, ynghyd ag un neu ddau arall mewn llefydd fel Gogledd Caerdydd a Llanelli, yn mynd â ni'n agos iawn at y trothwy lle na fyddai gan Carwyn Jones fawr o ddewis ond ymddiswyddo fel arweinydd Llafur Cymru, gan adael y dasg o ffurfio llywodraeth i rywun arall.

Mae lle yn union mae'r trothwy hwnnw yn dipyn o destun trafod yn y Bae ac mae'r rhan fwyaf o'r farn y byddai'n rhaid i Carwyn fynd pe bai nifer y seddi Llafur yn gostwng i rywle o gwmpas 25. Wedi'r cyfan, roedd hyd yn oed Alun Michael yn gallu sicrhau 26 sedd i Lafur, a digon byr fu ei deyrnasiad yntau!

Pwy fyddai'n ei olynu? Wel, unrhyw un ond Vaughan yw barn sawl aelod Llafur – ac nid cyfeirio at Olygydd Materion Cymreig y BBC y maen nhw! Vaughan Gething yw'r ffefryn o hyd, dybiwn i, ond rwy'n amau efallai fod Huw Irranca yn dechrau gloywi ei iaith!

Ar 20 Chwefror 2016, cyhoeddodd David Cameron y cynhelid y refferendwm ar aelodaeth y DU o'r Undeb Ewropeaidd ar 23 Mehefin 2016.

C'EST LA VIE
23 Chwefror 2016

Weithiau, mae'n talu i beidio meddwl gormod.

Ers blwyddyn a mwy mae Andrew RT Davies wedi bod yn gwbwl gyson wrth sôn am Ewrop. Bob tro roedd y pwnc yn codi, yr un oedd yr ateb. Roedd arweinydd y Ceidwadwyr yn teimlo 'wrth reddf' y dylai Prydain adael yr Undeb Ewropeaidd ond yn dymuno gweld ffrwyth ailnegodi David Cameron cyn penderfynu'n derfynol pa ochr i gefnogi yn y refferendwm.

Eto i gyd, ar waetha'r 'reddf' yna, prin oedd yr Aelodau Cynulliad a'r newyddiadurwyr oedd yn credu y byddai Andrew yn faswr ar ddiwedd y dydd. Roedd ei gyhoeddiad ddoe ei fod am bleidleisio dros adael yr undeb yn dipyn o sioc felly, ac mae un o fy nghyd-weithwyr un Big Mac yn dlotach o'r herwydd. Y wers amlwg yw peidiwch â meddwl gormod – a pheidiwch mentro byrgyr ar broffwydo teithiau meddyliol Andrew RT Davies!

Fel mae'n digwydd, rwy'n llwyr dderbyn esboniad Andrew ei fod wedi gwneud y penderfyniad ar ei liwt ei hun ac ar sail y dadleuon. Dyw hynny ddim yn golygu nad oes i'w benderfyniad oblygiadau strategol i'r Ceidwadwyr a'r pleidiau eraill yn ystod ymgyrch etholiad y Cynulliad.

Beth fydd yn denu sylw'r wasg a'r cyfryngau wrth i David Cameron ac Andrew gydymgyrchu? Oes angen gofyn? Pan ddaw Boris Johnson neu George Osborne i Gymru, pa bwnc fydd ar wefusau pawb? For ever in Ewrop, gwd boi.

Ond nid dyna yw'r unig broblem i'r blaid. Pan gyhoeddir ei maniffesto Cynulliad mae'n saff o gynnwys addewidion sy'n ddibynnol ar ddefnyddio arian o gronfeydd strwythurol yr Undeb Ewropeaidd. Mae Metro De Cymru a gwelliannau i'r A55 yn enghreifftiau amlwg o addewidion o'r fath.

Gall maswr fel Andrew ddadlau, wrth gwrs, y byddai'r
arian yn dod o goffrau'r Deyrnas Unedig pe bai Prydain yn
gadael yr Undeb Ewropeaidd. Wedi'r cyfan mae Prydain yn
cyfrannu mwy i'r Undeb nag y mae'n derbyn yn ôl. Yn wir
dyna oedd dadl Andrew mewn cynhadledd newyddion y bore
'ma.

Y broblem yw does dim sicrwydd y byddai San Steffan yn
dewis gwario'r arian felly, a gallwch fentro'ch crys na fydd
George Osborne yn addo gwneud hynny cyn y bleidlais ym mis
Mehefin.

Byddwn mewn sefyllfa ryfedd felly, lle bydd arweinydd
sy'n dymuno gweld Prydain yn gadael yr Undeb Ewropeaidd
yn gwneud addewidion sy'n ddibynnol ar haelioni'r undeb
hwnnw.

AHA ZAHA
1 Ebrill 2016

Mae marwolaeth ddisymwth y pensaer Zaha Hadid wedi esgor
ar lwyth o deyrngedau a chofiannau a phob un ohonynt bron
yn crybwyll ei champwaith coll – Tŷ Opera Bae Caerdydd.[197]
Mae hanes y cynllun hwnnw yn un rhyfedd ac yn un sy'n
adrodd cyfrolau am y ffordd roedd grym yn gweithio yng
Nghymru yn y dyddiau cyn datganoli.

Virginia Bottomley, yr Ysgrifennydd Treftadaeth, wnaeth
roi'r gyllell i mewn yn y diwedd ond yn ei lyfr *Opera House
Lottery* mae cadeirydd ymddiriedolaeth y Tŷ Opera hefyd
yn rhoi peth o'r bai ar ysgwyddau eraill hefyd.[198] Cyn-
Ysgrifennydd Cymru, Nicholas Edwards, oedd y cadeirydd
a'r awdur hwnnw, ac fe ddylai wybod wrth feirniadu diffyg
uchelgais Michael Heseltine a William Hague ymhlith eraill
am y methiant.

Mae'r gwir ychydig bach yn fwy cymhleth, rwy'n

197 Zaha Hadid, 1950–2016.
198 *Opera House Lottery: Zaha Hadid and the Cardiff Bay Project* gan
Nicholas Crickhowell, Gwasg Prifysgol Cymru, 1997.

meddwl. Yn nyddiau Nick yn y Swyddfa Gymreig roedd Ysgrifenyddion Cymru wedi arfer â chael eu ffordd. Pe bai'r Ysgrifennydd yn dymuno gweld rhywbeth yn digwydd, fe fyddai'r rhywbeth yna yn digwydd – beth bynnag bo'r gost neu'r farn gyhoeddus.

Cymerwch brif orchest Nicholas Edwards ei hun, Morglawdd Bae Caerdydd, fel enghraifft. Fe gostiodd hwnnw ddau gan miliwn o bunnau i'w adeiladu a gwarir ugain miliwn o bunnau'r flwyddyn i gynnal y barad ei hun a'r llyn a grëwyd ganddo.

Fe fyddai nifer yn dadlau bod y buddsoddiad hwnnw yn un sydd wedi talu ar ei ganfed, ond nid dyna'r pwynt. Y peth yw hyn, mae'n amhosib dychmygu llywodraeth oedd yn atebol i bobl Cymru yn meiddio gwario cymaint o arian ar brosiect o'r fath, yn enwedig un yn y brifddinas. Fe fyddai'r peth yn wenwyn etholiadol y tu fas ac, o bosib, y tu fewn i Gaerdydd.

Ond erbyn 1995, pan wrthodwyd cynlluniau'r ymddiriedolaeth roedd pethau wedi dechrau newid. Roedd hi'n weddol amlwg fod newid llywodraeth a Chynulliad ar y ffordd, ac roedd yr oes pan oedd Ysgrifennydd Gwladol yn gallu ymddwyn fel rhyw fath o Arglwydd Raglaw yn tynnu at ei therfyn.

Gyda'r cyhoedd yn crafu eu pennau ynghylch cynlluniau annelwig Hadid ac wedi eu camarwain i gredu y byddai llwyddiant i'r Tŷ Opera yn golygu diwedd ar y cynlluniau ar gyfer Stadiwm y Mileniwm, does dim rhyfedd fod byd y bêl wedi trechu byd y baswyr.

Wrth gwrs, yn y diwedd, fe gafodd Caerdydd y stadiwm ac, o dan enw arall, y tŷ opera – yr unig ddinas tu fas i Lundain i sicrhau dau o brif brosiectau Comisiwn y Mileniwm. Yn y broses, aberthwyd cynllun Hadid.

Mae'n amhosib gwybod a fyddai mwclis crisial Zaha wedi ennill calonnau pobol yn yr un modd â thomen lechi Jonathan Adams. Un peth sy'n sicr, fe fyddai wedi bod yn gofeb addas i'r hen ffordd o wneud pethau – rhyw fath o fersiwn Gymreig o'r 'Gateway of India' ar lannau llyn Nick Edwards.[199]

Yn Ionawr 2016, cyhoeddodd cwmni Tata y byddai 750 o swyddi yn mynd yng ngwaith dur Port Talbot. Ddiwedd Mawrth cyhoeddodd y cwmni y byddai'n gwerthu'r holl safleoedd yn y DU.

HAEARN YN Y TÂN
5 Ebrill 2016

Mae angen bod yn galon-galed yn y jobyn yma weithiau ac er ein bod I gyd yn teimlo cydymdeimlad â gweithwyr Tata gallwch fentro nad fi yw'r unig un sy'n ceisio dyfalu beth fydd effaith argyfwng y diwydiant dur ar etholiad y Cynulliad.

Gallwch fod yn sicr fod strategwyr y pleidiau wedi bod yn gwneud hynny ac eisoes gwelwyd ffrwyth eu dyfalu. Neithiwr, er enghraifft, fe ddewisodd Llafur roi'r *drop* i'w darllediad gwleidyddol er mwyn darlledu datganiad i'r camera gan Carwyn Jones.

Y nod gwleidyddol, mae'n debyg, oedd portreadu Carwyn fel gwladweinydd ac arweinydd cenedlaethol mewn cyfnod o argyfwng. Os felly, mae'n biti ei fod wedi ei ffilmio mewn swyddfa oedd yn debycach i orsaf waith mewn canolfan alwadau na swyddfa arweinydd.

Fe fydd gen i fwy i'w ddweud am Lafur yn y man ond y peth cyntaf i'w nodi yw y gallasai trafferthion Tata fod yn newyddion gwael iawn i Geidwadwyr Cymru – oni cheir rhyw fath o achubiaeth wyrthiol.

Mae holl naratif y cyfryngau Prydeinig wedi canolbwyntio ar fethiannau a chyfrifoldebau llywodraeth David Cameron, a

---

199 Saif y 'Gateway of India' ger yr harbwr ym Mumbai. Fe'i codwyd i nodi ymweliad Brenin Sior y 5ed yn 1911. Yn ddiweddarach bu'n fynedfa seremonïol i lywodraethwyr y ddinas a chynrychiolwyr y Frenhiniaeth. Wedi i India gael ei hannibyniaeth, gadawodd rhai o filwyr y DU drwy'r porth gan nodi diwedd rheolaeth Prydain.

gallasai'r blaid gynulliadol dalu pris am hynny ar Fai'r 5ed. Ar ben hynny, mae'r holl sylw ar yr economi wedi tynnu'r gwynt o hwyliau ymgyrch y Ceidwadwyr – ymgyrch oedd i fod i ganolbwyntio ar gyflwr gwasanaethau cyhoeddus Cymru.

Mae'n debyg mai'r economi oedd i fod yn ganolbwynt i ymgyrch y Blaid Lafur – ond economi Aston Martin a TVR yn hytrach nag economi o dan gysgod ffwrneisi oer. Y peryg i'r blaid yw bod yr argyfwng dur yn gwneud i'r Prif Weinidog edrych naill ai'n ddi-rym neu'n ddi-glem. Ydy'r capten yn debyg o dderbyn clod am lansio'r cychod achub, neu o gael ei feio am fod wrth y llyw pan darodd y llong y creigiau? Gallai llawer ddibynnu ar yr ateb i'r cwestiwn yna.

Mae'n bryd i fi roi fy mhen ar y bloc felly. Yn reddfol rwy'n teimlo y bydd helyntion Tata yn niweidio'r Ceidwadwyr yn fwy na Llafur. Fe fyddai hynny'n newyddion da i Lafur o safbwynt y frwydr yn yr etholaethau, ond mae'n bosib taw'r gwir enillwyr yn fan hyn yw'r pleidiau nad ydynt mewn grym y naill ben i'r M4 na'r llall.

O, am arolwg barn!

Y STORM
26 Ebrill 2016

… Roeddwn i'n meddwl ynghylch Islwyn, yr etholaeth nid y bardd, ddoe wrth bori trwy ganlyniadau arolwg barn diweddaraf YouGov/ITV. Buddugoliaeth Plaid Cymru yn yr etholaeth honno yn 1999 yw'r canlyniad mwyaf annisgwyl yn hanes etholiadol Cymru. Doedd neb, gan gynnwys Plaid Cymru, wedi gweld y peth yn dod.

Yn ôl yn 1999 enillodd Llafur 37.6% o'r bleidlais etholaethol a 28 o seddi. Yn ôl YouGov, 33% sy'n bwriadu pleidleisio dros Lafur yn yr etholaethau'r tro hwn – digon, yn ôl fy nghyfaill Roger Scully, i sicrhau 28 o seddi unwaith yn rhagor.

Nawr, dydw i ddim am feirniadu Roger am eiliad. Does dim ffordd amgen i drin yr ystadegau er mwyn darogan faint o seddi y bydd pob plaid yn eu hennill.

Ar ôl dweud hynny, os ydy canran Llafur cyn ised ag y mae YouGov yn ei awgrymu fe fyddai angen cyfuniad gwyrthiol o Kabuki a Sudoku etholiadol er mwyn iddi gyflawni proffwydoliaeth Roger. Hynny yw, fe fyddai angen i ddosbarthiad y pleidleisiau Llafur fod yn rhyfeddol o effeithlon er mwyn ennill wyth sedd ar hugain.

Rydym mewn sefyllfa lle mae Llafur yn troedio llwybr cul iawn ar dir corsiog ac mae'n anodd credu na fydd y blaid yn llithro mewn ambell i fan. Y cwestiwn yw yn ble, a'r gwir plaen yw does dim clem 'da fi!

Mae nos Iau nesaf am fod yn un hynod ddiddorol.

DA YDY DAROGAN
3 Mai 2016

Un o'r straeon digri o'r etholiad yma oedd yr holl ffwdan ynghylch teyrnged Jonathan Edwards i'w gyd-bleidiwr Adam Price mewn taflen etholiad.[200] Gan taw fi oedd y cyntaf i gyfeirio at Adam fel y 'mab darogan' cedwais yn dawel ynghylch y peth!

Yn y cyfamser, mae'n bryd i mi fy hun wisgo gŵn y dyn hysbys a cheisio darogan ryw ychydig ynghylch yr hyn allasai ddigwydd nos Iau.

Dydw i ddim am ailadrodd yr hyn y mae'r arolygon cenedlaethol yn dangos, na cheisio cymhwyso'r arolygon hynny at etholaethau unigol. Yn hytrach na gwneud hynny rwy am drin y rasys etholaethol fel deugain isetholiad a cheisio dyfalu yn lle y gallem weld canlyniadau annisgwyl neu anarferol.

Dyma nhw felly – yn seiliedig ar sgyrsiau a sibrydion, dyma i chi lond dwrn o etholaethau i gadw llygad arnynt nos Iau. Mae'n ddigon posib na fydd yr un ohonynt yn newid dwylo, ond dyma ambell i sedd lle mae sioc yn bosib.

Y sedd gyntaf i ddod mas o'r het yw Ceredigion – etholaeth lle mae mwyafrif Elin Jones wedi bod yn gostwng yn gyson er

---

200 Beirniadodd un ymgeisydd Ceidwadol, Matthew Paul, y daflen gan ddweud ei fod yn un o'r pethau mwyaf gwenieithus yr oedd e erioed wedi ei weld.

iddi ennill y sedd gyntaf yn ôl yn 1999. 10,249 oedd y mwyafrif bryd hynny. 1,777 oedd yr adwy yn 2011. Mae'r Democratiaid Rhyddfrydol wedi bod yn taflu popeth at y sir ond dyw Plaid Cymru ddim wedi bod yn gorffwys ar ei rhwyfau. Yn sicr mae'n un i'w gwylio.

Dwy sedd yn y cymoedd sydd nesaf, sef Caerffili a'r Rhondda. Os ydy Plaid Cymru'n cipio sedd yn y de diwydiannol y tro hwn rwy'n tybio mai un o'r ddwy yma fydd hi.

Caerffili sydd debycaf o syrthio, yn fy marn i, gan fod y trothwy i'w hennill yn debyg o fod llawer yn is nag yn y Rhondda. Gallasai ychydig dros draean o'r bleidlais fod yn ddigon i ennill Caerffili. Mae'n debyg y bydd angen llawer mwy na hynny i ennill yn y Rhondda.

Lan â ni i'r gogledd-ddwyrain nesaf. Ar gychwyn yr ymgyrch, y rhanbarth hwn oedd yn cael ei ystyried fel prif faes y gad rhwng Llafur a'r Ceidwadwyr, gyda hyd at bedair sedd Llafur mewn peryg. Dyw hynny ddim wedi newid rhyw lawer. Dyffryn Clwyd yw prif darged y Ceidwadwyr o hyd ond mae'n bosib y gallai un o sêr ifanc y Blaid Lafur, Ken Skates, ddisgwyl canlyniad agos hefyd yn Ne Clwyd.

Er mwyn cydbwysedd yn fwy na dim, rwy wedi bod yn crafu fy mhen i feddwl oes 'na unrhyw etholaeth y gallai Llafur ei chipio'r tro yma. Does 'na ddim, mewn gwirionedd, ond rwy am grybwyll Aberconwy, sedd ymylol dair ffordd, gan ei bod wedi newid dwylo ym mhob un etholiad Cynulliad hyd yma. Fe fyddai'n stori pe bai rhywun yn llwyddo i'w dal hi am unwaith!

I gwpla, gwyliwch mas am un sedd yn arbennig ar yr ochor ranbarthol sef yr un sy'n eiddo i Andrew RT Davies. Gan ddibynnu ar y canlyniadau etholaethol, gallai'r Ceidwadwyr golli sedd eu harweinydd am yr eildro o'r bron o ganlyniad i'w penderfyniad rhyfedd braidd i beidio caniatáu i'w haelodau sefyll yn y rhestrau a'r etholaethau.

A dyna ni. Pwysleisiaf unwaith yn rhagor nad y seddi uchod yw'r rhai mwyaf tebygol i newid dwylo ond o blith y rhain y mae ambell i sioc yn debyg o ddod. Fe fyddwn yn gwybod yn ddigon buan.

Roedd Vaughan yn iawn i ddewis y Rhondda fel sedd ble y gellid cael sioc. Yno, curodd Leanne Wood y gweinidog profiadol Leighton Andrews. Heblaw am hyn, doedd yna ddim newidiadau yn y map etholaethol. Ar y rhestrau rhanbarthol, gwnaeth UKIP eu marc yn ôl y disgwyl, gan sicrhau saith sedd ar draul y Ceidwadwyr a'r Democratiaid Rhyddfrydol a adawyd gydag un sedd yn unig – un ei harweinydd Kirsty Williams a gynyddodd ei mwyafrif hithau ym Mrycheiniog a Maesyfed.

TIPYN O DŶ BACH TWT
10 Mai 2016

Dyma ni yn ôl yn Nhŷ Hywel felly, a phawb yn ceisio dygymod gyda realiti bywyd yn y pumed Cynulliad – un fydd yn wahanol iawn i'w ragflaenydd. Wrth i'r aelodau eistedd gyda'i gilydd am y tro cyntaf yfory fe fydd 'na lu o benolau newydd ar feinciau'r Senedd, plaid newydd sbon, llywydd newydd i'w ethol ond yr un hen Brif Weinidog.

Serch yr olaf, fe ddylai naws y Cynulliad brofi'n fwy bywiog na'i ragflaenwyr. Fel yn y Cynulliad cyntaf fe fydd presenoldeb criw o gyn-Aelodau Seneddol yn dod â thipyn o naws y siambr honno i'r Senedd a gellir disgwyl i garfan UKIP fod ychydig yn fwy pigog a swnllyd na'r diweddar Ddemocratiaid Rhyddfrydol. Yn sicr, opera sebon y blaid borffor sydd wedi bod yn hawlio llawer o'r sylw hyd yma ond y gwir tebyg yw y bydd ffawd y blaid honno'n gymharol amherthnasol wrth i stori'r pumed Cynulliad ddatblygu. Y deinamig rhwng Llafur a Phlaid Cymru sy'n debyg o fod yn allweddol dros y pum mlynedd nesaf ac mae'n llawer rhy gynnar i ddarogan rhyw lawer am y ffordd y bydd y berthynas honno'n datblygu.

Yn sicr dyw'r naill ochr na'r llall ddim yn awchu am glymblaid ond mae'n bosib y bydd 'na rywfaint o gydweithio a chydweithredu. Gallai'r etholiadau yfory i ddewis Llywydd y Cynulliad a'i ddirprwy fod yn arwydd o ba ffordd y mae'r gwynt yn chwythu.

Yn y cyfamser fe fydd Carwyn Jones yn pendroni ynghylch

penodi ei Gabinet, gyda sawl twll i'w lenwi yn sgil ymadawiadau gwirfoddol a gorfodol. Yn ôl y sibrydion, dyw Mark Drakeford ddim yn dymuno parhau fel Gweinidog Iechyd ond gallai llenwi'r twll hwnnw fod yn anodd, gyda'r ymgeisydd amlwg, Leighton Andrews, wedi ei dorri mas.

Dyma'r penbleth i Carwyn. Mae 'na lwyth o aelodau newydd addawol ond dibrofiad ar y meinciau Llafur, a chriw o bobol hynod o brofiadol ond di-fflach braidd ar y meinciau blaen. Sut mae sicrhau cydbwysedd rhyngddynt? Cofiwch wylio.

Ar Fai'r 10fed, dewisodd ACau UKIP Neil Hamilton fel arweinydd grŵp y blaid yn y Cynulliad yn hytrach na'u harweinydd Cymreig, Nathan Gill. Roedd rhai a fu ynghlwm ag ymgyrch etholiadol UKIP wedi disgwyl cael swyddi gyda'r grŵp cynulliadol, ond drylliwyd eu gobeithion hwythau pan ddaeth Neil Hamilton yn arweinydd.

OPERA SEBON UKIP
11 Mai 2016

Mae'n rhaid i chi fod yr ochr anghywir i ddeugain oed i gofio'r peth, ond un o gyfresi teledu mwyaf poblogaidd yr 1980au oedd *Soap* – rhaglen Americanaidd oedd yn barodi o operâu sebon y cyfnod. Bob wythnos roedd y rhaglen yn cychwyn gyda chrynodeb o droeon trwstan anghredadwy'r penodau blaenorol gan ofyn y cwestiwn hwn: 'Confused? You won't be after this week's episode of *Soap*.'

Mae miwsig agoriadol y gyfres honno fel chwilen yn fy mhen bob tro rwy'n gorfod gweithio ar stori'n ymwneud ag UKIP. Disgwyliwch yr annisgwyl. Coeliwch yr anghredadwy. Beth ar y ddaear sydd nesaf?

Roeddwn i'n cloncian yn ddigon dymunol gydag un o weision bach UKIP bore ddoe ac yntau'n siarad yn browd am y swydd yr oedd yn disgwyl ei chael gyda'r grŵp. Rai oriau'n ddiweddarach roedd e ar ei ffordd adref gyda'i gwt rhwng ei goesau yn poeni ynghylch beth i'w ddweud wrth ei wraig.

Dywedodd un arall wrthyf: 'Today was meant to the best day of my life, it's turning out to be the worst.'

Yr hyn sy'n bwysig i'w sylweddoli ynghylch yr opera sebon arbennig yma yw nad rhyw frwydr fach bersonol Gymreig sy'n mynd ymlaen yn fan hyn.

Dim ond ffŵl fyddai'n credu nad oes gan uchelgais bersonol rywbeth i'w wneud ag unrhyw ffrae wleidyddol, ond nid uchelgais nac ariangarwch yw'r ffactor pennaf yn nhrafferthion UKIP Cymru. Ond rhan fach, ond hynod bwysig, o ffrwgwd llawer iawn mwy yw'r hyn sy'n digwydd ym Mae Caerdydd – brwydr am gorff ac enaid UKIP rhwng Nigel Farage a'i gefnogwyr ar y naill law a mwyafrif aelodau Pwyllgor Gwaith y blaid ar y llall. Nathan Gill yw'i Farage wr yn y frwydr Gymreig, Neil Hamilton yw lladmerydd y Pwyllgor Gwaith.

Gyda Neil Hamilton wedi ennill y rownd gyntaf yn y frwydr mae'n bosib y bydd y ddwy garfan yn llwyddo i gelu eu gwahaniaethau rhwng nawr a'r refferendwm Ewropeaidd. Ar ôl hynny gallwn ddisgwyl gwaed ar y muriau. Megis cychwyn mae pethau, ac os oeddech chi'n meddwl mai tor-priodas Den ac Angie oedd penllanw chwerwder ym myd yr operâu sebon, mae'n bosib bod 'na ysgariad llawer iawn fwy gwaedlyd i ddod.

'Confused, you won't be!'

Drannoeth drama UKIP cafwyd un arall, yn siambr y Cynulliad y tro hwn. Yn fuan wedi ethol Elin Jones o Blaid Cymru fel Llywydd y Cynulliad, methodd yr ACau ag ethol Prif Weinidog newydd. Roedd yr Arweinydd Llafur, Carwyn Jones, wedi disgwyl cael ei ailethol. Ond enwebodd Plaid Cymru Leanne Wood, ac fe'i cefnogwyd hi gan y Ceidwadwyr ac UKIP, tra bod Mr Jones wedi ennill cefnogaeth yr unig Ddemocrat Rhyddfrydol, Kirsty Williams, a'i blaid ei hun. Gyda'r bleidlais yn gyfartal ar 29–29, gohiriwyd y cyfarfod.

Cyhuddodd Llafur Blaid Cymru o ddod i gytundeb gyda'r Ceidwadwyr ac UKIP, cyhuddiad a wadwyd gan Blaid Cymru.

TANTRYMS
12 Mai 2016

Un cwestiwn, ac un cwestiwn yn unig, sydd gen i yn sgil digwyddiadau'r pedair awr ar hugain diwethaf. Beth ar y ddaear oedd ar feddwl Carwyn Jones pan benderfynodd alw pleidlais i ethol Prif Weinidog heb sicrhau bod ganddo'r niferoedd i'w hennill?

Mae sawl aelod Llafur wedi cynnig atebion i'r cwestiwn hwnnw. Mae'r rheiny'n amrywio a dydw i ddim yn sicr fy mod fymryn yn nes at y lan o'u clywed.

Yn ôl un fersiwn o'r stori roedd Llafur a Phlaid Cymru wedi cyrraedd cytundeb y byddai Plaid yn cael dewis Llywydd y Cynulliad ac o ganlyniad yn rhoi rhwydd hynt i Carwyn gadw ei swydd. Yr honiad yw bod Plaid Cymru wedi torri ei gair ar y funud olaf. Pe bai hynny'n wir fe fyddai Llafur wedi gwneud môr a mynydd o'r peth. Gallwn ddiystyru'r fersiwn yna'n weddol hawdd felly.

Mae stori arall yn portreadu Carwyn Jones fel rhyw fath o gynllwyniwr Machiavelli-aidd oedd yn dymuno colli'r bleidlais er mwyn gallu defnyddio fideo o aelodau UKIP yn cefnogi Leanne Wood mewn darllediadau gwleidyddol.

Does ond angen ailadrodd yr honiad i sylweddoli pa mor wirion yw e. Pam ar y ddaear y byddai Prif Weinidog yn peryglu ei swydd er mwyn cynhyrchu deunydd propaganda ar gyfer etholiad sydd flynyddoedd i ffwrdd a phan na fydd e'n ymgeisydd?

Serch hynny, mae'r ail esboniad yna'n cynnig cliw bach i ni ynghylch meddylfryd o fewn y Blaid Lafur a allasai fod wedi arwain at drybini ddoe.

Am ryw reswm neu'i gilydd mae 'na gred ymhlith actifyddion Llafur fod mwyafrif pobol Cymru yn perthyn i'w llwyth. Eu cred yw bod rhyw 30% o bobol Cymru yn Dorïaid digyfaddawd a digyfnewid. Mae pawb arall yn y bôn yn bobol Llafur – beth bynnag yw eu pleidlais.

Mewn geiriau eraill roedd yr holl bobol yna wnaeth

bleidleisio i Blaid Cymru, y Blaid Werdd, y Democratiaid Rhyddfrydol a'r gweddill, wythnos yn ôl, rili, rili, rili moyn gweld Carwyn Jones yn llywodraethu am bum mlynedd arall. Oherwydd hynny fe fyddai'n hunanladdiad gwleidyddol i gynrychiolwyr y pleidiau hynny dorri'r un gair â Thori neu UKIPwr. Doedd dim peryg felly o alw'r bleidlais.

Dydw i ddim yn gwybod o ble mae'r syniadau yma'n dod ond mae'n rhyfeddod fod rhai o actifyddion Plaid Cymru yn eu credu hefyd. Er mwyn y nefoedd, bois, mae'r pyllau wedi hen gau a neb dan ddeugain yn cofio Margaret Thatcher. Rhowch daw arni!

Heddiw cawsom wybod bod Llafur yn trafod ag UKIP a'r Ceidwadwyr, yn ogystal â Phlaid Cymru, mewn ymdrech i ddod allan o'r picl. Hynny yw, mae Llafur yn cyflawni'r union bechod â'r un gan Blaid Cymru roedd Aelodau Seneddol Llafur yn brefu yn ei gylch ar y cyfryngau cymdeithasol neithiwr.

Yr Aelodau Seneddol oedd yn gwneud hynny, sylwer, nid yr Aelodau Cynulliad. Mae'r rheiny wedi sylweddoli nad oes dewis mewn siambr grog ond siarad – a siarad â phawb. Mae'n biti efallai na sylweddolwyd hynny cyn pleidlais ddoe.

TRI PHETH SY'N ANODD NABOD
18 Mai 2016

Mae tri yn rhif hudol medden nhw, ond o wylio sesiwn y Cynulliad y prynhawn yma mae'n taro dyn nad yw bod yn drydedd blaid yn y Cynulliad hwn yn lle swynol iawn i fod. Gyda Phlaid Cymru mwy neu lai yn penderfynu pa ddarnau o fusnes y Llywodraeth fydd yn cael eu gwireddu, ac UKIP yn hawlio sylw trwy daflu tân gwyllt i bob cyfeiriad, roedd Andrew RT Davies yn edrych yn ffigwr ymylol braidd heddiw, yn amherthnasol rywsut, a gallasai hynny fod yn broblem ddifrifol dros y blynyddoedd nesaf.

Mae'r ymdrechion i ffurfio Llywodraeth, llanast y Democratiaid Rhyddfrydol a llwyddiant UKIP wedi hawlio llawer o'r sylw ers yr etholiad. Efallai bod Andrew RT Davies yn falch o hynny, o gofio pa mor siomedig oedd perfformiad ei blaid wrth iddi syrthio'n ôl i'r trydydd safle a cholli ei statws fel y brif wrthblaid, ond megis cychwyn mae'r problemau.

Mae 'na 22 o aelodau newydd sbon danlli yn y Cynulliad ond does dim un ohonyn nhw ar y meinciau Ceidwadol. Yr un hen wynebau sydd i'w gweld yn y fan yna ac mae'n deg i ddweud, rwy'n meddwl, nad yw'r grŵp ar y cyfan yn mynd i allu rhoi'r byd ar dân.

Y gwir amdani yw bod gwleidyddion o bleidiau eraill yn awchu i ddod i Gaerdydd erbyn hyn, tra bod Ceidwadwyr uchelgeisiol i gyd â'u llygaid ar San Steffan. Mae hynny'n ddealladwy. Mae pob gwleidydd yn chwennych grym ac mae bod yn Aelod Cynulliad Ceidwadol bron mor bell o goridorau grym ag mae'n bosib bod.

Rwy'n amau y bydd y pum mlynedd nesaf yn rhai hir a rhwystredig i Geidwadwyr y Cynulliad. Fe drodd corff wnaeth gynnig cwch achub i'r blaid yn ei flynyddoedd cynnar yn dipyn o gell iddi erbyn hyn. Y peryg yw bod y blaid unwaith yn rhagor yn cael ei gwthio allan i ymylon ein gwleidyddiaeth genedlaethol ac yn diflannu o'r sgwrs.

Mae angen strategaeth newydd ar y blaid Gymreig – a hynny ar fyrder.

Ar 19 Mai, enwyd Kirsty Williams yn Ysgrifennydd Addysg yng Nghabinet Carwyn Jones. Roedd angen i aelodau'i phlaid gymeradwyo'i phenodiad mewn cynhadledd arbennig yn y Drenewydd y Sadwrn canlynol.

TRA BO DAU
20 Mai 2016

Cytundeb digon rhyfedd yw hwnnw rhwng Kirsty Williams a Carwyn Jones i alluogi i Kirsty Williams ymuno â'r Llywodraeth. Pwysleisir gan Lafur nad cytundeb clymblaid yw hwn. Does dim modd clymbleidio ag unigolyn, meddir, ac o'r herwydd does dim angen i Carwyn sicrhau sêl bendith ei blaid.

Mae'r Democratiaid Rhyddfrydol ar y llaw arall yn ceisio portreadu'r cytundeb fel un tebyg ei anian i'r rheiny a gafwyd rhwng y ddwy blaid, a rhwng Llafur a Phlaid Cymru, mewn Cynulliadau blaenorol.

Diwinyddol yw'r gwahaniaethau yn y bôn ond sut bynnag y mae diffinio'r cytundeb fedr neb wadu ei bod yn un hael iawn o safbwynt yr hyn y mae Kirsty Williams yn ei gael, o ystyried gwendid ei sefyllfa.

Pam felly yr oedd Carwyn mor awyddus i gael Kirsty Williams yn ei Gabinet? Mae 'na ddwy elfen i'r ateb, dybiwn i. Mae'r elfen gyntaf yn bersonol. Mae'r ddau arweinydd ar y cyfan yn dod ymlaen ac yn parchu ei gilydd – sylfaen dda i unrhyw berthynas.

Pwynt mathemategol a chyfansoddiadol yw'r ail elfen. Er nad yw'r cytundeb yn sicrhau mwyafrif i Carwyn yn y Cynulliad, mae'n ddigon i sicrhau nad oes mwyafrif gan y gwrthbleidiau chwaith.

Fe fydd angen i Carwyn fargeinio ynghylch cyllidebau a deddfwriaeth a phethau felly ond gall wneud hynny heb fwyell yn hofran uwch ei ben. Hynny yw, mae'r peryg o bleidlais diffyg hyder gan y gwrthbleidiau wedi diflannu i bob pwrpas.

Mae'r manteision i Lafur yn eglur, ond mae'r cytundeb yn gambl enfawr i'r Democratiaid Rhyddfrydol. Y peryg yw bod y blaid yn troi i fod yn ddim byd mwy na chasgliad o gynghorwyr gydag un Aelod Seneddol nad yw'n adnabyddus y tu hwnt i'w etholaeth ei hun, ac un Aelod Cynulliad sydd, i bob pwrpas, yn aelod Llafur.

Efallai nad oes gan y blaid ddewis ond twlu'r deis ond rwy'n amau y bydd rhai o fewn y blaid yn bryderus iawn ynghylch y penderfyniad. Gallai cynhadledd arbennig y blaid fod yn un ddiddorol – er go brin y bydd yr aelodau yn beiddio herio eu prif ased gwleidyddol.

EI MAWRHYDI
7 Mehefin 2016

Peth digon rhyfedd yw agoriad Brenhinol y Cynulliad – rhyw grochan mawr o gawl sy'n llawn o gynhwysion nad ydynt mewn gwirionedd yn gweddu â'i gilydd. Ceir ystod o symbolau seneddol Normanaidd, llond lletwad o filitariaeth Brydeinig, ynghyd ag ambell i gerdd ac emyn i roi ychydig o flas Cymreig ar y cyfan.

Y rhyfeddod yw bod y peth yn gweithio o gwbwl, er efallai ei fod yn golygu gwahanol bethau i wahanol bobl. Yn sicr dyw'r seremoni ddim yn wrthun i aelodau Plaid Cymru fel y buodd hi yn y gorffennol, gyda dim ond Bethan Jenkins yn cadw draw. O farnu o'u hwynebau roedd aelodau'r Ceidwadwyr ac UKIP wrth eu boddau â'r peth tra bod ymarweddiad yr aelodau Llafur yn fwy niwtral.

Yr hyn sy'n ddiddorol yw cymaint y mae'r seremoni wedi newid yn ystod oes fer y Cynulliad, wrth i'r corff ei hun esblygu ac wrth i'r gymdeithas o'i gwmpas newid.

Un enghraifft o hynny yw'r ffordd y mae crefydd bron wedi llwyr ddiflannu o'r achlysur. Yn ôl yn 1999 cynhaliwyd gwasanaeth aml-ffydd yng Nghadeirlan Llandaf cyn cychwyn ar y busnes yn y Bae. Eleni, ac eithrio Only Boys Aloud yn canu 'Calon Lân', doedd Duw ddim ar gyfyl pethau.

Mae hynny, mae'n debyg, yn adlewyrchu newidiadau cymdeithasol. Mae datblygiadau eraill yn fwy gwleidyddol eu naws.

Yn ôl yn '99, yn bennaf oherwydd yr Ysgrifennydd Cartref, Jack Straw, roedd y Cynulliad wedi ei wahardd rhag gwneud unrhyw beth a fyddai'n awgrymu bod y corff, i bob pwrpas, yn un seneddol. Prif Ysgrifennydd, nid Prif Weinidog, oedd yn ei arwain, felly cafwyd 'Tlws' yn lle byrllysg a fawr ddim rhwysg milwrol na barnwrol.

Fe wnaeth Dafydd Elis-Thomas a Rhodri Morgan eu gorau i weddnewid y ddelwedd ac yn raddol newidiodd y sylwedd hefyd, ac erbyn agor y Senedd yn 2006 roedd y fath o seremoni a welir heddiw wedi sefydlu ei hun.

Pa ots yw hyn oll? Dim llawer efallai, ond mae'n werth nodi bod y Teulu Brenhinol yn gallu bod yn gledd deufin.

Am ddegawdau roedd sawl cenedlaetholwr a sosialydd yn gweld y frenhiniaeth fel arf bropaganda i'r wladwriaeth Brydeinig, Prydeindod a chyfalafiaeth. Doedd safbwyntiau felly ddim yn ddi-sail ond mae seremonïau fel un heddiw yn dangos nad San Steffan yn unig sy'n gallu defnyddio'r Teulu Brenhinol i ddilysu ei hawdurdod. Croeso chwe deg nain.

PONI WELWCH CHWI HYNT Y GWYNT A'R GLAW?
9 Mehefin 2016

Pan oeddwn i'n grwt roedd y teulu'n cadw ieir yn yr ardd gefn a 'nhasg i oedd eu bwydo a chasglu'r wyau. Gwynfor oedd enw'r ceiliog, a Harriet, Jemima a Georgia oedd ei gymheiriaid. Cewch chi weithio mas ar ôl pwy roedd y dofednod wedi eu henwi, ond efallai bod hi'n help i chi wybod taw casglu llofnodion gwleidyddion oedd fy hobi ar y pryd!

Chwi gasglwch o hynny fy mod wedi bod â diléit mewn gwleidyddiaeth ers i mi fod yn fach, a does yr un digwyddiad gwleidyddol wedi methu ag ennyn fy niddordeb ers hynny. Roedd hyd yn oed y pleidleisiau Sych ar y Sul a refferendwm y bleidlais amgen yn ddigon i hela 'nghalon i rasio.

Nid hwn. Ddim y tro yma. Rwy wedi diflasu'n llwyr, wedi cael digon, llond bol o'r peth.

Cyfeirio ydw i at y refferendwm Ewropeaidd, wrth gwrs, ond yn fwy arbennig at denor y ddwy ymgyrch – dwy domen o negyddiaeth sy'n cystadlu â'i gilydd i godi braw a darogan gwae.

Mewn un ystyr roedd hynny'n anorfod. O safbwynt yr ochr Aros mae'r rheiny sydd â'u calonnau'n cyflymu o glywed bariau agoriadol 'An die Freude'[201] eisoes yn eu cornel. Pa werth sy 'na

---

201 Gelwir y gân yn 'Ode to Joy' yn Saesneg. Hi yw anthem swyddogol yr Undeb Ewropeaidd.

mewn gwastraffu'ch anadl ar y rheiny sydd eisoes yn addoli Jean Monnet?[202]

Yn yr un modd, fyddai chwarae 'Rule Britannia' ar yr uchelseinydd a chwifio baner San Siôr yn dwyn fawr o elw i'r ochor Gadael. Mae'r rheiny sy'n hoffi pethau felly wedi hen benderfynu ble bydd eu croes.

Rydym yn byw mewn byd o fwganod a chorachod felly, un lle mae afanc ym mhob llyn a bwnshi ym mhob cors, a'r unig ffordd i fod yn ddiogel yw trwy bleidleisio dros... wel, penderfynwch chi.

Nawr mae i hyn oll oblygiadau hirdymor beth bynnag yw canlyniad y refferendwm. Pa ochor bynnag sy'n ennill mae hi bron yn anorfod y bydd cyfran sylweddol o'u gwrthwynebwyr o'r farn fod y bleidlais wedi ei dwgyd ac nad yw'r mater, mewn gwirionedd, wedi ei setlo.

Mae'n ymddangos i mi felly fod dyddiau David Cameron fel Prif Weinidog yn prysur ddirwyn i ben, beth bynnag yw'r canlyniad mewn pythefnos. O golli, does fawr o amheuaeth gen i y byddai'n rhaid iddo ymddiswyddo o fewn wythnosau os nad dyddiau i'r canlyniad. Pe bai'r etholwyr yn pleidleisio dros aros ar y llaw arall, fe fyddai carfan o rebeliaid Ceidwadol yn ei gwneud hi bron yn amhosib iddo lywodraethu.

Enoch Powell oedd yn gyfrifol am y wireb fod gyrfa pob gwleidydd yn diweddu mewn methiant ond mae 'na rywbeth Wagneraidd bron yn y 'Götterdämmerung' sy'n disgwyl David Cameron, a'r eironi yw ei fod wedi dwyn y cyfan ar ei ben ei hun.

Ar 23 Mehefin, gwnaeth 72% o'r etholwyr fwrw eu pleidlais. Roedd 52% ohonyn nhw eisiau i'r Deyrnas Unedig adael yr Undeb Ewropeaidd, 48% eisiau iddi barhau'n aelod. Cyhoeddodd David Cameron y byddai'n camu o'r neilltu. Yn ôl Nigel Farage, 23 Mehefin oedd 'Diwrnod Annibyniaeth y DU'.

---

202 Gwladweinydd Ffrengig a ystyrir yn un o benseiri'r Undeb Ewropeaidd.

BLE NAWR?
28 Mehefin 2016

Ble mae dechrau, dwedwch? Fel rwy wedi nodi ynghynt, W. B. Yeats sydd â'r geiriau gorau efallai. 'All changed, changed utterly' medd y bardd yn ei gerdd i goffáu gwrthryfel y Pasg – y digwyddiad wnaeth esgor ar wladwriaethau'r ynysoedd hyn ar eu ffurf bresennol.

A dyna fy mhwynt cyntaf. Gwlad a gwladwriaeth ifanc yw Teyrnas Unedig Prydain Fawr a Gogledd Iwerddon. Mae llawer o nonsens seremonïol, Seneddol a Brenhinol yn cael ei ddefnyddio i gelu'r ffaith honno, ond mae gwladwriaeth 1922 yn wahanol i'w rhagflaenwyr mewn ffyrdd sylfaenol. Fe'i sefydlwyd hi lai na chanrif yn ôl ac am bron i hanner ein heinioes mae hi wedi bod yn rhan o uwchwladwriaeth yr Undeb Ewropeaidd.

Mae'n anorfod felly y byddai penderfyniad i adael yr Undeb Ewropeaidd yn golygu bod pob agwedd arall o'r setliad cyfansoddiadol yn cael ei chwestiynu – perthynas y Deyrnas â'r Weriniaeth, a pherthynas gwledydd y Deyrnas â'i gilydd yn eu plith. Mae 'na lawer o bobol rymus iawn yn ein cymdeithas sydd am gau'r cwestiynau hynny i lawr cyn gynted â bo modd.

Dyna un o'r rhesymau i mi ddefnyddio'r cyflwr amodol yn y paragraff uchod – 'dyna a fyddai'n digwydd' nid 'dyna fydd yn digwydd'.

I fod yn eglur, dyw'r penderfyniad i adael yr Undeb ddim wedi ei gymryd eto. Yr hyn sydd ar y ford ar hyn o bryd yw mwyafrif bychan mewn refferendwm ymgynghorol – dim byd llai a dim byd mwy na hynny. Mae p'un ai y bydd yr argymhelliad i adael yr Undeb yn cael ei wireddu ai peidio yn fater agored.

Mae'n rhyfeddod i mi nad yw arweinwyr yr ymgyrch Gadael yn wyllt gacwn ynghylch penderfyniad David Cameron i dorri ei addewid i gychwyn y broses o adael yn syth ar ôl y bleidlais. Yn wir, mae'n codi cwestiwn ynghylch ymroddiad ambell un i'w hachos nad ydynt yn neidio i fyny ac i lawr i fynnu bod y Llywodraeth yn cychwyn y broses ffurfiol yr eiliad yma.

Eisoes mae Ysgrifennydd Iechyd Lloegr, Jeremy Hunt, wedi awgrymu na ddylai'r broses ffurfiol gychwyn tan ar ôl yr etholiad cyffredinol nesaf yn 2020. Ie, wel! Fe fyddai unrhyw un yn credu bod 'na ffics ar y ffordd.

Oedi yw arf orau'r ochr Aros – a gadewch i ni gofio bod gan yr ochr honno fwyafrif yn Nhŷ'r Cyffredin. Sut mae ei defnyddio hi yw'r broblem i Jeremy Hunts a Syr Wmffras y byd yma. Wedi'r cyfan, gallasai oedi ac osgoi gwneud datganiad Cymal 50 yrru pleidleiswyr yr ochr Gadael i gyfeiriad UKIP.

A fydd y Deyrnas Unedig yn gadael yr Undeb Ewropeaidd felly? 50:50 yw'r ateb, dybiaf i, a gyda llaw, yn yr achos yma mae 'na ambell i fodd i fod yn hanner beichiog!

COED MAMETZ
12 Gorffennaf 2016

Mae hi wedi bod yn rheol euraidd i mi ers blynyddoedd i beidio cymryd gwyliau tra bod y Cynulliad na'r Senedd yn eistedd. Am y tro cyntaf erioed penderfynais dorri'r rheol yr wythnos ddiwethaf gan ddiflannu o'r wlad am gwpwl o ddyddiau. Rwy'n cymryd na chollais i ryw lawer!

Percrindod bersonol oedd wedi fy nhemtio mas o'r wlad. Roedd fy nhad-cu yn un o'r rheiny wnaeth ymladd ym mrwydr Mametz ac roeddwn yn teimlo rhyw fath o ddyletswydd i fynychu'r canmlwyddiant.

Bachgen o Borthmadog oedd Tom Owen, tad fy mam. Fe ymunodd â'r fyddin yn wythnosau cyntaf y rhyfel ac fe fu fyw trwy'r cyfan. Bu farw cyn fy nyddiau i ac, yn ôl y sôn, roedd e'n gyndyn iawn i rannu ei brofiadau ym Mametz a sawl brwydr arall. Efallai bod y ffaith iddo ddewis agor drws ei gartref yng Nghaerdydd yn ystod yr Ail Ryfel Byd i gynnig lloches i wrthwynebwyr cydwybodol a ffoaduriaid yn dweud rhywbeth am yr effaith y cafodd y Rhyfel Mawr arno.

Does dim modd gwybod sut roedd Tom Owen yn teimlo

ynghylch y rhyfel adeg brwydr Mametz ond ar ôl dwy flynedd o frwydro mae'n debyg ei fod wedi colli llawer o'r delfrydau wnaeth ei ysbarduno i gymryd swllt y Brenin.

Yn sicr, nid dynion yn unig a laddwyd ar gadfeysydd Ewrop. Gadawyd delfrydau, arferion a gobeithion yr oes Edwardaidd yn gelain hefyd. Gellir dadlau, er enghraifft, mai yn llaid y Somme y claddwyd y cysyniad o Gymru fel gwlad anghydffurfiol, Gymraeg ei hiaith, ac yn y fan honno hefyd y dechreuodd datgymaliad yr hen Blaid Ryddfrydol.

O fewn byr o dro ar ôl y rhyfel roedd cyfundrefn ddwy blaid y Ceidwadwyr a Llafur wedi sefydlu ei hun, a'r gyfundrefn honno sydd wedi bod wrth galon ein gwleidyddiaeth fyth ers hynny. Nawr mae'n ymddangos bod ein system bleidiol yn sefyll wrth ymyl y dibyn am y tro cyntaf ers tridegau'r ganrif ddiwethaf gyda chwestiynau difrifol i'w gofyn ynghylch parhad y Blaid Lafur yn ei ffurf bresennol.

Rwy'n betrusgar braidd ynghylch cymharu argyfwng gwleidyddol ein dyddiau ni â digwyddiadau'r Rhyfel Mawr. Rwy'n gwneud i'r graddau hyn yn unig. Canlyniad methiant gwleidyddol oedd y rhyfel. Doedd neb yn dymuno iddo ddigwydd ond doedd neb ychwaith yn gwybod sut oedd ei rwystro rhag digwydd. Gellir dweud union yr un peth wrth ystyried y tebygrwydd fod Llafur ar fin chwalu. Does neb oddi mewn i'r blaid yn deisyfu ei diwedd, ond neb ychwaith yn gwybod sut mae ei hachub.

Roedd y pris a dalwyd am fethiannau gwleidyddion ddechrau'r ugeinfed ganrif yn arswydus. Dyw pris posib methiannau ein cyfnod ni ddim yn cymharu mewn gwirionedd. Eto i gyd, mae syllu i dywyllwch Coedwig Mametz yn fodd i'n hatgoffa nad gêm yw gwleidyddiaeth, ac mae gwleidyddion sy'n ei thrin hi felly yn haeddu'n dirmyg ym mha bynnag gyfnod.

Ar 13 Gorffennaf, daeth Theresa May yn Brif Weinidog y DU wedi i Andrea Leadsom dynnu'n ôl o'r ras i fod yn arweinydd y Blaid Geidwadol. Cyhoeddodd AS Pontypridd, Owen Smith, y byddai'n ymgeisydd ar gyfer arweinyddiaeth Llafur.

WELE, CAWSOM
14 Gorffennaf 2016

Un o driciau newyddiaduraeth yw llenwi'ch gwaith â phroffwydoliaethau a darogan ac yna tynnu sylw'r darllenwyr at eich llwyddiannau gan dawel anwybyddu'r camau gwag. Am wn i, mae'n dacteg wnaeth newyddiadurwyr ei dysgu gan ddynion hysbys – mae'n hen fel pechod ond yn dal i weithio er lles mawr i rai!

Rwy'n teimlo ychydig bach o gywilydd felly wrth dynnu sylw at rhywbeth sgwennais i'n ôl yn 2012 pan benodwyd Owen Smith yn llefarydd yr wrthblaid ar Gymru:

> 'Owen yw'r Aelod Seneddol cyntaf o Gymru ers Neil Kinnock y gallaf ddychmygu yn arwain y Blaid Lafur ar lefel Brydeinig. Mae croeso i chi chwerthin ar ben yr honiad hwnnw, ond fe wna i eich hatgoffa o'i fodolaeth hyd syrffed os ydy Aelod Pontypridd yn cyrraedd brig ei blaid!'

Mewn gwirionedd, doeddwn i ddim yn credu y byddai Owen yn cyrraedd y brig ond ar y pryd, yn 2012, fe oedd yr unig aelod Llafur o Gymru oedd â'r cyfuniad angenrheidiol o uchelgais a thalent i gael ei ystyried fel arweinydd posib. Fel mae'n digwydd mae 'na ambell i aelod arall i gadw llygad arnynt erbyn hyn. Gallasai Nick Thomas-Symonds yn Nhorfaen fod yn un i'w wylio, er enghraifft.

Ond y cwestiwn mawr ar hyn o bryd yw pam ar y ddaear y byddai unrhyw un yn dymuno arwain y Blaid Lafur yn ei chyflwr presennol? Fe fydd angen amynedd Job, doethineb Solomon, ynghyd â chryn dipyn o lwc a chyfrwystra i adfer gobeithion y blaid. Pam felly y mae Owen yn mynd amdani?

Yr ateb syml i'r cwestiwn hwnnw yw ei fod yn credu y gall ennill ac yn argyhoeddedig fod ganddo'r sgiliau i ddadwneud y difrod a achoswyd i'r blaid dros y blynyddoedd diwethaf.

Ond y peth pwysicaf i gofio efallai yw ymroddiad llwyr Owen i'r Blaid Lafur, nid i unrhyw ddogma arbennig nac unrhyw arweinydd arbennig ond i'r blaid ei hun – ei hanes, ei thraddodiadau a'i henw.

Yn hynny o beth mae Owen yn wleidydd llwythol o fath sy'n anarferol y dyddiau hyn. Llafur yw ei dîm, doed a ddelo – er gwell, er gwaeth, er cyfoethocach, er tlotach, yn glaf ac yn iach. Ystyriwch yr hyn oedd ganddo i'w ddweud wrth gyhoeddi ei fwriad i ymgeisio:

> 'I will never split the Labour party. I will be Labour until the day I die.'

Gallwch fynd â'r geiriau yna i'r banc. Gwir yw pob gair yn yr achos hwn. Problem Owen a'r Blaid Lafur yw bod teyrngarwch pleidiol felly yn beth digon anarferol y dyddiau hyn.

Heb deyrngarwch felly mae'n anodd gweld sut y gall y blaid osgoi hollt. O leiaf gallwn fod yn sicr ar ba ochor i'r hollt y bydd Owen! Fe fydd pwy bynnag sydd piau'r enw yn berchen ar aelod Pontypridd!

PARTI MABON MWY NID YW
5 Medi 2016

Y mae amser i bob peth, amser i eni ac amser i farw, medd Pregethwr yr Hen Destament a gallwn oll gytuno ynghylch un peth efallai. Mae popeth yn y byd bach yma'n feidrol ac fe ddaw terfyn ar bob dim.

Y cwestiwn sy gen i heddiw yw hwn: ydy dyddiau'r Blaid Lafur yn tynnu at eu terfyn? Rwy'n credu eu bod nhw, a'i bod hi'n bryd i ni ffarwelio â phlaid a fu'n gymaint rhan o'n gwleidyddiaeth am ganrif a mwy.

Heb os, fe fydd plaid o'r enw 'Llafur' gyda ni am beth amser eto ond plaid wahanol iawn yw hi i'r un a arweiniwyd gan Hardie, Attlee, Wilson, Blair neu hyd yn oed Miliband.

Pam dweud hynny? Wel, mae Llafur erbyn hyn yn blaid sydd yn llwyr eiddo i'w haelodau ac mae'n anodd gweld sut y gall hynny newid yn y dyfodol. Hynny yw, ar ôl canrif, mae'r actifyddion wedi llwyddo i ddod yn feistri ar eu plaid eu hunain a go brin y byddant yn fodlon idlio'r awenau.

Dyna'r rheswm yr oedd Jeremy Corbyn yn gwrthod ymddiswyddo mewn amgylchiadau lle'r oedd hi'n ymddangos nad oedd dewis ganddo ond gwneud hynny. Hyd yn oed pe bai Owen Smith yn ei drechu,[203] a dydw i ddim yn llwyr ddiystyru'r posibilrwydd hynny, go brin y byddai ganddo'r gallu i roi'r aelodau yn ôl yn eu bocs. Dyw twrcïod ddim am bleidleisio dros y Dolig, a byw ar ofyn yr aelodau fyddai Owen.

Roedd pethau'n wahanol iawn trwy gydol yr ugeinfed ganrif, gyda phob un arweinydd Llafur yn gwneud ei orau glas i ffrwyno dylanwad yr aelodau cyffredin.

Reit ar y dechrau doedd dim hyd yn oed modd i unigolion ymaelodi â'r blaid ei hun. Rhaid oedd ymuno ag un o'r cyrff oedd yn gysylltiedig â hi, undeb efallai neu gorff fel y Fabians, y blaid Gydweithredol neu'r ILP.

Pan agorwyd y drysau i aelodau unigol yn 1918 doedd eu dylanwad yn ddim byd o'i gymharu â phleidleisiau bloc barwniaid yr Undebau.

Yn eironig ddigon, Tony Blair oedd yn bennaf gyfrifol am newid hynny. Roedd yntau o'r farn fod yr aelodau unigol ar y cyfan yn bobol gymedrol, canol y ffordd, a fyddai'n fwy agored i'w brosiect Llafur Newydd na deinosoriaid yr Undebau.

Efallai bod hynny'n wir bryd hynny, ond daeth tro ar fyd ac mae'r newidiadau cyfansoddiadol a gyflwynwyd gan Blair yn golygu bod y chwith am deyrnasu a bod 'na fawr ddim y gall yr Aelodau Seneddol wneud ynghylch hynny.

Mae hynny'n gadael clamp o dwll lle ddylai tir canol ein gwleidyddiaeth fod. Ddegawd yn ôl roedd tair plaid – Llafur, y Ceidwadwyr a'r Democratiaid Rhyddfrydol – yn brwydro dros y tir hwnnw.

---

203 Ar 24 Medi 2016, enillodd Jeremy Corbyn arweinyddiaeth y Blaid Lafur eto, gyda 61.8% o'r bleidlais.

Heddiw mae Llafur ar bererindod i'r chwith, y Ceidwadwyr yn cofleidio Brexitiaeth ddigyfaddawd, a'r Democratiaid Rhyddfrydol yn cysgu mewn ogof yn rhywle. Pwy sy'n siarad dros y 48%? Pwy sy'n eiriol dros ddemocratiaeth gymdeithasol Ewropeaidd ei naws? Neb, ar lefel Brydeinig, hyd y gwelaf i.

Mae 'na wagle i'w lenwi a dyw gwagleoedd ddim yn para'n hir mewn gwleidyddiaeth. Fe ddaw rhywun i'w lenwi – ond pwy?

FFAIR BREXIT
4 Medi 2016

Mae honiad Enoch Powell hod gyrfa pob gwleidydd yn diweddu mewn methiant wedi troi'n dipyn o ystrydeb erbyn hyn. Eto i gyd mae'n anodd peidio meddwl am y sylw wrth wylio cwymp David Cameron.

Y broblem yw nad yw 'methiant' mewn gwirionedd yn cyfleu maint y dinistr i enw da deiliad diwethaf Downing Street. Flwyddyn yn ôl roedd Cameron fel ceiliog ar ei domen ar ôl ei fuddugoliaeth annisgwyl yn yr etholiad cyffredinol. Erbyn hyn, prin bod diwrnod yn mynd heibio heb iddo orfod dioddef clatsien arall. Ei benderfyniad i ymyrryd yn Libya sydd dan y lach heddiw. Pwy a ŵyr beth fydd hi yfory?

Am unwaith, does dim rhaid i ni aros i wybod a fydd haneswyr y dyfodol yn barnu ei gyfnod wrth y llyw fel llwyddiant neu fethiant.Mae ei benderfyniad i alw refferendwm pan nad oedd angen gwneud hynny, ac yna ei golli, yn taflu cwmwl dros bopeth arall. Does dim ots chwaith os ydy Brexit yn profi'n llwyddiant neu'n fethiant o safbwynt y canfyddiad o Cameron. Os ydy Prydain yn ffynnu tu fas i'r Undeb Ewropeaidd, Nigel, Boris a'u criw fydd yn cael y clod. Os ydy'r hwch yn mynd trwy'r siop, Cameron fydd yn cael ei feio.

Beth achosodd y cwymp arswydus hwn? Beth oedd y drwg yn y caws?

Mae 'na un hanesyn sy'n rhoi cliw bach i ni yn fy marn i. Yn ôl yn y dyddiau pan oedd Cameron yn arwain yr wrthblaid fe ofynnwyd iddo pam yr oedd yn dymuno bod yn Brif Weinidog. 'Because I think I'd be good at it,' oedd ei ateb.

Mae'n anodd peidio dod i'r casgliad mai'r hunanhyder rhyfedd yna a fegir gan ein hysgolion bonedd wnaeth argyhoeddi Cameron i fentro i fyd gwleidyddiaeth. Nid arddeliad nac ideoleg oedd yn gyrru Cameron ond ei hyder diddiwedd yn ei allu ei hun i wneud y penderfyniad cywir.

Hubris a nemesis. Mae'n hen, hen stori. Tynnwyd y llen yn ôl a doedd 'na ddim dewiniaeth yn Oz, wedi'r cyfan.

Wrth i David Cameron ddiflannu, a'i gwt rhwng ei goesau, mae'n ddiddorol nodi nad yw George Osborne am ddilyn ei esiampl. Oherwydd eu cefndiroedd breintiedig a'u cydweithio agos, hawdd yw gweld Cameron ac Osborne fel dwy ochr yr un geiniog, ond meddwl nid mympwy sy'n gyrru'r cyn-Ganghellor.

Pe bawn i'n cynghori'r Prif Weinidog newydd byswn i'n awgrymu iddi gadw llygad barcud ar aelod Tatton. Os ydy'r etholwyr yn dechrau chwilio am 'fire exit' o'r ffair Brexit fe fydd y cyn-Ganghellor yno i achub ar ei gyfle. Wrth i Cameron gamu o'r cae, mae Osborne yn dal yn y gêm.

Y SAMARIAD TRUGAROG
28 Medi 2016

Dydw i ddim gan amlaf yn un am gonan, ond roeddwn yn teimlo tipyn o hunandosturi wrth yrru adref neithiwr a chanfod bod un o deiars y car yn fflat fel pancosen. Gyrru trwy Grangetown roeddwn i ar y pryd ac o fewn eiliadau i mi agor bŵt y car roedd dau foi wedi ymddangos i gynnig cymorth. O fewn munudau roedd y teiar wedi ei newid gyda'r ddau gyfaill yn gwrthod derbyn ceiniog am eu trafferth.

Rwy'n ymwybodol nad yw honna'n lot o stori ond mae gen i reswm dros ei hadrodd. Fel mae'n digwydd roedd un o'r ddau gyfaill yn ddu, y llall yn Asiaidd ac ill dau yn Foslemiaid. Doedd dim byd yn anarferol am hynny. Mewn dinas amlethnig fel Caerdydd mae pobol o bob lliw a llun yn cymysgu'n ddyddiol ac yn meddwl fawr ddim am y peth. Nid fel 'na mae bywydau pobol sy'n byw ym Mlaenau Gwent, dyweder, neu Ferthyr.

Mae hynny'n dod â ni at un o'r ffeithiau diddorol ynghylch refferendwm Ewrop. Yn ôl ymchwilwyr, o'r 20 ardal gyda'r nifer lleiaf o fewnfudwyr o'r Undeb Ewropeaidd, pleidleisiodd 15 dros adael. Pleidleisiodd 18 o'r 20 ardal gyda'r nifer fwyaf o fewnfudwyr dros aros. Hynny yw, mewn ardaloedd â nifer fawr o fewnfudwyr, mae'n ymddangos bod yr agwedd tuag atynt yn gymharol gadarnhaol tra bod ofn yr 'arall' yn effeithio ar lefydd lle nad oes 'na lawer o dramorwyr.

Mae'n werth nodi wrth fynd heibio nad Merthyro a Blaenau Gwents y byd yma sy'n bennaf cyfrifol am y bleidlais i adael yr Undeb Ewropeaidd. Mae methiant David Cameron i ddarbwyllo'r mwyafrif o gefnogwyr y Ceidwadwyr i bleidleisio yn ffactor llawer mwy pwysig.

Serch hynny, mae canlyniad y refferendwm yn achosi cur pen i Lafur pan mae'n dod at gyfyngiadau ar ymfudo. Mae rhan o'i phleidlais graidd, y dosbarth gwaith gwyn traddodiadol, am weld rheolaeth lem ar y niferoedd, tra bod carfan arall o gefnogwyr Llafur – yr ifanc, y dosbarth canol rhyddfrydol a lleiafrifoedd ethnig – yn credu i'r gwrthwyneb.

Oes modd llunio polisi felly a fyddai'n lleddfu ofnau etholwyr Blaenau Gwent heb bechu etholwyr Caerdydd? Mae llawer yn dibynnu ar yr ateb i'r cwestiwn hwnnw ond mae 'na beryg y gallasai Llafur bechu canran gynyddol bwysig o'r etholwyr mewn ymgais i leddfu ofnau grŵp sy'n lleihau fel canran o'r boblogaeth.

TRANC Y TIR CANOL
5 Hydref 2016

Gan mai blog Cymraeg a Chymreig yw hwn, gwleidyddiaeth Cymru sydd dan sylw yn ddieithriad bron. Heddiw, am unwaith, rwy am ddilyn arfer gormod o wleidyddion Prydeinig a gosod Cymru i'r neilltu mewn bocs bach gyda'r Alban, Gogledd Iwerddon, Jersey, Gibraltar a'r gweddill.

Mae'r hyn sydd gen i i'w ddweud yn ymwneud â Lloegr yn unig, am nawr, o leiaf. Cwestiwn sy gen i yn hytrach nag ateb. Dyma fe: ydy oes hir cymedroldeb a'r tir canol yn dod i ben yn nhiroedd ein cymdogion, gydag oes o eithafion yn cymryd ei lle?

Nawr mae newid oes yn beth anodd iawn i ddirnad ar y pryd. Gall treigl amser wneud y mawr yn fach a'r bach yn fawr ond fe fyddai'r rhan fwyaf o haneswyr yn cytuno bod penderfyniad y Ceidwadwyr i dderbyn y rhan fwyaf o ddiwygiadau llywodraeth Attlee wedi esgor ar gyfnod hir o gonsenws gwleidyddol ym Mhrydain.

Doedd cwestiwn Jo Grimond, 'Which twin is the Tory?', ddim yn gwbwl deg. Annheg hefyd oedd yr holl sgrechiadau yna ar Twitter am 'Dorïaid cochion' ond roedd y ddwy blaid fwyaf, ill dwy, yn defnyddio ieithwedd y tir canol i ddisgrifio'u polisïau ac ar y tir canol yr oedd brwydrau etholiadol yn cael eu hymladd.

Cafwyd tipyn o newid gêr a gwrthdaro yng nghanol yr wythdegau ac fe symudodd lleoliad y tir canol ychydig i'r dde ond ar y cyfan mae oes cymedroldeb wedi para tan ein dyddiau ni.

Nawr ystyriwch yr hyn sy'n digwydd y tu hwnt i Glawdd Offa ar hyn o bryd. Gydag ethol Jeremy Corbyn, a'r Blaid Lafur yn symud i'r chwith, fe fyddai dyn wedi disgwyl i'r Ceidwadwyr geisio meddiannu'r tir canol ac, yn wir, dyna geisiodd David Cameron wneud cyn i fwyell Brexit ddisgyn ar ei war.

Yn ei dyddiau cyntaf fel Prif Weinidog roedd hi'n ymddangos mai dyna oedd bwriad Theresa May hefyd. Erbyn hyn mae pethau wedi newid. Mae polisïau megis ailgyflwyno ysgolion gramadeg a'u cefndryd tlawd y 'Sec Mods' a'r cyfyngiadau llym ar ymfudo yn rhai a fyddai, fisoedd yn unig yn ôl, wedi cael eu hystyried yn eithafol ac yn wenwynig o safbwynt etholiadol. Does dim awgrym chwaith fod Mrs May yn bwriadu gwneud unrhyw beth i leddfu ofnau gwaethaf y 48% oedd yn gefnogol i'r Undeb Ewropeaidd yn y refferendwm. Bang o Brexit nid Brexit bychan sydd o'n blaenau.

Pwy sydd ar ôl i eiriol dros y canol cymedrol felly? Cyn belled ag rwy'n gallu gweld, gweddillion y Democratiaid Rhyddfrydol, y Blaid Lafur seneddol ysbaddedig ac Anna Soubry (AS Ceidwadol a ymgyrchodd yn frwd dros aros yn yr Undeb Ewropeaidd) yw'r ateb. I ddyfynu Yeats, 'Things fall apart; the centre cannot hold'. Does ond gobeithio nad oes bwystfil yn camu tua Bethlehem dref!

Yn ôl â ni at Gymru fach. Yma mae Llafur Cymru yn ceisio rhoi dŵr clir o ryw liw neu'i gilydd rhyngddi hi a Llafur Prydain, tra bod Andrew RT Davies yn mynnu na ddylai ei blaid gael ei gweld fel yr 'angry party' a bod ci hapôl yn bennaf i ddeiliaid y tir canol.

Am faint barith hynny, tybed?

DYLAN, DAHL A PHANTYCELYN
15 Tachwedd 2016

Gallwch synhwyro fod y cyfnod bach hwn yn un reit brysur yn y byd gwleidyddol. Serch hynny, rwy wedi llwyddo i gymryd ambell i ddiwrnod i ffwrdd o'r talcen glo i recordio rhaglen i Radio Cymru i nodi trichanmlwyddiant geni William Williams Pantycelyn ym mis Chwefror 2017.

Efallai ei bod hi'n ymddangos yn rhyfedd braidd taw newyddiadurwr gwleidyddol sy'n cyflwyno'r rhaglen yn hytrach na llenor neu ddiwinydd, ond mae'r esboniad yn ddigon syml. Rwy'n digwydd bod yn un o gyff Pantycelyn ac rwy wedi teimlo ers meitin nad oeddwn i'n gwybod digon am un o fy nghyndeidiau. Roedd y trichanmlwyddiant yn gyfle da i ddysgu mwy.

Fe fyddai'n amhosib llunio rhaglen ynghylch Pantycelyn nad oedd yn cynnwys Derec Llwyd Morgan ac wrth i mi ei holi cododd Derec bwynt diddorol iawn.

Chwarter canrif yn ôl trefnodd Cyngor Sir Dyfed lwyth o ddigwyddiadau i nodi daucanmlwyddiant marwolaeth

Williams. Y tro hwn, a barnu o'u gwefannau, mae'n ymddangos nad yw Cyngor Sir Gâr na Llywodraeth Cymru yn bwriadu gwneud dim.

Cymharwch hynny â'r sbloets ddiweddar i goffáu canmlwyddiant geni Roald Dahl a'r holl ddathliadau hynny adeg canmlwyddiant geni Dylan Thomas.

Rwy'n deall yn iawn mai ymgyrchoedd i farchnata Cymru oedd digwyddiadau Dahl a Dylan mewn gwirionedd. Serch hynny, gwariwyd symiau sylweddol o arian cyhoeddus ar ddathlu bywydau dau lenor. Mae cynsail wedi ei osod ac onid yw Pantycelyn yn haeddu rhyw fath o goffâd? Wedi'r cyfan, mae modd dadlau bod ei ddylanwad ar ddiwylliant Cymru llawer yn fwy nag awduron *Yr CMM* ac *Under Milk Wood* ac mae ei eiriau o hyd yn cael eu canu o gwmpas y byd.

Ar y gorau, gellir dadlau bod y Llywodraeth a'r Cyngor wedi bod yn esgeulus yn hyn o beth. Efallai'n wir eu bod yn dangos agwedd sarhaus tuag at un o brif lenorion Cymru oedd yn dewis ysgrifennu'n bennaf yn y Gymraeg.

Dyna o leiaf yw barn Derec ac rwy'n amau y bydd llawer yn cytuno ag ef.

Roedd Llywodraeth y Deyrnas Unedig wedi gobeithio y gallai gweinidogion ddechrau ar y broses o adael yr Undeb Ewropeaidd ('tanio Erthygl 50') heb gydsyniad Senedd San Steffan. Ond dyfarnodd yr Uchel Lys fod rhaid i ASau gael pleidlais ar y mater. Apeliodd Llywodraeth y DU yn erbyn y penderfyniad a chafodd Llywodraeth Cymru ganiatâd i gyflwyno tystiolaeth yn yr achos gerbron y Goruchaf Lys. Dadleuwyd y byddai tanio Erthygl 50 yn newid sylweddol i'r ffordd mae datganoli'n gweithio.

GWYNFOR A'R GORUCHAF LYS
30 Tachwedd 2016

Un o'r gêmau yr oedd newyddiadurwyr yn arfer eu chwarae yng nghynadleddau Plaid Cymru oedd dyfalu ym mha ganrif y byddai Gwynfor Evans yn cychwyn ei araith. Ai Macsen, Hywel

Dda, Llywelyn neu'r Llyfrau Gleision fyddai'r man cychwyn y tro hwn? Un peth oedd yn sicr, fe fyddai 'na wers hanes fach cyn i Gwynfor gyrraedd ei neges wleidyddol!

Roedd 'na un darn digyfnewid o'r neges honno. Dydw i ddim yn cofio gwrando ar un araith gan Gwynfor nad oedd yn cynnwys paragraff neu ddau yn gwahaniaethu rhwng cenedl a gwladwriaeth ac yn mynnu nad cenedl yw Prydain ond gwladwriaeth. Roedd y gredo honno yn greiddiol i'w weledigaeth wleidyddol.

Mae'n debyg y byddai Gwynfor yn gwenu yn nefoedd yr Annibynwyr o ddarllen y dystiolaeth y mae Llywodraeth Cymru wedi cyflwyno i'r Goruchaf Lys ar gyfer y gwrandawiad hanesyddol ynghylch tanio Erthygl 50. Efallai'n wir y byddai'n gweld rhywbeth cyfarwydd iawn ynghylch y paragraff hwn:

> 'Whatever its historical origins, the United Kingdom is best seen now as a voluntary association of nations which share and redistribute resources and risks between us to our mutual benefit and to advance our common interests.'

Nid hwn yw'r tro cyntaf i'r paragraff hwnnw ymddangos. Fe'i gwelwyd yn gyntaf yn y dystiolaeth a gyflwynwyd gan Lywodraeth Cymru i un o bwyllgorau Dŷ'r Arglwyddi. Yn y bôn mae'n aralleiriad o honiad Gwynfor taw casgliad o genhedloedd ac nid cenedl yw'r Deyrnas Unedig.

Nawr gwahoddir i'n llys uchaf farnu a ydy'r honiad yn gywir ai peidio. Does dim rhaid iddyn nhw wneud hynny er mwyn setlo'r achos, ond mae'n ddiddorol fod y cwestiwn hyd yn oed yn cael ei ofyn, a bod syniad oedd ar un adeg yn ymylol bellach yn greiddiol i ddadleuon cyfansoddiadol.

A'R ENILLYDD YW...
7 Rhagfyr 2016

Os oedd un peth yn nodweddu 2016 yn y byd datblygedig, dicter a dirmyg tuag at y 'dosbarth gwleidyddol' yw hwnnw.

Dyna oedd wrth wraidd pleidlais Brexit, ethol Donald Trump a thwf cyson y dde eithafol ar draws cyfandir Ewrop.

Mae'r union reswm dros y dicter yn amrywio o wlad i wlad. Mae cysgod y sgandal dreuliau yn dal i effeithio ar ein gwleidyddiaeth ni, er enghraifft, tra bod methiant Ewrop i ddelio â ffoaduriaid yn bwydo'r tanau yn yr Eidal.

Mae 'na ffactorau eraill sy'n gyffredin i bob gwlad, yn bennaf y ffaith fod cyflogau real wedi aros yn eu hunfan neu wedi gostwng dros y degawd diwethaf. Yn achos yr Unol Daleithiau mae'r sefyllfa hyd yn oed yn waeth. Dyw cyflogau real yno ddim wedi cynyddu ers 1964 ac mae'r hynny o system les sydd gan y wlad wedi bod dan warchae ers degawdau.

Yn draddodiadol, fe fyddai etholwyr dan bwysau economaidd yn troi at bleidiau'r chwith am atebion. Y rheiny, wedi'r cyfan, sydd wedi eu gwreiddio yn nelfrydau cyfartaledd a chyfiawnder economaidd. Y tro hwn, gydag ambell eithriad megis gwlad Groeg, pleidiau'r dde sydd wedi gallu manteisio trwy arddel ieithwedd a symbolau'r chwith.

Nid cyd-ddigwyddiad oedd y ffaith fod y bws Brexit yna wedi ei beintio'n goch ac mai neges ynghylch y Gwasanaeth Iechyd oedd ar ei ochr.

Mae 'na arf arall gan y dde hefyd – yr hyn y gwnaeth yr awdur Americanaidd Thomas Frank ei ddisgrifio fel enllib y 'latte libel' yn ei lyfr deifiol *What's the Matter with Kansas?*[204] Yn y llyfr hwnnw, sydd dros ddeg oed bellach, mae Frank yn disgrifio tacteg y dde o bortreadu'r chwith fel carfan ddinesig elitaidd sydd â gwerthoedd croes i rai'r bobol go iawn. '*Guardian* readers,' os mynnwch chi, 'latte sippers' yn llyfr Frank neu i ddefnyddio hoff air y *Daily Mail* – y Remoaners.

Dyw'r chwith ddim yn helpu ei hun wrth gwrs trwy ddewis cymaint o gyfreithwyr, athrawon ac, ie, newyddiadurwyr fel ymgeiswyr a doedd y cinio swanc yna yng Ngwesty Dewi Sant i godi arian i Blaid Lafur y Rhondda ddim yn help!

---

204 *What's the matter with Kansas?* Thomas Frank, Metropolitan Books, Mehefin 2004.

Yng nghanol hyn oll dewisodd nifer o'n gwleidyddion fynychu Gwobrau Gwleidyddol Cymru neithiwr, noson joli iawn lle mae newyddiadurwyr a gwleidyddion yn curo cefnau'i gilydd.

Yn y gorffennol mae llawer o dynnu coes wedi bod ynghylch y ffaith bod pob un o'r pleidiau yn tueddu i ennill gong bob blwyddyn yn y gwobrau hyn. Yn wir roedd 'na amheuon bod y categori Cynghorydd y Flwyddyn wedi ei greu'n unswydd er mwyn rhoi gwobr i'r Democratiaid Rhyddfrydol.

Yn rhyfedd iawn neithiwr, yn sgil eu blwyddyn ryfeddol, methwyd gwobrwyo'r un aelod o UKIP. Dyw hynny ddim yn dehyg o boeni'r blaid. Wedi'r cyfan, hi yw'r gwir enillydd o ddigwyddiad sydd, mae'n siwr, yn ymddangos yn anghymwys ac allan o gysylltiad i bobl sy'n crafu byw.

2017

Cyhoeddwyd dyfarniad y Goruchaf Lys ym mis Ionawr. Byddai'n rhaid i ASau gael pleidlais ar danio Erthygl 50 i gychwyn y broses o adael yr Undeb Ewropeaidd, ond doedd dim angen ymgynghori gyda'r deddfwrfeydd datganoledig.

LLANAST
26 Ionawr 2017

Roeddwn i'n pendroni'r haf diwethaf p'un ai oedd hi'n bosib i'r Blaid Lafur fynd i waeth twll na'r un yr oedd hi ynddo bryd hynny. Fe wnes i ystyried y cwestiwn hwn: a oedd modd i bethau ddirywio ymhellach? Go brin oedd yr ateb gen i ar y pryd.

O chwi o ychydig ffydd! Dal i ddatgymalu mae'r blaid, gyda'r blaid seneddol bron prin yn haeddu'r disgrifiad hwnnw erbyn hyn. Diflannodd disgyblaeth ac mae syllu ar y wynebau ar y meinciau cefn yn ystod cwestiynau'r Prif Weinidog yn adrodd cyfrolau am y diffyg parch tuag at arweinyddiaeth y blaid.

Ond, am unwaith, nid ar ysgwyddau Jeremy Corbyn y mae'r bai pennaf am y sefyllfa. Go brin y byddai hyd yn oed Blair yn ei holl ogoniant yn gallu plethu unrhyw fath o naratif synhwyrol allan o'r amryw leisiau a safbwyntiau sy'n ceisio dygymod â thrallod y refferendwm.

Agorwyd hollt o fewn y glymblaid Llafur rhwng y cefnogwyr dosbarth gwaith traddodiadol a'r chwith dinesig a dosbarth canol. Mae'n anodd gweld sut mae pontio'r adwy honno...

Yng nghanol hyn oll mae Llafur yn wynebu dau isetholiad anodd, un yn Copeland yn yr hen ogledd a'r llall yn Stoke. Mae'n adrodd cyfrolau am gyflwr y blaid fod ambell i aelod blaenllaw yn gobeithio'n breifat y bydd Llafur yn colli'r ddau yn y gobaith y byddai hynny'n newid rhywbeth, unrhyw beth.

Os oeddech chi'n meddwl bod 2016 yn flwyddyn wleidyddol ryfedd, croeso i 2017!

Yn y pen draw, enillodd y Ceidwadwyr Copeland, a Llafur ddaeth i'r brig yn Stoke on Trent Central.

WEC FFALDIRAL
1 Mawrth 2017

Dydw i ddim wedi aros i Carwyn Jones fod mas o'r wlad cyn sgwennu'r post yma – onest!

Nid fi yw'r un sy'n siarad y tu ôl i gefn Carwyn ond rhai o aelodau a *panjandrums* ei blaid sydd â'u meddyliau'n troi at y cwestiwn o bwy fydd yn ei olynu pan ddaw'r amser. Nid bod Carwyn ar fin rhoi'r twls ar y bar. Does neb yn disgwyl iddo arwain ei blaid i mewn i etholiad 2020 ond yr amser amlwg iddo fynd yw 2019 ar ôl degawd yn y swydd. Fe fyddai hynny'n gadael rhyw chwe mis i flwyddyn i bâr glân o ddwylo sefydlu ei hun ym meddyliau'r cyhoedd.

Ond eiddo pwy fydd y dwylo ac, yn bwysicach efallai, sut fydd e neu hi'n cael ei ddewis?

Mae'n ffaith fach ryfedd nad oes gan Lafur Cymru unrhyw fath o gyfansoddiad na llyfr rheolau. Sail ei bodolaeth yw

un cymal bach yn rheolau'r blaid Brydeinig sy'n datgan fel a
ganlyn:

> 'In Scotland, Wales and each of the English regions there shall be
> established: a Scottish Labour, Wales Labour or regional Party
> office; a Scottish executive, Welsh executive or regional board;
> and a European Constituency Labour Party. There may also be
> established a Scottish, Welsh or regional women's committee and a
> regional BAME members' section.'

Pan ddaw'r amser i ethol arweinydd Cymreig newydd felly,
mae llwyth o rym yn nwylo'r pwyllgor gwaith Cymreig, neu'r
WEC fel mae'n cael ei adnabod. Chwi gofiwch efallai am rôl y
pwyllgor hwnnw yn braenaru'r tir ar gyfer ethol Alun Michael
yn arweinydd y blaid Gymreig.

Nawr gan fod y WEC o hyd yn gadarn yn nwylo barwniaid
y blaid gallwch fentro y bydd popeth posib yn cael ei wneud i
rwystro'r chwith rhag cipio'r arweinyddiaeth a'r ffordd fwyaf
amlwg yw cyflwyno trothwy enwebiadau ar gyfer yr ornest,
tebyg i'r un wnaeth bron rwystro Jeremy Corbyn rhag cael ei
enwebu ar gyfer yr arweinyddiaeth yn 2015.

Gan mai dim ond dau Gorbynista go iawn sy 'na yn y
Cynulliad – Mick Antoniw[205] a Mike Hedges[206]– fe ddylai
trothwy o 15% o'r grŵp Cynulliad fod yn ddigon i rwystro'r
naill na'r llall rhag cael ei enwebu.

Dyw'r chwith ddim yn ddall i'r cynllwynio sy'n mynd ymlaen
wrth gwrs. Ar lefel Brydeinig gallwn ddisgwyl cythraul o ffrae
yng nghynhadledd y blaid eleni wrth i'r chwith geisio cael
gwared ar y trothwy seneddol. Ar ôl hynny fe fydd y frwydr yn
symud i Gymru a gallwn ddisgwyl gwaed ar y muriau cyn ei
diwedd.

Pwy bynnag sy'n ennill y frwydr gyfansoddiadol, yr enw sy'n
cael ei grybwyll amlaf fel darpar arweinydd y dyddiau hyn yw

---

205 AC Pontypridd a Chwnsler Cyffredinol Cymru.
206 AC Dwyrain Abertawe.

Mark Drakeford,[207] ymgeisydd a allasai fod yn dderbyniol i'r hen stejars a'r newydd ddyfodiaid.

Ar 29 Mawrth, arwyddodd Theresa May y llythyr a roddodd gychwyn ffurfiol ar y broses o ymddihatru'r DU o'r Undeb Ewropeaidd.

HANNER CANT A DWL
29 Mawrth 2017

Coeliwch neu beidio mae 'na ambell i barti'n cael ei gynnal heddiw i ddathlu tanio erthygl hanner cant. Dydw i ddim wedi derbyn gwahoddiad i'r un ohonyn nhw a dydw i ddim yn siŵr y byddwn yn mwynhau'r gloddesta. Mae gen i ryw ddarlun yn fy mhen o ddynion canol oed yn morio canu 'White Cliffs of Dover' ar ôl cael llond bola o gwrw cartref.

Fel mae'n digwydd roedd y parti i ddathlu fy mhen-blwydd yn ddeunaw ar noson refferendwm 1975 ac o ganlyniad i'r cyd-ddigwyddiad, roedd 'na thema Ewropeaidd i'r achlysur – llond ford o bitsas a bwced o Blue Nun. Coeliwch neu beidio, roedd hynny'n cael ei gyfri'n egsotig ar y pryd!

Beth sydd i'w ddweud felly ar ddiwedd ein hantur Ewropeaidd, antur sydd wedi para gydol fy oes fel oedolyn?

Rwy wedi bod yn meddwl llawer ynghylch refferendwm y llynedd, yn enwedig y mapiau yna sy'n dangos bod y rhannau hynny o Gymru a Lloegr a ddylasai fod wedi elwa fwyaf o wariant Ewropeaidd ymhlith y mwyaf brwd dros adael yr Undeb. Prawf yw hynny, mae'n debyg, o'r teimlad yn yr ardaloedd hynny nad yw aelodaeth o'r Undeb wedi gweithio o'u plaid a dyw'r canfyddiad yna ddim yn ddi-sail pan ddaw hi at anghyfartaledd rhanbarthol o fewn Prydain.

Mae'r anghyfartaledd rhwng gwahanol ranbarthau economaidd y Deyrnas Unedig yn drawiadol iawn o gymharu

---

207 AC Gorllewin Caerdydd ers ymddeoliad Rhodri Morgan yn 2011 ac aelod o'r Cabinet ers 2013.

â gwledydd eraill yr Undeb. Yn ôl Eurostat mae trigolion rhanbarth mwyaf goludog Prydain sef Gorllewin Canol Llundain wyth gwaith yn fwy cyfoethog na thrigolion y rhanbarth tlotaf. Oes angen dweud mai Gorllewin Cymru a'r Cymoedd yw'r rhanbarth hwnnw?

Y cwestiwn i'w ofyn, wrth gwrs, yw ai'r Undeb oedd ar fai am hynny neu'r llywodraethau oedd i fod i wario'r arian er mwyn dyrchafu eu cymunedau tlotaf. Wedi'r cyfan mae anghyfartaledd rhanbarthol fwy neu lai wedi diflannu yng ngwledydd Llychlyn ac amryw o gyn-wledydd Comiwnyddol y dwyrain.

Efallai'n wir nad protest yn erbyn Ewrop oedd y bleidlais i adael yng nghymoedd y de ond protest yn erbyn cyfundrefn gyfan gan gynnwys llywodraethau San Steffan a Bae Caerdydd.

Er tegwch, mae Theresa May wedi gwneud yr union bwynt hynny ar sawl achlysur. Dyna sydd wrth wraidd y mantra 'A Britain that works for everyone', ond mae angen mwy na slogan i fynd i'r afael â'r broblem.

Go brin y byddai lleihau'r buddsoddiad yn yr ardaloedd tlotaf yn lleddfu'r dicter at y drefn yn yr ardaloedd hynny a, heb Ewrop i'w chicio, gwleidyddion Llundain a Chaerdydd allasai fod y nesaf i deimlo'r boen.

SWLLT I WELLA FY MHEN
6 Ebrill 2017

Mae'n un agwedd ryfedd o'n gwleidyddiaeth ni y gall UKIP hawlio mai hi yw'r blaid fwyaf llwyddiannus erioed gan ei bod hi wedi cyflawni ei phrif amcan wrth iddi straffaglu o un llanast trefniadol i'r nesa.

Ar hyn o bryd mae grŵp y Cynulliad fel pe bai'n perfformio rhyw fersiwn wleidyddol o 'Da yw Swllt'. 'Aelod i wario ac aelod i sgwario' yw hi, a phump sydd i fynd adref at Gwen erbyn hyn!

Hawdd yw gwatwar ond mae'r ffaith fod dau o'r saith aelod a etholwyd dan y faner borffor y llynedd eisoes wedi gadael y grŵp yn codi cwestiynau dwys ynghylch cyfundrefn etholiadol y Cynulliad.[208]

Wedi'r cyfan, dros bleidiau nid unigolion y mae etholwyr yn bwrw pleidlais pan ddaw hi at y rhestri rhanbarthol. Yn wahanol i Dafydd Elis-Thomas[209] neu Peter Law, dyweder, nid oes modd i Nathan Gills a Mohammad Asghars[210] y byd yma ddadlau bod ganddynt ryw fandad personol sy'n cyfiawnhau croesi'r llawr.

Yn achos Mark Reckless mae 'na eironi ychwanegol sef ei fod ef ei hun wedi ymddiswyddo fel Aelod Seneddol ar ôl gadael y Ceidwadwyr i ymuno ag UKIP. Dyna oedd y peth anrhydeddus i'w wneud, meddai ar y pryd.

I fod yn deg â Mark, dyw'r llwybr hwnnw ddim yn agored iddo yn y Cynulliad. Pe bai'n dewis ymddiswyddo fyddai 'na ddim isetholiad, fe fyddai Cipar arall yn cymryd ei le. Y tebygrwydd yw felly bydd Mark yn para fel Aelod Cynulliad tan 2021 er bod ei fandad yn amheus a dweud y lleiaf.

Ar hyn o bryd, mae'r Cynulliad yn cychwyn ar y broses o adolygu'r gyfundrefn etholiadol. Rwy'n synhwyro y gallai hawl aelod rhestr i newid ei liw fod yn un o'r pynciau dan sylw.

Yn y cyfamser mae'n ymddangos bod UKIP wedi methu bwrw gwreiddiau ar lawr gwlad. Mae'r ffaith mai dim ond wyth deg o ymgeiswyr sydd ganddi yn yr etholiadau lleol yn awgrymu nad yw'r blaid wedi achub ar y cyfle i ddatblygu unrhyw fath o strwythur gwleidyddol yn sgil ei llwyddiant y llynedd.

Dyw'r UKIP ddim yn gelain eto ond mae pethau'n edrych

---

208 Roedd Nathan Gill wedi gadael grŵp UKIP wedi ffrae er mwyn bod yn aelod annibynnol. Roedd Mark Reckless wedi gadael y grŵp ac yn bwriadu pleidleisio gyda'r grŵp Ceidwadol yn y Cynulliad.

209 Gadawodd yr Arglwydd Elis-Thomas Blaid Cymru yn Hydref 2016 gan ddweud nad oedd grŵp y blaid yn fodlon chwarae rôl fwy 'cadarnhaol' gyda Llywodraeth Lafur Cymru yn dilyn etholiad y Cynulliad nag yr oedd hi eisoes wedi gwneud.

210 Yn Rhagfyr 2009 gadawodd yr AC dros Dde-ddwyrain Cymru, Mohammad Asghar, Blaid Cymru er mwyn ymuno â'r Ceidwadwyr.

yn dywyll iawn iddi. Os am brawf o hynny, ystyriwch hyn. O drafod hynt a helynt y blaid y dyddiau yma, y cwestiwn a ofynnir amlaf yw 'Pwy nesaf?'

Yr ateb i'r cwestiwn, gyda llaw, yw 'Dwn i ddim'. Ond rwy'n fodlon mentro mai David Rowlands[211] fydd y Cipar olaf!

Ar 18 Ebrill, cyhoeddodd Theresa May y cynhelid etholiad cyffredinol ar Fehefin yr 8fed.

CO NI OFF 'TE
18 Ebrill 2017

Wel, doeddwn i ddim yn disgwyl hwnna! Gwae fi am gredu gair y Prif Weinidog wrth iddi dynnu droeon na fyddai 'na etholiad cyffredinol cyn 2020.

Bant â ni eto felly ac yn y cyfnod cythryblus hwn pwy sydd i ddweud na fydd 'na sawl tro trwstan rhwng nawr a dydd y farn fawr ym mis Mehefin.

Gadewch i fi fod yn glir. Mae galw etholiad bob tro yn gambl, beth bynnag mae'r polau piniwn yn ei ddweud ac er bod yr ods yn ffafrio'r Ceidwadwyr ar hyn o bryd, yn yr hinsawdd bresennol gallasai pethau newid.

Cyn i chi chwerthin ar fy mhen, dydw i ddim yn proffwydo rhyw atgyfodiad gwyrthiol i'r Blaid Lafur dan arweinyddiaeth Jeremy Corbyn ond fe fyddai dyn yn disgwyl i'r Democratiaid Rhyddfrydol ennill tir wrth i bleidleiswyr tactegol faddau eu rhan yng nghlymblaid David Cameron.

Gambl Mrs May felly yw y bydd y Ceidwadwyr yn cipio mwy o seddi Llafur nag y maen nhw'n eu colli i'r Democratiaid Rhyddfrydol. Dyna ddylai ddigwydd hefyd, ond yn sgil pleidlais Brexit ac ethol Donald Trump dyw'r gair 'dylai' ddim yn golygu cweit cymaint y dyddiau hyn.

Yn ôl i Gymru fach felly. Dyma'r seddi amlwg i gadw llygad

---

211 David Rowlands, AC UKIP yn Nwyrain De Cymru. Un o hoelion wyth
      y blaid sydd wedi gwasanaethu fel cadeirydd UKIP Cymru am ddau
      dymor.

arnyn nhw – Canol Caerdydd, Gorllewin Casnewydd, Wrecsam ac Ynys Môn. Fe fydd 'na fwy. Cawn gyfle i drafod y rheiny yn y man.

Bu farw cyn-Brif Weinidog Cymru, Rhodri Morgan, ar 17 Mai, yn ystod yr ymgyrch etholiadol. Dyma deyrnged Vaughan iddo ar gyfer y gyfrol hon.

RHODRI MORGAN 1939-2017

Yng nghanol bwrlwm etholiad – bwrlwm y byddai Rhodri Morgan wedi dwlu arno – fe fu farw cyn-Brif Weinidog Cymru yn ddisymwth. Rhwng popeth, ches i ddim cyfle i ysgrifennu yn ei gylch ar y pryd, er i mi ymddangos ar bron pob un cyfrwng arall i bwyso a mesur y dyn a'i yrfa.

Enoch Powell, wrth gwrs, wnaeth ddweud bod gyrfa pob gwleidydd yn diweddu mewn methiant ond efallai bod Rhodri yn eithriad i'r rheol honno – er efallai nad oedd ei lwyddiannau yn y meysydd oedd fwyaf pwysig iddo a bod rhai ohonyn nhw yn deillio o droeon trwstan ei yrfa.

Pe bai Tony Blair, er enghraifft, wedi cynnig swydd iddo ar ôl etholiad 1997, rwy'n amheus a fyddai Rhodri wedi troi ei lygad at y Cynulliad arfaethedig ym Mae Caerdydd. Pynciau fel anghyfartaledd a thlodi oedd yn gyrru Rhodri, nid dadleuon cyfansoddiadol.

Does dim dwywaith fod y penderfyniad i symud i Gaerdydd wedi bod yn llesol i Rhodri ei hun ac i'w blaid, gyda brand Llafur Cymru, a grëwyd ganddo, yn ei achub o drybini ar fwy nag un achlysur. Does dim amheuaeth chwaith fod personoliaeth Rhodri wedi gwneud llawer i ennyn cefnogaeth i'r setliad datganoledig ymhlith etholwyr amheus, ond deillio o fethiant ei yrfa yn San Steffan wnaeth y llwyddiannau hynny.

Hap a damwain, lwc ac anlwc, maent i gyd i'w gweld yng ngyrfa Rhodri – ond un mesur o wleidydd effeithiol yw ei fod yn gweld cyfleoedd lle mae eraill yn gweld trafferthion. Gwelodd ei gyfle ac fe'i cymerodd. Diolch byth am hynny!

PAHAM Y RHODDAIST INNI'R TRISTWCH HWN?
30 Mai 2017

Wrth ymchwilio ar gyfer rhaglen ynghylch Pantycelyn[212] des i o hyd i deyrnged iddo mewn cylchgrawn o'r enw *The Gentleman's Magazine*, erthygl oedd yn darogan taw Williams fyddai'r bardd olaf i ysgrifennu yn nhafodiaith y de gan fod y Gymraeg yn prysur ddiflannu o ddeheudir y wlad.

Oedd, roedd y Gymraeg ar ei gwely angau yn y ddeunawfed ganrif ac mae'n ymddangos ei bod hi wedi bod yna byth ers hynny!

Am wn i, mae pesimistiaeth yn rhan annatod o'n cymeriad cenedlaethol ac roedd hi'n amlwg yn rhengoedd pleidiau'r chwith ar gychwyn yr ymgyrch etholiadol gyda rhai'n darogan tranc y genedl yn sgil cyhoeddi un pôl piniwn!

Ddiwedd wythnos ddiwethaf roedd un o hen bennau'r Blaid Lafur yn darogan i mi mai Llanelli fyddai'r unig sedd Lafur y tu hwnt i Forgannwg a Gwent a bod y cyfan o seddi Caerdydd, ynghyd â'r Rhondda a Blaenau Gwent, yn llithro o'i gafael.

Mae'r pendil wedi symud gyda'r polau ac erbyn hyn ymgyrchwyr Llafur sydd â'u cytiau lan ac mae ambell i Dori a'i ben yn ei blu. Fe gawn weld faint o sylwedd sydd 'na i'r adfywiad Llafur yn ddigon buan ond mae'r cyfan yn ein hatgoffa o ba mor bwysig yw'r arolygon barn wrth greu naratif a momentwm etholiadol.

Mae hynny'n arbennig o wir yng Nghymru, wrth gwrs, lle mae'n rhaid dibynnu bron yn llwyr ar ddata gan un cwmni wrth geisio mesur y llanw a thrai etholiadol. Y broblem yw, wrth gwrs, fod canlyniadau arolygon yn dylanwadu ar batrymau pleidleisio. Mae'n ddigon posib fod yr holl ddarogan ynghylch senedd grog yn 2015 wedi esgor ar fwyafrif annisgwyl David Cameron, a bod yr adfywiad Llafur

---

212 *Pantycelyn*, rhaglen BBC Radio Cymru a ddarlledwyd yn gynnar yn 2017. Ynddi bu Vaughan a'i chwaer, Sian, yn pwyso a mesur cyfraniad eu hynafiad.

presennol yn deillio'n rhannol o'r canfyddiad nad yw hi'n bosib i'r blaid ennill y tro hwn.

Fe fyddai 'na eironi pert pe bai etholiad 2017 yn esgor ar senedd grog oherwydd ofnau ynghylch maint mwyafrif y Ceidwadwyr.

CRWSÂD Y PLANT
1 Mehefin 2017

P'un sy'n denu'ch sylw chi, dwedwch? Y Champions League, Eisteddfod yr Urdd[213] neu'r hen etholiad yma?

Does dim gwobrau am ddyfalu taw Mehefin yr 8fed yw dydd y farn fawr o'm safbwynt i, ond gadewch i mi fod yn onest am un peth. Fe fyddai'n well gen i geisio dyfalu p'un ai Real yntau Juventus fydd yn fuddugol neu pwy fydd ar y brig yn y parti deulais na phroffwydo canlyniad yr etholiad rhyfedd yma.

Gydag wythnos i fynd, gan amlaf mae'r ystod o ganlyniadau etholiad posib yn dechrau culhau ond nid y tro hwn.

Mae'n bosib o hyd i ddychmygu sefyllfa lle fydd Dewi, Dicw a minnau'n trafod mwyafrif anferthol y Ceidwadwyr nos Iau nesaf ond gallaf hefyd ddychmygu trafodaeth ynghylch y wyrth Gorbynaidd a chlymbleidiau posib mewn senedd grog. Go brin fod yr ail bosibilrwydd yna ar y ford gwta fis yn ôl!

Beth sydd wedi digwydd felly? Wel, mae'n amlwg bod y ras wedi tynhau a bod hynny wedi digwydd yn bennaf oherwydd cynnydd yn y gefnogaeth i Lafur yn hytrach na chwymp yn y gefnogaeth i'r Ceidwadwyr. Mae'r cwmnïau polio yn gallu cytuno ar hynny o leiaf.

Ar gyfartaledd, yn y deg arolwg barn a gynhaliwyd rhwng y 18fed a'r 24ain o Fai roedd y Ceidwadwyr ugain pwynt ar y blaen i Lafur, o 44% i 24%. Yn y deg arolwg mwyaf diweddar mae'r adwy wedi ei haneru, gyda'r Toriaid yn denu cefnogaeth 42% o'r rheiny a holwyd a 35% yn cefnogi Llafur.

---

213 Cynhaliwyd ffeinal Cynghrair y Pencampwyr yng Nghaerdydd ar Fehefin 3, ar ddiwedd wythnos Eisteddfod yr Urdd Pen-y-bont ar Ogwr, Taf ac Elái ym Mhencoed.

Mae'r polau hefyd yn gytûn mai ymhlith yr ifanc y mae'r gogwydd i Lafur wedi amlygu ei hun. Mae'r union ganrannau'n amrywio ond ymddengys na fu fawr o newid ym mwriadau pleidleisio'r rheiny sydd dros eu trigain oed yn ystod y mis diwethaf. Ymhlith y rheiny rhwng 18 a 24, ar y llaw arall, mae'r gefnogaeth i Lafur wedi cynyddu o 31% i 72% yn ôl ICM ac o 44% i 69% yn ôl YouGov. Mae canfyddiadau ComRes, Opinium a'r gweddill yn ddigon tebyg.

Sut felly mae esbonio'r ffaith fod rhai o'r cwmnïau yn darogan y bydd y ras yn un hynod agos ac eraill yn rhagweld mwyafrif cymharol gysurus i Mrs May?

Mae'r ateb yn ddigon syml. Mae rhai cwmnïau o'r farn y bydd canran anarferol o uchel o bobl ifanc yn bwrw eu pleidleisiau'r tro hwn. Os felly, gallasai pethau fod yn agos. Mae cwmnïau eraill yn credu mai'r ifanc a dybia a'r hen a bleidleisia! Os taw'r rheiny sy'n gywir, wel Mrs May amdani.

Yn bersonol, yn fan hyn, rwy'n tueddu i fod ar yr ochr geidwadol – gyda G fawr ac G fach!

Rwy'n ddiolchgar i fy nghyfaill David Cowling, pen bandit ystadegol y BBC, am dynnu fy sylw at un arolwg a gynhaliwyd gan gwmni BMG yn ôl ym mis Ebrill. Bryd hynny roedd oddeutu hanner y bobl ifanc a holwyd ddim yn sicr p'un ai oedden nhw ar y gofrestr bleidleisio ai peidio. Dyw hynny ddim yn awgrymu i mi fod crwsâd y plant ar fin sgubo Llafur hyd at furiau Caersalem!

MAE'R AMSER WEDI DOD
7 Mehefin 2017

Nawr lanciau rhoddwn glod, mae dydd y darogan wedi dod! Beth allwn ni ddisgwyl nos yfory? Wel, dyma i chi ambell i syniad a sylw ond cofiwch, prentis o ddyn hysbys ydw i, gallasai pethau fod yn wahanol iawn.

Y peth cyntaf i'w ddweud, rwy'n meddwl, yw bod yr ystod o ganlyniadau posib ar lefel Prydain gyfan yn llawer mwy nag arfer. Fyswn i ddim yn cwympo oddi ar fy sêt nos fory pe bai'r

Ceidwadwyr yn ennill â mwyafrif o gant neu fwy ond fyswn i ddim chwaith yn moelyd fy nghoffi o weld senedd grog.

Pam felly? Wel, rwy'n ddiolchgar i fy nghyfaill a chyd-weithiwr Dan Davies am grisialu'r peth yn fy meddwl. Dadl Dan yw bod y wleidyddiaeth amlbleidiol a ddatblygodd dros y chwarter canrif ddiwethaf yn cael ei chywasgu yn ôl i mewn i fatrics yr hen system ddwy blaid. Does neb yn rhyw sicr iawn beth fydd canlyniad hynny.

Hynny yw, o ble y mae pleidleiswyr newydd y Ceidwadwyr a Llafur yn dod, ac ym mhle maen nhw?

Mae'n gwestiwn da, a'r cwestiwn hwnnw fydd yn pennu ffawd y ddwy blaid. Ni fydd ton Corbynaidd yn Llundain, er enghraifft, yn gwneud fawr o les i Lafur, ac o safbwynt y Ceidwadwyr fe fyddai pentyrru pleidleisiau yn ne Lloegr yn etholiadol wastraffus. Etholaethau canolbarth a gogledd Lloegr yw'r rhai i'w gwylio, dybiwn i, o safbwynt y canlyniad Prydeinig.

Yn ôl â ni at Gymru fach lle ddechreuodd yr ymgyrch gydag ymateb hysterig braidd i arolwg barn oedd yn awgrymu bod 'na don las yn sgubo trwy'n gwlad. Roeddwn i o'r farn ar y pryd mai *outlier* oedd y pôl hwnnw.

Doedd dim modd profi hynny ond roedd y diffyg ymgyrchu gan y Ceidwadwyr mewn sawl sedd ymylol yn siarad cyfrolau. Pen-y-bont, Gorllewin Casnewydd a seddi Clwyd yw maes y gad. Anghofiwch y gweddill, ond os ydy hi'n noson dda i Lafur wpwch Gŵyr a Dyffryn Clwyd ar y rhestr.

I'r Gymru wledig yn olaf. Fe ddywedais yn ôl ar ddechrau'r ymgyrch fy mod o'r farn y gallasai Mark Williams fod mewn trafferth yng Ngheredigion. Dydw i ddim wedi newid fy meddwl. A beth am Ynys Môn, yr etholaeth sy'n enwog am beidio diorseddu deiliad ers i Cledwyn Hughes wneud hynny i Ledi Megan yn ôl ar ddechrau'r 1950au? Rwy'n amheus iawn a fydd y record honno'n sefyll fore Gwener – ond fe gawn weld.

Roedd canlyniadau'r etholiad yn dipyn o syndod i nifer pan gawson nhw eu cyhoeddi yn oriau mân Mehefin y 9fed wrth iddi ddod i'r amlwg mai senedd grog fyddai gwobr ymgyrch 'strong and stable' Theresa May.

Yng Nghymru, fe wnaeth pedair sedd newid dwylo, gyda Llafur yn cipio Gŵyr, Gogledd Caerdydd a Dyffryn Clwyd yn ôl gan y Ceidwadwyr, a Phlaid Cymru'n diorseddu'r Democratiaid Rhyddfrydol yng Ngheredigion, gan adael y blaid felen heb yr un cynrychiolydd yng Nghymru am y tro cyntaf ers 1859.

ÔL-NODYN
Mehefin 2017

Rhyw dridiau cyn etholiad cyffredinol eleni fe wnes i ddathlu fy mhen-blwydd yn drigain oed. Wrth i'r garreg filltir arswydus fynd heibio, hwyrach ei bod hi'n bryd pwyso a mesur rhyw ychydig ynghylch rhai o'r themâu sy'n ymddangos yn y llyfr hwn.

Pwyso a mesur, a dod i'r casgliad efallai, fy mod i'n gwybod dim. Fel sawl un arall roeddwn i'n weddol sicr na fyddai 'na frecsit ac mai Hillary Clinton fyddai'n olynu Barack Obama yn y Tŷ Gwyn. Doedd dim gobaith mul gan Jeremy Corbyn chwaith i dorri mwyafrif Theresa May. Dyna i chi dair o straeon gwleidyddol mwyaf y ganrif hon, a minnau'n cael pob un yn anghywir. Fe fyddai'r dyn hysbys mwyaf dodji wedi gallu gwneud yn well!

Ond mae'n bosib mai dyna'r pwynt am wleidyddiaeth. Disgwyliwch yr annisgwyl. Mae'r dyfodol wastad yn wahanol i'r hyn yr oedd bron pawb yn darogan.

Gall pwnc sy'n peri loes calon i un genhedlaeth olygu dim i'r nesaf. Dirwest a datgysylltu'r eglwys oedd yn poeni'n cyndeidiau. Efallai y bydd datganoli ac Ewrop mor amherthnasol i'n hwyrion ag yw'r rheiny i ni.

Y cyfan y gall newyddiadurwr ei wneud yw adrodd a mesur pwysigrwydd stori fel y mae'n ymddangos ar y pryd, trwy sbectol ein hoes ni. Tasg yr haneswyr yw marcio a chyweirio'n gwaith.

O 'mhersbectif i, go brin y gallasai 'na well cyfnod wedi bod i ennill fy mara menyn fel newyddiadurwr gwleidyddol Cymreig na'r degawdau diwethaf. Mae gweld gwladwriaeth Gymreig o ryw fath yn ailymddangos ar ôl saith canrif hesb yn rhyfeddod. Yn bersonol rwy'n ystyried cael gohebu yn ei chylch yn dipyn o fraint. Cofiwch, efallai bod cerddi Gerallt Lloyd Owen wedi dylanwadu gormod arna i ac nad yw eraill yn gweld y rhamant yn ein taith gyfansoddiadol ni!

Ond, bois bach, os oedd y degawdau diwethaf yn rhai difyr,

mae'r un sydd o'n blaenau yn debyg o fod yn glincer. Dyn a
ŵyr lle fydd Cymru fach ymhen deng mlynedd arall. Beth oedd
geiriau'r hen gân yna eto? Mewn a mas, 'nôl a mlaen a lan a
lawr, rhywbeth felly!

Mae'r platiau tectonig yn symud ac mae cwestiynau a
fyddai wedi ymddangos yn hurt ddeng mlynedd yn ôl bellach
yn rhai rhesymol. A fydd y Blaid Geidwadol a'r Blaid Lafur
yn bodoli ar ei ffurf bresennol ymhen degawd arall, neu ydy
dyddiau gwleidyddiaeth dosbarth yn tynnu at eu terfyn? A fydd
y Deyrnas Unedig, yr Undeb Ewropeaidd, neu'r ddau, yn debyg
o gwympo'n ddarnau neu a fydd modd iddynt lwyddo i ail-greu
eu hunain?

Fol cawl poet ar y blog, rwy am gwpla'r ôl-nodyn yma gyda'r
geiriau hyn:

Fe gawn weld.

Mynegai

Washington 44, 66, 294
Watkins, Tudor 258
Watson, Joyce 128
Waugh, Paul 176
Waverley (cwch) 101
WDA (gweler Awdurdod Datblygu
    Cymru)
Week in Week Out 255
Weekes, Phillip 252
WEFO 21
Welsh Daily Star 132
Welsh Mirror 132
Western Mail 109, 132, 157, 163, 165,
    187, 269, 274, 343
Whittle, Lindsay 160–161, 318
Wiggin, Bill 46
Wigley, Dafydd 22, 27, 37, 50–59, 63,
    75–76, 82, 95, 135, 146–147, 156,
    284
Wikileaks 294
Wilde, Oscar 294
Williams, Brynle 165
Williams, Dafydd 173
Williams, Gwyn Alf 273
Williams, Hywel 128, 213
Williams, Kirsty 103, 155–156, 198,
    215, 217, 223, 279, 310, 326
Williams, Mark 411
Williams, Phil 20, 30
Williams, William (Pantycelyn) 396–
    397, 408
Wilson, Harold 30, 53, 140, 144, 190,
    260, 361, 390
Wood, Leanne 103, 110, 270–272,
    303, 310, 350–351, 376, 378, 379
Woodward, Shaun 128
Wrecsam 16, 154, 284, 331 (gweler
    hefyd cyngor ac etholaeth
    Wrecsam)
Wyndham Western (glofa) 278
Wythnos yng Nghymru Fydd 179

Yeats, W. B. 336, 386, 396
ymfudo 52, 195, 394, 395, 399
ymosodiadau 9/11 29, 44–45
Ymosodiadau Llundain (2005) 60, 62
Ynysyfelin 337–338

YouGov 186, 348, 373–374, 410
YouTube 11
ysbytai 91, 92, 103, 111, 327
Ysbyty Athrofaol Cymru 115, 326
ysgolion 68, 87, 109, 134–135, 137,
    180, 285, 286, 311, 321, 393, 395
Ysgrifennydd Gwladol Cymru 76, 96,
    128–130, 150, 184, 188, 192, 197,
    219–221, 243, 249, 276–278, 299–
    300, 304, 323, 346, 362, 371
ysmygu 15, 43–44

Am restr gyflawn o lyfrau'r Lolfa, mynnwch
gopi am ddim o'n catalog
neu hwyliwch i mewn i'n gwefan

www.ylolfa.com

lle gallwch archebu llyfrau ar-lein.

TALYBONT CEREDIGION CYMRU SY24 5HE
ebost ylolfa@ylolfa.com
gwefan www.ylolfa.com
ffôn 01970 832 304
ffacs 832 782

Holwch am bris argraffu!
01970 832 304